奈目·鹏飞山海经工作室 著绘

东方遇到西方

山海世界

线装書局

山海世界

辛丑年夏
吴翔书

奈目·鹏飞山海经工作室
编委会成员

序言

关于贺鹏飞和他的绘画

文／杨　卫

　　提起贺鹏飞的名字，文化界许多人都知道。因为他是知名的出版人，曾为不少文化人出版过作品。然而，较少有人知道，作为出版家的贺鹏飞，其实还有一个身份，那就是画家。这正是人生的意外，这种意料之外构成了贺鹏飞的丰富人生，不仅让他在文化择取中独具慧眼，也使他的绘画别树一帜，在当代画坛显得与众不同。

　　贺鹏飞画画，完全是性情所致，受之于天。虽然贺鹏飞没有进过正规的美术学院，但无论是对于造型语言，还是对于色彩关系，以及对于材料的运用等，他都能够驾轻就熟、操纵自如。这种无师自通的能力，源于贺鹏飞的艺术天赋，当然也与他丰富的人生经历密切相关。正是因为贺鹏飞年轻时经历过许多坎坷，尝试过不少职业，尤其是从事文化行业后，接触到方方面面的精英，更是打开了他的视野，丰富了他的认知。因此，贺鹏飞从事绘画创作，一上手便能够抓到其中的要点。

事实上，绘画的理念也好，程式也罢，都是由前人归纳和总结出来的创作经验，后来者只不过是融入自己的意识不断加以完善。而某些天才艺术家，却总是能够打破这种承接关系，自出机杼。这正是艺术的独特之处，它强调的是创造性，因此也提供了艺术家打破既定的美学模式、超越前人与提升自我的契机。贺鹏飞就是这样的艺术家，他跳出固有的艺术框架从事绘画创作，并不是一种业余爱好，而是一种专业性的介入，为的是拓展艺术的边界，丰富绘画的语汇。因此，贺鹏飞走到绘画创作中，既有自己的美学理念，也形成了自己的绘画语言。

严格说来，贺鹏飞的绘画属于表现主义范畴。表现主义是现代艺术的重要一支，它将绘画从图像的依赖中解放出来，提供了艺术家表达自我意识的机会，因此受到中外许多当代艺术家的青睐。贺鹏飞钟情于表现主义，正是因为这种绘画方式可以释放自己的情绪，同时又能够揭示出内心的丰富感受，言不可言之物，表不可显之象。故而，贺鹏飞以表现主义为语汇，进入到绘画创作中，亦是一种寻找自我、回归自我的过程。

在贺鹏飞的绘画中，色彩和肌理是最为重要的两个因素。它们与贺鹏飞跌宕起伏的情绪关联起来，或挥洒，或凝重，结笔轻疾地构成一幅幅极具表现意味的作品，也因此形成了贺鹏飞自己的艺术面貌。与此同时，贺鹏飞在画面中吸收了一些原始图腾和古文化符号的意象，通过语言的转换，使其作品超越了简单的自我情绪和个人感受的表达，而是与源远流长的文化传统联系起来，具有了某种文化寻根的特征。而这，正是贺鹏飞的独特之处，也是他的绘画之意义所在。

作为一个出版人，贺鹏飞具有一种强烈的文化责任感和历史使命感。因此，绘画对于他而言，不只是自我表现的方式，也是一种知识传播，抑或是用一种美学方式进行文化启蒙。故而，贺鹏飞总是会在自己的绘画中注入一些人文内涵，除了原始图腾和古文化符号的运用，他还尝试过不同材料的转换，比如用传统的水墨作画，比如将自己的油画与古代的屏风有机地联系起来等等。但更重要的是对于主题的明确，即后来贺鹏飞将中国的古文献《山海经》作为题材，不断加以演绎，从而使他的绘画创作纳入到中国的历史文脉中，具有了某种传统文化的启示作用。

毫无疑问，当代艺术的形式创新并非目的，目的还是为了通过新颖的形式，唤醒人们的文化记忆，丰富人们的生命感知。从这个意义上说，贺鹏飞认识到《山海经》的价值，正是源于他的艺术敏感，以及肩负的文化责任。而《山海经》作为中国古文献中最具想象力的文本，不仅解放了贺鹏飞的思维，使其通过新的视觉转换从中找到纵情驰骋的审美体验，也使他的所有创作具有了华夏文明的坚定基石。

2021 年 5 月 4 日于北京通州

目 录

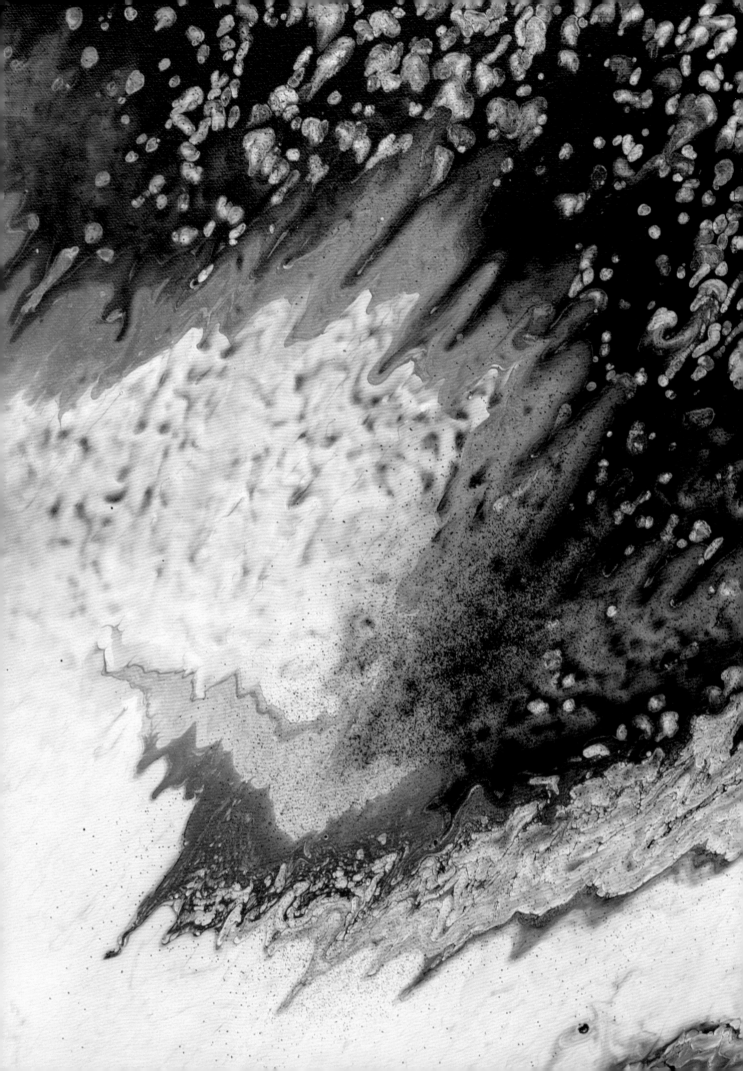

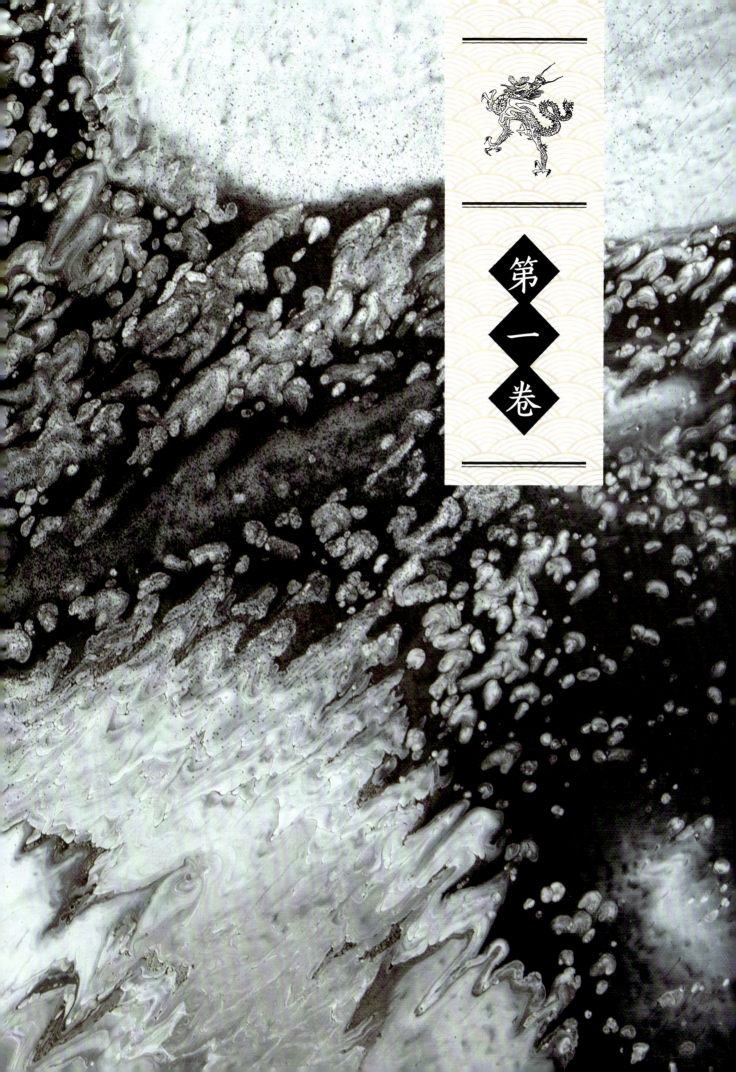

第一卷

最后的猨翼山

卿云歌

猨翼之山，其中多怪兽，水多怪鱼，多白玉，多蝮虫，多怪蛇，多怪木，不可以上。

——《山海经·南山经》

他睁开眼，如同从万古长夜里醒来。

熹微的晨光，洒在猨翼山上，照亮了一片山顶空地。四围如刀削，上则乱云缭绕，下则绝壁通底，水雾蒸腾，深不可测。此山地势之险，须猿猴生翼方可上，故名。

空地很大，方圆约三十丈，高低不平。西北最高，怪岩嶙峋；东南偏低，怪树杂生；溪流便随高就低，盘旋而下。溪边有奇石，水底有白玉，大小怪鱼游弋其中。两岸建有许多木栅，圈养着诸般兽类，外形莫可名状。它们也正纷纷醒来，开始发出声响。

这一切于他都是新的，草木鱼兽皆不识，也就无所谓奇怪与否。只他所在之处，是巨石摞起来，顶上覆了怪茅，建成好大一座屋子。看起来，他和那些兽类约略是不同的。

"你醒了？"随着窸窸窣窣的游动声，她出现在门口。她皮肤粗糙微黑，颧骨突出，从表情到声音都很清冷，唯眼大而眢，在看见他的瞬间有光芒一闪而逝。脑后的乌发蓬乱地垂下，一直披拂到胯边，再往下只见长长一条蛇尾，兀自在野草间来回摆动。

他的嘴动了几下才出声，似乎喉咙还在适应，声音显得飘忽且嘶哑："……你……你是……谁？"

"你呼我巫姑即可。我出自巫族，是女娲后裔，居于灵山。"她身裹纯白兽皮，腰间挂一件翠绿的蛇形玉器，说话间，她双手捧起，对着门外四方祭台拜了拜说："开辟鸿蒙，女娲创世，彼时万灵皆由天地之精化生，体态形容并不截然分明，或龙首，或蛇身，或兽足，分而为神、巫、兽三族，神主上界，兽主下界，巫则调和阴阳，上知神意，下育百兽。"

他目视沿溪所建木栅间："那些都是巫姑所育？"

近处木栅内有一头怪兽立起，外形像马，白首虎斑，唯独尾巴赤红，它张开嘴对着天空吼起来，声音悠长浑厚，像是在吟唱。

"嗯。那是鹿蜀，我用白首马、斑斓虎和蜀葵育出的。"

"如何育得？"

她指指祭台上的长方凹槽，让他走近了看，只见台边杂乱放置有石刀、石锥、骨针等诸多工具，还有各种形状奇怪的石罐，罐里装着怪异的药液，有的鲜红如血，有的乌黑如墨，还有的亮黄如阳光，目不能直视。她一一指点，像是有意要把这些教给他，脸上带着诡异的自得。

"喏，再看左近木栅，探出头那只叫窦窳，牛形，马蹄，那红色身体费了我两罐禽血，半月之夜的两息巫法。更远处那头正在啼哭的叫狍鸮，羊身虎牙，眼睛长在腋下，神族送来十只羊、两只虎加一具神族士兵躯体，三昼夜才做得。"

他忽觉身上发冷："神族要你做的？"

她眼尾一挑，露出尖刻的嘲讽："那可不？神族没落，不思进取，力量日益减弱，又恐神界地位下降，遂开始屠食兽类以强自身。知我巫族善医，能以巫术造出怪兽，食之各有特殊功用。"

他突然意识到一件事，低头打量自身，狐疑道："难道我，我也是……你造的？"

她平静地注视着他："你与那些不同，你果然有智慧……"

话音未落，只听空中有人高声喊道："巫姑接神谕——"紧接着，一队巨兽降落，兽身上各乘着一名神族将士，威风凛凛。

巫姑示意他进屋，然后游过去，淡淡吐出一个字："讲。"

为首神将，狮身大耳，耳朵上穿挂两条青蛇，名叫奢比尸。他亢声道："奢比尸传神帝谕，神族今晚举办百年一次的扶桑会，神尊神将悉数与会，须谨兽三十头、天狗三十头、狰兽三十头、鹘鸺百只、鸰鸟百只、肥遗百只、鲑鱼五十条、文鳐五十条……"

巫姑不耐，冷声打断那长长的食单："溪边有栅，林中有笼，东南角有池，你等自去取。

《幻山海——猨翼山》 布面油画 95×120cm 2019

我只问一声，有新近造得的絜钩，做汤鲜香味美，可美容颜，要否？"

奢比尸大约已习惯于巫姑的冷言冷语，亦知她地位特殊，赔笑道："末将还另带了一份口谕，神帝要那能治忌妒心的神兽'类'给神后与诸神姬食用。"

"嗯，我这絜钩只一点神奇：遇风即损气息，少时便失了鲜味，美颜效用也会大打折扣。须得置一大鼎，现煮现食，一刻也不得耽误。气味所至之处，管教个个得益。"

神族食用猨翼山的怪兽日久，皆知其奇效，听说有新兽可食，奢比尸大喜，搓着手再三表示回天界必大加美言，便带领队伍乐颠颠地跟着巫姑去了。留下一群坐骑三三两两，坐卧着闲话。

其中一只巨兽，六足四翼，面目模糊不清，信步溜达着，就到了这边屋门口。看到屋内的他后，像是有几分欢乐，翼翅轻拍，足下蹈步。他吓了一跳，正要躲进身后的草铺中，那巨兽却在两个前翼中间发出细细的声音来："别害

怕，我是巫十一，巫姑知道我。灵山有巫咸、巫即、巫盼、巫彭、巫姑、巫真、巫礼、巫抵、巫谢、巫罗十大首领，其中巫姑最有灵气，巫咸本领最高，我是不入流的小帮手，大家开玩笑叫我巫十一。嘿嘿，太好啦，巫姑把你造出来喽！"

他指着这只巨兽诧异道："你这……不像啊，找不出五官脸面。"

"因我学艺不精嘛，嘻嘻，天界也只好唤我混沌。当日神族命灵山十巫为神族造怪兽，巫咸以违背天道为由拒绝了。神帝便派了帝子中容到灵山，日日隔崖吹笛幽会，诱拐了巫姑到此。之后就大屠巫族，我是唯一一个逃出来的，只好自毁本体，用巫咸教的秘法造出这混沌形体，才得蒙混到天界。嘘，有别的坐骑来了——"

他眼珠一转，急忙走近混沌，用手轻轻抚摸其背。那匹坐骑探头看了看，又走开了。巫十一继续小声说："半年前，我好不容易随神族将士到此，发现果然是巫姑在此育兽。天界日日笙歌，索取无度，对待下界生灵残忍暴虐，可恨我巫族已被屠灭，兽族则懵懂未开智慧，巫姑便誓要造出新的生灵来。如此甚好，即便她毁了这世界，也不至于毁了先祖女娲的心血。"

巫十一魂灵虽融入了混沌躯体，但毕竟带些小巫女心性，兴奋地打量着他，小声嘀咕："头上鬃毛是黑的，应该金色嘛，金色多帅！嘿，脸部倒是清秀，白了许多。两条前腿太太……

太细了，爪儿也太长，这能干什么？后腿粗多了，咦，只用后腿立着，那你闲着的前腿作甚？嗬嗬，尾巴都不要了，我巫族蛇尾多漂亮啊。这么一看，头就显得特别大，能遮风挡雨吗？这就是巫姑说的智慧？"

他也不闲着，逮着机会就打听："难道我本体是巫姑生的？"

"别瞎说！我巫族自古无雄性，只要遇南风裸露形体，自可感风而生，所生仍为雌性。这么说，你是雄性还是雌性？哈哈，让我看看……"

一个抓，一个躲，偷着絮絮闲话，乍看起来只是两兽玩闹罢了。远处，兽禽鱼声此起彼伏，显然正在纷纷就擒。一片热闹混乱之后，大半天也就过去，巫姑只觑便叮嘱巫十一莫靠近宴席，就把这一队瘟神送走了。

日色渐见柔和，天风漫漫拂来，他走近她身边，轻声问道："那絜钩其实有古怪？"

"你已知前情？嗯，絜钩出，瘟疫生，天神概莫能逃。先是颜如桃花，继而浑身无力，终至咳喘如雷，气竭而亡。哈哈哈……"巫姑大笑着，眼中却涌出血泪，显得凄厉可怖，"欺我哄我，屠族灭族！中容当诛，天界当灭！我要这颠倒的天道，混乱的世界，悉数覆灭！"

他生出畏惧，瑟缩道："那我能做什么呢？"

她抹去脸上血泪，转身看他，神色有疯狂，有讥讽，还有怜悯。修长的手指带着未干的血迹，抚过他的脸、脖子、肩膀、脊背："你是这般细弱，有时又会充满力量；你是这般怯懦，有时也会很勇敢；你是自私的，也懂得用无私团结族群；你是真实的，也懂得如何伪装自己……我不要你十全十美，也不要你如神界孔武有力，更不要你如兽界无知无识，你有毁灭之心，也有重建之力，你会爱到疯狂，也会恨到入骨，你是矛盾的，也是变化的。一生二，二生三，三生无穷……"后面渐渐化为咒语，微不可闻。

他听得呆住了。

突然，她尾巴一抖，察觉了什么动静。推着他回屋道："在你卧的干草下有块兽皮，揭开它能看到洞穴，那里直通山腹，可离开此处。带上兽皮，上面我用草汁画有一些巫医之术，可助你生存。速速离开！"

"你呢？同我一起走可好？"他拉住她。

"不，我有所爱呢，他就要来了。高大英武爱食兽的中容，我要和他同生共死，一起化成泥也不分开呢，哈哈哈……"她又在诡异地笑。

他走向干草铺，发现了她所说的一切。

她捧出一个小鼎，放在祭台上，里面显然是又一只即将烹来待客的絜钩。她理了理衣服头发，手捧玉器，摆出柔媚的姿势，她欲待起舞。

他身体已到洞穴里，露出脑袋，远远又问了一声："我叫什么？"

她扭头看定他，微微笑道："人。"

最后一刻，他看见晚霞铺满屋外的天空，一道红一道黄层叠不尽，就像巫十一所说染玉石的白荃池被打翻的景象。有龙角天神踩着彩霞而来，果然英武非凡，那将是人的时代到来前，他记忆中最后的天神模样。

而她，正在曼妙起舞，曼声吟唱：

混沌开兮，造物化兮。

灵山十巫，以玉事神兮。

高岸谷兮，深谷陵兮。

遇风裸形，感风而生兮。

舒窈纠兮，劳心悄兮。

日居月诸，今夕何夕兮……

原 文

《山海经·南山经》：杻阳之山，有兽焉，其状如马而白首，其文如虎而赤尾，其音如谣，其名曰鹿蜀，佩之宜子孙。……柢山，有鱼焉，其状如牛，陵居，蛇尾有翼，其羽在魼（qū）下，其音如留牛，其名曰鲲（lù），冬死而复生。食之无肿疾。又东四百里，曰亶爰之山，有兽焉，其状如狸而有髦，其名曰类，自为牝牡，食者不妒。……柜山，有鸟焉，其状如鸱而人手，其音如痹，其名曰鴸（zhū），其名自号也，见则其县多放士。……仑者之山，有木焉，其状如榖而赤理，其汗如漆，其味如饴，食者不饥，可以释劳，其名曰白䓘（gāo），可以血玉。

《山海经·西山经》：英山，有鸟焉，其状如鹑，黄身而赤喙，其名曰肥遗，食之已疠，可以杀虫。……泰器之山，观水出焉。是多文鳐鱼，状如鲤鱼，鱼身而鸟翼，苍文而白首赤喙，常行西海，游于东海，以夜飞。其音如鸾鸡，其味酸甘，食之已狂，见则天下大穰。……章莪之山，有兽焉，其状如赤豹，五尾一角，其音如击石，其名曰狰。……阴山，有兽焉，其状如狸而白首，名曰天狗，其音如榴榴，可以御凶。……天山，有神焉，其状如黄囊，赤如丹火，六足四翼，浑敦无面目，是识歌舞，实为帝江也。（晋人郭璞注：质则混沌，神则旁通。自然灵照，听不以聪。强为之名，号曰帝江。）……翼望之山，有兽焉，其状如狸，一目而三尾，名曰讙，其音如夺百声，是可以御凶，服之已瘅。有鸟焉，其状如乌，三首六尾而善笑，名曰鸰鵌（qí tú），服之使人不厌，又可以御凶。

《山海经·北山经》：少咸之山，有兽焉，其状如牛，而赤身、人面、马足，名曰窫窳（yà yǔ），其音如婴儿，是食人。……钩吾之山，有兽焉，其状如羊身人面，其目在腋下，虎齿人爪，其音如婴儿，名曰狍鸮，是食人。

《山海经·东山经》：碄（yīn）山，南临碄水，东望湖泽……有鸟焉，其状如凫而鼠尾，善登木，其名曰絜钩，见则其国多疫。

《山海经·大荒东经》：帝俊生中容，中容人食兽、木实，使四鸟：豹、虎、熊、罴。……有神，人面、犬耳、兽身，珥两青蛇，名曰奢比尸。

《山海经·大荒西经》：有灵山，巫咸、巫即、巫盼、巫彭、巫姑、巫真、巫礼、巫抵、巫谢、巫罗十巫，从此升降，百药爰在。

《幻山海——山海战》 布面油画 70×66cm 2019

山海战

卿云歌

地之所载，六合之间，四海之内，照之以日月，经之以星辰，纪之以四时，要之以太岁，神灵所生，其物异形，或夭或寿，唯圣人能通其道。

——《山海经·海外南经》

却说盘古开辟天地，女娲孕育万灵，世间以神、巫、兽统领三界，各安其命，各守其序，忽忽已过六千万年。孰料其后百年间骤然生变，先是巫族神秘消亡，后是神族疫病横行，天地失序，对兽族的约束力便大为减弱，六合八荒遂酝酿出一场大战。

且看地之所载，群山以南山为首。南山之中，又以两座名山为首。一曰招摇山，濒临西海，多产金属和玉石，山上桂树连片，花开时节香气远飘海面。一曰堂庭山，多产黄金和水晶，山上遍布棪木，挂果时蔚为壮观，远近兽类皆来讨食。

物产如此丰富的两座山，能盘踞于此者是兽族中最具灵性的两族：狌狌和白猿。

招摇山的狌狌，白耳长尾，善于直立奔跑，相较于四肢伏地的兽类而言，视野更开阔，反应也就更灵敏，既善战又善逃，其他兽族等闲不敢侵犯。但因体质特殊，食用后即善于奔跑，神族遂要求每年献祭一兽，供神族将士享用。神命不可违，狌狌族只能老实照做。

堂庭山的白猿，智慧远高于其他兽族，善伪装，懂计谋，再加上长臂善于攀缘，可谓有勇有谋，俨然为万兽之首。山中所产黄金和水晶是物产中最贵重者，他们却藏匿起来秘不外宣，神祭时只奉上些赤铜和栎果，神族诘问则作痴作呆，一年一年全靠蒙混过关。

这一年又到昼夜等长、阴阳交会的神祭日，狌狌族却找不到该被献祭的狌狌了。族长只是转身去拿玉石而已，捆好的倒霉狌狌就不见了，祭台上只落着些许桂花。其实这狌狌是被打小结识的一个白猿好友攀树救走的，然而桂花细碎易落，饶是那白猿小心翼翼，还是暴露了行踪。狌狌族长惧怕神族降罪，带族类一路急追，至堂庭山踪迹全无，便去找白猿族长理论。

巧的是，白猿族几年前也曾丢失一猿，怀疑是狌狌族捣鬼，苦于无证据。两族早就不合，此时神祭之事已被抛在一边，两位热血族长都觉得先打一架才是正事。在山上打自然是攀树能手白猿占上风，但狌狌迈开长腿且打且跑，把战场带到了平地，局势渐渐发生逆转。猿猴性本好斗，最不肯服输，更何况白猿还是万兽之首呢。白猿族长就派遣报信猿，往南山周围的群山中去招募兽族加入。

同为兽类，也分等级。比如兔狐鹿雉，要被虎豹熊罴猎食；而虎豹熊罴，则听猿猴狌狌

驱使。狌狌族和白猿族都能驱使猛兽，于是队伍迅速扩大，最后竟至于东南西北各山都有兽类加入，双方就在招摇山与堂庭山之间的三百里大平原上展开激战。只听得虎哮狼嚎，此起彼伏；只见得撕咬翻滚，腾挪跳跃；只杀得天昏地暗，烟尘漫天……这场大战，大约是自万灵诞生以降，大地上从未有过的壮观景象。

由此可知，天地创世之初，以三界分立，互为制衡，实是大有深意。目今兽类一族独大，神族势力衰微，天地之间亟须新的力量出现。神帝也曾为此卜得天启曰："山海战，王者现，三界安。"一番推演后，得知新的生灵叫作人，人族将成为大地之王，并介乎天地之间尊奉新的山海之神；而神族中即将羽化者，会被贬往大荒之东，化身为未来的人族国度，如中容国、少昊国、白民国、黑齿国等。

其实那被掠走的白猿，再加上当年祭神的狌狌，正是被中容应巫姑所求送往猺翼山，巫姑依女娲所遗古法，又吸纳神之气、巫之灵而育出了人。人族之祖离开猺翼山时，因山腹有水直通西海，因此到达西海之滨。他一路拔祝余草充饥，遂自己取名祝由。祝由之身，既拥有高智慧，又因神之气而比一般生灵长寿，还兼有巫之灵，擅巫医之术，真可谓天选的王者。

那与他相识的巫十一所化混沌，则趁乱自天庭脱逃，找到祝由，又去猺翼山带来诸多怪兽，就在西海一座岛上休养生息。几年时间，在混沌的辅佐下，祝由潜心钻研加训练，竟带出了一支怪异强大、包揽海陆空的队伍来。能

飞的，如人面三脚的瞿如，三头六尾的𪁢鱍，四翅六眼的酸与等；会走的，如人面野猪身的猾裹，牛身长着刺猬硬毛的穷奇，形似豪猪而长着红刺的孟槐等；能游的，似雕而有角的蛊雕，鱼身蛇尾的虎蛟，狗头鱼身的鲐鱼等。

当此际，实乃天时地利只等祝由现身的好时机。只听人脸雄鸡身的凫溪一声大叫，高亢的啼鸣响彻天际，混战中的群兽打个激灵，都停下来望向海滨，眼前的景象让他们终生难忘：上有羽翅各异的飞鸟，下有形态各异的走兽，水边还有水兽怪鱼，正中的半空悬停着一只六足四翼无头无脸的神兽，骑在神兽上的是一个头戴花冠的人。远远地看不清人脸，只看到乌发随风飞舞，他眼睛的光芒明亮灼灼。

祝由手中有一面旗，他举起旗帜，口中发出指令。便有四翅六眼三只脚的酸与飞过来，巨大的翼翅掠过战场，六只眼瞪视东南西北各方位，顿时每头兽都觉得自己被盯上了，恐慌像风一样刮过来。紧接着居然真的起风了，原来是祝由把旗向前一指，人脸狗身的山狸一跃而起，闪电般冲进群兽之中，一下子带起了猛烈的飓风。白猿和狌狌两族反应最快，呼哨一声示意群兽四散逃窜，不意真正的攻击比他们预想的还快，一队独脚长嘴的毕方鸟飞临上空，呼呼数声便齐刷刷向地面喷火。被烧到的虎豹熊罴打着滚儿号叫，体形大的犀牛大象奔跑起来，体形小的狼狐则找地儿躲藏，白猿和狌狌熟知附近有一条丽麐河，遂纷纷往河边逃去。但丽麐河与西海通，早有两身一头的肥遗组成

队列，守在入海口，一声令下齐齐吸起水来，少顷丽麐河便干涸见底。

白猿和狌狌两族的族长情知不妙，此时哪里还计较过往恩怨，齐齐发一声喊，带领群兽向前狂奔，意图冲击祝由的队伍。祝由把旗在空中一卷，大喝一声，他的队伍也动起来。马身鸟翼人面蛇尾的孰湖是先锋，一字排开横在前列，他们擅长把对手举起来，冲到面前的兽类纷纷被这样扔开。五尾一角身如赤豹的狰是左队，牛身人脸马蹄的红色窫窳是右队，从空中俯瞰，正如两道移动的红色围栏，把庞大的兽群包抄起来。中间正面作战的有两队：一队由牛身人脸的窫窳带领，队伍由外形似羊却无口的𰠖组成，他们横冲直撞肆意踩踏，最大的优势是任何猛兽都杀不死他们；另一队由举父带领，他与猕猴相似，兼有虎豹的特征，擅长投掷杀敌，所向披靡，其队伍则比较杂，但皆凶猛异常，白头朱厌、四角土蝼、诸怀、猾裹、狍鸮、穷奇、孟槐……

混沌载着祝由在低空巡视，指挥钦原掠阵，𰠋疏开路。钦原外形像蜂，却如鸳鸯一般大小，看见有漏掉的兽类，便飞过去蜇死。𰠋疏擅长辟火，可保自己的队伍从火中经过也无虞。

这一场山海大战早惊动了天上诸神，那尚有余力驾云的便立在云端观看，眼见得昔日那些异兽怪鸟竟在祝由手中练成了一支强兵，把桀骜暴虐的群兽一一收伏，大平原上渐渐恢复平静，世间万兽俱俯伏在人族之祖的脚下。神帝自忖，若神族与这支队伍遇上，只怕也难善

了，他一声长叹，降下神谕一道，自九霄飘摇而落，在山海间缓缓诵读：

地之所载，六合之间，四海之内；
照之以日月，经之以星辰，纪之以四时；
神灵所生，其物异形，唯圣人能通其道。

斯时杀声已息，天清地明，祝由伫立在光华四射的迷穀树下，接受万千鸟兽的朝拜。世间生灵再次各归其序，那些因变数而生的异兽也纷纷获封，或坐拥某处山林，或奉为山神水神。此后，在漫长的人族历史中，人面兽身、三头六臂、九尾四翼等志怪神话也将传之久远。

一切自山海始，也终将湮灭于山海间。

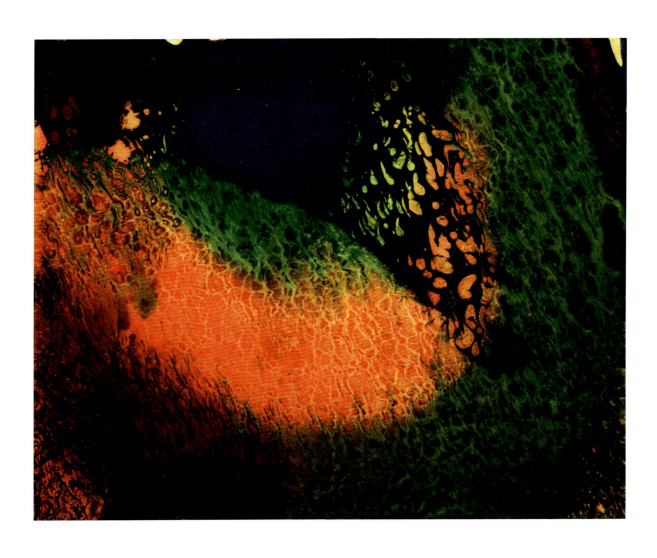

原 文

《山海经·南山经》：招摇之山，临于西海之上。多桂，多金玉。有草焉，其状如韭而青华，其名曰祝余，食之不饥。有木焉，其状如穀而黑理，其华四照，其名曰迷穀，佩之不迷。有兽焉，其状如禺而白耳，伏行人走，其名曰狌狌，食之善走。丽麂（jǐ）之水出焉，而西流注于海，其中多育沛，佩之无瘕疾。又东三百里，曰堂庭之山，多棪木，多白猿，多水玉，多黄金。……尧光之山，有兽焉，其状如人而彘鬣，穴居而冬蛰，其名曰猾裒（huái），其音如斫木，见则县有大繇。……洵山，有兽焉，其状如羊而无口，不可杀也，其名曰㹇（huàn）。……鹿吴之山，上无草木，多金石。泽更之水出焉，而南流注于滂水，水有兽焉，名曰蛊雕，其状如雕而有角，其音如婴儿之音，是食人。……祷过之山，有鸟焉，其状如鸡而白首，三足人面，其名曰瞿如，其鸣自号也。泿（yín）水出焉，其中有虎蛟，其状鱼身而蛇尾，其音如鸳鸯，食者不肿，可以已痔。

《山海经·西山经》：鹿台之山，有鸟焉，其状如雄鸡而人面，名曰凫徯，其鸣自叫也，见则有兵。……小次之山，有兽焉，其状如猿，而白首赤足，名曰朱厌，见则大兵。……崇吾之山，有兽焉，其状如禺而文臂，豹虎而善投，名曰举父。……昆仑之丘，有兽焉，其状如羊而四角，名曰土蝼，是食人。有鸟焉，其状如蜂，大如鸳鸯，名曰钦原，蠚鸟兽则死，蠚木则枯。……章莪之山，有兽焉，其状如赤豹，五尾一角，其音如击石，其名曰狰。有鸟焉，其状如鹤，一足，赤文青质而白喙，名曰毕方，其鸣自叫也，见则其邑有讹火。……天山，有神焉，其状如黄囊，赤如丹火，六足四翼，浑敦无面目，是识歌舞，实为帝江也。……邽山，有兽焉，其状如牛，猬毛，名曰穷奇，音如獆狗，是食人。……崦嵫之山，有兽焉，其状马身而鸟翼，人面蛇尾，是好举人，名曰孰湖。

《山海经·北山经》：带山，有兽焉，其状如马，一角有错，其名曰臃（quán）疏。……谯明之山，有兽焉，其状如貆而赤毫，其音如榴榴，名曰孟槐，可以御凶。……少咸之山，有兽焉，其状如牛，而赤身、人面、马足，名曰窫窳，其音如婴儿，是食人。……狱法之山，有兽焉，其状如犬而人面，善投，见人则笑，其名山狟（huī），其行如风，见则天下大风。又北二百里，曰北岳之山，有兽焉，其状如牛而四角、人目、彘耳，其名曰诸怀，其音如鸣雁，是食人。诸怀之水出焉，而西流注于嚣水，其中多鮨鱼，鱼身而犬首，其音如婴儿，食之已狂。又北百八十里，曰浑夕之山，有蛇一首两身，名曰肥遗，见则其国大旱。……钩吾之山，有兽焉，其状如羊身人面，其目在腋下，虎齿人爪，其音如婴儿，名曰狍鸮，是食人。……景山，有鸟焉，其状如蛇，而四翼、六目、三足，名曰酸与，其鸣自詨（jiào），见则其邑有恐。

女祭女戚

方如梦

奇肱之国,刑天与帝至此争神,帝断其首,葬之常羊之山。……
女祭、女戚在其北，居两水间，戚操鱼鲴（shàn），祭操俎。

——《山海经·海外西经》

1

荒原上阴冷的风吹过，黑色而深不见底的两条河流在风中缓
慢地流动着。

巫女戚轻轻放下手中的鱼鲴，转头看着鹳鸰，这鸟带来的消
息让戚嘴唇发白，双手微微颤抖。

站在一旁的巫女祭见状握着俎走了过来，不解地看着戚。戚
振臂，鹳鸰一惊而飞。戚看着慢慢飞远的鹳鸰，牙齿狞厉地厮磨
出几个字："主上失败了。"

祭脸色一变，睁大眼睛看着戚问："什么？"

戚的脸色如眼前荒原上的水流一般黢黑幽深："主上与帝争神
位失败了。他被天帝所杀，他的头被埋在了常羊山。失去了头颅的
他，也从此失去了名字，他们叫他刑天。没有了头颅的他却以乳为
目，以脐为口，操干戚以舞。祭，你能想象出他现在的模样吗？"

祭没有吭声，额上青筋跳动，眼睛却因着悲伤和愤怒越睁越大，

《幻山海——女祭女戚》 布面油画 80×60cm 2019

直到眼眶裂开。裂开的伤口中慢慢流下深红色的血液，一滴一滴落在手中的俎上。俎中突然间冒出一片红色的血雾，一群青黄色长着人脸的鴸鸟在血雾里尖叫着飞出，冲向常羊山，黑压压的翅膀盖住了太阳。

戚凝视着鴸鸟飞去的方向，将鱼鮕双手捧起，厉声道："祭，哭有什么用？这血债须得血来偿。"

祭咬牙看着戚："怎么偿还？"

戚的声音就如这荒野的水流一样冰冷："痛

失亲人的滋味，高高在上的帝怕是没有品尝过。我们就让他尝一尝如何？"

祭的嘴角扯出一丝毫无温度的笑意，两道血痕在苍白的脸上显得诡秘而可怖："对啊，我们痛失了主上，帝也得失去他最喜爱的儿子才是。窫窳神俊朗飘逸，平时深得帝心，若是他死了，怕是菫荔草也治不了帝的心痛。"

戚缓慢地点头："那就窫窳神吧。让我想想，谁能杀了风流的窫窳神呢？是以果勇闻名的贰负神吗？"

祭拿起俎，俎中混合了血液的液体慢慢变得透明，一张脸渐渐地浮现出来。祭伸长舌头缓缓舔了舔脸上的鲜血，盯着俎中的脸道："昨天女丑偷偷来你这里许愿，她到你这里是求谁的爱情？"巫女戚与祭，戚掌管爱情，祭掌管死亡。

戚轻轻呼出了一口气，荒原上的冷风突然间变得狞厉起来，吹动祭与戚深黑色的衣袍："窫窳神。平凡无奇的女丑爱上了风流倜傥的窫窳神。祭啊，你掌管死亡，不明白这爱情的混乱。女丑是贰负神最爱的女人，而她又深深爱着窫窳神。"

祭的笑容阴冷冰凉："混乱的爱情是通向死亡最快的路径。戚啊，我们得好好帮一帮女丑，让窫窳神的死亡来得快一点，让帝的痛苦也来得快一点。"

戚踩在风上微笑了，黑色衣袍猎猎飞舞："通向死亡的爱情一定会伤害很多人。一想到帝会失去这么多，我真是开心。"

2

贰负一把拽住女丑青色的衣裙问："你干什么去？"

女丑甩开贰负的手："哎呀神主，你拉我做什么？我兄长危是你的臣下，我又不是。我去哪里要你管？"

贰负不吭声，深不可测的眼眸却看向女丑的手中："你手里拿着的是什么？是荀草吗？你拿这草做什么？"

女丑脸上一红，转身就要走："懒得跟你多说。"

贰负皱眉道："荀草服之美人色，可惜不长久，朝夕之间又得变回来。这草只在青要山上有。青要山那么远，荀草又极为稀少，这株想必得来不易，到底是谁给你的？"

女丑一跺脚："不就是一棵荀草嘛，有人愿意给我，不行吗？"

贰负凝视着女丑，低声说："你在我心中眼里，就已经是最好看的，却又何必吃荀草。"

女丑却并没有听见这话，只是看着远处拍手笑了："那阵风是窫窳神的风，果然他今天会去诸沃之野，戚没骗我。我不跟你说了，我去找窫窳，你别跟来呀。"

说着，女丑乘风而去，青衫在风中翩然飞舞。

贰负脸色一冷，随即皱眉，喃喃自语道："戚？巫女戚？女丑找她做什么？"

3

巫女戚端着鱼鲴，脸隐藏在黑色的衣袍中看不清楚。"女丑找我，自然是来许愿，神主对此有什么意见吗？"

贰负正襟危坐："请问女丑到底许了什么愿望？"

戚桀桀地笑了，笑声刺耳，像极了那不祥的鸱鸟的叫声："神主，巫女若是将别人许的愿望随意乱说，怕是不合适。"

贰负板着脸："女丑迟早都会是我的女人，你跟我说，没有什么不合适。"

戚叹了口气，气息吹过荒原，一群鸱鸟嘶叫着飞了起来："那神主的愿望怕是要落空了。女丑许愿要得到窫窳神的心，我也答应了要帮她。"

贰负脸色变得阴暗。

沉默回荡在荒原的河流上空，只有潺潺流水的声音在风中嘲笑。

戚用嘴唇轻轻碰了碰鱼鲴："神主还有什么要问的吗？如果没有，还请回吧。我是巫女，替别人实现愿望是我的职责。"

贰负突然抬头，眼神犀利："你怎样帮她得到窫窳？那家伙风流好色，女丑的样貌平凡不入他的眼，他怎会爱上女丑？"

戚隐藏在黑暗中的脸又发出桀桀的笑："那就让女丑变美吧。"

贰负冷哼："那荀草想来是你给女丑的？荀草效果不长久，若是失效了，窫窳那家伙仍然会抛弃女丑。"

戚不吭声，慢慢用脚踩着冷风站在了河流上空，黑色的衣袍笼罩出一片巨大的阴影。戚弯下身，黑色的河水缓缓向上注入鱼鲴："神主问得太多了。我是巫女，只管帮人实现愿望，至于愿望的后果，那是你们自己的事情。"

4

贰负咬紧牙关看着巫女祭。

祭拿着俎，看着贰负："戚与我虽同为巫女，然而我与她所能并不相同。戚执掌爱情，我执掌死亡。女丑求爱情，戚帮她实现，这中间并无不妥。"

贰负站立良久，缓缓道："那为何女丑从诸沃之野回来之后找的人是你而不是巫女戚？"

祭的脸在黑袍中看不分明："爱情与死亡，本来就是姐妹。"

贰负脸色变了："她到底要求了什么？她到底怎么了？"

祭的笑声如鸱鸟："爱情是贪婪，得到了就会想更多，永不餍足。神主爱着女丑，这种心思，神主大概比谁都明白。"

贰负紧紧握拳，骨节发白："她想得到窫窳的心，为何来求执掌死亡的你？"

祭的叹息阴冷地吹过荒原，吹过河流："因为窫窳说了，他怎么可能爱上女丑，这心愿根本就不可能实现，除非女丑能在十日灼烤之中待上一天。"

贰负脸色大变："能让十个太阳一起出来绝非易事。更何况十日并出之时，便是火海一片。

女丑怎能抵挡这般灼烧？"

祭在黑袍下的笑声桀桀刺耳："巫女戚与祭合力自然能令十日并出。戚与祭为了实现女丑的愿望，耗费了多少心力。说起来神主应该好好谢谢我们才是。"

一阵狂风卷过，贰负在狂风中掠过荒野飞向山上。

5

十日灼烤后的山上犹如火海。火海之中，躺着一具女人的尸体，青色衣裙被炙烤得几乎褪色。女子用衣袖遮着脸，看不出面容。

贰负轻轻拉开女子遮着脸的手，手被太阳烤得干枯如树枝。

女子的脸露了出来，明艳如朝霞，然而这美丽的脸慢慢变了，苟草的功效终于消失了，女丑原本的样貌露了出来，随后便在这一片炎热中干枯萎缩。

贰负痛苦的喊声在山上久久回荡："窫窳，我誓杀你为女丑报仇！"

6

鹝鸹的话嘈杂混乱："贰负带着女丑的兄长危，两个合力杀了窫窳。帝大怒，把他两个锁在疏属山上，桎其右足，反缚两手与发，系在山上磐石之下。"

祭低头看着手中的俎，俎中似乎有东西在

蠕动："这样啊，原来是这样啊。混乱的爱情果然是通向死亡最快的路径。帝可伤心哭泣？"

鹝鸹的聒噪伴随着漆黑的河流拍打荒原的声音："帝流着泪把窫窳的尸体带到了开明之东，让巫彭、巫抵、巫阳、巫履、巫凡、巫相拿着不死之药正在救呢。"

戚站在风上，黑色的衣袍猎猎飘动："纵然有不死药，以他们六巫的灵力，怕也是难救。"

祭的嘴角扯起一抹笑容："如果是这样的话，咱们也一起去出出力气好了。"说罢突然间伸手抓住了正梳理羽毛的鹝鸹，鹝鸹连挣扎都没有便在祭的掌心中化作一摊脓血。

祭倾斜手中的俎，一点碧绿的液体慢慢倒了出来，滴在掌中脓血之上。脓血刹那之间凝聚了起来，在祭喃喃的咒语声中化作一只怪鸟，长着三个头、六只眼睛、六只脚、三只翅膀，"鹝鸹、鹝鸹"地叫骂着在冷风中飞了起来。

戚在嘴角扯出一丝阴恻恻的微笑："帝既然让主上化作了刑天而没死，那他的宝贝儿子窫窳咱们当然也是要救的。只不过嘛，我主上的头没了，只剩残躯操着干戚挥舞，这窫窳神当然也须付出点代价。咱们这就去凑凑热闹，帮那六巫一把，让窫窳复活后从此变个样子，当一个失去神识从此只知道吃人的野兽吧。"

祭与戚踏在荒原阴冷的风中，一群青黄色长着人脸的鸢鸟尖叫着随风飞向六巫医治窫窳的开明之东，黑压压的翅膀盖住了整个太阳。

原 文

《山海经·南山经》：基山，有鸟焉，其状如鸡而三首六目，六足三翼，其名曰鹩鹌（chǎng fū），食之无卧。

《山海经·西山经》：小华之山，其草有萆荔，状如乌韭，而生于石上，亦缘木而生，食之已心痛。

《山海经·中山经》：青要之山，有草焉，其状如葌（jiān），而方茎黄华赤实，其本如藁木，名曰荀草，服之美人色。……又原之山，其阳多青雘，其阴多铁，其鸟多鹳鸰。

《山海经·海外西经》：奇肱之国，刑天与帝至此争神，帝断其首，葬之常羊之山。乃以乳为目，以脐为口，操干戚以舞。……鹚（cì）鸟、鹯（zhān）鸟，其色青黄，所经国亡。在女祭北。鹚鸟人面，居山上。……女丑之尸，生而十日炙杀之。

《山海经·海内西经》：贰负之臣曰危，危与贰负杀窫窳。……开明东有巫彭、巫抵、巫阳、巫履、巫凡、巫相，夹窫窳之尸，皆操不死之药以距之。

张弘

方如梦

有人名曰张弘，在海上捕鱼。海中有张弘之国，食鱼，使四鸟。

——《山海经·大荒南经》

1

英招在半空中伸展翅膀，看着海上的张弘。

天气晴好，海风微咸。

张弘赤脚踏在翻滚着的雪白海浪上，眼睛盯着海里的鱼，头也不抬地问："你不在槐江山上好好养花种草，跑到这里干什么？"

英招发出如榴般的笑声："我来传帝的旨意。"

张弘叹了口气，直起身来，抬头看着半空中的英招。英招那马身上斑驳的虎纹在蓝天碧海之间倒是威风好看。

张弘眯了眯眼睛说："帝又要去打谁了？上次鼓与钦鹍联手杀了葆江之后，帝让我跟你两个联手平叛，那场争斗几乎要了我的命。我本想着跑到这大荒之南总该能过两天太平日子，谁想到你又来了。你去跟帝说，张弘被鱼妇吃了，没找到。"

英招榴榴地笑："你看你那胆小怕事的样子，鱼妇在大荒之西，你两个离得这么远，他又没腿，怎么跑来吃你？再说了，谁不知道那鱼妇自从复活之后就活得小心翼翼，整天食素养生，你这话别说帝了，到我这里就先行不通。"

张弘瞪了英招一眼，突然间双足一顿，脚下浪花滔天翻起，直卷向半空中的英招："帝让你一个看花圃的找我一个打鱼的商量征战杀伐之事，你难道就没有说过此事不妥，不能领命吗？陆吾、禺貌这些个能打的这会都干什么去了？"

英招冷不防被泼了一身水，却也不着恼，笑吟吟地抖了抖身上的水珠，水珠飞溅在太阳光下，五彩耀眼，煞是好看。

英招冲着尚在恼火的张弘笑了："你看你这个急性子，我又没说帝的旨意到底是什么，你着什么急？"

张弘冷哼："帝找我从来就没什么好事。"

英招笑："这次真的是好事儿。帝要请夏后开在大乐之野听《九代》。神曲《九代》轻易不演奏，帝说既然好不容易奏一次，就让我多找些人来一起听，大家一起热闹热闹。我想着你蹲在这大荒之南整天风吹日晒地打鱼也没个什么乐趣，不如一起去听听？"

张弘摸了摸下巴："夏后开？我就搞不明白了，帝那么喜欢他做什么，这都是第三次请他来了吧。"

英招扇了扇翅膀，神秘兮兮地压低了嗓门道："你难道没发现这夏后开的样子有些个像窦窳当年的样貌吗？"

张弘叹息："窦窳神当年风流英俊，深得帝心，谁想却被贰负之臣杀了。都想着昆仑六巫带着不死药定能起死回生，哪承想窦窳复活之后竟神智迷乱，硬生生变成个只知道吃人的野兽，这中间也不知道哪里出了岔子，我见了他现在的样子都替帝伤心。"

英招抖了抖尾巴，不置可否："旨意已经传到了，你我大乐之野再见吧。"

说罢，英招的翅膀扇动了起来，狂风乍起，海水汹涌，张弘脚下不稳，一个猛子扎在了海水中，很是呛了两口水。

2

张弘看着孤单单独坐一隅的昆仑六巫。自从窦窳被复活后神志不清，不仅帝为之震怒，而且众神也都纷纷质疑六巫的能力。六巫到现在走路都不敢抬头，落座也只在偏僻处，只怕被众人发现。

然而六巫不想找事，事却自己长腿找到六巫。耳朵上戴着蛇的弇兹隔着驱风的因因乎大声笑着冲六巫嚷嚷："喂，我说巫彭，你们那不死药不是西王母给的吗？西王母的不死药百试百灵，怎么到你们手里就出了问题？"

弇兹的声音随着因因乎吹出来的风飘的得到处都是，众神齐刷刷地将目光对准了六巫。

巫彭的脸涨得通红，颤抖着嘴巴想要说什么，旁边巫抵拉了拉他的衣袖，摇了摇头。巫阳却忍不住大声说："我等六巫的力量自来有目共睹，那白民国的神兽乘黄，便是因我六巫之故使乘之者寿二千岁，我等法力，怎么可能有

《幻山海——张弘国》 布面油画 100×80cm 2019

问题？"

话音刚落，就听一个冷冷的声音说："巫阳这话的意思，是说我的不死药有问题吗？"

张弘听了声音，赶紧站起身来，却见豹尾虎齿的西王母不知何时到了，正冷冷地看着巫阳。

巫阳张口结舌，正想说话，只听钟鼓齐鸣，帝的辇车到了。

帝的目光扫过众人，定在张弘脸上："不愿在昆仑逍遥，宁愿海上风吹日晒。"

张弘双手接过五彩鸟递过来的高前水浆一饮而尽，却是不言。

帝却也不再看他，转过目光，微笑道："客人来了。"

驾着两条龙飞腾在三重云雾之上，双耳戴青蛇的夏后开左手操翳，右手操环，身上佩玉璜，全身叮当乱响地飞驰而来。

不知什么时候到身边的英招低声道："真是花哨，帝喜爱的人怎么都这么花里胡哨的？"

张弘悄悄捅了捅英招，英招于是低眉闭嘴，只当没看见帝台上的怒目。

3

《九代》之曲悠扬飘洒，夏后开伸手打着拍子，闭着眼睛很是享受。

张弘的注意力却完全没有放在《九代》上，站在帝台两侧的两个巫女吸引了他的注意力。

巫女们身穿黑色衣袍，脸藏在衣袍里看不清楚。一个手捧鱼鲲，一个拿着俎。

张弘捅了捅摇头摆尾听曲的英招，悄声问："那两个是谁？"

英招眼睛微微抬了一下，随即又闭上了："是巫女戚和祭，一个执掌爱情，一个执掌死亡。"

张弘皱眉头："她两个出现在这里干什么？"

英招被频繁打断，颇有些不耐烦："还能干什么？赏乐呗。"

张弘定睛看着这两个巫女，心中不知道为什么有些不安。

巫女的衣袍之间黑雾缭绕，在这神曲飞扬、众神迷醉的场合之中，很是不协调。

英招却突然间张开了眼睛，看着巫女低声道："怪了，我没请她两个。她两个平时居于荒原两水之间，不大跟人来往，倒是从哪里得到的消息这会儿跑了来？"

张弘看着手捧俎的巫女，巫女的嘴唇似乎在微微嚅动。英招侧头："她两个的嘴巴动来动去，难道在唱歌？"

4

巫女自然不是在唱歌，从嘴巴里发出的咒语声越来越强，周身黑雾也越来越重，直到这黑雾伴着突然间嘶喊出来的尖厉咒语弥漫了整个大乐之野。一群早已经被帝处了极刑的神在咒语的召唤声中突破了帝设下的屏障，突兀地出现在众人眼前。

《九代》突然间停了下来。

这突如其来的变化令所有人目瞪口呆、不知所措，眼睁睁地看着人身牛蹄、四眼六手、头生尖角，一向与帝为敌的蚩尤在黑雾中冲向帝台。弇兹的惊叫和西王母的嘶吼混成一团，六巫抱头鼠窜，因因乎大口大口地吹着气，想要驱散这漆黑的浓雾，而那漂亮的夏后开早已尖叫着驾龙狂奔，不知去向。

帝被这混乱闹得不知所措，在高高的帝台上除了呐喊之外并无其他动作。英招却反应敏捷，早已扇动翅膀四蹄飞奔，连飞带跑地冲向帝台挡在帝的身前。黑雾之中，张弘惊讶地看见挥舞着干戚的刑天、贰负，甚至被他和英招杀死之后已经化作了鵕鸟的鼓和化为大鹗的钦鵶都一个个拼尽全力奋力嘶吼着。

全是乱臣贼子！

除了一贯与帝作对的蚩尤，剩下的全都是被帝诛杀抑或惩罚后心怀不甘的神主。张弘皱紧眉头，这些乱臣贼子如今怎么全凑到了一起而来？

不容细想，耳边风过，张弘猛地低头躲了挟着风扑向自己的大鹗的虎爪，大鹗仰天长啸，声如晨鹄。张弘并不恋战，趁着大鹗嘶吼，拔腿就往方才巫女站着的地方跑，却不防被鵕鸟兜头啄了一下，鲜血顺着头往下流，几乎糊了眼睛。

帝在台上的喊声尖锐刺耳："张弘，莫要管这两只鸟，快来和英招一起护驾！"

此声一出，那反绑着刑具的相顾尸操戈便挥向张弘，各种嘈杂的喊叫声在耳边响成一片。

张弘左突右挡，忙做一团。

那巫女的声音却冰冷如蛇一般一丝丝在大乐之野上飘荡，闯入张弘的耳中："蚩尤骁勇，此战一起，必将绵延数年。帝啊，高高在上的你，有没有想过今日？"

张弘奋力拨开挡住自己的戈，扑向巫女声音传来的地方，却只抓住了一片衣角。

抬头，巫女在黑袍中的脸终于清晰地露了出来，惨白的脸平凡而普通，就算放在人类当中，也丝毫不起眼，然而眼中的恨意与笑意，却如寒冰一般刺进张弘的心中。

张弘大声嘶喊："为什么？你为什么要这样做？"

巫女凝视着张弘，脚下的风冰冷刺骨，身边一群青黄色的鸢鸟叫声刺耳。巫女伸出苍白的手指着一个方向说："你看。"

张弘扭头顺着巫女手指的方向看去，那刑天正挥舞着干戚与蚩尤两个和满头大汗的英招斗在一处。

巫女声音如寒风："帝平日里杀伐果决，丝毫不在乎我等谏言，动辄不问缘由便处极刑，这些神主的心中早就充满冤屈与不满。神主们心中的不满积攒得太多了，便会慢慢地延开，哪怕神主已经被杀死，心中的怨恨最后也会形成这天地间的杀戮之气。"

张弘浑身一震，睁大眼睛看着巫女。

巫女眼中一片冰冷的恨，嘴角却扯出一丝诡异的笑容，低声对张弘说："我的主上，被帝砍了头，失去了名字，叫作刑天，他心中是有多少恨意和不甘才会在死后挥动干戚不休不止。其他那些被帝处死的或者被你亲手剿灭的神主，你猜猜他们心中又会有多少怨恨呢？我们加在一起的力量，你这次是否能帮助帝再次剿灭？"

5

满脸鲜血的张弘只觉得力量将要用尽，英招那边也好不到哪里去，浑身上下都淌着汗水和血水。然而胜败已分，纵有巫女相助，蚩尤和那些残缺着身体的神主终于还是寡不敌众，溃败了下来。帝大吼着："抓住他们，别让他们跑了，我要用四海之水淹死他们，用祝融之火烧死他们！"

张弘抓着刑天，刑天浑身鲜血，用以为口的脐中兀自喃喃咒骂，那边被英招踩在脚底下的贰负之臣嘶声吼道："你罔顾我等情由，刑罚严苛，被你处死，我永不甘心！"

这吼声大如雷鸣，滚过处处狼藉的大乐之野。

张弘看着躺在地上奄奄一息兀自鸹鸣不已的钦𬳿，心里突然厌倦到了极点。他已经杀了钦𬳿一次，眼下就是第二次，难道还会有第三次第四次吗？蚩尤与受刑后残缺的众神主们没有半分悔改之意，而帝也没有丝毫宽恕之色。张弘一时觉得一切都毫无意义。

钦𬳿化为大鹗，见则有大兵，果然如此。

巫女的咒语声在天地之间响起，大乐之野响起了一阵轰鸣，这轰鸣之声来自地底深处，来自天空远处，深不可测，远不可见，这是超越所有神主甚至帝在内的最原始的力量。

所有人都不由自主停下了动作，就在这一瞬间的停顿中，包括蚩尤在内的所有谋逆之徒全部化作一阵黑烟，蚩尤的怒吼声在大乐之野的上空回荡："枉你为帝君，却不顾我等情由，只一味刑罚严苛，着实有失公允。被你处死，我等永不甘心！今日虽败，他日我定让尔等尸横遍野，所辖之处生灵涂炭！"

张弘眼睁睁看着手中的刑天也化作一阵黑烟，伸手却不能抓住，黑烟散去，再无踪影。

帝皱眉凝视着一道道散去的黑烟，沉默良久，终于摇头道："我对他们虽处严刑，却始终留他们神识不灭，可他们不但不反悔，反而怪我刑罚严苛，这天地之间，公正两字何其难。眼下这一场大战，终是免不了了。张弘，留下助我。"

6

张弘沉默不语地赤足站在翻滚着的雪白海浪上。

英招在半空中伸展翅膀，看着海上的张弘。

英招说："那日你走了，帝很伤心失望。"

张弘沉默。眼睛却看着不远处的一座海岛。

英招顺着张弘的眼光看过去，便也沉默了。

良久，张弘说："那个海岛叫张弘之国，国中之人食鱼，使四鸟。他们在这岛上平安康乐，我不想让他们因为我而卷入战事之中。"

张弘抬头看着英招。

英招的脸上不知为何，有了些悲戚之色。

张弘叹口气："我早已厌倦征战杀伐，想来你也如此。与蚩尤的这一战凶险万分，不比往日，你不如跟我在这海岛上生活。我这岛上虽然没有槐江山奇伟瑰丽，倒也有些奇花异草，可以解闷。"

英招摇摇头，叹了口气道："帝一向待我不薄，我不能在这个时候离开他。"

张弘沉默。

英招微微笑道："等战事结束，我一定会在你这海岛之上搭个窝，顺便把槐江山的花草带来给你们这些岛民开开眼。"

说罢，英招不再看张弘，突然挥动翅膀转身离去，风乍起，海水汹涌地扑了张弘一脸。

张弘缓缓伸手抹去满脸的水，看着英招远去的身影，大声喊："英招，你一定要活着回来呀！"

天气晴好，海风微咸。

原 文

《山海经·西山经》：钟山，其子曰鼓，其状人面而龙身，是与钦䲹（pí）杀葆江于昆仑之阳，帝乃戮之钟山之东曰崤（yáo）崖。钦䲹化为大鹗，其状如雕而黑文曰首，赤喙而虎爪，其音如晨鹄，见则有大兵；鼓亦化为鵕（jùn）鸟，其状如鸱，赤足而直喙，黄文而白首，其音如鹄，见即其邑大旱。……槐江之山，实惟帝之平圃，神英招司之，其状马身而人面，虎文而鸟翼，徇于四海，其音如榴。……昆仑之丘，是实惟帝之下都，神陆吾司之。其神状虎身而九尾，人面而虎爪。……西王母其状如人，豹尾虎齿而善啸，蓬发戴胜，是司天之厉及五残。

《山海经·海外西经》：白民之国在龙鱼北，白身被发。有乘黄，其状如狐，其背上有角，乘之寿二千岁。

《山海经·大荒东经》：东海之陼中，有神，人面鸟身，珥两黄蛇，践两黄蛇，名曰禺虢（hào）。……有五采之鸟，相乡弃沙。惟帝俊下友。帝下两坛，采鸟是司。……大荒东北隅中，有山名曰凶犁土丘。应龙处南极，杀蚩尤与夸父，不得复上，故下数旱。

《山海经·大荒南经》：有神名曰因因乎，南方曰因乎，夸风曰乎民，处南极以出入风。

《山海经·大荒西经》：西海陼中，有神人面鸟身，珥两青蛇，践两赤蛇，名曰弇兹。……西南海之外，赤水之南，流沙之西，有人珥两青蛇，乘两龙，名曰夏后开。……有鱼偏枯，名曰鱼妇。颛顼死即复苏。风道北来，天乃大水泉，蛇乃化为鱼，是为鱼妇。

《山海经·海内经》：北海之内，有反缚盗械、带戈常倍之佐，名曰相顾之尸。

窫窳

方如梦

少咸之山，有兽焉，其状如牛，而赤身、人面、马足，名曰窫窳，其音如婴儿，是食人。

——《山海经·北山经》

她看着眼前的人类。

这人像是一个猎户，身穿虎皮，腰挎弓弦。

猎户冷不防在这荒山上看见她，不由得愣了愣，半天没吭声。

她笑了。

在这少咸山中过了这么多年，食天地之灵气，集日月之精华，她也知道自己能幻化万物，化作区区人类那真是小意思。

猎户还是有些警惕地看着她。

也对，这光秃秃的荒山里面，突然间看见一个美貌少女，是个人都疑惑三分。

果然猎户问她："你是精还是怪？"

什么叫精怪？

她摇了摇头，她不清楚人类这么些劳什子的定义都是什么，也懒得搭理，只是上下看着猎户。

《幻山海——窦窟》 布面油画 105×105cm 2019

猎户看了看天色。

已近黄昏，满天云霞映在她的脸上，她化作人类的样貌应该是好看的吧，因为猎户的目光有些贪婪起来。

猎户问她："你是谁？为何一个人在山上？山上有怪兽食人，很是可怖。"

怪兽食人？

她皱了皱眉，不置可否。

那猎户一拍自己的脑袋："啊呀，看我，你是赵大户的妹妹赵明珠不是？"

什么？

这都是什么乱七八糟的？

猎户却开心地笑了："据说赵明珠前几天被怪兽掳上山，赵大户出了悬赏令，还说要是谁救了赵明珠，就把明珠妹子许配给谁，枉他们那帮蠢货找了那么许久没消息，没想到却在这里让我给碰见了，真是天上掉馅饼，踏破铁鞋无觅处！我这光棍打了二十多年，眼下终于要有媳妇了！"

她看着猎户如此兴高采烈，不由得也报以微笑。

猎户自己越想越开心，一伸手就来拉她："妹子，你跟我下山，等到了山下，咱们先去找你哥哥，然后拜堂成亲！"

下山？她不是很乐意。

于是躲开了猎户的手。

猎户伸手拉了个空，看看天色，有些着急："哎呀，你这好端端的没事还在山上转悠什么？太阳已经快下山了，等天黑了这山路就不好走了。"

她摇摇头，回头指了指自己的山洞。

猎户看了看山洞，又看了看她，再看了看已经沉下去一半的夕阳。

挠了挠头，猎户问她："你还有东西落在那里？等明天我们一起来取行不？乖，你别闹大小姐脾气，你且跟我下山去。等咱们下了山，让你哥哥准备些肥羊大鸭子，再准备些好酒，我跟你两个好好吃一顿。"

说着，猎户的肚子叽里咕噜地开始叫了。

猎户拍拍肚子，有些不好意思地笑："你看看，说着话就饿了。"

她听着这肚子叫的声音，便也觉得有些饿了。

拉了猎户的手，一转身，她朝山洞走过去。

猎户大概是没想到她会主动拉自己的手，顿时眉开眼笑，顾不得肚子饿，开开心心跟着她往山洞里走，嘴上一面兀自絮叨："哎呀呀，真是个大小姐脾气。行，听你的，咱们这就去取东西，大不了今晚咱两个不下山了。等会儿我去看看有没有什么野味给你打一点，咱两个在山上凑合一晚上也还行。反正天色已经开始黑了，这会儿下不下山也就那样了……"

山洞里一片漆黑，猎户不由得停下了脚步。

她便也停下脚步，侧头看猎户。猎户松开她的手，从怀里取出火折子，说话声音隐隐带着些颤抖："我说，这里面都是什么味道，怎么闻着像是野兽住着的地方？这血腥味也忒浓了，你一个小姑娘家，能有什么东西落在这野兽窝里？"

火折子亮了起来，借着火光，猎户刚好看见了眼前的白骨。

白骨森森，除了头颅，身上也还有些未吃完的肉。

看脸，是个十六七的小姑娘模样。眉心一点朱砂痣，分明是赵明珠悬赏令上画的那一颗，刚才怎么就没注意到她脸上没这颗痣？

猎户双腿顿时一软，转头看向她。

她慢慢躬下身子，四蹄着地，牛一样的身子在火光下微微发红，马一样的脚慢慢朝猎户走过来，唇角在微微笑着的脸上发出像婴儿一样急促的笑声。

希望吃了这个猎户之后，她就能够像人一样开口说话。

《幻山海——相繇》 布面油画　100×100cm　2019

相繇

谢 晟

共工臣名曰相繇，九首蛇身，自环，食于九土。其所歍（wū）所尼，即为源泽，不辛乃苦，百兽莫能处。禹湮洪水，杀相繇，其血腥臭，不可生谷；其地多水，不可居也。禹湮之，三仞三沮，乃以为池，群帝因是以为台。在昆仑之北。

——《山海经·大荒北经》

"相繇，你生来便作恶多端，为祸四方，如今更是破坏吾等治水之举，你已不容于世！"

相繇已布满了血痕的庞大蛇身此刻盘曲着，九张如小山一般的青面人脸俱露出凄然的表情。

"生来便作恶多端？为祸四方？哈哈哈！"相繇狂笑着，其笑声穿透云霄，尽传十里。

"大禹，你号称人族贤者，却也不过此般见识而已！"相繇的九张脸纷纷对着面前高举着剑，率领着数千士兵包围他的大禹怒吼着。

仅仅只是一吼之威，数千人族士兵竟是被震得浑身战栗，被这音波席卷向后退了十数步才堪堪止住身形。

只有大禹岿然不动，淡然地面对着相繇凶恶的目光。

相繇

谢 晟

共工臣名曰相繇，九首蛇身，自环，食于九土。其所歍（wū）所尼，即为源泽，不辛乃苦，百兽莫能处。禹湮洪水，杀相繇，其血腥臭，不可生谷；其地多水，不可居也。禹湮之，三仞三沮，乃以为池，群帝因是以为台。在昆仑之北。

——《山海经·大荒北经》

"相繇，你生来便作恶多端，为祸四方，如今更是破坏吾等治水之举，你已不容于世！"

相繇已布满了血痕的庞大蛇身此刻盘曲着，九张如小山一般的青面人脸俱露出凄然的表情。

"生来便作恶多端？为祸四方？哈哈哈！"相繇狂笑着，其笑声穿透云霄，尽传十里。

"大禹，你号称人族贤者，却也不过此般见识而已！"相繇的九张脸纷纷对着面前高举着剑，率领着数千士兵包围他的大禹怒吼着。

仅仅只是一吼之威，数千人族士兵竟是被震得浑身战栗，被这音波席卷向后退了十数步才堪堪止住身形。

只有大禹岿然不动，淡然地面对着相繇凶恶的目光。

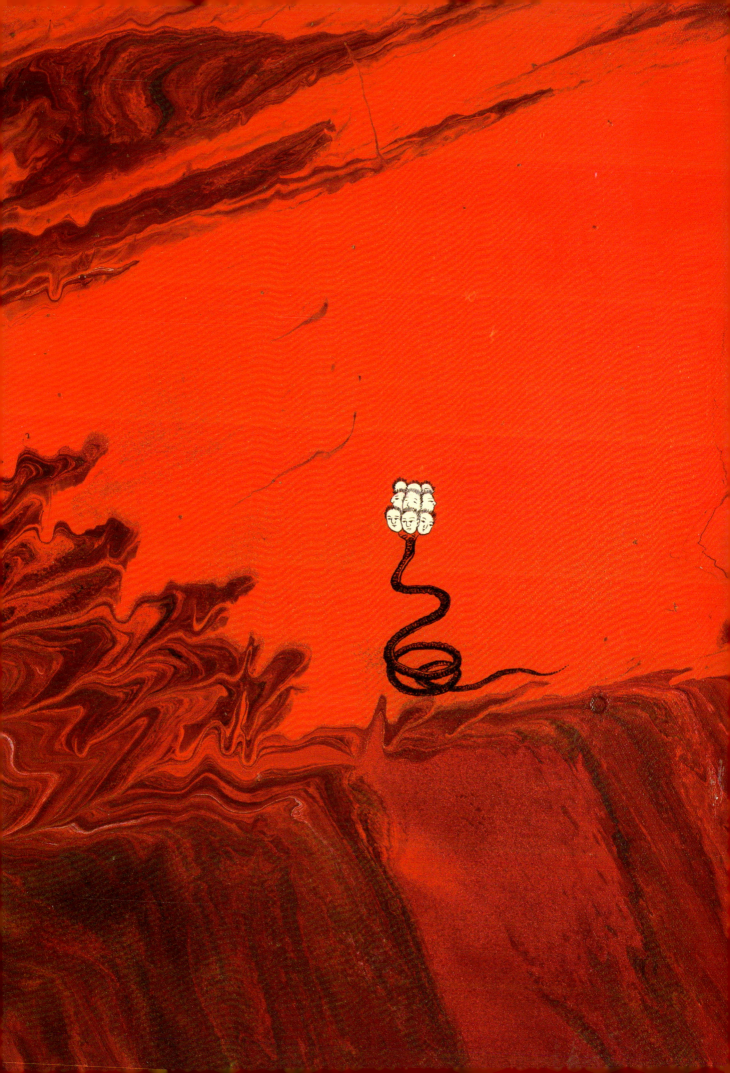

"相繇，你的公道在这里，可人族的天下也在这里！"

话毕，大禹拔剑斩向相繇。

相繇惨然一笑，闭上了眼睛，这一刻，它的眼前出现了从诞生起的一幕幕画面，就像重新活过一次一般。

数百年前，相繇诞生于一山间沼泽之地，不知父母，亦不知缘何诞生。

那时的相繇，身躯还没有那么庞大，蛇身与一柳树大小相仿，其九首亦非青面，而是宛若人类婴儿的脸一般稚嫩。

彼时，山间其余生灵见相繇九首蛇身，便以之为怪，故纷纷疏远，唤其为"怪"。

无人接近相繇，相繇很孤独。更无人指引相繇怎么长大，怎么生活，因此，相繇只能遵循着本能去生存。

它的第一感觉，便是饿。

初生的它懵懵懂懂，却也知晓生灵与死物不同，不该以之为食，于是它便吃目力所及最多，且不用争不用抢，也最不会扰到其他生灵的死物——土。

谁知，这一吃，便吃了百年土。

百年里，相繇的身躯越来越庞大，吃的土也越来越多，起初只是吃一小把土，慢慢地，一餐便需体积如高楼般的泥土才堪堪能饱，最后更是成长为九首每一首皆能吃下一整个小山头才罢。

于是，相繇每吃一餐饭，便会毁了九座山生灵的栖息之地，更别提它不经意喷出的口水，

会形成一个个有毒的沼泽，莫说人族，就连野兽接近了也会中毒身亡。

因此，相繇又有了新的名字，叫"难"。

不论何种生灵，从此都视相繇为灾难，畏而避之，厌而远之。

相繇更加孤独了，可随之而来的不仅仅是孤独，人族中开始有所谓的义士声讨相繇，认为相繇生来便会毒害万物之生灵，就不配活着，该早早死去才是。于是，又有更多的所谓人族勇士聚集在了一起，组队前往诛杀相繇。

相繇不想伤人，或者说不想伤任何一个生灵，所以他只是远远地避开。可这一行为在人族勇士们的眼里却成了逃，勇士们笑了，认为相繇怕了他们。于是勇士们更加肆无忌惮地组队征伐相繇，甚至于那些不怎么勇敢、只想沽名钓誉的人也加入了其中。

浩浩荡荡的人族大军追杀着相繇，终于，身躯庞大的相繇避无可避，与人族交锋。争斗中，相繇也只是想拍开人类，清出一条路来逃离而已，但它的力气太大了，大到只是轻轻地挥了挥尾巴，就直接把上百人撞飞了出去，骨骼尽断，吐血身亡。

自此，相繇有了第三个名字，继"怪""难"后，它被称作了"凶"。

人族憎恨相繇，畏惧相繇，相繇成了人们口口相传的"凶"，被人嫌弃和远离。甚至相繇一度自己也以为自己就是"凶"，这就是它的名字。

直到一个人的出现。

不，不是人，是神。

他为水神，名共工。

共工来到相繇的面前，告诉它，它的本领应该有更大的用处，问它可愿随着自己离开，一展所长。

相繇答应了，因为共工说，它有名字，名为相繇。

它笑了，它不是怪，不是难，不是凶，而是相繇！

它的名字，就是它活着的意义！

自此，相繇成了共工最忠实的追随者，随着他南征北战。共工说上天要惩罚人类，以洪水洗净人间的罪孽，相繇也信了，它成了真正的凶兽，所过之处，尽为泽国，毒液滋漫，寸草不生。

即便共工战败了，相繇也仍遵循着共工的遗志，摧毁大禹等人建造的堤坝，制造无数的毒沼泽，如人族所说的"为祸人间"，抑或算是相信共工所说的，秉承上天的意志惩罚人类。

所以，有了眼前这一幕。

人族贤者大禹，挥剑斩向相繇。

相繇在剑尖即将抵达的那一刹那，突然猛地睁开了眼。

"吾秉承上天意志，以水神共工之名，惩罚人间！"

"吾名相繇！"

大禹的剑斩碎了相繇的头颅。

数千人族士兵欢欣鼓舞，人间又少了一个凶兽。

不过，那个凶兽……好像有名字？

"叫……相……繇！"

青要山

赵世博

青要之山，实惟帝之密都。北望河曲，是多驾鸟。南望墠渚，
禹父之所化，是多仆累、蒲卢。魑武罗司之，其状人面而豹文，
小要而白齿，而穿耳以镰，其鸣如鸣玉。是山也，宜女子。畛
水出焉，而北流注于河。……有草焉，其状如菱，而方茎黄华
赤实，其本如藁木，名曰荀草，服之美人色。

——《山海经·中山经》

　　十几个蛎人全力奔跑着，身上的虎皮纹因为溢出的汗珠而
熠熠生辉。他们有力的双腿，给了他们能够追风逐电的速度。
如今天下大乱，这些罪妖蠢蠢欲动，都想逃下山去，找回过去
的辉煌。

　　虽然蛎人的速度奇快，可武罗还是在他们逃离青要山之前
拦在了他们身前。她扬手撒出了一把黄豆般大小的光珠，这些
光珠触到蛎人的身体，瞬间化作一张粗疏的网，将蛎人缠住，
火烧、针刺一样的疼痛传遍全身，这群蛎人纷纷倒地，痛苦翻滚，
哀号求饶。

　　武罗随手掐了一朵荀草的黄色花朵在鼻边嗅着，耳朵上的
金银耳环轻轻晃动。她身姿婀娜曼妙，细长的腰肢尤其动人，

乌黑的长发在头顶盘了一个发髻，上面插着一只巨蟒的长牙，弯弯的，仿佛新月。纤细的手上，每一个指甲都超过两寸，是玉石一样剔透的骨白色。只看这些，她是个难得的美人，可她的皮肤，却满是豹皮一样的斑纹，仅此一点，就把她的诸般美艳都抵消了。

"还想逃吗？"她嗅了一会儿花香，方才慢条斯理地问。声音清脆悦耳，如同玉石碰撞，伶俐一笑，露出洁白如玉的牙齿。

"再也不敢逃了，冥王开恩。"地上那群蟜人同声求饶。

她灵动的目光在他们身上扫了两遍，右手凭空一抓，缠住蟜人的网又变回了光珠，飞回了她的掌心。蟜人陆续爬起来，踉跄着返回了山上。她优哉游哉地跟在他们后面。

武罗是冥神，却不在冥界。人族崛起之后，修成了很多人神，与天、地神族交集日趋密切。黄帝与蚩尤一战，三界诸神都被裹挟其中，蚩尤战败，追随他的诸神，也一并被诛杀。神灵不死，所以被杀的神并没有进入冥界，而是化作了"罪妖"，留在人间赎罪。蟜人便是一类罪妖，他们的头发里，可以生出逍遥香，这是三界最上乘的香料，天界所需的逍遥香，都由他们供应，而蟜人却要因此承受无尽的头痛。

青要山是罪神的刑场，也是罪妖的囚牢。武罗的职责，就是看守山中的罪妖。她凭一己之力，管束住了山中所有罪妖，所以被称作"人间冥王"。这个冥王她已经做了几百年了，谈不上喜欢不喜欢。神也不是所有事都能自己做

主，这点与凡人一样。

她听到声声惨叫，是从山里的畛池那边飘过来的，于是腾身而起，蝴蝶一般，翩然飞了过去。

畛池方圆百丈，深也有百丈，池水幽暗如海，罪妖鲛人栖身其中，每日在池中织龙纱，这种纱薄如蝉翼，入水不湿，入火不化。鲛人还有一项禀赋，就是他们滴下的眼泪可以化成明珠。鲛人织出的纱，化出的明珠，也如蟜人发中生出的逍遥香一样，全部供应天庭所需。惨叫声是鲛人发出的，而每当有这惨叫声，定是强良又来收明珠了。

强良是北极天柜山的神祇，人身虎首，却有四蹄，长臂垂地。口中衔蛇，手中握蛇。这些蛇不仅是他的爱物，还是他的武器。他的职责，是收集天下珍宝供奉天界，因此他常来青要山，向鲛人收取明珠。倘若数量过少，他就会毒打这些鲛人，让他们落泪。此时，畛池里的鲛人都被他倒吊在池边的树上，他手中的蛇化成了长鞭，往鲛人身上抽打。鲛人惨叫痛哭，落下的眼泪瞬间化为明珠，衔在他口中的那条蛇守在树下，将落下的明珠系数吞进腹中。

在强良的毒打之下，鲛人都痛哭不止，唯有敖，从不落一滴眼泪。敖是契的弟弟，曾跟随鲧一起盗取天帝的息壤治水，结果反而使得洪水泛滥，弥漫九州。鲧因此获罪被斩首，之后化作了黄熊。敖也一同被斩首，之后化作了鲛人，在畛池中赎罪，直到如今。

她最初发现敖不哭，是看见强良打他出手

格外重，从此她便好奇，想看他能撑到几时，因此强良毒打鲛人的时候，她总在一旁看热闹，等着看敖屈服。

她在一旁观望许久，其他鲛人已化出了许多明珠，足够强良交差，可他今日似乎执意要和敖过不去，将他打昏了两次，还是不肯罢手。

"与罪妖一般见识，有失神祇身份，算了吧。"她终于看不下去，说道。

"这妖孽存心与我过不去，我今天倒要看看，他是要命，还是要珠子。"强良恶狠狠地嚷着。

"你再不停手，我便将你这几条蛇的皮剥了做腰带。"她端详着自己的长指甲，说得轻描淡写。但强良却立即收了手，哼了一声，驾云而去。

她将鲛人一一放下，他们陆续回到了池中，敖是最后一个，他在地上躺了很长时间，起初表情痛苦，最后突然笑了，挣扎着跃进了水里。

当夜月圆，敖又坐在池边吹埙。每当月圆之夜，他都会坐在池边吹埙，声音低沉，婉转哀伤，听久了让人心生凄凉。她喜欢听他吹埙，但从没对他说过。

她踱到了他身旁，问道："你今日为何笑？"

埙声停止，他没回头，看着水面说："我笑强良，打我们的时候那般威风，冥王一句话，便也灰溜溜地偃旗息鼓了。我原以为只在凡人里才有这样的欺软怕硬，没想到神族也有。"

"他们都知道，只要哭出几滴眼泪，就能免了皮肉之苦，你为何不哭？"她问。

"男子怎么能因为痛而落泪！"他凛然地说。

"那男子会为什么而落泪？"她更加好奇了。

"为心痛而落泪。"他说。

"怎样会心痛？"她问。

"失去亲人、爱人。"他说。

她不懂失去亲人和爱人意味着什么，但从他的声音里，听出了埙声的哀伤。她若有所思地转身预备走了，却瞥见水中他的倒影，又将埙放到了唇边。

"乐声里为何能有难以言说的冷？"她问。

"那是孤独。"他说。

埙声再起。

孤独？她在心里思索着这个词。原来总使她忍不住叹气的，是孤独。

禹因为治水有功，他的后裔得以执掌天下，但几百年后的这一代出了暴君，荼毒百姓，致使天下大乱，青要山上的罪妖感受到了人间的戾气，不断有试图逃离的，武罗每日对付他们，不得空闲。

某一日，天帝降下了旨意。因为禹的后裔民心尽失，天界将更替人间的权力，让契的后裔执掌天下。天帝命神祇延维现世。相传君主得到延维，厚礼祭祀，便可称霸天下，天界是要用延维向天下昭告人间帝王的变更。但契的后裔势力尚小，没人有能力辅助首领得到延维，反而禹的后裔身边却有许多妖兽助阵。如今三界分明，天界不便干预人间事，所以下令武罗带罪妖敖下山，暂时恢复他的人身，帮助契族

《幻山海——强良》 布面油画 100×80cm 2019

得到延维。倘若敖企图逃跑，抑或办事不力，武罗可随时将其诛杀。

武罗带敖下山，青要山暂时由强良和另外两位神祇代管。下山当日，敖的鱼尾重又变成了双腿，强良在他腿上加了镣铐，对武罗说："人族最是诡诈，下山之后，冥王绝不可解开的他的镣铐，让他脱离视线，否则这罪妖定会逃脱，切记。"

"你不必为我操心，守好自己的职能要紧，这满山的罪妖，哪一个逃了，都不是玩的。"她说。

虽然对强良的告诫冷嘲热讽，可在下山之后，她对敖的看管还是很严，从不让他离开视线半步。倒也并不是对他有多不放心，是她对人间太陌生，他在身边，让她觉得自如。她一身豹子的斑纹，被人视为异类，他便找来了一件披风，将她从头到脚罩了起来。他向她解释屋舍和各类工具的作用，还为她抚琴而歌。

"你可留恋人间？"她问。

"谈不上留恋，当年盗取息壤，本为治水，不想反而酿成大祸。此次下山，不为将功赎罪，只想弥补过去的过错。做了几百年的罪妖，人间早将我忘了。不如留在青要山，至少还有你听我吹埙。"敖说着，黯然一笑。

"你甘心一直做罪妖？"她问。

"你并没有视我为罪妖，这便够了。"他说。不等她回话，又低头抚起琴来。

他们按时来到延维现世的地域，时辰一到，果然见到山中升起一团紫气，随即这团紫气从山中飘下，能看见紫气中有一位神祇，双头人面而蛇身，戴着红色的冠冕，穿着紫色的华服。

"就是他，我们跟着他，看他落在何处。"武罗说。可他们刚走出几步，脚下的土地却突然剧烈地震荡起来，倏尔隆起，倏尔塌陷，渐渐地，从地底现出了一条巨蛇，身体弯曲绵延几里远，有九颗头，从嘴里不断吐出黑汁，被黑汁沾染的土石，瞬间化成了黑水。

"这是什么妖怪？"敖大惊。

"相繇，共工的臣。当年阻碍治水，被大禹斩了，残魄遁入了地底，想必是被禹族后裔的巫师召唤出来阻拦我们的。"武罗说。带着敖躲避相柳喷出的毒汁。

"你有几成把握胜他？"敖问。

"十成。只是要费些时间。"她说。

"这便是他们的算计，等我们斗赢了相繇，恐怕延维已经被他们夺去了。你解开我的镣铐，我去找延维，事情办好后再回来与你会合，怎样？"敖问。

"好。"武罗未作迟疑，指甲一弹，他脚上的镣铐已经解开了。她腾空而起，双手在空中挥舞几下，有发着光的细线从她指甲上飞出，缠在了相繇的一颗头上，只见她两臂向后一扯，细线收紧，就像刀切瓜果一般，这颗头瞬间被切碎。相繇痛得摇摆身体，搅得山崩地裂。敖趁机跳出他的包围，径直朝延维落下的方向奔去。

武罗与相繇从清晨一直斗到午后，将他的

头一一斩落，相繇遁地而去，她紧追不舍，直至将他封印在九泉之下，才返回地面。此时空中已看不到紫气，延维应该已经被人族得到，不管敖是否成功，他都该回来了。可是他没回来。

她作法平复被相繇破坏的土地，有意作得很慢。直到黄昏，土地平复完毕，视野毫无障碍，空旷的四野，被温和的暮色覆盖，看不见一个人影。她想起了下山前强良对她说的话，看来敖是不会回来了。

要不要把他抓回来？就算把九州翻个遍，于她也不是难事。她低头，看见了地上的埙，是他落下的。她将埙捡起来，决定不找了，随他吧。她是冥王，管得了鬼怪妖孽，却对人心束手无策。她将埙放到唇边，吹了一下，发出的声音令人皱眉。

"埙不是这样吹的。"一个声音从她身后传来。她回头，敖站在不远处，腿上流着血，大颗的汗珠从额头滚落，似乎极度疲累，但脸上却是笑着的。

"是啊，想必很难吧。"她低着头，强抑着脸上的笑。

"倒也不难，回青要山我教你。"他说。

她刚要答应，空中响起了一个声音："敖助契族得到延维有功，赦免其罪过，命其重生为人，助契族在人间奠定长久基业。"

他俩都吃了一惊，抬头仰视，头顶空无一物。

"我将化为谁？"敖问。

"天机不可泄露，你将重获新生，过去种种都将忘记。"空中的声音说。

"忘了我曾是敖？忘了这几百年？"敖问。

"不错。"空中的声音说。

一束光从青灰色的空中洒下，照在他身上，他在光束里，身体一点点变淡，仿佛正在被光蒸发。

"对不起，我不能教你吹埙了。"他说。嘴角艰难地扯出一抹苦笑。

"你能重生为人，很好。"她说。觉得喉咙干涩。

他笑着，眼角晶莹闪烁，越来越亮，最后盖过了周身的光束。两滴泪从他眼中滴落，化作了两颗如星辰般耀眼的明珠。他握着这两颗明珠，将手伸出光束，递给她，说道："我不想忘了你，却做不到了，你若不想忘了我，便收下这两颗珠子吧。"

她伸手去接，那束光倏尔消失了，他也消失了，两颗明珠，落到了地上。

武罗住在青要山，号称人间冥王。她耳上戴着金银耳环，上面镶了两颗璀璨如星辰的明珠。每逢月圆之夜，她会在青要山的畛池边吹埙，吹得毫无韵律，闻之令人皱眉。

原　文

《山海经·海内南经》：伯虑国、离耳国、雕题国、北朐国，皆郁水南。（晋人郭璞注：雕题，黥涅其面，画体为鳞采，即鲛人也。）

《山海经·海内北经》：蟜（jiǎo），其为人虎文，胫有䯊。在穷奇东。

《山海经·大荒北经》：大荒之中，有山名曰北极天柜……有神，衔蛇操蛇，其状虎首人身，四蹄长肘，名曰强良。

《山海经·海内经》：有神焉，人首蛇身，长如辕，左右有首，衣紫衣，冠旃冠，名曰延维，人主得而飨食之，伯天下。……洪水滔天。鲧窃帝之息壤以堙洪水，不待帝命。帝令祝融杀鲧于羽郊。鲧复生禹。帝乃命禹卒布土以定九州。

女魃

阿兹猫

有人衣青衣，名曰黄帝女魃……魃不得复上，所居不雨。

——《山海经·大荒北经》

这一年，人间大旱，星神夸父在荒地上捡到了一个粉雕玉琢的女娃，取名为女魃。

一千七百年后，太古山。

"魃儿，跪下！"

一道冷冽的声音晃动整个大殿，威严的夸父宛如天神般负手立在殿上，火红的小灼龙盘尾绕在殿柱上，望着殿上的女子。

"爹爹……"

一袭红衣的女魃跪在殿上，如瀑青丝散在水晶地面，折射出迷离的光芒。

"你可知错？"夸父问道。

女魃挺直腰板，昂起头，咬唇倔强道："爹，女儿既拜了女娲娘娘为师，那自然是要替天行道，现如今天道崩塌，人界妖魔猖獗，女儿没有心思嫁人！"

微弱的灯火下，他眯眼打量这个女儿，她眼波清湛，灵动的眸光妩媚又生动。

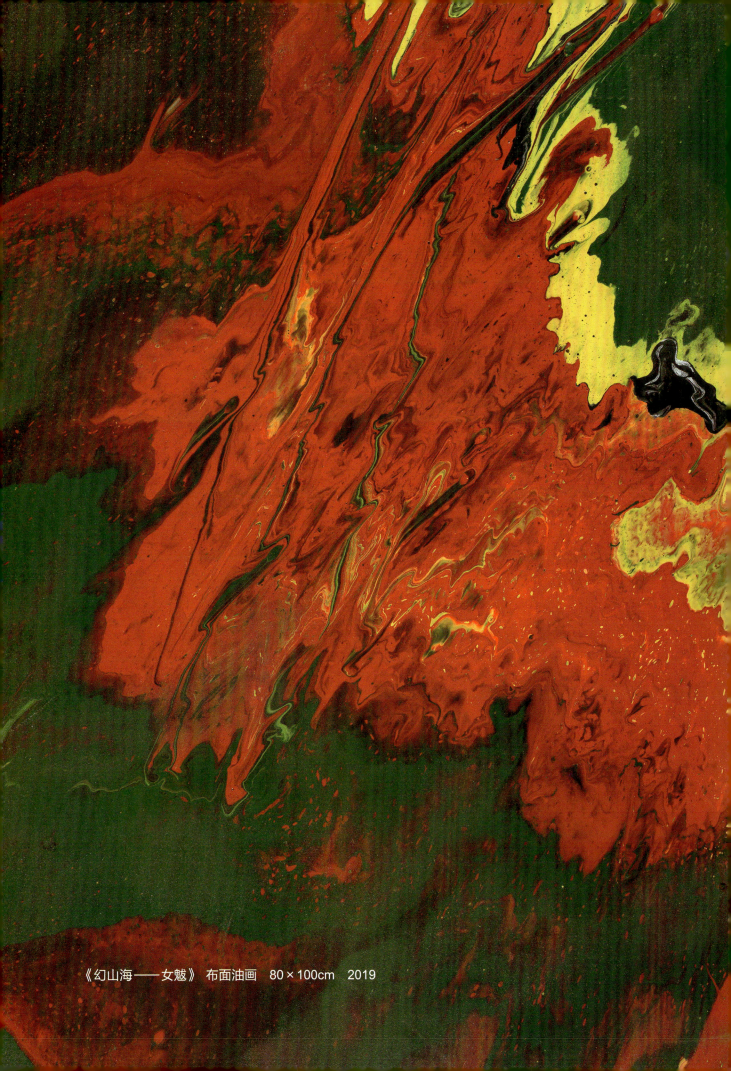

《幻山海——女魃》 布面油画　80×100cm　2019

他有了一瞬间的失神。曾几何时，他在洛城的旱地里捡到的娃娃，如今出落得越发清丽，也越发的有主见了！

这孩子天赋极高，却性情懒散。这些年来，她与夸父的徒弟后卿、飞廉、屏翳一起修炼，却不肯用心学，时常联合后卿捉弄他人。

她闯祸的本事渐长，偏偏顽劣的个性不改，最后收拾烂摊子的总是夸父那三个傻徒弟！

看来，自己太过娇宠她了！以至于她竟当着众神的面，拒绝了他的赐婚！

夸父怒火正盛，阵阵威压震得殿内水蓝的布幔随风翻跹，父女俩僵持在原地。

女魃垂眼睥着对面一方红案，案上仅有方正的青铜鼎，此刻鼎内炉火烧得正旺……

她知道这铜鼎名唤神农鼎，可以炼制各种丹药。

父神在此烧起神农鼎难道是在炼制丹药吗？

空气仿佛凝固起来，她低垂眉眼，不动声色地思考着。

想到先前她的未婚夫蚩尤，那个煞星怒气冲冲地走了，女娲面露难色，而夸父脸色惨白……

虽说女娲大神对于她的拒婚并没有追究过错，她的父神却……

作为天神，她这样打脸的行为让她父亲的面子往哪里搁？

思及于此，她蹙眉不语，修长的羽睫覆住眼底的灼热。

"魃儿，你与爹说说，为何要拒婚？难道兵神蚩尤不合你心意吗？"

"爹，女儿不中意粗鲁莽撞的他。"

"魃儿，你可知多多为何要拉拢蚩尤，让他与你联姻？"

"女儿知道，故而不愿成为利益牺牲品，我心应由我！"

"你！魃儿，难道你要一辈子与那个浑小子后卿交好吗？他可是什么都没有！"

"爹，此事与后卿无关，他是女儿的知己，仅此而已！"

"好！魃儿，你既然顽冥不灵，那爹爹只能矫正你的错误！"夸父摇头喟叹，抬手一扬。

倏尔间，神农鼎掀盖而起，一颗泛着袅袅白烟的碧玉腾在半空。

夸父不着痕迹地收回视线，手掌一收，碧玉已入掌中。

"魃儿，这是我用神农鼎炼制的碧玉，它会让你丧失所有记忆……"

"爹，你疯了吗？"

女魃只觉得脊背发麻，惊得连连后退，攥紧手上的赤炎鞭准备应战。

见到女儿竟用武器相对，夸父冷冷一笑，"好啊！我的魃儿，今日竟想要反抗爹爹了？"

"爹，你别这样一意孤行！"

女魃脚步一顿，脸上浮动几分不安。父神究竟是怎么了？对于这桩婚事他似乎产生了一种可怕的执念，此刻竟有些疯魔了！

"说！你愿不愿意嫁给蚩尤？"夸父神情

凛然，用嗜血的目光紧盯着女魃。

"不！女儿不愿！"

尽管嗅到来自父神威胁的血腥味，女魃依旧咬紧牙关，丝毫不肯松口。

面对不听话的女儿，夸父冷声唤来灼龙，脱柱的小龙身形陡然间暴长起来，瞬间便将女魃紧紧缠绕，令她动弹不得。

夸父抬手将碧玉送到她嘴边，声音诱哄道："魃儿，你要乖……服下这颗碧玉，你就会听爹爹话了。"

话毕，他扳紧女魃下颚，强行将碧莲放入她嘴中。

原 文

《山海经·大荒北经》：大荒之中，有山名曰成都载天。有人珥两黄蛇，把两黄蛇，名曰夸父。

穷奇

天狼

穷奇状如虎，有翼，食人从首始，所食被发，在蜪（táo）犬北。一曰从足。

——《山海经·海内北经》

正月十五，小镇，桥北。

小酒馆前，一位相貌堂堂的壮汉揪住了一个形容猥琐的老头儿。

"欠债还钱，天经地义。躲过初一躲不过十五，"壮汉理直气壮，"说吧，什么时候还钱？"

"钱大爷，小老儿眼下实在是没钱啊。"那老头儿脸皱得跟核桃一样，眼光四下乱转，似乎想找个机会溜走。

"没钱？借钱的时候你说得好听，有钱还钱，无钱还谷。结果倒好，不种谷子种萝卜！你说你是不是成心的？"钱大义愤填膺。

围观的人有的开始窃窃私语了，这老头儿看着可怜，其实很狡猾呀。

老头愁眉苦脸道："那不是谷子受灾了，临时改种的萝卜嘛。"

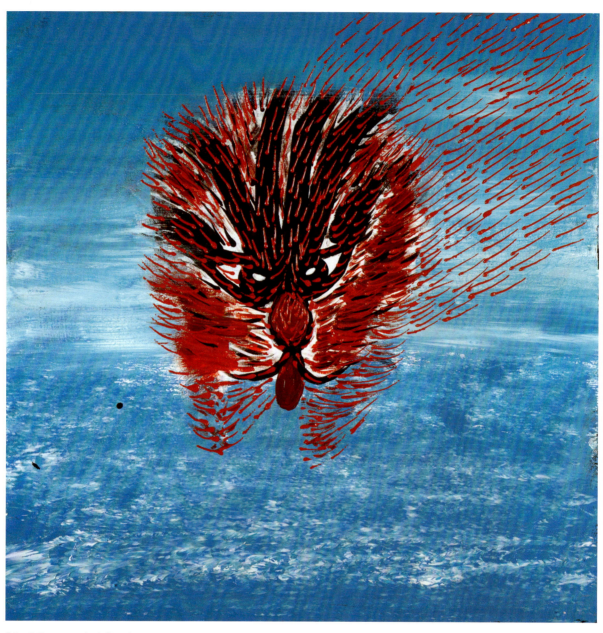

《幻山海——穷奇》 布面油画　63×63cm　2019

"少废话，就算是改种，还不上钱，那地里的萝卜是不是该归我啊？可为什么你偷着拔了那么多？"钱大声音抬高了许多。

老头儿在事实面前似乎已无话可答。

围观的众人开始指指点点，这老头儿拔人家的萝卜，不就是偷吗？

忽然，人们开始惊叫着向后退，壮汉定睛看时，人群中不知何时出现了一只怪兽，状如猛虎，毛如刺猬，背生比翼，慢慢踱近争吵的二人。

壮汉钱大吓得色变："你你你是谁？你你你要干什么？"

那怪兽声音低沉："我是穷奇。看你们争吵，来替你们断理。"

钱大结结巴巴道："他他他欠我钱不还，不种谷子种萝卜，还偷拔萝卜……"

穷奇点头道："是，我都听见了。你有理。"

钱大得意了："怎么样？老头儿，这神兽也说我有理……"

话音未落，那怪兽或者神兽忽然一口将钱大的脑袋咬了下来，吞了下去。那头颅似乎还嘀咕了一句什么。

穷奇舔了舔嘴唇道："我专吃有理的，你不知道吗？"说着又去把那钱大无头的上身咬住，那钱大的两只手，一只去推，一只去拉，终于都被穷奇吞下。剩下两条腿，一条要朝左跑，一条要朝右跑，终于都跑进了穷奇的肚皮。

围观的人早发一声喊，全吓跑了。那个老头儿吓得瘫在地上，尿湿了裤子。

穷奇冷冷地瞥了他一眼，拍拍翅膀飞走了。

三月初三，城内，大街。

人来人往，熙熙攘攘。

忽然有一怪兽从天而降，状如老虎，毛似刺猬，背生比翼。

人们吓得四散而逃，看到怪兽没有追上来，又禁不住好奇，驻足观看。

有人认出来了，小声嘀咕："这是穷奇，好给人断事，但专吃有理的一方。"

"是啊，我听说，他吃人，喜欢从头部开始吃呢。"

穷奇不理这些嘀咕，四下巡视，发现有一人脸色苍白，却站在成衣铺前不走，就踱过去问："你为什么不跑？"

那人脸色苍白，嗫嚅道："小人答应了朋友，在此等候，因此不敢失信。"

穷奇追问道："这么说，你是个讲诚信之人了？"

那人鼓起勇气道："正是，小人李七虽不才，但重诺守信，大家都知道的。"

穷奇忽然伸头，把那个叫李七的鼻子咬了下来。

李七惨叫一声，拔腿便跑。

穷奇自语道："诚信之人，鼻子的味道也不过如此嘛。没了鼻子就不用讲诚信了吗？怎么跑了？"它瞥了一眼刚才李七所站之处，有什么东西闪了下光。穷奇用鼻子哼了一声，拍拍翅膀飞走了。

六月初六，山村，破屋。

一阵怪风，似狼嗥、似狗叫，听着让人极不舒服。

一怪兽自天而降，状如老虎，毛似刺猬，背生比翼。不用说，正是穷奇。

屋里老人、孩子都吓得惊叫连连，一头发蓬乱、衣衫褴褛的汉子也瑟瑟发抖，但强撑着挡在老人和孩子身前。

穷奇开口道："你就是王十二？"那汉子点了点头，骇得说不出话来。

穷奇又道："听说你挖绝户坟、敲寡妇门、偷东家米、盗南村鸡，有没有这些事？"

那叫王十二的汉子头垂得低低的："有……"

穷奇哼一声："承认就好。"转头衔过来几只被它咬死的黄羊野獐，放在那汉子面前，说了声："给你的。"转身飞走了。留下王十二一家目瞪口呆。

腊月初七，天下，四方。

穷奇和腾根巡行着，遇到害人的蛊毒，就把它们吃掉。

腾根忽然盯着穷奇瞅了半天，似乎欲言又止。

穷奇冷冷道："有屁放。"

腾根叹了口气道："你也是堂堂贵胄，西方天帝少昊之子，怎么就这么一副德行呢？"

穷奇满不在乎地问："我这德行怎么了？"

腾根嚷道："还怎么了？两人打架，你吃掉

有理的。人家忠信，你咬掉人家鼻子。有人作恶多端，你却给他送这送那。你这不明明是惩善扬恶吗？"

穷奇不怒反笑，道："我乐意。你有理，有理有用吗？我把你吃了，你用你的脑子，跟我的肚子讲讲理。你忠信，忠信有用吗？我咬了你的鼻子，你告诉我，屎是香的还是臭的？他浑蛋，浑蛋关你屁事？哈哈哈。"

腾根打破砂锅问到底，"可究竟是为什么啊？"

穷奇见他没完没了，叹口气，正色道："那个所谓有理的钱大，放驴打滚的高利贷。借一百只给七十，完了收本息二百三。逼得人家快出人命了，挖两个萝卜他还当街羞臊人家。不该咬？那个忠信的李七，什么答应了朋友不敢走，是他脚底下踩了只金镯子，想趁没人时拾起来，舍不得走。不该咬？那个什么王十二，遇到危险，虽然害怕却挺身而出护住家人，也算是个汉子。"

腾根不解："那他干的坏事就不算了？"穷奇道："他挖的绝户坟的主人，活着时候就是为富不仁的货色。他只是拿了殉葬品换粮食。他敲寡妇门，是看她家母子快饿死了，给送吃的。他偷的拿的都是为了让一家老小活命。"

腾根似乎还是耿耿于怀："但他毕竟是干了违法的坏事啊。"

穷奇冷冷道："我也干了，怎么着吧？"

腾根无语了，半天才道："有些事……你做得似乎也情有可原，但你为什么不解释呢？

现在人们到处说你处事不公，说你是四大凶神之一……"

穷奇哈哈大笑，然后声音冷得像冰："你也知道，我是少昊的儿子。西部穷桑国的少主，含着金汤匙降生。可我爹对我就不公平，就不容我解释，我为什么要对世界公平？我跟他们解释不着！

"我大哥重，四方大脸一脸正气，身着白衣，出则驭龙，帮伏羲治理东方、掌管春天。见人行善事，还替人增寿。人们尊称他句芒。看起来正义吧？善良吧？可小时候那条小龙是他弄死的！然后他假装于心不忍，向父皇告发是我干的！当时我手捧小龙满手是血，父皇根本不听我的解释。

"我二哥该，人们尊称他蓐收，他和父皇一起掌管西方一万二千里的地域，还掌握着人们的刑罚。有人做坏事，他负责减寿，甚至剥夺生命。威风吧？显赫吧？可当时那个叫青鸟的仙女，是他勾引不成暗害了的！但他把我灌醉扔到现场，我百口莫辩，从此父皇把我逐出门庭。

"现在，你让我跟谁解释？对谁公平？老子想做就做了，管他对错！四大凶神？哈哈哈哈，我觉得挺好！你要不屑与我为伍，就趁早滚远点儿。"

说着，穷奇昂首阔步，目不斜视。

腾根默默无语，紧紧跟随穷奇之后，亦步亦趋。

原 文

《山海经·西山经》：长留之山，其神白帝少昊居之。

《山海经·海外西经》：西方蓐收，左耳有蛇，乘两龙。

《山海经·海外东经》：东方句芒，鸟身人面，乘两龙。

鯈鱼

天狼

彭水出焉，而西流注于芘湖之水，其中多鯈鱼，其状如鸡而赤毛，三尾、六足、四首，其音如鹊，食之可以已忧。

——《山海经·北山经》

带山，山上多玉石，山下多青碧。彭水自此发源，向西流注于芘湖，水中多产鯈鱼。

鯈鱼长得像鸡，（鱼怎么会长得像鸡呢？）赤毛，（鱼怎么会有毛呢？）三尾，（相比之下这算正常的了。）六足，（鱼怎么会有脚呢？）四目，（你确定那两个不是眉毛？）魈，你再插话我就不讲了！（好了，你讲吧我不说了……）它叫的声音如喜鹊，吃了它可以忘忧。（……你听谁说的？他怎么知道的？为什么吃了它可以忘忧？你怎么不说话了？我总得问个明白吧？……好吧，带山在哪儿？）

朋友你好，我们认识一下吧，你好像不大开心？

看来，你就是鯈鱼了？

咦，你怎么知道？喳喳喳。

像鸡，红毛，三条尾巴，六只脚，四只眼睛。谁看了也认得出。

《幻山海——儵鱼》 布面油画　50×40cm　2019

啊，原来我这么好看！啦啦啦！

你总这么开心吗？

是啊，为什么不呢？喳喳喳。

你要是我，就不会开心了。

你是谁，为什么不开心？

我是魃，黄帝的女儿。

黄帝是谁？

中原的王，他打败了炎帝和蚩尤，统一了天下。

哇，他好厉害。喳喳喳。

是我帮他打胜仗的。

你更厉害！你怎么帮他的？

他跟蚩尤决战，蚩尤会呼风唤雨，喷云吐雾。

听起来很吓人啊。

是啊，我父亲黄帝打不过他了，就让我出马。

你怎么出马？

我有特殊的本事，能让风停了、雨干了、云开了、雾散了。

你怎么做到的？

我把它们烤干了。

哎呀，好热。你好像真的能把别的烤干。

我现在收着火力呢。当时蚩尤无所遁形，就被我父亲杀了。

杀人啊？不好玩。

是啊，我也觉得不好玩。而且我的法力用完了，回不到天上了。

你原来是天上的？喳喳喳。

是啊，天上可好了，可我回不去了，不开心。

你为什么一副不开心的样子？

当然了，不仅回不了天上，还没人喜欢我，父亲把我放逐到北方。

为什么没人喜欢你？什么叫放逐？

放逐就是……我不能待在我想待的地方。只能……到处流浪。

你想待在什么地方？

我想待在……有朋友的地方，有水有草有鱼的地方。反正不是被人赶来赶去的。

为什么被人赶来赶去的？

因为我的火暴脾气，走到哪里，哪里大旱，颗粒无收。

什么叫大旱？

草枯了，花谢了，地裂了，河干了，水没了，鱼死了。

我也是鱼，我也会死吗？

当然啊，要不是没问清楚烤鱼和炖鱼哪个功效好，我早把你烤死了。

什么功效？为什么要烤死我？

因为……我想吃了你。

为什么要吃了我？

因为，他们说，吃了你可以忘忧。

对呀，忘忧多好，忘了就好，为啥那么多烦恼？啦啦啦……

（魃呆呆地看着它，不明白它怎么可以还那么快乐。）

（鯈鱼的记忆，只有七个刹那。）

你刚才说什么？

我说我想吃了你。

哎呀好怕怕。喳喳喳。

那你还能像刚才那么开心吗？

为什么不呢？啦啦啦！

你不是怕吗？

怕什么？

我刚才说……

你刚才说什么？

……

朋友你好，我们认识一下吧，你好像不大开心？

原 文

《山海经·大荒北经》：有人衣青衣，名曰黄帝女魃。蚩尤作兵伐黄帝……请风伯雨师，纵大风雨。黄帝乃下天女曰魃，遂杀蚩尤，魃不得复上，所居不雨。叔均言之帝，后置赤水之北。叔均乃为田祖，魃时亡之。

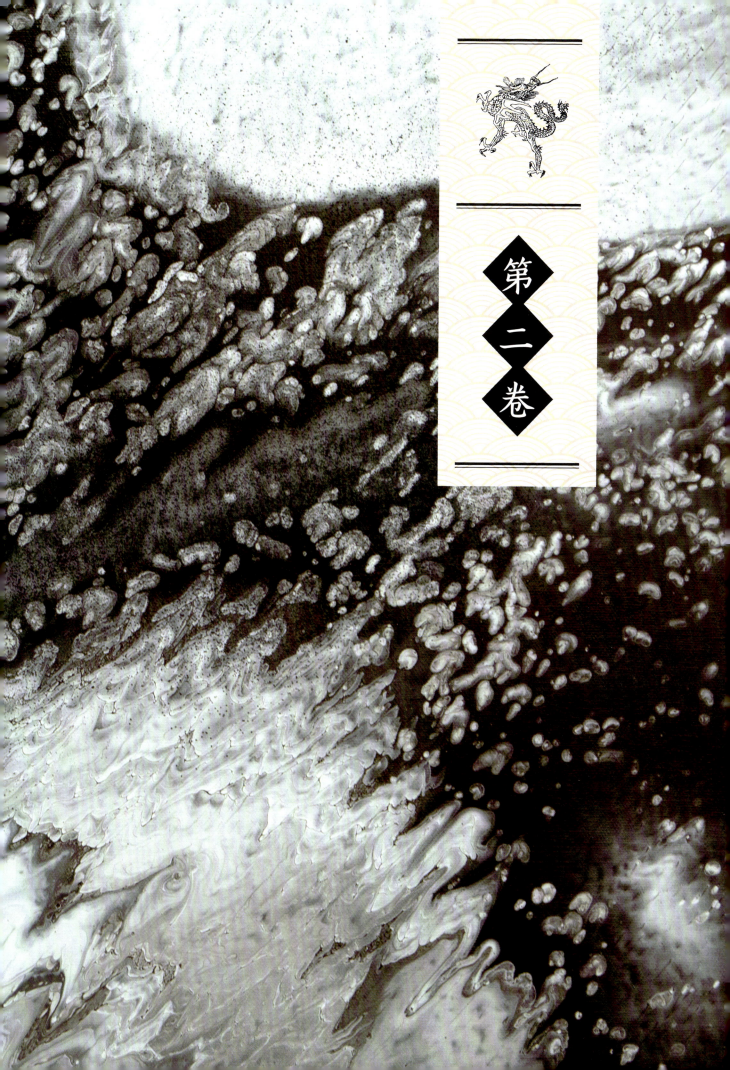

第二卷

《幻山海——九尾》 布面油画　125×95cm　2019

小酒

叶倾城

青丘之山，其阳多玉，其阴多青雘。有兽焉，其状如狐而九尾，其音如婴儿，能食人。食者不蛊。

——《山海经·南山经》

小酒是全村人奶大的，他没爸妈，全村人都是他爸他妈。

也有十几年了，满天风雪，村道上踉踉跄跄地走来一个女人，在及膝深的雪地里，一步一个跟斗。一跤摔得狠了，怀里的包裹扬了出去，"哇哇"的婴儿哭声响了起来。

村里的人都被惊动了，站在各家门口看，却没有一个人敢过去救护。

女人在雪地里，像条大虫子，又滚又爬，挣扎着挪到包裹旁边，抱起，一手撩起衣服，村里人看清了，包裹里是张婴儿的小脸。

这村的人都厚道心善，当下就有人扶女人进屋，给煮了一碗热汤面。

问哪里来的，不答；问孩子他爸呢？摇头；问姓什么，女人沉吟半天，姓酒。喝酒的酒？女人垂下头，光嗯。

只说留他们娘儿俩睡个一晚再做计较。第二天早起，门半

开着，雪已停了，在门口的村道上，一排细小的足迹通向村外。太细小了，一枚一枚，酒杯似的。

第一个看到这足迹的，是村长，他脸色一变，什么也不说，赶紧就扫了。村人谁也没告诉。

孩子就在村里长大了，先是吃百家奶，再吃百家食。有姓无名，村人就叫他小酒。

再过些年，小酒大了，就跟着村里的柴夫过。等柴夫死了，他就成了柴夫。没爹妈的孩子胆大，附近有座青丘山，丛林茂密，樵夫猎户没人敢去，都说那里天上有吃人的鸟，水里有吃人的鱼，林子里有吃人的兽。小酒倒觉得，没人去的地方清净，砍起柴来也利落，早去早回。

就这样，他给村里人供柴，村里人给他供点儿衣食。柴夫的屋子不大，被他收拾得很干净，水桶、柴担都放门外，本来是没院子的，他拿些长条柴火一立，就是个院子。小酒是个有意思的人，在山里看到好看的花草就摘回来，往地上栽。有些死了，有些活过来，照样开花。渐渐地，他有了一院子野花。

砍了柴回来，小酒喜欢站在院子里，看看远处的青丘山。白天青丘山碧蓝碧蓝的，渐渐地，太阳下山了，青丘山就越来越暗，像火快熄灭的样子。到渐渐黑透了，青丘山也就是个黑影子，张牙舞爪、不说话也不动，立在那儿，像个巨人。

小酒想有个家。

他也不知道自己想要什么。爸爸，妈妈，媳妇，孩子，牛，狗，鸡……都行，村里人有的，他全想要。有什么都行，只要有人等他打柴回来，柴门“咿呀”一声打开，有人跑出来迎他。不是人，牛狗鸡也行。

这里的冬天很冷，一场一场地落雪，落雪的青丘山是真好看，像戴了顶白森森的貂皮帽子。这天去打柴路太难走，小酒纯粹就是想出去活动活动，不然家里太冷，烧炕费火。走远了饿了，他就捧把雪吃。

在回来的路上，小酒突然听到一阵婴儿的哭声。

就在村道上，一个黑包裹，像颗烤焦了的花生米。

小酒没动。

都说青丘山有种狐狸，哭起来的声音像婴儿，引人去看，一凑近，它嗖地就取了人喉咙。

“哇哇哇……”

小酒走近了黑包裹。

“哇哇哇……”

小酒在黑包裹边一停也没停。

一步两步……都走远了，他反而停了。

天地很静，静得只有呼吸声，也不知道是天地的还是小酒的。

黑包裹一点儿声音也没有。

小酒往回走，走到包裹旁边。

他没有弯腰去取包裹，而是从柴担里抽出一根长柴，只一挑，包裹轻轻飞起来，落进柴担里。

正好今天小酒打的柴不多，正好包裹也不大，包裹在柴担里，就像一颗花生米落到了花生壳里，再妥帖安稳也没有。

小酒说："你是狐狸也好，是人也罢。我总不能寒冬大雪把你扔这里。我带你回去，过一晚我再送你出来，行不？"

过了一会儿，包裹里又传出细细的哭声。

小酒倒笑了："我忘了，你要是狐狸你不会说话；你是个这么小的宝宝，你也不会说话。"

挑起柴担他就走，一边走一边想：自己没爹没妈，是跟谁学会的说话？自己说的第一句话是什么？

出门前他没留火，家里跟冰窖似的。

他先在炕上铺了张雪白的羊皮毡子——是村里猎户给他的，再长柴一挑，包裹又轻轻地飞落到了毡子上，这一次像花生米搁在了白瓷盘上。

小酒生火、煮粥，外面冷，可是他在房里待不住，他蹲在门槛上胡思乱想：要真是个婴儿多好，就留下来养。还省了娶老婆的开销，捡现成个大胖娃娃。闺女也行，小棉袄嘛。就算是狐狸又怎么了，就当牛狗鸡一样养不行吗？爱吃人不就是爱吃肉吗？跟猎户学学，每天给打野鸡野兔回来，肯定长得快，噗噜地长……

"噗噜噗噜……"锅的声音把他惊醒了，是粥扑锅了。

小酒一天也就两碗粥的量，早上已经喝过一碗，现在还剩一碗。小酒打算给包裹半碗，狠狠心，全盛进去了。

碗搁在炕上。小酒又出去了，继续蹲在门槛上。

管是什么呢，总得喝粥。小酒不想知道是什么。反正，吃饱了暖和。

蹲久了乏，小酒不知不觉盹着了。一阵凉风吹来，他一惊醒了：门大开着，炕上，毡子还在，包裹还在，却是四角大开，像撕下来的花生外面那层红衣服。

小酒过去一看，包裹上细细的全是茸毛。

那个，什么，走了。

粥喝了半碗，给小酒留了半碗。

小酒突然间委屈得不行，他一屁股坐在地上，轻轻地哭了起来："妈呀，妈呀……"他也不知道自己为什么要喊妈妈。

第二天，村里人拿了米粮来找小酒换柴。院子里有柴担、水桶，雪化了，露出地面上的草荙子，到了明年春天，会开出红红绿绿的花来。

小酒不见了。

村里人都说他被九尾狐吃了。

也有人说他就是一只九尾狐，跟自己的族人回家去了。

南海鲛人

宴临

伯虑国、离耳国、雕题国、北朐国皆在郁水南。（晋人郭璞注：雕题，黥涅其面，画体为鳞采，即鲛人也。）

——《山海经·海内南经》

黎沧很久以前听过族中传说：南海幽溟，居匿有鲛，鳞尾浮光，姿容剔透，线形修长。

离族南水境，怒涛翻卷，巨仞噬空，在所有族人的注目中，一叶孤舟被滔天巨浪所吞没，族群传来了吟诵与欢呼声。

约莫是风过的声音，带着海水的咸腥与湿冷，黎沧蜷缩着身体，躺在阴冷的地面上，忍受着剧烈的头疼撑开了眼皮。

不知过了多久，地面传来滑行而过的摩擦声，粼粼荧光点缀其间，是妖怪……黎沧睁大双眼，不由得露出惊恐的神情。

宛如蟒蛇悄然逼近的鬼魅身影，从尾椎直蹿而上的惊悚战栗麻痹了她整个身体。

莫不是海妖？

不——不，他们说的那些竟然是真的。

她紧紧盯着那荧光聚集处，这不是蛇尾，反而更像鱼尾！

如影随形的窥视感，令她头皮发麻，她微微喘息着，鼻尖

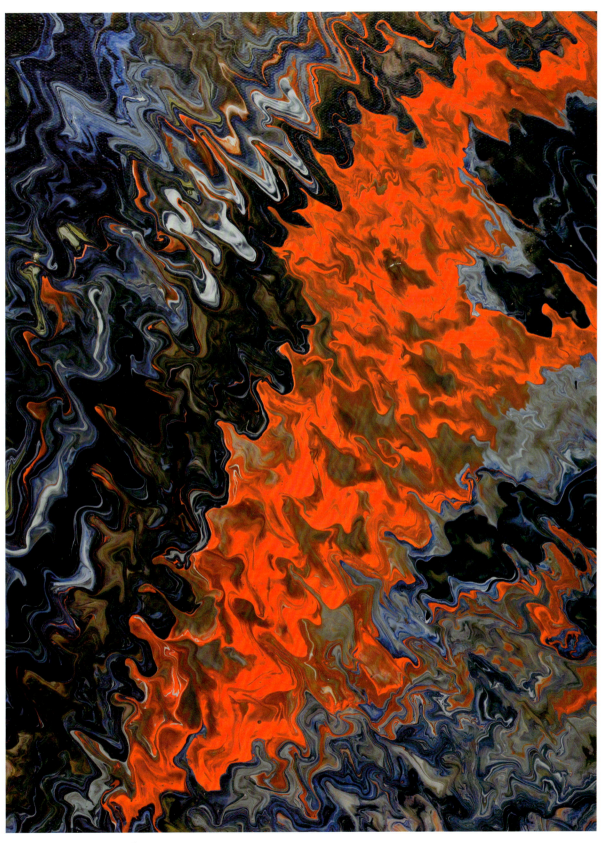

《幻山海——南海幽溟》 布面油画 125×95cm 2019

始终萦绕着一股让人作呕的血腥与腐烂的味道。

只听阴暗中传来一声阴沉诡异的嘲讽："祭品？"

他凑上来轻嗅："哼，我会好好享用的。"

幽暗中传来嘶哑的低鸣："她——是我的。"

红鲛被一股神力甩开数丈，将洞穴砸烂，在崩塌的碎石下，一尾鲛缓缓游弋过来，将黎沧抱起。

红鲛嘴角溢出血线，血红的双瞳透着不甘，但还是缓缓游走了。

"别动，听话……一点。"

头顶鲛人的双瞳泛着幽幽金光，隽美接近妖异的脸上露出柔和的笑意："你……就是……他们送来的……新娘？"

只是对上那双眼瞳，就像是受到蛊惑，她呆呆地盯着鲛人，只觉得一颗心也沉入了深海。

他嗓音嘶哑得令人耳膜生疼，说话也透着股诡异的妖邪感，可是语气却轻柔："别怕，我会……好好待你的。"

与想象中不一样，这只鲛并没有将她生吞活剥，虽然偶尔会吓唬她。

黎沧只觉得庆幸，她还不想死。

——跟明漪相熟后，知道他真的是柔软单纯到了骨子里，与传闻中邪恶化身的鲛根本不一样。

她从未见过这般好看的人，即使是拖着长尾，也不会令人惧怕，反而心生无限欢喜。

据说她吞了明漪的鳞片，即使跟他在深海，也不会溺水。

明漪会带她一起捕猎，也会带她遨游深海与河川，像是坠落在一场梦里。

明漪在她感到寂寞时，眼神也带着一丝悒郁：你会离开我吗？

黎沧缓缓地摇头，眼底都是痴迷，她只想跟他在一起。

明漪轻轻笑起来，眼神纯澈到剔透：那就永远做我的新娘吧。

他的双瞳被金色覆盖，冰冷黏腻的蹼爪，搭上她的肩，胸口传来剜心般的痛楚……

鲛人的面目变得狰狞，她混沌的脑子第一次那么清醒，只是连惨叫声都发不出来……

明漪还是那副温柔懵懂的神情，双爪沾染了血迹，吞食了那颗心脏，缓缓露出满足的笑。

鲛族本就是食人的水怪，只有吞食爱人的心脏，才能脱离诅咒，恢复人形和神力。

在失去意识前，她突然想起之前被那只红鲛掳走，明漪与他交战受了很重的伤。

红鲛在消失前，就对黎沧说过：鲛人没有心，最擅长的却是蛊惑人心，你以为他跟我，有什么不一样？

他只是一只食人的水怪，引诱她也只是为了那颗鲜活而充满爱意的心脏。

她睁着空洞的眼，却流不出泪。

鲛人将血肉吞食殆尽，他舔着血红的唇，雪白的牙齿尖锐刺眼，一张脸邪美诱惑，将人的神魂吸食殆尽。

他餍足地闭上眼休憩，等待着下一个祭品……

始终萦绕着一股让人作呕的血腥与腐烂的味道。

只听阴暗中传来一声阴沉诡异的嘲讽："祭品？"

他凑上来轻嗅："哼，我会好好享用的。"

幽暗中传来嘶哑的低鸣："她——是我的。"

红鲛被一股神力甩开数丈，将洞穴砸烂，在崩塌的碎石下，一尾鲛缓缓游弋过来，将黎沧抱起。

红鲛嘴角溢出血线，血红的双瞳透着不甘，但还是缓缓游走了。

"别动，听话……一点。"

头顶鲛人的双瞳泛着幽幽金光，隽美接近妖异的脸上露出柔和的笑意："你……就是……他们送来的……新娘？"

只是对上那双眼瞳，就像是受到蛊惑，她呆呆地盯着鲛人，只觉得一颗心也沉入了深海。

他嗓音嘶哑得令人耳膜生疼，说话也透着股诡异的妖邪感，可是语气却轻柔："别怕，我会……好好待你的。"

与想象中不一样，这只鲛并没有将她生吞活剥，虽然偶尔会吓唬她。

黎沧只觉得庆幸，她还不想死。

——跟明漪相熟后，知道他真的是柔软单纯到了骨子里，与传闻中邪恶化身的鲛根本不一样。

她从未见过这般好看的人，即使是拖着长尾，也不会令人惧怕，反而心生无限欢喜。

据说她吞了明漪的鳞片，即使跟他在深海，也不会溺水。

明漪会带她一起捕猎，也会带她遨游深海与河川，像是坠落在一场梦里。

明漪在她感到寂寞时，眼神也带着一丝悒郁：你会离开我吗？

黎沧缓缓地摇头，眼底都是痴迷，她只想跟他在一起。

明漪轻轻笑起来，眼神纯澈到剔透：那就永远做我的新娘吧。

他的双瞳被金色覆盖，冰冷黏腻的蹼爪，搭上她的肩，胸口传来剜心般的痛楚……

鲛人的面目变得狰狞，她混沌的脑子第一次那么清醒，只是连惨叫声都发不出来……

明漪还是那副温柔懵懂的神情，双爪沾染了血迹，吞食了那颗心脏，缓缓露出满足的笑。

鲛族本就是食人的水怪，只有吞食爱人的心脏，才能脱离诅咒，恢复人形和神力。

在失去意识前，她突然想起之前被那只红鲛掳走，明漪与他交战受了很重的伤。

红鲛在消失前，就对黎沧说过：鲛人没有心，最擅长的却是蛊惑人心，你以为他跟我，有什么不一样？

他只是一只食人的水怪，引诱她也只是为了那颗鲜活而充满爱意的心脏。

她睁着空洞的眼，却流不出泪。

鲛人将血肉吞食殆尽，他舔着血红的唇，雪白的牙齿尖锐刺眼，一张脸邪美诱惑，将人的神魂吸食殆尽。

他餍足地闭上眼休憩，等待着下一个祭品……

句芒

宴临

东方句芒，鸟身人面，乘两龙。

——《山海经·海外东经》

句芒听说东海之滨有神树桑榆，千年开花万年结果，若是能够食下桑榆果，就能够脱胎换骨，一步登仙化神。

他遍寻古籍，发现大荒之中，有山名曰合虚，日月所出，而日月出于东极，所谓东海之滨，句芒猜测，那神树应该就在合虚山。

他化作飞鸟想要渡过茫茫东海，一连数月他遍寻东海，却没有遇到传说中的合虚山，海上风云变幻，在暴风雨来袭时，他精疲力竭，被卷入了海潮中。

一路辗转沉浮，等他醒来时，就看见了蹲在他上方的青年，他不由得瞪大了眼——

一袭青衣的青年，长相隽雅，令他惊悚的是这人跟他长得一模一样，连眼角那颗泪痣都别无二致。

"你！"句芒见他凑过来，连滚带爬地后退，"你是谁？"

青年也歪了歪脑袋，也问："你是谁？"

句芒退开一段距离打量他，见青年没有追过来，只是一脸

《幻山海——句芒》 布面油画 105×105cm 2019

迷茫地看着他，恐惧之余稍稍松了一口气。

"你怎么会跟我长得一模一样，你到底……是人是鬼？"

青年那双眼睛里有着不谙世事的单纯，带着点疑惑，似乎听不懂他说的话。

句芒跟他沟通了许久，发现他……真的听不懂，不过这家伙单纯好骗，对他也没什么恶意，句芒也就将他抛在了脑后。

他忽略了青年的长相，说不准是这精怪故意变幻成他的模样搞恶作剧，看他跟在他后面模仿自己的一言一行，句芒更加坚定了这个想法。

不过两天，句芒寻遍了灵山，没有遇到传说中的神树，这让他有点郁闷。

青年一直跟着他，见他失落就会托着腮看他，眼睛里满是好奇与探究。

句芒有点不耐，这家伙什么都不知道，不然他还能问问这合虚山什么情况。

两个月后，他踏遍合虚山每一寸土地，不仅没有神树的踪迹，还发现了一个恐怖的现实，这灵山上只有青年一个精怪，还有——他们被困在合虚山出不去了。

他化作飞鸟想要渡过沧海，却发现怎么也飞不出去，合虚山外只是一片浩瀚海域，没有边际与尽头。

青年跟他一般化形，羽翅翩飞很是雀跃，可句芒眼底一片阴霾。

句芒知道他恐怕是闯入了什么幻界，若是寻不到出口，他们只能被困死在这里。

期间值得一提的是，青年知道如何说话了，还是跟他一字一句学的，不过这只精怪本来就挺机灵的。

句芒想起上古传说，不觉得是假的，是不是等他找到那棵神树，吃了桑榆果，就能走出幻界了？

越想他心底越是笃定，若是他能化神，难道还不能窥破天机吗？

他开始疯狂地寻找桑榆神树，直到一日青年问出了声："你在找什么？"

青年跟他的愁眉苦脸形成了鲜明对比，他好似不管什么时候都无忧无虑的。

句芒觉得或许这家伙比他熟悉合虚山，虽然心中警惕，怕是对方也知道了桑榆神树的秘密，但是他现在无计可施："你可知道这合虚山中的桑榆神树？"

青年摇了摇头，句芒心中更加失望，合虚山的每一棵树他都找过了，他也不由得苦笑："哪里还有什么树呢？"

话落的那一刹那，句芒脑海中闪过无数念头，他目光直直地看着青年，突然闪过一个念头，"你——你是树精？"

青年那一瞬间的眼神有点冰冷，随后他在句芒期冀的眼神中轻轻点了点头。

句芒眼中迸发出欣喜的光芒："你就是桑榆？"

为何他没有早点想到，神树也会化作人形，不过这家伙的真身他还真的是一点都看不出来。

桑榆不明白句芒为何那么兴奋，还是那种

懵懂的神情。

句芒死死地盯着他，强自镇定地问："你能化作原形吗？"

在他狂热的眼神中，桑榆化作了长藤碧树，桑榆枝繁叶茂，其中被枝叶缠绕的是一颗银色的果实，句芒心脏狂跳，他飞身就想取下桑榆果，却遭到了桑榆的阻拦。

那颗果实是桑榆的灵丹，他若是没有了灵丹，瞬间就会枯萎，句芒被藤蔓甩开后也冷静了下来，只是眼底有点阴郁。

句芒还是没有抵得过贪婪，半夜他偷袭了桑榆，将那颗灵丹给取了出来，在桑榆悲悯的眼神中，他缓缓地吞下了那颗桑榆果……

只见句芒周身银光乍现，无限神力涌入他的躯壳，桑榆躺在地上渐渐地枯萎消失，等句芒再次睁眼时，他的眼神冷淡，还透着一股纯真。

他看了一眼这具身体，从此他就是句芒。

桑榆被孤身困在这里千万年，当他不再是神树，在日月交替时，他的身影也消失在了幻海之滨。

原 文

《山海经·大荒东经》：大荒之中，有山名曰合虚，日月所出。

《幻山海——狌狌》 布面油画　100×80cm　2019

狌狌

岳海广

招摇之山，有兽焉，其状如禺而白耳，伏行人走，其名曰
狌狌，食之善走。

——《山海经·南山经》

醉仙楼是青柳镇最好的酒楼，酿制的美酒堪称一绝，为了
提升名气，醉仙楼会在每年的八月初八举办斗酒大赛。

比赛规则很简单，谁喝得多谁获胜。比赛采用名额制，不
论是不是青柳镇人，只要赢得名次，就能获得奖牌，享受对应
奖励：第一名免费喝酒一年，第二名免费喝酒半年，第三名免
费喝酒一个月。

三杯倒是青柳镇的农户，生平最大的爱好就是喝酒，可喝
了半辈子，酒量却不见长，所以大家给他取了"三杯倒"的绰
号。三杯倒自知酒量不行，但仍渴望在大赛中获胜。

某天，三杯倒从李瘸子口中获知了一个能在斗酒大赛中决
胜的办法。

次日清晨，三杯倒带着美酒、草鞋、蓑衣，朝着青柳镇旁
边的深山老林走去。大约到了黄昏时分，三杯倒回到家中，身
后多了一位身披蓑衣、脚穿草鞋，就连面容也被黑纱遮挡住的

怪人。

八月初八当日，三杯倒与蓑衣人一同来到醉仙楼的斗酒擂台，当邻里街坊们看到蓑衣人奇怪的打扮时，质疑声此起彼伏，但都被三杯倒给搪塞了过去。

随着一声铜锣响，斗酒比赛正式开始，酒保们抱着坛子给大家倒酒。

三杯倒抬手拍了拍蓑衣人，蓑衣人会意地点头，左右手端起一碗酒就往嘴里倒，速度快如闪电，看得众人目瞪口呆。

三杯倒笑道："哈哈，第一名保准是我们的了。"

王铁匠瞥了一眼蓑衣人，不屑道："哼，大话别说太早，我可是去年的第一，咱们喝着瞧吧。"

蓑衣人没有理会王铁匠，一碗接着一碗地喝酒，口中不时发出"咯咯"声，听上去犹如婴儿在笑，惹得大家又惊又喜，唯独三杯倒一副忧心忡忡的模样。

三杯倒陪着蓑衣人喝了几碗酒，头脑变得昏沉起来，他环顾四周，发现几十位斗酒者，只剩下三五人在喝，其余的已醉倒在地。

这时，醉仙楼的掌柜站起来，对着众人吆喝道："现在比赛进入了冲刺阶段，第一名即将产生。"

三杯倒发现王铁匠暂居第一，蓑衣人暂居第二，两人喝酒的速度比之前慢了很多，显然已经到达极限了。可是三杯倒并不甘心，尤其是想到第一名能比第二名多喝半年的免费美酒，于是快步走到蓑衣人跟前，拍着他的肩头，说："只要能拿到第一，再送你一百双草鞋。"

话音刚落，蓑衣人捶胸顿足，口中发出呜呜怒声，接着撸起袖子继续喝酒。

王铁匠发现蓑衣人两只长有红毛的胳膊，惊讶道："嚯，这人身上的毛可真多呀！居然还是红色的。"

说罢，王铁匠脱掉上衣，端起酒碗，摆出一决高低的阵势，按照比赛规则，他只需再喝上几碗酒，第一名非他莫属。

三杯倒有些慌乱，他实在不忍将第一拱手让人，于是对着蓑衣人喊道："快点喝，千万别停，我们马上就赢了……"

话刚说了一半，蓑衣人猛地将酒桌掀翻，一手扼住三杯倒的咽喉，同时身上的蓑衣和面罩纷纷滑落，这时大家看清了他的真容，原来是一只满身红毛、白色大耳、青面獠牙的狌狌，刹那间，大家四处奔逃，一旁的王铁匠也被吓晕了过去。

狌狌趁着众人慌乱之际，抱起两坛美酒，以闪电般的速度冲进了丛林深处。

陆吾

苏不甜

昆仑之丘，是实惟帝之下都，神陆吾司之。其神状虎身而九尾，人面而虎爪。是神也，司天之九部及帝之囿时。有兽焉，其状如羊而四角，名曰土蝼，是食人。

——《山海经·西山经》

传说昆仑有神药，食之可得长生。

世人皆向往，却觉那是虚无缥缈之事，且不得其法。

但巫师祝禾从小便被父辈委以重任，悉心修习祖传巫术，更是在弱冠之年成为族中的第一人，得到了前往昆仑的机会。

而那机会便是从昆仑之东往上，登天梯，过考核，方可入昆仑。

只不过这机会百年来得到的人也不过寥寥，而这些人之中也不知究竟有几人能成功入那昆仑，获得神药。

祝禾也许便是那沧海一粟罢了，只是他努力要入昆仑的原因，却不是什么神药，而是那藏在昆仑的美人。

与他共登天梯的昭武却不知道他的心思，昭武一心只是想得那神药，救他命不久矣的妻子。

一个心心念念，一个迫在眉睫，倒也是缘分，竟是都登上天梯，通过了考核，入了那传说中的昆仑。

昆仑之中，白雾围绕，四周更是有着不知名的树木虫草，鸟鸣兽叫。两人缓缓看着眼前的这一幕都觉得通身舒畅，好似被打通了全身的脉络，修为都瞬间精进了不少。

所谓仙境，也不过如此吧！

忽的，一阵银铃般的笑声似是从远方传来。

"谁？"昭武率先出声，戒备起来。

"今年倒是不错，一连上来了两个，大人，您说是不是？"那是个女声，娇俏明媚。

"谁在装神弄鬼？给我出来！"昭武性子急，本就被打乱了心境的他此刻更是不耐烦了。

"嘻！这人好生无礼！"女声继续，有些抱怨道。

"土蝼，你又顽皮。"继而一道女声又起，只是这女声让听者觉得清冷，却又不自觉地想要沉沦，实在是过于惑人。

话落，白雾渐散，一白一青，各着一色的两位女子施施然地出现在他们眼前。

青衣女子娇俏可人，虽说刚刚话不饶人，可却乖巧地立于白衣女子的身侧，那架势，颇有护主之意。

白衣女子面貌却看不透，她以白纱蒙面，只让人窥得一双眉眼，而单凭眉眼便可想知那面纱之下的容貌是何等绝色，更别说女子周身自带的气质，绝非池中物。

见来者不凡，昭武即使气急，此刻也只能压着，便问："请问阁下是？"

在一旁的祝禾却像是着了迷，直勾勾地盯着那名白衣女子，似乎视线一刻也不愿离开。

"昆仑陆吾。"简短四字。

"昆仑陆吾？"昭武重复，继而讶异，"莫不是那传说中的昆仑神司陆吾？"

祝禾在陆吾说出名字之时心中更为肯定，她便是他多年执着之人。

只是他不知道，她真的是神。

相识的那一刻她便清楚地告知过自己，只是当时的他不敢相信，以至于追寻这么多年，而此刻却由不得他不信了。

祝禾望着眼前这朝思暮想的可人儿，似乎天地之间就只剩下他和陆吾两人。

"你是否亦求神药？"陆吾问。

祝禾回过神，此刻才发现刚刚不是他的错觉，昭武和那土蝼皆是不见。

他与陆吾面对面，四目更是相对，望着陆吾那双灿若星辰的眼，道出了心声："我只想和你在一起——"

陆吾答应了。

与神相比，凡人的年岁是极其短暂的，祝禾虽是巫师，但也只是比普通凡人多了几十载寿命罢了。

可和陆吾相处的时间实在是过于美好，以至于祝禾一点也不后悔，直到他白发苍老，临近死亡的那一刻。

他从土蝼的口中得知，神司陆吾每次都会在入昆仑的凡人之中觅一人，陪她度过山中光景，恩爱绵长，直到凡人逝去，下一次昆仑入口才会开启。

这些人都有一个共同点，他们都有一颗独独想给神司陆吾的真心。

得知所谓真相的祝禾望着守在自己身侧的陆吾，她依旧如初见般，清丽惑人。仙儿一样的陆吾，终归是属于过他的吧！他忍不住这样想着，缓缓地闭上了双眼。

春去秋来，岁月寂寥，而陆吾在等着下一个祝禾。

《幻山海——陆吾》 布面油画 83×63cm 2019

朱厌

苏不甜

小次之山，其上多白玉，其下多赤铜。有兽焉，其状如猿，而白首赤足，名曰朱厌，见则大兵。

——《山海经·西山经》

湘衡子听闻姜国进献了一位美人，人人都为其所迷，楚王遂将美人藏于春阁之中，不再让其见人，只日日前往春阁逍遥一番。

作为楚王的胞弟，湘衡子阅美无数，更好收集美人，可他那坐在王位的兄长却是从小不近美色，纳后宫众妃也不过是为了开枝散叶。

所以他一回到楚都，便迫不及待地进入王宫想要一睹那美人的芳泽。

宫中无人敢拦他，所以他一路直奔到了那春阁之中，却在门外依稀听到几声闷哼。那声音极低，好像在压抑着什么，却仿若天籁，如同初雪的骄阳，散发出一点点娇艳的柔和，转而又妩媚至极，让人想要拨开那层薄纱，听其全部的姿态。

湘衡子本还想细听，门内的男人却先声而起："谁？"似有不愉之意。

"王兄，是我……"此时若是识时务之人早就溜了，可湘衡子却不肯，他今天偏要见到那美人，哪怕是惹王兄生气。

一时之间倒没了声音，好一会儿才传来一句："等着。"

继而屋内又是春意乍起，只是再没有传出那些天籁。

索性王兄也算厚道，没有让他这个弟弟等待多久，湘衡子终于被允许进了那道门。

门一打开，他只觉得有什么香气悠然飘来，屋内红纱伴着烛火衬得那两道身影缠缠绵绵。

楚王紧紧地抱住怀中的美人，好生地为其抚了抚那柔泽银发，才松开美人独自下了床榻，缓缓道出一句："何事？"

面对王兄凌厉的目光，湘衡子斗胆直言："听说王兄新得一美人，臣弟特来祝贺。"端的是正经模样，可谁又不知道他这个王弟的心中所想呢。

楚王自也是知道的，便道："那贺喜完毕，你趁宫门还未落锁赶紧出宫吧。"

此言一出，湘衡子哪还敢再胡说八道，马上道出了自己想要瞻仰一下美人风采的意图。

原本就是唯一的同胞兄弟，楚王对他这个风流洒脱的王弟也是宠爱的，便退后将红纱打开了些，露出了半躺在榻上的红衣美人。

虽只是一瞬，却也让湘衡子直勾起了双眼，那当真是惊鸿一瞥。直到他一路跌跌撞撞出了宫门回到自己的府邸，都还念念不忘，特别是美人的那一双凤眸看过来时，他只觉心中好像被什么给缠住了，隐约是丢了魂吧。

后来他又用了各种理由进宫，只为见那美人一眼，可王兄似是察觉了他的心思，他便吃起了闭门羹，有时去了九次见到的也不过一次罢了，可他仍旧甘之如饴。

茶饭不思只思美人的日子倒也过得飞快，而边关却传来凶讯，姜国来战，更是一连拿下楚国三座城池。

姜国来势汹涌，楚国士兵每战都被打得措手不及，楚国这边关于细作的流言便不由得传开来，且直指那日日勾得君王流连其左右的美人。

其实那美人本要被楚王封后，只因群臣反对，所以不了了之，却是加深了楚王对她的喜爱，本就独宠，这下连遮掩都不带了。那美人虽颇受王恩，也不作妖，却还是打破了朝堂和后宫之间的平衡，一时间，楚国王都风起云涌。

而这次姜楚之战来得诡异，楚王为护美人，更是为了自己的王国，遂决定亲征。

楚王此去，用时三年终是未归，姜国破了楚都那日，湘衡子正满宫地找那美人，想要带她逃离。

只是他没想到却撞见了那宫殿之上，已然坐上王座的姜王与美人执手而对——

"朱厌，留下来，陪着孤。"

姜王紧握着美人的手不肯放其离去。

"当日允你一愿，你要楚国，如今此愿已成，你我之间因果已了，可散。"美人话音清冷却悦耳至极，声声入骨。

《幻山海——朱厌》 布面油画 105×105cm 2019

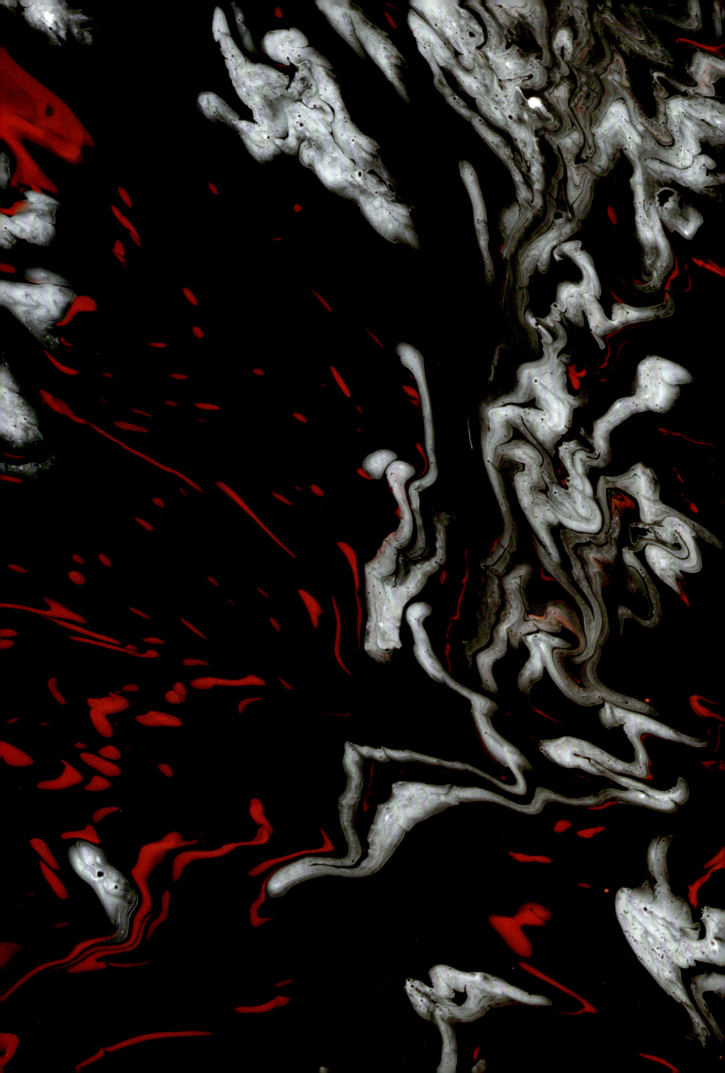

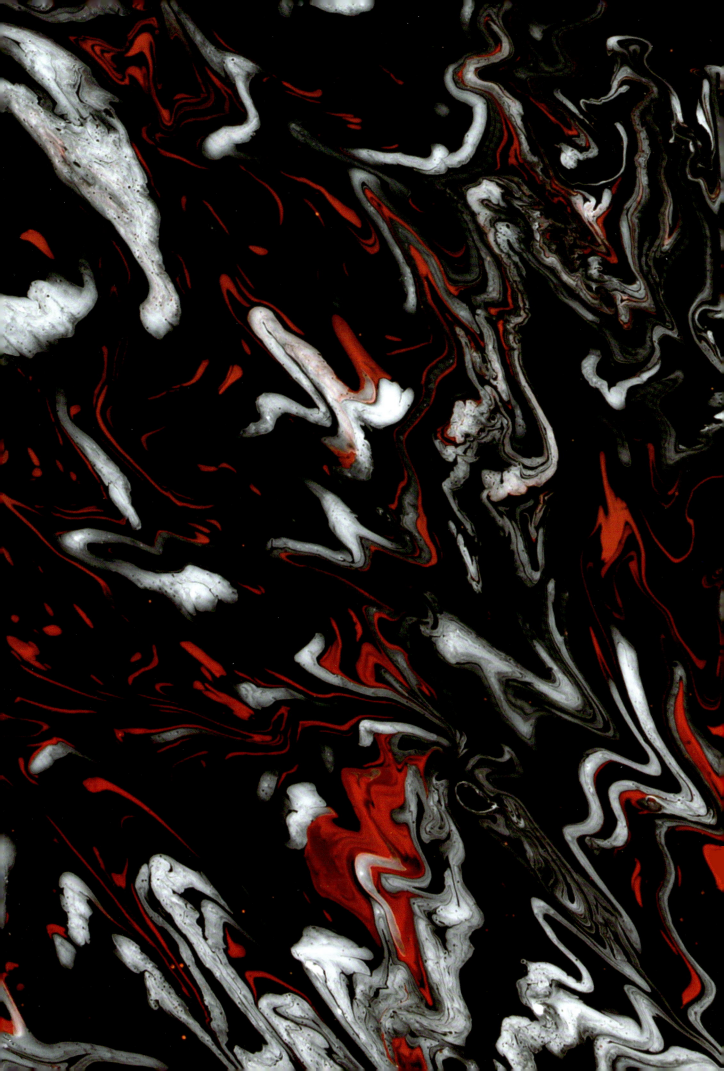

话毕，美人如水中月，竟是化作赤色光芒，飘然消失。

姜王悔恨跌倒，而看到这一幕的湘衡子像是明白了什么，又像是什么也没有明白，如同那日初见跌跌撞撞离去。

又不知过了多少年，姜国覆灭，历史更迭。而那美人朱厌却一直在坊间流传，有说她拥有天人之姿，勾得两国君王为她而战，又有人说她祸国殃民，蛮横霸道，是一灾星。

但真正的事实却无人知晓，甚至那美人朱厌是男是女，何生何死都无从说起。可那场战争却是在正史中书写，后民间有言：美人朱厌，见则大兵。

可又有谁再见过那美人呢？

屏蓬

谢 晟

大荒之中，有山，名曰鏖鏊钜，日月所入者。有兽，左右有首，名曰屏蓬。

——《山海经·大荒西经》

"大荒之西有一小国，名为尔夏。"一说书人摇摆着折扇，坐于帷幕之后缓缓道来。

奇怪的是，帷幕只遮住了说书人的身体，单单露出了一张俊秀的脸庞，好一个白净的小生！

台下有数十人，俱是一副好奇的模样指点着说书人的样貌，窃窃私语间竟无人关注说书人所讲的故事本身。

说书人也不在意，继续专注地讲道："尔夏小民不过千户，可战之士堪堪三百之数，真小国寡民尔！"

"然其地水草丰美，多富饶之家，因而常被四方之国觊觎，多有战端。"

"尔夏之民，不堪其扰！"

台下听书之众仍旧未对故事产生兴趣，倒有一扎着辫儿的小娃儿偷偷摸摸地低着身子走到讲台旁，想要悄悄地掀开帷幕，一睹说书人的全貌。

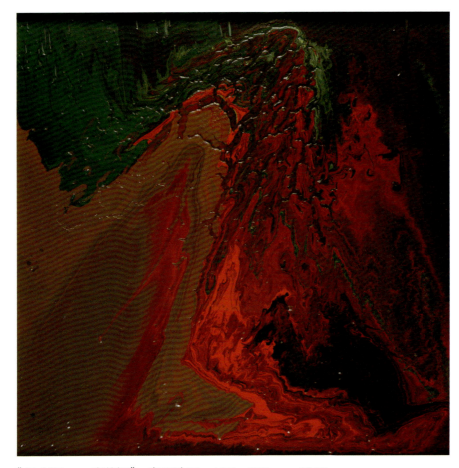

《幻山海——鏖螯钜》 布面油画　105×105cm　2019

小娃儿才掀开一角，就听见"啪"的一声。

说书人将折扇收起，用折扇轻轻地打了小娃儿的头一下，阻止他继续掀帷幕，面上仍是和煦的笑容。

小娃儿的家人赶紧将小娃儿抱了回来，可小娃儿却是一脸呆滞。

"娘，这说书先生是个大胖子呢，身子比一头猪还要大，都肿成一块儿了！"

"瞎说，这白净的小生样怎么可能是胖子呢？"

小娃儿还欲再争辩，他母亲却已经捂住了小娃儿的嘴不理他，而是专注地继续发痴般看向说书先生那好看的面容。

说书人见小插曲了结，便继续开口道："彼时，尔夏国国王听闻大荒之中有座鏖螯山，传闻是太阳和月亮降落的地方，而其间有一种怪兽。"

"怪兽名为屏蓬，左右各长着一个猪头，分为左首和右首，既是雌雄同体而生，亦有牝牡合体之义，玄妙无比。"

"然屏蓬的左首和右首意志处处相对，分别控制着一对足，当左首想往南走时，右首便

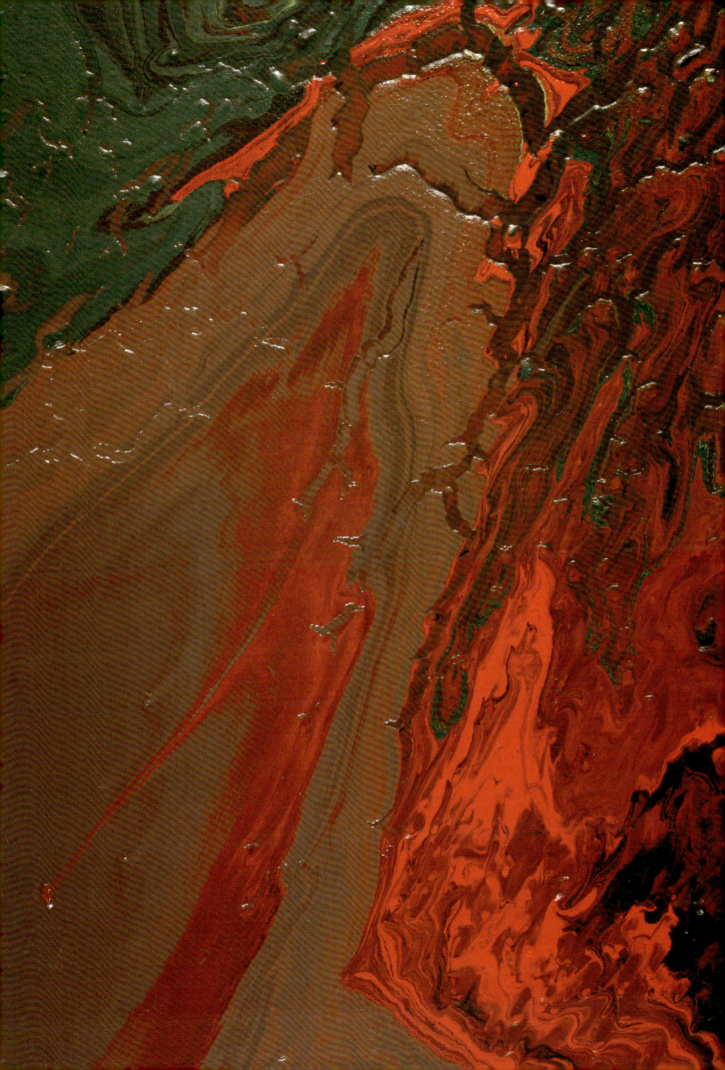

一定要往北走！左首想趴下歇息时，右首便一定要起身站立！”

这时台下有人吆喝道："那岂不是两个脑袋扯来扯去，挪不动尺寸之地？"

说书人笑道："然也！"

"哈哈哈，这屏蓬也太蠢了！"

"那这怪兽还不得饿死啊！"

说书人摆了摆折扇，回答道："不然，屏蓬乃天地异兽，窃阴阳之造化，可以服气而生，虽从生来便在原地无法移动，但却也无性命之忧。"

台下的小娃儿若有所思道："那也挺好的，活得清静。"

说书人瞥了小娃儿一眼，笑道："可人却看不得这异兽清静，尔夏国国王得知此异兽存在后，便想抓捕屏蓬，研究其玄妙之处，以之对抗四方之敌。"

"尔夏国的勇士纷纷前往抓捕屏蓬，但每次一接近，屏蓬左首和右首就会同时释放一股强大的气息，凡人触之即中毒，浑身无力，三日之内骨头消融，死若蛇类。"

台下一阵惊呼。

"嘶，这怪物竟如此厉害？"

"难怪那国王想要抓捕，这怪物一旦被放到战场上，纵是上万勇士也奈何不得啊！"

"若果真如此，这屏蓬岂非无敌？谁可奈何？"

说书人见气氛热闹，也不插嘴，任由大伙儿讨论，见有人提问，才缓缓准备开口。

这时，那捣蛋的小娃儿却抢先道："屏蓬左右首合力才如此厉害！但若左首右首一直作对僵持，那岂不是旁人只需帮其中一首对付另外一首即可？"

众人一愣。

"对啊，若是帮左首先败了右首，然后单独对付左首，那岂不是轻松了许多？"

说书人目光幽深地看了眼小娃儿，开口道："的确，在尔夏国国王重金悬赏之下，便有智者出了这个主意。"

"智者与勇士一起前往鏖鳌山，与左首言道，他们愿意帮左首一起打败右首，而后屏蓬的整个身体就归左首所掌控！"

"左首右首争斗了数万年，早有怨怼，左首便答应了下来，只是有一个条件：不可杀右首！"

小娃儿喊道："那尔夏人岂会守信？"

说书人苦笑了一声："的确，在左首相帮后，智者毁诺，令勇士杀了右首！"

"但智者没思虑到的是，屏蓬的左右首上万年来互相僵持，可并非仅仅只是为了走路这一小事。

"左首若想作恶，右首便会向善，右首若心生恶意，左首也会横加阻拦！如此这般，屏蓬便不会因天生异能而害人，与万物和谐相处！

"这才是屏蓬左右首相争的真正意义！亦是阴阳平衡之大道！

"尔夏之人杀了右首，只剩左首独活。左

首怀着对人类毁诺和杀右首的仇恨，又岂会善罢甘休？"

说书人越说越激动，面色也愈加凶戾："只可惜这一次，没有右首阻拦左首了！"

台下有人忍不住出声问道："难道左首杀了智者和勇士？甚至是那国王？"

说书人重新冷静了下来，一脸淡漠。

"左首屠了尔夏，全国！"

场间众人皆惊，俱是倒吸一口凉气。

"那屏蓬左首也太暴戾了吧？"

"是啊，这是滥杀无辜啊！尔夏百姓何辜？"

"要我说那屏蓬本就是自己作孽，谁叫它身怀异能却还移动不了，任谁看了不起歹心？这还害了一国的无辜之人！"

说书人突然大笑了起来："哈哈哈！"

台下众人看着说书人大笑，一脸莫名其妙。

唯有那捣蛋的小娃儿，突然遍体冰寒，眼中尽是恐惧。

"是人族的贪婪害死了右首！也打破了屏蓬双意志的平衡！那人族就要为此付出代价！不止尔夏国人该死，所有无耻的人族都该死！"

台下众人尴尬，有人不悦道："你不也是人族？"

说书人冷冷地看着众人，缓缓地站起了身。

随着说书人的起身，他庞大的身躯也展现在了众人的眼前，竟是真的如小娃儿所说，臃肿如猪！巨大无比！

帷幕也被说书人的身躯所推开，一览无遗。

只见说书人只有头部是个白净的小生，他的身躯竟非人类！掩藏在衣服下的，是如野兽般的棕褐色皮肤，和庞大健硕的身躯。

"人族？不！我，是最后的屏蓬！"

只见衣服尽数撕裂，说书人的身躯突然趴在了地上，原本白净的小生面貌在一边，而另一边从撕裂的衣服中冒出了一个宛若猪头的兽头！正是屏蓬！

众人还没来得及惊呼，一道道血光便在堂间闪过。

很快，便没了声息，只留下满堂的血水。

只有那捣蛋的小娃儿，站在原地瑟瑟发抖，却还活着。

"你……要饶我一命？"

"不，我只是想让你做我新的脑袋。"

屏蓬将白净小生的脑袋拧了下来，扔在地上。

小娃儿反应了过来，那脑袋所在便是原来右首的位置！

"世间只剩最后一个屏蓬，但右首的位置，我会一直为人族留着，直到将无耻之人屠戮殆尽！"

一道血光闪过。

屏蓬重新穿上了衣服，自己的头颅隐藏在庞大的身躯中。

而衣服上方，正是那可爱的小娃儿。

小娃儿，笑了。

青要仙山

林曦

青要之山，实惟帝之密都。北望河曲，是多驾鸟。南望墠渚，禹父之所化，是多仆累、蒲卢。魅武罗司之，其状人面而豹文，小要而白齿，而穿耳以镍，其鸣如鸣玉。是山也，宜女子……有草焉，其状如葌，而方茎、黄华、赤实，其本如藁木，名曰荀草，服之美人色。

——《山海经·中山经》

"……你道那青要山是何地？天帝密都，人间仙境是也！山中万灵由一女神掌管，名唤武罗。纤腰雪肤，明眸皓齿，身披雪豹裘衣……"

榕树下的说书先生摇着折扇，绘声绘色地讲着故事，或是因为眼前的说书先生不似长须老者那般让人信服，下座听书的不过三五人。又以两个孩童最为认真，男孩并无特别，只是女孩模样不甚好看。头发枯黄，身骨不齐，歪鼻梁，长短腿，只一双眼睛明亮动人，透着真诚。女孩在村里没有别的朋友，只有一个外村新搬来的小男孩愿意陪她玩耍，只因为男孩刚搬来时，女孩曾抄起扫把赶走了欺负他的顽皮孩子王。

小女孩瞪着大眼睛一眨不眨地望着说书先生，聚精会神地

《幻山海——魋武罗》 布面油画 63×83cm 2019

捧场，旁边的小男孩坐得东倒西歪，眼珠滴溜溜地转，不时提问或插嘴地打断说书先生。

小男孩："豹子精！"

"胡说！"小女孩嘟着嘴，伸手就是一拳。

说书先生并不恼，折扇一收，指向小男孩，接着道："此话不假！这青要山女神正是万年的雪豹吸天地灵气幻化而成，初化人形的武罗对直立行走感到无比好奇和兴奋，似豆蔻少女那般赤脚在山间、树林、溪流里奔跑，与山中的花草万灵嬉戏，日子好不快活。

"日子一天天过去，青要山在武罗的母性仙气影响下，成为一座女子宜居的宝地，凡间女子发现来山中采药、拾柴或捕鱼、浣纱，吸了山中之气则精神焕发，吃了山中灵鸟，则怀孕生子。自此，越来越多的女子前往青要山朝拜武罗女神，武罗一律有求必应。直到有一天，一疤面女子哭着上山拜求武罗，原来女子与夫君成亲多年，原本感情甚笃，不料一次意外，女子的脸被烛台灼伤毁容，渐渐地丈夫便对她越来越冷淡，不久更结识了外面年轻貌美的女子，从此疤面女子便连丈夫的面也见不上了。

"女子捂着脸哭诉：'武罗女神，都说您是天下女子的活菩萨，您帮帮我吧！'

"武罗从树上翻身一跃，缓缓落地，雪白的豹皮微蔽胴体，一双玉臂轻展，疤面女子仿佛被人双手扶起。

"武罗：'你丈夫变心，我能怎么帮你呢？'

"女子双眼放光地望着武罗：'您只要帮我把这块难看的疤去掉，我丈夫一定会回心转意的！'

"武罗看了看女子脸上的疤，红褐色的褶皱凸起从额中一直延伸到左眼下，横穿半只左眼，着实可怖。

"尚不谙人事的武罗，一心只想帮助女子重获幸福，便许她三日后再来。

"这三日武罗在山中用自己的灵气催生出一种仙草，疤面女子再来之时，武罗将仙草给她。

"武罗：'你将这荀草拿回家，取无根水煎制成药汤喝下，你脸上的疤自会痊愈。'

"疤面女子三叩五拜跪谢武罗。

"那女人变美了吗？"小男孩站在凳子上望着说书先生。

说书先生眯起眼睛一笑，"美！女子不只脸上的疤痕全消，容色也更胜从前。"

"她丈夫肯定也回到她身边咯？"小女孩眨着眼睛，一脸期待。

说书先生不置可否，只接着说："自此，青要仙山，人来人往，络绎不绝。凡女子，无论老少美丑，一心为求荀草，美其容色；凡男子，亦前来为家中妻女寻仙草驻颜。一时之间，青要仙山被前来寻仙草驻颜美容的人扰得全无安宁。

"起初，武罗尚能有求必应，不断用灵气催生出成片的荀草供人们自由采摘。人们对武罗也越来越尊崇，更在山下多处修建庙宇供奉……"

"你瞎编！我从来没见过武罗庙！哼，果

然是骗人的！"小男孩插着腰扬着下巴拆台。

"讨厌！先生还没说完呢！"

说书先生接着说："慢慢地，武罗发现自己力有不逮，身上的豹纹越来越深，每隔一段时间便要变回原形调息。直到有一天，西王母座下的青鸟路过青要山，得知情况大惊，青鸟劝诫武罗：'世间一切皆有其秩序，所谓物极必反，你虽是好意成全人心，但人无论容颜、子嗣还是寿命，都自有定数，年老便色衰，寿终自正寝；有福缘着得其机遇，无福缘着也有其安排；你不分皂白地有求必应，便打破了这自然规律啊！'

"武罗听了青鸟的话，这才顿悟。再一看那些有求于她的人，有的得到了美貌嫁进王孙贵胄家，却只有深闺寂寞和钩心斗角；有的为了美貌一再求仙草驻颜，却依旧留不住贪新鲜的丈夫，反而丧失了自我，终日以泪洗面，连儿女也不顾……而她自己也因此仙体受损，即使再化人形，周身豹纹雪肤也不再是往昔颜色。

"渐渐地，人们发现上了青要山，也未必能找到那些仙草灵物，武罗女神也不再有求必应，山下的武罗庙也慢慢地香火凋零。

"人间恢复了原有的秩序，有生有死、有深闺美人，也有无盐丑妇。

"青要仙山也恢复了宁静，偶有途人闯入，是祸是福但看那人的福缘如何了。"

说书先生折扇一合，结束了今天的故事，转身往村外走去。

人们各自拿了凳子散开，小男孩嘬着嘴嘀咕着："我还是说他在骗人，你说是不是？

小男孩翘着胳膊肘去撞女孩却扑了个空。"先生，那个变美的女人最后幸福了吗？先生？"女孩深一脚浅一脚地追上走远的说书先生。

说书先生回头，等着小女孩走近，摸了摸她枯黄的头发，叹口气："那女子，后来生了个女儿……"

小女孩明亮的大眼睛一弯，鼓掌道："那她一定很开心！"

说书先生垂眼不语，女孩正要转身回村之际，被先生叫住："你想不想像那女子一样改变一下容貌？"

女孩愣了愣，随即笑开："我很漂亮呀！"女孩说完跑回榕树下，跟男孩打打闹闹地往家走去。

说书先生眼角一颤，先是惊诧，接着又欣慰一笑："若你母亲也能像你这般想，何至于落到吞药自尽……"

原来，疤面女子变美之后，丈夫果然回心转意，只可惜好景不长，女子怀孕不足七月，丈夫故态复萌，女子大受打击，上山再求武罗未果，最后病急乱投医，胡乱吃了一些驻颜偏方，不仅烂了脸，再受丈夫厌弃被赶出家门，最终不顾腹中骨肉吞药自尽，幸好武罗及时出现将女子肚中的遗腹女救下，保得一命交给山下村民抚养。只可惜，女孩在母体中受损，虽坚强存活，但模样身形俱有损伤。

小女孩回头看着越走越远的说书先生，墨绿的长袍下仙风道骨，远远望去仿佛一株小草。

不，不是小草，是仙草！像是故事里说的那一株青要山苟草。

蜃

轻容

峄皋之山，其上多金玉，其下多白垩；峄皋之水出焉，东流注于激女之水，其中多蜃珧。

——《山海经·东山经》

一望无际的海面，微光粼粼，碧波万里。不知什么时候，却突然起了雾。

似曾相识的场景，让他心里隐隐升起一抹不安。

一旁，完全没有危险意识的孙女还在高兴地问东问西。

——爷爷，你上次渡海是什么时候？

这个问题让他心里咯噔了一下。他咳嗽一声，放稳声音回答。

——上次啊，上次渡海的时候，你还没出生……

——那是……只有你自己吗？

——当然不是，还有，还有……

他看着孙女纯白无邪的脸，突然不忍再说下去。

上次渡海，他是和儿子一起来的，可遇到了海难，他九死一生活了下来，儿子却在海难中去世，抛下了他和老妻，抛下了家乡尚且怀有五个月身孕的儿媳。

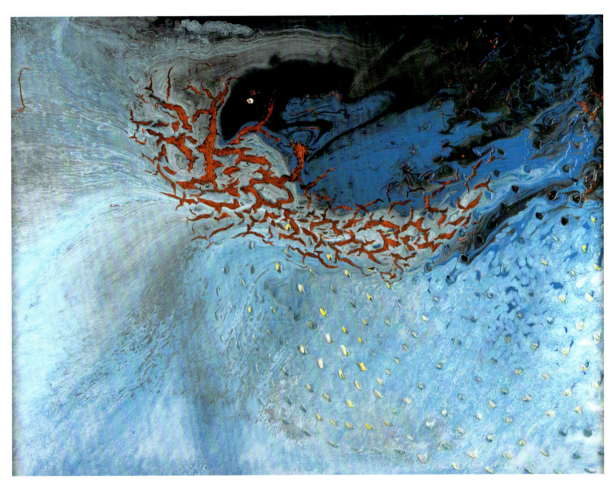

《幻山海——蜃》 布面油画　95×125cm　2019

后来他一人回到家乡，永远也忘不了妻子和儿媳痛不欲生的眼神。她们思念成疾，没过几年就先后撒手人寰，只留下孙女和他相依为命。

不知道哪个角落，有人吹响了一只柳笛，听起来更添悲伤。

海雾更浓了，几乎要看不到水面，便是这时，船剧烈晃动起来。

滔天的巨浪就那样突兀地拍上了船舷。海面突然变得高低起伏，有如被巨兽吞吐的海水，冲破层层雾障卷来，连绵不断。接天的巨影笼罩了一切，有飓风呼啸着在远天盘旋过来，带着极烈的海腥味，逼近再逼近，最后化为滔天巨幕，朝着船身狂压下来。

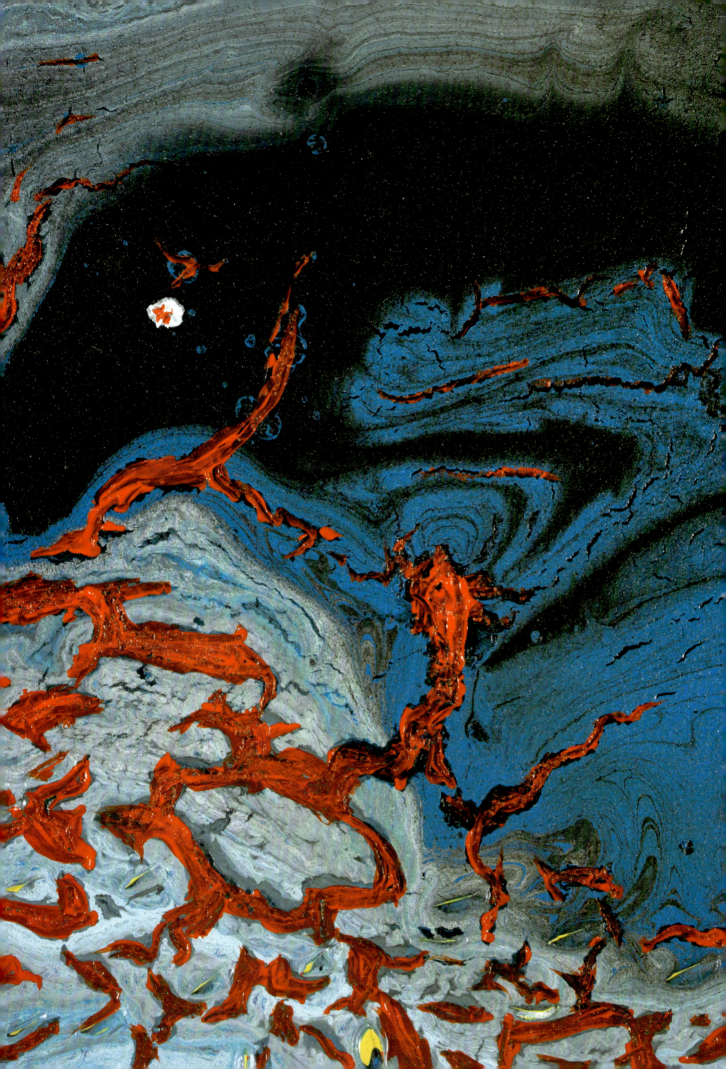

暴风雨来了！快进船舱！

把风帆降下来！

甲板上，水手们惊惶地嘶吼。

吱呀的嗡鸣带着沉闷的巨响，粗粝地自头顶过来，是桅杆，桅杆要断了！

他抬头看着慢慢倾下的桅杆，忍不住颤抖起来，这情形，他十年前曾经经历过一次！这样熟悉，这样可怕，他震惊得完全没有意识到手边拉着的孙女已不知所踪。

不断有人尖叫惊呼，又很快被水声淹没殆尽。

唯有巨浪撕裂船身的声音，嗡嗡嗡如天地洪钟般发出巨响。

"轰"的一声，是桅杆带着水幕倒在他身侧，他被连带着拍倒在了甲板。

他僵硬地躺在甲板上，心中满满都是绝望，铺天盖地的水砸在身上，沉重且冰凉，将他每一寸皮肤都几乎冻住。

是了，一模一样的风暴，一模一样的场景，当初就是在这样的暴风雨里，儿子永远离开了他，他就是在这样绝望的境地里失去了最重要的人。

噩梦卷土重来，他却已没有一点反抗之力，一颗心有如要被压爆，几乎窒息。无力挣扎，无法动弹，身心满是绝望。

就在这时，稚嫩的嗓音在耳畔轻声响起，却是有人在小声叫唤：爷爷，爷爷……

细微，却又熟悉；稚嫩，却充满依赖。

一颗漂浮的心忽然安定下来。

这里不是十年前的海难，十年前，孙女还没出生，更不会说话、叫爷爷。

这一切不是真的，只是梦，来自海上，蜃族编织的梦。

云散雾开，他的神志清明起来。他用尽一切力气，终于动了动小指。随后，是无名指，食指……

蜃梦，是蜃族编制的梦，源自恐惧，源自期盼，源自你心底最深的愿望，最想要或最害怕的东西。如果不能自拔，便会永远沉浸其中。

他终于挣扎着醒了过来，扭头看去，一旁的孙女正双目紧闭，口中却依然喃喃有声：爷爷，爷爷。

紧闭的眼皮下眼珠乱转，可见是在做一场噩梦。

他急忙抱住了孙女，用清水将她唤醒。

孙女懵懂稚嫩的脸上透出几丝迷惘，似乎还在梦里。

梦到了什么？他问。

——我梦到爷爷不见了，我到处找，一直叫，一直叫，然后爷爷就真的出现了，爷爷，是你把我从梦里救出来的吗？

——傻孩子。哪里是我保护了你，是你保护了爷爷，把爷爷从蜃梦里叫醒的啊。

他百感交集，抱住了孩子。

——原来我最害怕的，是失去。

——只要你在，我就无所畏惧。

《幻山海——马腹》 布面油画　90×80cm　2019

马 腹

方如梦

蔓渠之山，其上多金玉，其下多竹、箭。伊水出焉，而东流注于洛。有兽焉，其名曰马腹，其状如人面虎身，其音如婴儿，是食人。

——《山海经·中山经》

苗三站在蔓渠山上。

山风烈烈，苗三的眼睛里布满红丝。有多少天没有睡觉了苗三自己也不知道，他一定要找到妮儿，他的宝贝妮儿。

老婆哭得几乎瞎了眼睛，苗三拎着弓箭就上了山。

他一定要找到那只马腹。就是它，吃了他的宝贝妮儿，他就算是拼了这条命不要，也要杀了这该死的马腹为妮儿报仇。

祭司劝他："放弃吧。"

放弃？不不不，父女一场，怎能放弃？

从妮儿出生的那一天起，这小小的女娃就改变了他的整个世界。她闭着眼睛哇哇一哭，他就抓肝挠心地着急，她冲他哈哈一笑，他便觉得心里透亮。他砍柴也好，打猎也好，风风雨雨的辛苦都不是辛苦，他要为她遮挡全世界的风雨，怎么能说放弃就放弃？

妮儿是他的女儿，是他的性命。这一辈子，怎么可能就这样轻飘飘的一句"放手"他就不管了？给妮儿脖子上挂上玉膏的时候，他就暗暗发誓，这一辈子，他到死也要保护他的宝贝妮儿。

然而妮儿就被这该死的马腹给吃了，等他跑回家的时候，妮儿被吃得一干二净，骨头渣子都不剩，连脖子上那玉膏都被这畜生给吃了，老婆晕倒在地上有进气没出气。

苗三浑身颤抖，红着眼睛抄起弓箭就往山上跑，众人使尽全身力气都抱不住他。

然而找了这么久，这畜生到底去了哪里？

苗三咬碎了牙一拳砸在身边的树上，树干被砸得微微晃动，树叶纷纷落下。

树枝之间传来一声微微的哭泣声，像婴儿，也像野兽。

像极了妮儿小时候的哭声。

苗三心头一震，忍不住抬头去看，树枝之间仿佛有人。

树大枝茂，着实看不清楚。

苗三眼睛发涩，嘴里发苦。这是妮儿的声音，要是能再听一声就好了。

他指尖掐入树皮，几天没吃没喝的嗓子一开口有些沙哑，苗三尽量咽了咽口水润嗓子，就像哄小时候的妮儿一样轻轻地朝树上说："是妮儿不是？"

树上不应声，只有树叶沙沙作响的声音。

苗三咬紧牙关刚想爬上去一看究竟，就听树枝之间清清楚楚明明白白地传来一声婴儿的

哭泣，不折不扣正是妮儿小时候的哭声。

七尺高的汉子眼泪一下就流了下来，又怕惊着妮儿，不敢哭出声来，只是用袖子不断抹眼泪，奈何这眼泪越抹越多，直湿了整件衣衫。

树枝之间慢慢探出一张脸来。

泪眼模糊，苗三认得这张脸，正是自己宝贝女儿妮儿的脸。

苗三使劲掐着自己的大腿，大腿疼得很，不是梦。

苗三抹着眼泪笑了，他就知道妮儿不会有事，怎么可能有事呢？那可是他最宝贝的妮儿啊。

他轻轻张开双臂，生怕吓着妮儿，柔声唤道："妮儿啊，你下来，你咋在树上蹲着？"

妮儿的脸往后缩了缩，在树叶之间隐隐约约，既不说话也不下来。

苗三柔声哄着妮儿："你是怕爹说你不是？爹不说你。乖妮，只要你好好的，爹娘开心还来不及。你看这树上光秃秃的连个果子都没有，乖妮儿怕是饿坏了吧？"

说到吃食，树上倒是真发出一阵叽里咕噜的声音，像是肚子饿了的时候发出的声音。

苗三一下子心都揪了起来，掏摸半天，从怀里掏出一把祝余草，放在树杈上："妮儿啊，爹出来得急，没带什么好吃食，这祝余草好歹吃了就不觉得饿了，你先垫垫肚子啊，等会儿回家让你娘给你做肉吃可好？"

树上面狼吞虎咽的声音听得苗三揪心。然而很快，这声音就消失了，只剩下空咂巴嘴的

声音，想来妮儿是没吃饱。

停了一会儿，树上一阵窸窸窣窣。

苗三心里一紧，接着就快跳出了嗓子眼，妮儿要下来了，他的宝贝妮儿，这下终于可以好好看看妮儿了。祭司他们说的全是错的，他的妮儿根本就没有被马腹吃掉，一切都是噩梦，眼下梦就要醒来了，他的妮儿活蹦乱跳的就在他眼前。

妮儿的脸从树枝之间慢慢探出来，果然是妮儿！

苗三张着嘴，笑得有些憨。这辈子最开心的时候怕就是现在了。

妮儿的脸正对着树下的他，一点一点向他靠近。

苗三笑着笑着，心里便是一晃，似乎有哪里不对劲，不由得"蹬蹬蹬"往后退了好几步。

没了树枝的掩映，从树上慢慢走下来的妮儿竟然长着虎的身子。

苗三脑子一昏，仿佛掉进了另一场噩梦里，妮儿怎么了？这到底是怎么回事？

妮儿走到苗三眼前，轻轻叫了一声，这叫声就像是婴儿在哭。

苗三浑身一抖，如雷轰电击。他的妮儿这是怎么了？要说是兽，可她明明长着妮儿的脸，要说她是人，可她却长着个虎身子。

这怪物走到他身边，肚子一阵叽里咕噜，脖子下的玉膏在太阳下刺眼得很。

苗三问妮儿："你是妮儿？"

怪物不吭声，只是轻轻叫了一声，声音就跟妮儿小时候的哭声一模一样。

老婆的哭声在耳边嗡嗡地响："妮儿看见那马腹就不顾一切地冲了过去，嘴里喊着别吃我娘，我的妮儿啊！"

祭司说："放弃吧。妮儿是为母亲自愿被马腹吃了。马腹吃了这样的祭品便会长出妮儿的脸来，他两个从此合成了一个，就算你寻到了它，你下得去这狠手吗？"

苗三心如刀绞，对面的马腹，不，是妮儿，妮儿的肚子又叽里咕噜地开始叫。

这荒郊野岭的，除了方才那点祝余草，能去哪里找吃食？他的宝贝妮儿，从小就没被这般饿过。

苗三擦了擦眼泪，一横心，伸出胳膊，闭上眼："你长着妮儿的脸，我就当你是妮儿。你若是饿了，就先吃了我吧。吃完了，赶紧走得远远的，找个有吃食的山里好好住着，再莫伤人，倘若伤了人，他们会打死你的。"

良久良久，对面没有声音。

苗三睁开了眼。马腹不知什么时候已经走了，只剩下树上枝叶轻轻作响。

原 文

《山海经·南山经》：招摇之山，临于西海之上。多桂多金玉。有草焉，其状如韭而青华，其名曰祝余，食之不饥。

《山海经·西山经》：峚（mì）山，丹水出焉，是有玉膏，其原沸沸汤汤，黄帝是食是飨。

毕方

方如梦

　　长留之山，其神白帝少昊居之。……章莪之山，有鸟焉，其状如鹤，一足，赤文青质而白喙，名曰毕方，其鸣自叫也，见则其邑有讹火。

　　　　　　　　　　　　　——《山海经·西山经》

　　祭台上烛火摇曳。

　　毕方看着烛火陷入沉思。

　　毕方善用火，然而这火却是人间凡火，只能用来照明煮饭。眼下与长留的战争一触即发，长留大祭司善用阴兵，人间凡火抵抗不了多久。

　　长留一族与章莪一向不睦。纵有不轨之心，以前的长留还算克制，然而自从长留大祭司学会调遣阴兵之后，长留日益骄横，领土之窥便也再无顾忌。

　　毕方恼火地看着自己的手，手上伤口未愈，鲜血一点一点地冒出来。

　　纵然用她自己的鲜血为祭，也召不出神火。

　　阿弟却兴冲冲地跑了进来："阿姐，我已与王说了，此番与长留一战，王上许我上阵！"

毕方浑身一震，顾不得手心疼痛，一把抓住阿弟单薄的肩膀："你说什么？"

阿弟却甩开毕方的手，盯着毕方的眼睛有些不开心："阿姐，我说我要上战场！"

毕方凝视着阿弟。

才十四岁的阿弟身形单弱，怎么看都还是个孩子，王上真是晕了头，怎会同意他上阵？

毕方咬牙道："不行，刀枪无眼，人世间我就只你这一个亲人了，你若受伤，让我怎么活？"

阿弟浑身上下都透着股不谙世事的倔强："那也总好过在阿姐的庇护下活一辈子。我已经长大了，族中男人都要去打仗，我也要去！"

毕方只觉得血往头上冲，千言万语一时间都堵在胸口出不来，最后冲破喉咙，话到嘴边只剩一句："不行！"

阿弟却不想再多说话，扭身便朝屋外走："我不管，我要去！男人们都去了，剩我一个和那些妇女们缩在后面，我不干！"

毕方看着阿弟的背影，背影被门口的阳光拉得长长的，似乎门口有张大嘴在等着，立刻要将阿弟吞噬进去一样。毕方心中一跳，赶紧冲了出去，青色的长裙差一点将自己绊倒在地。

然而说什么都来不及了，长留大军就在眼前。自己这边的军队也开始集结，在黑压压的人群中，毕方找不到阿弟。

阿弟今年才十四。十四岁的少年郎没见过世间的残酷，也没经历过杀戮的血腥，仅仅凭

着一腔热血便要卷入人世间最惨的修罗场，王上为何要答应他？

毕方仓皇四顾，猝不及防地就看见了长留大祭司。

大祭司身着黑袍，这黑袍从头到脚将他兜了个严严实实，看不清面目。

就算阳光耀眼，毕方也感到了一丝丝的阴寒之气。

心慢慢沉了下来，如浸在冰水里一般，毕方突然想起了那个传说。传说长留的大祭司曾死于极北之处，魂魄久久不散，玄冥之神禺强见他可怜，便用蛇虫作身，令他复回人间。

虽在人间，却不是人类。

这样的大祭司，毕方一介凡人的血肉之躯却怎与之抗衡？

毕方努力镇定心神，口中慢慢念起驱火的咒语。周身火焰升腾而起，在阳光下灿然耀眼。

战场上一片沸腾。

然而毕方却似乎看到了黑衣祭司眼中的一丝不屑。

这只是一点点微不足道糊弄世人的把戏而已，她所能驱策的，只是人间凡火。毕方不敢奢求什么，只愿这人间凡火，能够鼓舞士气。

毕方口中有些发苦。

战场上沸腾的喊杀声在身边响起，杀气充斥天地。

死亡在鲜血和尸体上，有说不出的狞厉可怖，却也有说不出的妖艳绝伦。

毕方的眼睛紧紧地盯着长留的黑衣祭司，

青衫上沾染的血和跳跃的火焰融为一体。

黑衣祭司慢慢地往前走了一步。

毕方的心顿时跳了起来。

天上耀眼的太阳不知何时渐渐消失了，不属于人间的寒风吹过大地，这阴冷的风刺骨寒心，似乎来自传说中极北的冥间。

黑衣祭司的长袍慢慢展开，如同一只巨鸟一般，挡在战场与阳光之间。

战场被黑影笼罩，黑影中似乎有无数的鬼魂在哭泣尖叫。形状诡异的蛇虫突然间从地下涌了上来，爬满了战场，覆盖了尸骸。

毕方青色的长裙似乎被一双双手揪住，令她动弹不得，这些看不见的手非但不怕她用咒语点燃的火，反而用那不属于人世间的冰冷抓熄了这凡火。

毕方咬紧牙关，努力催动火焰。

熄灭了的火焰，已再难燃起。

阴风笼罩大地，死亡的气息吹遍整座战场。

一个阴冷的声音如毒蛇一般在耳边嘶嘶作响："毕方，毕方，你们输啦！"

冷不防地，那黑暗深处突然伸出来一只手，一把抓住了毕方的一条腿，要把她抓走。这手冰冷难忍，她的腿在一瞬间全然失去知觉。

惊骇的毕方忍不住大声尖叫起来。

就在这时，一枝长矛突然间带着风声呼啸而来，戳中了黑影正中间。黑影深处传来一声撕心裂肺的呐喊，那手一把扔了毕方，朝长矛投来的地方抓去。

毕方惨叫一声滚到一边，勉强凝神看去，

那黑暗中伸出的手已经抓住了一个人，被抓住的人身形单薄，只是个小小的少年。少年稚嫩的声音在黑影中拼命挣扎喊叫："放开我阿姐！"

毕方心神大乱，那正是阿弟的声音！

毕方连滚带爬地要站起身来，然而受伤的腿一点知觉都没有，完全支撑不住毕方。

眼看着弟弟就要被黑影吞没，毕方一咬牙抓起地上不知谁扔在一边的刀，一刀奋力砍断自己的腿。

血光冲天而起，在漫天的血光中，毕方的咒语响了起来，在战场上回响，在天地间回响，在太阳与黑暗之间回响。

咒语声中，夹带着骇人的热气，一柱耀眼的大火猝不及防地从天而降，直直地烧在战场上，大火所降之处，吞噬了所有人间的生命和不属于人间的黑暗。

黑暗惨叫着退却，对面大祭司的嘶吼声也很快被大火吞没，那黑影深处的幽冥尖叫着想要逃离，却被这神火灼烧着再也喊不出声音来。来自那极北深处的寒风被神火的炙热驱逐，在火舌上翻滚，最终消失得无影无踪。

毕方眼睁睁地看着神火吞噬了一切，吞噬了来自长留的黑暗，吞噬了长留的大军，吞噬了长留穿黑袍的大祭司，吞噬了大祭司那枯柴一般伸着的手臂以及手上牢牢抓着的阿弟。

阿弟！

毕方滚烫的心上犹如被泼了一盆冷水，忍不住放声叫喊，拼命挥舞着手臂想要停止这场

神火。

她亲手召来的神火竟然如此可怖，更可怖的是她完全不能控制这神火。

她早该知道，纵然是祭司，她身为凡人之躯想要召唤神火，本来就是力所不能及。

她的阿弟，她在人世间唯一的亲人，竟然就这样眼睁睁地被她亲手召唤的神火所吞噬，她原本是想要救阿弟的呀！

毕方嘶喊着用一条腿站起身来，然而冲阿弟伸出的手臂却不再是人类的手臂，而是青色的鸟翅。

她应该知道，她早应该知道，召唤神火，需要付出代价。

然而这代价却太过惨重。

她用她作为人类的身躯为祭召唤来了神火，却让这神火吞噬了她在这人世间唯一的亲人。天啊，她都做了些什么？

身边的喧嚣与沸腾与她再无关系，失去人类身躯的毕方化作了鸟，她奋力扇动着青色的羽翅，羽翅上火焰的颜色如同鲜血一般刺眼，在一片惊叫声中，毕方飞向阿弟消失的方向，飞向那冲天火光。

原　文

《山海经·大荒北经》：北海之渚中，有神，人面鸟身，珥两青蛇，践两赤蛇，名曰禺强。

《幻山海——毕方》 布面油画　63×63cm　2019

英招

林曦

槐江之山，实惟帝之平圃，神英招司之，其状马身而人面，虎文而鸟翼，徇于四海，其音如榴。

——《山海经·西山经》

相传，昆仑山东北四百里处，有一座悬圃，这是天帝的一座花园。园中除了闻香能长寿、啖汁可增力的珍奇百花，便是各种异兽。为防止异兽私逃人间为祸，天帝便指派了一位身经百战的天神看守花园，那天神曾跟随大禹征战四方邪神，收服无数妖兽怪禽，真正是战无不胜。他只远远一掸羽毛，园中异兽便被吓得四散逃走，无不战栗。起初，人们感叹天帝爱惜民生，特派天神看守异兽，渐渐地，有流言传出，原来那天神是犯了错才被罚做守园使者。人们便开始唏嘘堂堂战神大材小用，却不知这里面藏着一段不为人知的故事。

祭台前的燔柴炉被点燃，他披着沉重的铠甲一步步踏上祭台。

"若天帝见怜，佑我大商！子昭死何足惜！"

商王武丁身着重甲，腰系青斧冷刃，双手捧执玉帛，仰天高立于祭台；王后妇好身披袍铠侧站一旁，五尺长钺血迹未干；

一众臣民垂首列站台下。

闻得大王言词，群臣伏地三拜，殷切山呼："王！"

远处残兵倚杖而立，弱马半屈而站；宫城门外尸横遍野，燔柴炉内紫烟袅袅，伴着阵阵哀号和君臣的山呼祭辞直达上天。

天宫。

"此役非英招不能夺，望吾帝圣裁，速召英招归位！"众神齐拜。

唯雷神力劝："英招戾气太重，且听召不听宣，万不能重用！"

雷神一语将众神的思绪带回当日大禹携众神力战九首恶龙相繇一役。

"大胆相繇，你假借共工重臣之名作恶多端，为祸四方，今日我英招誓要你血溅江河，以祭人间百万亡魂冤灵！"一人面马身、虎纹鸟翼的天神从云中飞出，英气非凡，正是天神英招。英招展翅紧逼恶龙身后，那恶龙便是水神共工的大臣，蛇身九头、食人无数，所到之处尽成泽国的相繇。

此时相繇已身负重伤，口吐鲜血，全身疮痍，拼死反抗。

相繇："你不能杀我！我乃共工近臣，万年道行，即便是罪恶滔天也自有天帝发落，再不济也该由大禹处置，你……"

相繇话未说完，英招杀招已出，八足接连对准相繇头顶命门踢下，一条巨龙从半空颓然砸落人间，一时山崩地裂，泛滥成灾。

英招不知已酿成大祸，只道："大禹仁慈，

嘱我留你一命，可仁慈与尔等恶兽，岂非对善灵不公？多留你一日，人间便多一日涂炭！我英招使命便是杀尽天下恶兽邪神！"

……

天帝高座神台，凝视大禹似有犹疑。

"大禹，英招曾随你征百战，此次你意如何？"天帝字字有力，回荡天宫。

大禹沉吟片刻，躬身上前："回陛下，没人比禹更清楚英招的能耐，此次人间战、疫并起，虽由英招而起，但也是大禹失责，还请陛下准许这劣蹶儿以功抵过！"

"去吧。"天帝轻挥，一诏书随袖飞出，落向下方花园。

一只状似蜜蜂、体形却如鸳鸟的神鸟从云雾中飞出，瞄准万年古柏树下闭目养神的英招，露出了尾后的毒针伺机而袭，尚未靠近便被顷刻之间从英招的一对白色羽翼扇出的气障挡回，重摔在地，毒针半断。

"英招！我钦原蜇木则枯，蜇人便亡，何等本领容你长困于此？"钦原怒目长号，顿时激起园中各异兽不忿，纷纷从四面飞出。

英招微展白羽，震飞空中偷袭的奇禽，八蹄悬踏，踢倒下方的异兽，张嘴高吼一声，声如乐器勃皇，音波之力足以撼动九方，鸟兽尽散。

"不自量力。"英招收回翅膀八足，靠在万年古柏树下，闭目眼神。

各有损伤的异兽们四散开去，只留下钦原神鸟和土蝼神兽相互递着眼色。

"钦原，你这区区千年的小妖物到底是沉不住气。英招上神又是怎样的本领，不也跟咱们一样困在这偏境里，哪里就轮到你来放肆了？"说话的土蝼，长相似羊，头顶四角，吃人而活。

"呵，堂堂上神又如何，战功赫赫又如何？征伐的是你，领功的却是大禹，英招上神，您可真大方！"钦原咯咯冷笑。

英招却一动不动，连眉头都不曾一皱。钦原、土蝼自觉无趣，各自散开。

英招睁眼，目光扫过园中各兽各珍，那是他几百次征战的累累战果，它们都曾是为祸人间的恶兽，被他收服在园中看管。呵？看管？他英招又何尝不是同它们一样囚禁在这园中被人看管？

"我不过一次失手，你便要关我一世吗……"英招展手，一份帝诏摊在手上。

英招攥着帝诏冷嗤一声，他知道他们需要他，他也知道有诏必回，但他不甘，不甘就这么回去。他要一个说法，要大禹给他一个说法！只要他给他一个理由，他英招依旧甘愿为他人神大禹征战天下，保人间太平。他并非怨怪大禹将他发落此地看守，更多的是不解，他不懂那相繇恶贯满盈，杀人无数，大禹为何还要留他一命？他更不懂，他堂堂战将，尽足本分杀了一个为祸人间的恶兽，为何反要受罚？

英招困惑之际，大禹从云中走来。

英招大喜欲前，却强拘着礼节，只起身施礼，却不发一语。

大禹摇头长叹："英招，我知你不服，但若你看了人间这连日来的灾祸，还有所惑，这一役你也不必出战。"

大禹说罢，带着英招飞至人间宫城墙头，远眺是满目疮痍，哀鸿遍野。原来当日相繇的尸身腐液蔓延人间，从此瘟疫四起，唯有神灵庇佑的王城阻隔了疫毒，不至举国沦陷。但人间失衡，妖物横出，鬼方国趁祸滋扰，商王武丁一面要灭瘟疫，一面要阻战火，就连王后也披甲上阵，一时之间民不聊生，人间仿若炼狱。

英招见状终于明白，当日的一己之见何其自大！当下应诏，因相繇之毒除了杀他的英招外无神可靠近，英招便与霜神、雪神商议，先由他用他们所下的大霜大雪冻结疫毒及相繇的尸首，不致瘟疫再延。随后，英招再用尽神力将足有千丈长的相繇尸身运到几百里之外的无人之境掩埋。

解决了瘟疫，人间将士们恢复了战力，武丁与妇好也力战各国班师，人间再得安宁。

天帝花园。

"你当真自愿留守此地？"大禹看着眼前戾气全消的英招，面有欣慰。

"英招愿意。"英招看着大禹，坚定道，"园中安宁，便是人间安宁。英招愿意！"

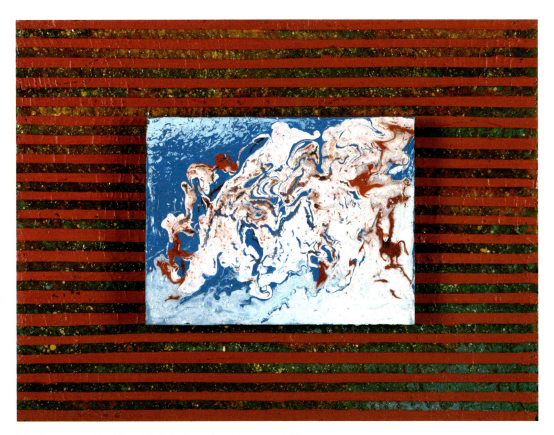

《幻山海——英招》 布面油画 60×80cm 2019

原 文

　　《山海经·西山经》：昆仑之丘，是实惟帝之下都。有兽焉，其状如羊而四角，名曰土蝼，是食人。有鸟焉，其状如蜂，大如鸳鸯，名曰钦原，蠚鸟兽则死，蠚木则枯。

　　《山海经·大荒北经》：共工臣名曰相繇，九首蛇身，自环，食于九土。其所歍所尼，即为源泽，不辛乃苦，百兽莫能处。禹湮洪水，杀相繇，其血腥臭，不可生谷；其地多水，不可居也。禹湮之，三仞三沮，乃以为池，群帝因是以为台。在昆仑之北。

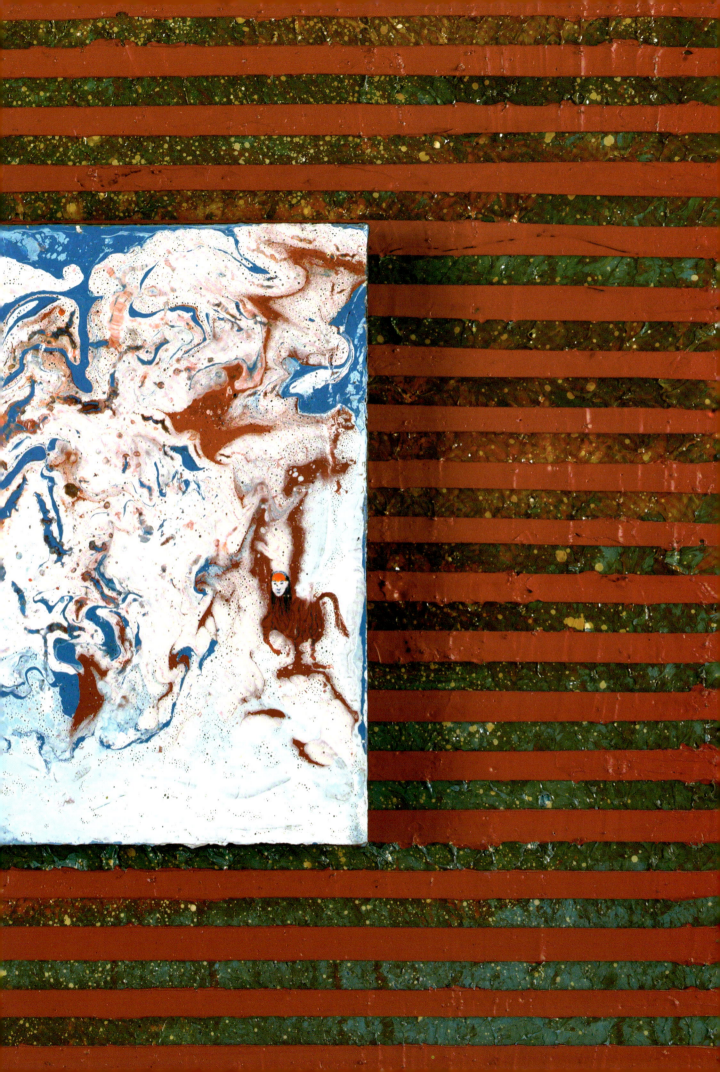

禺䝙

方如梦

东海之渚中，有神，人面鸟身，珥两黄蛇，践两黄蛇，名曰禺䝙。黄帝生禺䝙，禺䝙生禺京。禺京处北海，禺䝙处东海，是惟海神。

——《山海经·大荒东经》

1

禺䝙阴沉着脸坐在巨浪之上。

狂风呼啸，黑色的天空压在翻滚的海面之上，暴雨倾盆而下，填满了天与海之间的空隙。禺䝙足下的两条黄蛇在滔天巨浪中有些不安地抬了抬头，见禺䝙毫无动静便又俯身下去，继续吞吐着海水。

海水一浪高于一浪，慢慢狰狞着淹没了伫立在海上的流波山，波涛汹涌，水覆七千里。

天上传来如雷般的吼声："禺䝙，你停手，我有话跟你说！"

禺䝙面无表情，背上的翅膀不耐烦地扇了扇，掀起海浪冲天，直朝着天空传来声音的方向卷去。

狂风大作，吹开了巨浪，折丹的脸出现在禺䝙面前。禺䝙盯着折丹，目光如同这阴暗天色中的一道闪电一般划在折丹

《幻山海——东海之渚》 布面油画 100×80cm 2019

脸上。

身为风神的折丹却并不退缩，身躯飘在空中，脸却与禺䝞正面相对，寸步不让。

风助海势，黑色的海浪在折丹所带来的狂风中更加肆虐，巨浪几次冲着折丹扑来，差一点便要击中。

折丹怒道："你够了没？"

禺䝞冷笑："你是来替奢比尸说话的？大可不必。他为了邀功，把夔献给帝父，你知道帝把夔怎样了吗？帝活剥了夔的皮做成鼓，用雷兽的骨来敲，声闻五百里，以威天下。"

说到后来，禺䝞的神色渐渐变得狰狞起来，黑色的海面翻涌，似乎要将天地吞没。

折丹叹息的风吹过海面，似乎在安抚着狂躁不止的海浪："禺䝞，帝所面对的种种反叛与征战，远远不是你我居于东海一隅所能猜想。能得夔做鼓来威震天下，令乱臣贼子胆战而不敢起贰心，对于天下来说是一件大好事。"

禺䝞仰天大笑，眼泪却混着雨水在脸上流淌："夔在帝的眼中只是兽而已，除了皮之外，毫无用处。对我呢？帝有没有想过夔对于我来说是什么？若不是我以朋友身份邀请他来海中玩耍，以夔的脾性，他怎会从流波山中轻易出来而被那奢比尸所看到？是我害了夔！"

折丹苦笑："夔虽藏在流波山，然而其光如日月，其声如雷，他又像牛一样那么大一只，出入水则必有风雨，这个样子被人发现不是迟早的事情吗？"

禺䝞恼恨地晃动着脑袋，耳上黄蛇随着他

的晃动也翻腾起来，巨浪拍打着海面，激起白色的泡沫无数。

一阵巨大的虎啸声由远及近，八首人面、虎身十尾的天吴踩着泡沫慢慢走来。

折丹鼓起腮，一阵大风吹向天吴，海浪之中突然间开出一条平坦的大道。

天吴顺着大道不紧不慢地走到禺䝞面前，伸了伸腰："禺䝞，你为了夔牛的事是要淹了整座流波山吗？"

禺䝞冷冷道："要是能顺道淹死奢比尸那才最好不过。"

折丹叹息："奢比尸是受了帝命的天神，你不能杀他。"

天吴却说："奢比尸虽将夔献给帝，但是出主意扒了夔的皮做鼓的却另有其人。"

禺䝞的目光变得锐利起来："谁？"

天吴的八个脑袋依次摇了摇："王亥。"

折丹皱眉："王亥？这可是禺䝞的老仇人啦！"

天吴的八个脑袋又依次点了点："可不是，也不知道他跟禺䝞哪里来的那么大仇恨，成天生吞活剥地逮鸟吃。他看见奢比尸带走夔之后，就悄悄跟在奢比尸后面一路到了帝前，本来帝也没想着把夔怎样，毕竟夔是天地间少有的灵兽，然而那王亥一顿花言巧语，哄得帝到底出手杀了夔。"

折丹似笑非笑地眯眼看着天吴："说的好像你在场一样。"

天吴八个脑袋上的十六只眼睛一起怒视

折丹:"我当然在场!当时我看他鬼鬼祟祟跟着奢比尸和夔觉得好奇,便跟在他后面到了帝台。"

禺貔突然开口,吓了天吴和折丹一跳:"你既然到了帝台,为何不救夔?"

天吴长长地叹了口气:"我话才开口,帝就打断了我,喝令我闭嘴。"

禺貔闭上眼,半天没吭声。帝素来不喜天吴,天吴说话每被打断,这也不是什么新鲜事。

折丹慢慢吹着风,大风在漆黑的海面上空穿梭,空气阴冷而潮湿。

过了一会儿,禺貔慢慢睁开眼,眼中黑不见底:"我要杀了王亥。"

伴随着这话,海上的波涛一点一点地安静下来,漆黑的海面陷入一片不详的宁静中,像是杀戮开始前的战场一般。

折丹停下风,看着禺貔:"你要亲自动手?王亥是帝所宠爱的凡人,你若动手,帝必然不喜。"

禺貔嘴角浮起一丝狰狞的笑意,却没有正面回答折丹的话:"折丹,我记得你说过,大荒之东有个野兽出没的地方,这地方既没有神居住,也没有人居住,这地方到底在哪里,你且带我去看看吧。"

2

草原青青。

禺貔站在有易的面前。

不同于在海上,此刻的禺貔浑身上下罩在黑袍当中,看不清面目,脚下大蛇漂浮在半空,吹出海风一样带着咸味的潮湿气息。

有易倒抽一口冷气拜伏在地上:"神主。"

禺貔并没有吭声,只是默默地看着有易,大蛇冰凉的气息在有易脸上划过,有易忍不住打了个寒噤。

似乎是要从这冰冷的气息中挣扎着呼吸一般,有易努力压制着自己浑身的颤抖。

禺貔终于慢慢开口道:"你替我杀了王亥。"

有易大惊抬头:"王亥?他是我的客人,此刻正将他的牛群寄放在我这里,我若杀他,便是主人杀了宾客,天底下哪有这样的道理?"

禺貔凝视着有易,有易在禺貔如闪电一样的目光中终于垂下头去,禺貔说:"昔日你落入东海,是我救了你,你说你的命从此供我驱策,可还记得此话?"

有易低头应道:"有易不敢忘。只是此刻我若杀了手无寸铁作为客人的王亥,帝必然不喜,其他部落也会视我部为仇敌,定会群起而攻。有易自己性命不足惜,然而族人到底无辜,因我一人之故而从此再无容身之地,未免可怜。"

禺貔的气息终于稍微温暖了一点:"我知道。我已经找了一个无人也无神的地方。你只要在我眼前亲手杀了王亥,那个地方就归你和你的族人所有,从此不受打扰。"

有易偷偷看了一眼黑袍中的禺貔:"神主,王亥一介凡人,又深得帝心,你为何要杀他?"

禺貔的目光定在有易脸上:"他杀了我的朋友夔。"

有易顿时愣住了，良久挺直身躯，大声道："世人皆以夔为兽，牵之引之轻慢之，只有神主以朋友待他，所以夔才肯从流波山现身到东海寻找神主。神主为朋友的心，有易敬佩，如是这般，有易愿意替神主杀了王亥，为夔报仇。"

禹貌的脸上慢慢露出了微笑，气息如夏天傍晚的海风一般吹拂着有易的脸，吹过草原："辛苦你了。"

3

禹貌看见王亥的时候，身上佩着玉璜的王亥双手正各自拿着一只鸟，一只鸟已经没了头，另一只鸟似乎也已经死了。王亥嘴里咀嚼着鸟头，鲜血顺着嘴边慢慢往下流，狰狞恐怖。

禹貌慢慢地开口，声音如冰冷的海水："夔是你让帝杀的？"

王亥显然没料到会看见禹貌，不由停下了咀嚼，定定地看了看禹貌，随即咽下嘴里的鸟头，伸出还带着鸟毛的舌头舔了舔嘴边的血："是"。

禹貌皱眉，他也没料到王亥见了他会是这样一个场面。王亥紧紧地捏着手中的鸟，鸟的羽毛颜色像极了禹貌自己的羽毛。王亥张嘴一口咬掉了另一只鸟的头，眼睛盯着禹貌。一时间，禹貌觉得王亥似乎咬的是自己的头。

禹貌凝视着王亥问道："你为何如此恨我？"

王亥的嘴里慢慢咀嚼着鸟的骨肉，身上的玉衡发出轻微的叮当声。

过了一会儿，王亥突然笑了起来，吐出嘴里的骨头和血肉，王亥捧着肚子笑得满地打滚："你竟然不知道？我高高在上的帝之子，东海之神，禹貌神主，您竟然不知道我跟您之间有什么仇恨？真是笑死我了，我一辈子都没听过这么好笑的笑话。"

禹貌看着王亥，脚下大蛇的头昂起，冲王亥嘶嘶吐着蛇芯。

王亥突然间停了笑声，咬牙切齿地看着禹貌："那一年你发水淹了我困民国，我为了族人在海边为你设祭，苦苦求你收了大水。七天七夜，我王亥不眠不休地祈祷，巫祝为了取悦你跳舞跳得吐血，你竟然一点点慈悲心都没有，不但不退水，还突然间发海啸淹我族人。那一场大水后，我族人伤亡过半，流离失所，本来靠着黄米为生，眼下却流离失所，只能四处人帮忙牧牛。我恨不得食你的肉，饮你的血！"

禹貌慢慢地说："你族人杀戮太盛，我东海的海水曾被你们清洗长矛的血水染红。你不反省自己，反而怪我发水？"

王亥咬牙道："我等陆上凡人之事，还轮不到你海神来管。总而言之，你杀我族人，我恨你入骨！你既然与夔交好，我就让帝杀了夔给你看，不光杀了他，还要扒了他的皮做成鼓，此鼓一响，就算你在大荒之东，也能听得清清楚楚！神主啊，失去朋友的感觉，你告诉我，到底是什么滋味？然而我因为你而失去的那些族人，可不光是我的朋友，还有我的亲人啊！"

王亥越说眼睛越红，咬牙切齿，突然间起身朝禺貓冲过来。禺貓微微侧身，只听王亥惨叫一声，站在禺貓身后的有易拿着长矛正好扎进王亥体内。

王亥看着自己身体上的长矛，不可思议地睁圆了眼睛看着有易。有易双手微微发抖，却依然紧紧地握着长矛，抿紧嘴唇坚定地看着王亥。王亥张了张嘴，仿佛说了些什么，却终于什么声音都没发出来，挂在矛尖上，垂下头去。手中的鸟尸也随着垂下摊开的手滚落在地上，玉衡的叮当声轻轻响着。

4

禺貓踩着蛇站在半空中，天吴的八个脑袋好奇地向下打量，折丹口中的风轻轻地吹向大地，地上的草在风中微微倒了倒，露出一群群肥壮的牛。

天吴大声问在地上奔跑的有易："你们的部落现在叫什么名字？"有易的声音随着风传到禺貓耳中："叫摇民国！"

折丹好奇地看着禺貓，"王亥死了之后，帝为什么那么平静，不去处罚有易？"

禺貓目光深沉地看着有易："凡人之间的争斗那么多，帝怎么可能一一管得过来？"

折丹顿了顿："王亥被杀死的那天听说你也在场，帝可知晓？"

禺貓震了震翅膀，一阵微雨轻轻飘落在摇民国的大地之上，在折丹吹起的微风中轻如一场梦："我是帝子，只要我的手上没沾血，帝便只当不知罢了。更何况我儿禺京慧敏可爱，每次见了他，帝开心都来不及，又何必为了个凡人跟我过不去？"

随着话音，禺貓打开的翅膀之下，禺京小小的脸好奇地露了出来，看着大地，小翅膀在微风中轻轻地拍了拍，在摇民国的上空慢慢地飞了起来。

原 文

《山海经·大荒东经》：有神人，八首人面，虎身十尾，名曰天吴。大荒之中，有山名曰鞠陵于天、东极、离瞀，日月所出。（有人）名曰折丹，东方曰折，来风曰俊。处东极以出入风。……有困民国，勾姓而食。有人曰王亥，两手操鸟，方食其头。王亥托于有易、河伯仆牛。有易杀王亥，取仆牛。河伯念有易，有易潜出，为国于兽，方食之，名曰摇民。……有神，人面、犬耳、兽身，珥两青蛇，名曰奢比尸。……东海中有流波山，入海七千里。其上有兽，状如牛，苍身而无角，一足，出入水则必风雨，其光如日月，其声如雷，其名曰夔。黄帝得之，以其皮为鼓，橛以雷兽之骨，声闻五百里，以威天下。

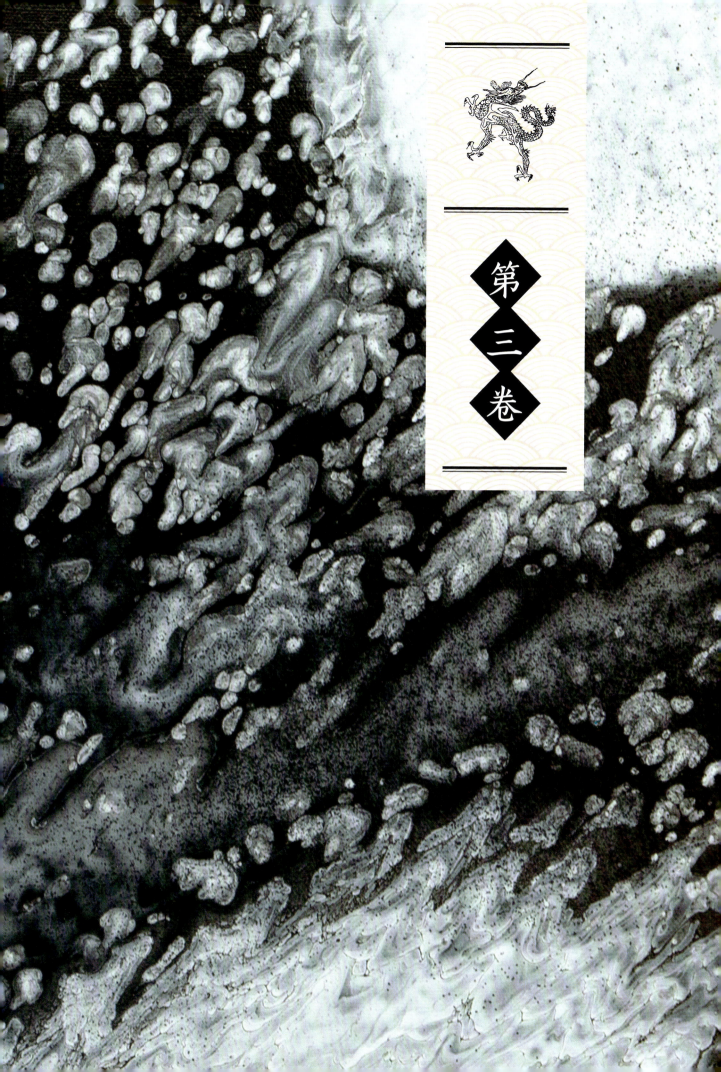

第三卷

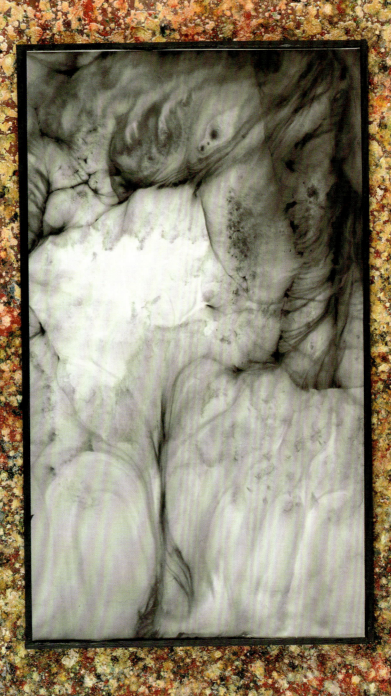

《幻山海——幻城》 布面综合 125×95cm 2019

化气为城

许
磊

荆山之首，曰翼望之山。湍水出焉，东流注于济；贶水出焉，东南流注于汉，其中多蛟。

——《山海经·中山经》

1

翼望山下的小城。

"有妖怪，救救我！"一个男子急匆匆奔向算命摊，跑着跑着，身体和衣裳如烟一般消散于空中。刚到小摊前，整个人只剩上半截身子，其余部分竟像被抹去了一般。

"汉水镇……有妖……"这人抓住算命先生的袖子，吐出最后几个字，化作烟尘。

挂着半仙招牌的算命先生被吓得魂不附体，收拾摊子就要走。

道士赤城子见此情景，拉住他，问道："先生，这是怎么了？"

算命先生哆嗦着说："附近汉水镇这几个月时常有人跑来，说是有妖怪，要我们去捉妖，说着说着，人就像烟一样散掉了。我只是个算命的，哪里会捉妖？"

赤城子笑道："贫道不才，略通降妖之术，请先生带我去汉水镇，如何？"

算命先生断然拒绝，赤城子也不多说，一挥拂尘，算命先生的袖子上出现了一个掌印。

"这是方才那个亡魂留下的印记，若是不除妖孽，只怕会有麻烦上身啊！"赤城子说道。

"我这就带你去！"算命先生立刻答应了。

向南十里，算命先生指着一片山林，说道："就是那里，沿着山路往里走千步，雾气弥漫之处就是汉水镇。我只能送你到这里了，没人敢进去！"

"为何？"赤城子问道。

"三十年前，汉水镇起了火灾，大火烧得半座山都没了，火灾过后，镇子居然安然无恙。大家都觉得有古怪，不大有人去。这几个月，出了那样的事，越发没人敢了。"

赤城子用拂尘扫去了他衣袖上的指印，独自进山。

2

汉水镇白墙黑瓦，绿树环绕，一条青石板街，店铺依次排开。小街上，众人诧异地看着赤城子，纷纷和他打招呼，十分友善。

赤城子看着这些人，长叹一声。

突然，有人蹿出，抓住赤城子："道长，有妖怪！救我！"

这人半个脑袋不见了，却无半点血迹，就好像未画完的画像。很快，另有一人也冲上来，此人是一只胳膊没了。

"这到底怎么回事？"赤城子惊问。

原来，半年多来，小镇经常有人莫名其妙地发现自己的身体缺了一块，可过一阵子，下一场雨，起一次雾，缺失的部分又会凭空出现。人是这样，镇子上所有的东西皆是如此。

有人害怕，跑出去求救，就再也没有回来过，其他人不敢跑，只能忍耐。众人都认为这里藏着吃人的妖怪。

赤城子再问当年大火之事，众人只依稀记得是夜里着火，清晨火熄，之后就没事了。就连镇子上一个八十多岁的老者也说不清楚，甚至连到底是哪一年都语焉不详。

一个少年听到动静走过来。众人一见他，立刻变了脸色，纷纷怒骂，指责是他从镇子外头带来了灾祸。

少年名叫阿罗。他涨红了脸，反驳道："我没有！"

老者反问："那你在镇子外头养的那个怪物，到底是怎么回事？"

阿罗答不上来，众人便嚷嚷着要打阿罗。喧闹中，镇子外头传来了牛的叫声。天空中飘起了细雨，转眼间，那两个身体缺失的人恢复了原状。众人被吓傻了，各自散去，躲入屋中。

赤城子问道："阿罗，可否带贫道去看一看那个……奇异之物？"

3

小镇外的深水潭边，阿罗喊了一声："你快出来吧！"

池水翻涌，一个小小的怪物钻出水面，蛇

身，有四脚，小头细颈，颈有白纹。赤城子认得这是蛟，只是寻常的蛟有数丈之长，这蛟却十分瘦小。

"它陪了我很久，就像我的亲人一样！"阿罗转身抚摸着蛟，温和地说："你又瘦了，我给你捉了那么多鱼，怎么就越来越小了呢？你要好好活着，我不能没有你啊！"

不等赤城子说话，蛟开口了："仙人恕罪，我并非妖怪，而是有难言之隐……"

赤城子心里一动，刚要说话，镇子里轰隆一声，随即传来惊呼声。赤城子指了指西边日落，给蛟使了个眼色，带着阿罗赶往小镇。

一座屋子崩塌了，屋里的人也受了伤，身子只剩一半，众人号啕大哭。

赤城子拂尘一摆，清风徐徐，屋子奇迹般地复原了，屋中人也安然无恙。众人又哭又笑，连声感谢神仙下凡救苦救难。

月上天心，赤城子出了镇子回望，只见小镇笼罩在雾气中，一切房舍花木似乎都随着烟气飘摇。

赤城子来到深潭边，蛟已经等候多时。

"这幻象，你维持不了多久！"赤城子说道。

"仙人，救救他们吧！"蛟哭泣道。

4

三十五年前，蛟路过汉水镇，遇到一个术士，术士眼见蛟修行有成，便要杀蛟，取其灵气。双方激战，术士大败逃走，蛟身受重伤，躲入深潭中。

阿罗意外发现了蛟，便每日给它送来鱼虾之物。一来二去，成了好友，每日相伴，情谊深厚。

五年后，术士前来复仇，他从海外厌火国带来了名叫祸斗的异兽，外形似狗，以火为食，可喷出烈火。

双方再战，阿罗出手相助，术士不敌，退到小镇中，祸斗突然失控，喷出大火，将汉水镇烧成灰烬，无人幸免，魂魄游荡。

蛟舍不得阿罗，便吐气为城，凭空变出一个汉水镇。众人魂魄有所依托，都以为自己只是做了一场梦，生活如常。

只是灵气也有溃散之时。汉水镇的百姓房屋时不时地出现破损，蛟便吐出灵气，化作雨雾，修补残缺。

历经三十年，蛟的灵气越来越弱，只能勉力维持，残缺便越来越多。

百姓不知时光流逝，身在幻境，便把怀疑的目光转向了阿罗和蛟。他们认定蛟是妖孽，镇子里的怪象都是妖孽作祟，屡次袭扰，幸亏阿罗全力救护。

"我的灵气所剩无几，这幻象维持不了多久了，仙人，我该怎么办？"蛟说道。

"缘起缘灭，聚散离合是世间定数，不如我送你们一梦，你和阿罗就此别过，可好？"赤城子道。

5

清风吹拂，灵气弥漫。阿罗醒了，发现自

已睡在屋中，他想起蛟，刚要喊，却见一个人进来。

"昨夜大火，所幸无事，大家都在外头庆贺呢，我们也去！"那人说道。

阿罗听着声音，是蛟，喜问："你变成人了？"

蛟拉起了他："正是，快来吧！"

街上摆满美酒，众人看见阿罗和蛟，立刻拉着二人且歌且舞。

蛟举起酒杯："阿罗，和我一起饮了此杯，从此以后，我在汉水之畔等你。"说罢，眼泪掉了下来。

阿罗不知何意，只是满心欢喜，笑着饮下酒。

这一夜，全镇百姓大醉，笑语欢言，幻梦一场，各寻归路。

旭日升起，小镇消失。蛟回头看了一眼那个地方，随着赤城子怅然而去。

原 文

《山海经·海外南经》：厌火国……兽身黑色。生火出其口中。一曰在讙朱东。（《本草集解》曰：南方有厌火之民，食火之兽。注云：国近黑昆仑，人能食火炭，食火兽名祸斗也。）

鹦鹉

许 磊

黄山，无草木，多竹箭。有鸟焉，其状如鸮，青羽赤喙，
人舌能言，名曰鹦鹉。

——《山海经·西山经》

1

冬至将至，大雪飘飘，北方小山村请了个术士捉妖。妖，
便是村头陈寡妇家那只怪鸟。

那鸟身形硕大，翠羽红嘴，艳丽无比，还长了条人舌，会
说话会唱歌。那鸟是个贼，曾在清明、端午和中秋偷窃众人粮
食谷物和药材。明日便是冬至，村民怀疑怪鸟又要行动，便请
来术士，降伏妖物。

村民冲到陈寡妇院口，陈寡妇赶紧出来，赔笑道："各位乡
亲安好，不知何事？"

村长怒道："陈寡妇，今日我们带来了师父，要拿住你家那
个妖怪，你要是识相，就交出来，大家相安无事，你要是不识相，
这位师父就不客气了！"

陈寡妇哀求道："各位，我孤身一人，只有这只鸟儿陪伴，
它偷了你们的东西，我已经赔给你们了，就饶过它，给我一条

《幻山海——鹦鹉》 布面油画　105×105cm　2019

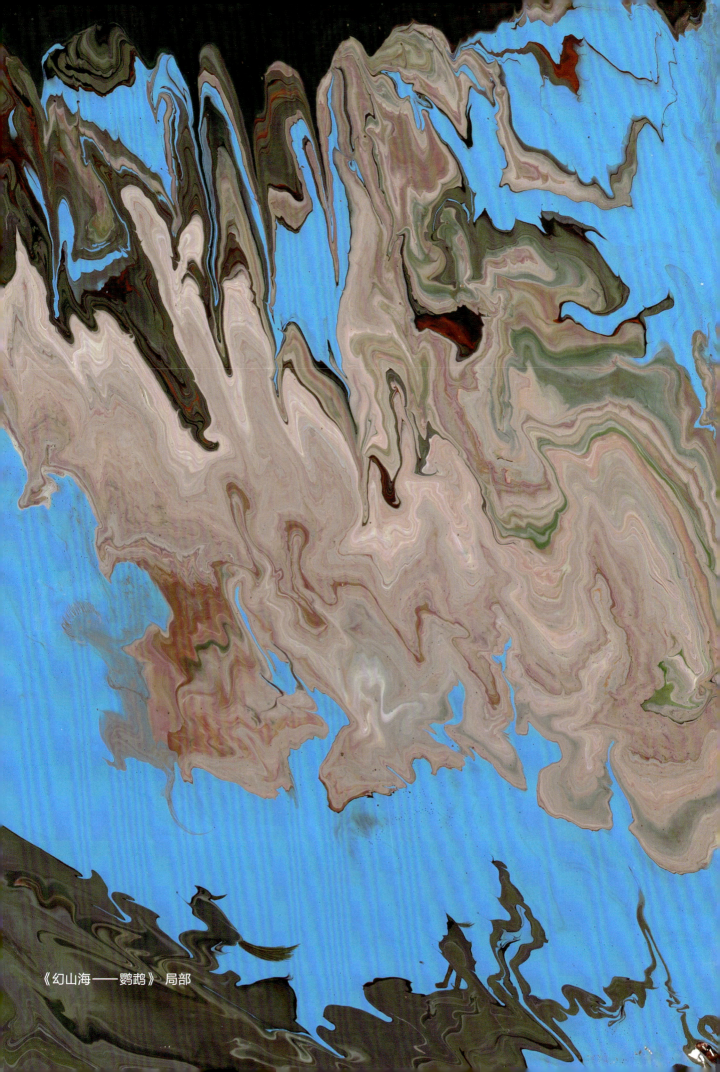

《幻山海——鹦鹉》局部

活路吧！"

村长哪里肯，他一挥手，术士立刻迫近。陈寡妇眼看不好，以身挡门。众人一哄而上，拉扯并殴打陈寡妇，一时间，咆哮呼喝和哭号哀求之声沸腾。

"砰"的一声，屋门洞开，一只鲜艳夺目的大鸟挟着劲风袭来，利爪如钩，扑啄众人，众人溃散。

术士一挥拂尘，长丝飞出，缠住大鸟，大鸟拼命挣扎，长丝越缠越紧，一缕青黑色的阴气从翠绿羽毛下缓缓散出。

"果然是妖物！有妖气！"众人齐声大喊。

村长尤其高兴："抓住它，别杀它，送到城里，能卖出大价钱！我都找好了买家！"

陈寡妇大惊，疯狂挣脱众人，朝着术士猛扑。村长飞起一脚，踹在她身上，她狠狠摔在地上。

村长大笑，带着怪鸟回到家中，将鸟锁进铁笼，准备明日送进城里。

2

子时一过，众人熟睡，铁笼中的怪鸟躁动不安，扑扇翅膀，用巨喙狠狠地撕咬铁笼，竟将笼门生生撕开。一番激烈挣扎，鸟喙鲜血直流，怪鸟冲出铁笼。

村长和术士惊醒，起身去追。村长手执长矛，朝怪鸟击去，怪鸟双翅一扇，一股阴风袭向村长，村长倒地气绝，浑身冰凉。怪鸟在空中化作一阵风，消失无踪。

术士吓得失魂落魄，不顾夜色沉沉，风雪交加，拔腿就跑。

清晨，他撞见一位道士，仙风道骨，便知此非凡人，急忙跪下求援，将怪鸟之事说与道士。

道士名号赤城子，慨然应允，随术士回村。众人围住陈家小院，咆哮着命陈寡妇交出怪鸟，否则就放火烧了院子。陈寡妇闭门不出。

众人看见赤城子，纷纷央求他捉拿妖怪，还村子一个平安。

赤城子走到门口，轻轻一拍门，门自动开了，他进了屋，掩上门。

片刻之后，赤城子走出，安抚众人："诸位勿要担心，贫道保证让村长起死回生，收服怪鸟，只是给贫道一日时间。今日各位尽管过节，待到子时，贫道自会出手，其间若有异动，诸位不要轻举妄动。"

说罢，赤城子来到村长尸身前，拂尘一挥，村长顿时有了呼吸，只是依旧昏迷不醒。

众人眼看赤城子颇有道行，也只能听从安排。

3

各家纷纷开始包饺子，唯有陈寡妇家锅冷灶凉。

赤城子进屋，陈寡妇起身倒水，歉疚地说："道长，穷家破户，只能以薄粥招待，怠慢了。"

眼见陈寡妇将怪鸟绑起，赤城子问缘故，陈寡妇说道："我也不忍，只是无奈！"

陈寡妇丈夫早逝，母子相依为命。去年冬至，天降大雪，十四岁的儿子看母亲辛苦，便进山砍柴，为母分忧，走了就再没回来。陈寡妇进山寻找，发现儿子摔伤腿，冻毙于山中。

陈寡妇悲痛欲绝，不欲独活，谁知除夕夜，风雪交加，这怪鸟飞入屋中。眼看外面冷，陈寡妇便收留此鸟。

这鸟会说人话，还会唱四季歌安慰陈寡妇。她有了安慰，便忍着丧子之痛活了下来，和怪鸟同吃同住，宛如一家人。

村长想高价收购，陈寡妇婉言拒绝。她虽穷，却视怪鸟如家人，断不肯为蝇头小利而将怪鸟卖掉。

这鸟有个怪癖。清明，偷艾草、糯米、咸菜，给陈寡妇做清明团子；端午，偷各色药物和缎子，给陈寡妇做香包；中秋，又去偷做月饼的各种材料。

家家户户都被它偷过，陈寡妇不得不逐户道歉补偿，狼狈不堪。陈寡妇也训斥过这鸟，只是它做错事便低头任你责骂，像个孩子。

"往年四季节日，但凡我能拿出一点钱，定会做时令之物给儿子，自己却舍不得吃。这鸟像是知道这些，真是贴心！"陈寡妇流泪道。

"艾草儿青，春光闹，清明团子不能少；荷花儿红，夏来到，五色香包身子好；秋月儿圆，秋风摇，吃了月饼全家笑；冬雪飘，穿棉袄，饺子飘香岁岁高，娃娃长大娘亲老。"

怪鸟竟像是听懂了，唱起了陈寡妇早年唱给儿子的四季歌。

陈寡妇泪如雨下："我那孩子，走了整一年，我多想见见他啊！"

赤城子道："大婶，今日若是怪鸟再做什么，你无须干涉。就在今夜，贫道会让你再次见到儿子。只是，不论看到什么都不可出声，否则，他会形神俱灭。"

陈寡妇惊喜无比，点头答应。

4

傍晚，怪鸟飞出屋子。赤城子拉着陈寡妇躲到里屋，从门缝往外看。

果然，怪鸟又从外头叼回了包饺子的各种材料，陈寡妇要出去阻止，想起赤城子的叮嘱，只能忍耐。如此一直持续到夜晚，怪鸟最后一次飞出去，再也没有踪影。

屋外，雪停了，一个白色影子从院外走进，如同幻象，只是地上脚印告诉陈寡妇，那不是幻觉。

影子走近，陈寡妇险些惊呼，那不是自己的儿子吗？他回来了？

影子进屋坐下，将面皮饺子馅等物聚拢，竟开始包饺子。他包得慢，饺子七扭八歪，不成样子。

包了满满一盘，影子将饺子煮熟，放在屋内，唱起了那首四季歌："艾草儿青……冬雪飘，穿棉袄，饺子飘香岁岁高，娃娃长大娘亲老。"

唱罢，影子说道："娘，这些东西，你舍不得吃都给了我，如今，我做了给你。儿子陪你一年，今日一别再也不回来了！"

陈寡妇泪如雨下，却只能捂嘴无声流泪。

子时，影子起身，恋恋不舍地四下看看，缓缓走出屋子，越来越淡，及至门口，消失无踪。

赤城子带着陈寡妇走出院子，陈寡妇看着茫茫雪夜，大喊道："儿啊，娘舍不得你！"

院子门口，有一串奇怪的印记，脚印朝着屋门。那是儿子走出门口，朝着母亲拜别磕头的印记。

大雪再次飘落，赤城子留下一锭银子："《山海经》有云，黄山有鸟，青羽赤喙，人舌能言，名曰鹦鹉。你儿子附在鹦鹉身上，尽了一年孝道，自有他的归宿。就此别过，保重！"

说罢，赤城子朝着影子消失的方向飘然而去，远处再次传来了四季歌声。

清晨，村长和术士无恙醒来，只是脖颈以下长满羽毛，奇痒难耐，一年方愈。

灭蒙鸟

许磊

灭蒙鸟在结匈国北，为鸟青，赤尾。

——《山海经·海外西经》

1

驾祥云，驭长风，赤城子终于来到了传说中的海外羽民国。

羽民国百姓容貌温雅，身形修长，周身遍布羽毛，肋下生双翅，可乘风飞翔，只是飞不远。

今日似乎是羽民国的节日，街市上人山人海，喧闹欢腾。众人见到赤城子，啧啧称奇，十分同情。他们可从来没见过身上没有羽毛和翅膀的可怜人。

赤城子心中暗笑。

突然，空中一阵哭泣声，狂风吹过，原来是一个羽民国男子擒住了一个少女，凌空掠过，急速飞向远处山林。

众人立刻扇动翅膀，急起直追。那男子飞得极快，转眼就消失在天边。众人十分沮丧，捶胸顿足，破口大骂。

赤城子赶忙询问，众人说道："那女子是我们的圣女，如今被强盗捉走了，如何是好？"

赤城子道："你们若是知道强盗的居所，贫道愿助你们一臂之力！"

众人欣喜不已。

2

山林深处，洞中传来隐隐的抽泣声。

赤城子寻到此处，一挥拂尘，一股风袭去。果然，拂尘卷住了一个人，赤城子一拉，那人被拂尘带了出来，正是被劫掠的女子。

"你随我回去吧！"赤城子收起了拂尘。

谁知女子哭喊着，拔腿就跑，赤城子待要追她，一个男子扇动翅膀，挡在了赤城子面前。正是那个强盗！

"你这道士，为何帮着他们害人？！"男子怒道。

赤城子不解。

"这个所谓的圣女，是那些人用来进献给灭蒙鸟的祭品！我若不救她，她也会像以往那些女子一样，被灭蒙鸟擒走！"男子说着，泪流满面。

原来，灭蒙鸟是羽民国的圣物，据说是山中灵气所聚，庇佑羽民国，只是灭蒙鸟每三年便会飞临，国人必须进献一位圣女，否则便会降下灾祸。

今日是灭蒙鸟到来之日，男子不愿这个无辜的女子成为祭品，便将她掠走。

"我叫离日，十八年前，我的心上人曦月就是这样被当作圣女，献给了灭蒙鸟，她说自己心甘情愿，要趁机杀死灭蒙鸟，谁知她也像以往那些圣女一样，一去不回。我救不了她，

就躲入深山。"离日伤心说道。

女子泣道："就算救了我，他们还有一个备选之人，只怕此刻，灭蒙鸟已经到了！"

赤城子二话不说，带着二人赶回城中。

3

赤城子刚到，就看见一只青羽赤尾的巨鸟擒住一个女子，腾空而起，往北方飞去，众人匍匐在地，跪拜祈祷，十分虔诚。

"那就是灭蒙鸟！道长，快带我一起去，铲除此妖！"离日惊道。

赤城子化作一道清风，携着离日追了上去。

群山之间，宝光四射，灭蒙鸟擒住那女子，落在巢穴中。此处枯骨筑成高台，高台上琼楼玉宇，中央的宝座上放着一柄黄金权杖。

女子被这炫目的景象惊呆了，全然忘记了危险，灭蒙鸟得意地高声鸣叫。

赤城子和离日落在高台上，灭蒙鸟大怒，朝着二人扑来。

一番激斗，灭蒙鸟败退。赤城子要痛下杀手，却见灭蒙鸟青羽渐落，露出了些许红色羽毛，竟然变成了一个人。

"曦月？你是曦月？"离日狂喜，大喊。

曦月似乎并不认识离日，眼看赤城子放松了戒备，她猛然蹿起，回身就往宝座上跳去，抓住权杖，身子渐渐融化，竟要和权杖融为一体，变成一摊血肉。

"曦月，不要！"离日大喊着扑上去，不顾一切地抓住了曦月。

《幻山海——灭蒙鸟》 布面油画　63×83cm　2019

瞬间，曦月的身体和权杖分离，倒在了离日怀中。

4

曦月认出了离日，悲喜交加，可她的身体已经融化，再也站不起来了。

"道长，这到底怎么回事？"离日大哭。

赤城子已经明白了："灭蒙鸟其实就是贪欲与权杖结合，幻化而成。十八年前，曦月应该是杀了灭蒙鸟，可她自己却被这迷离幻境吸引，变成了另一只灭蒙鸟。如今，她得救了，灭蒙鸟自然也就不存在了。"

"道长，可有办法救救曦月？"离日问道。

"办法自然有，但要用你的身体！"赤城子说道。

"我愿意付出任何代价！"离日斩钉截铁。

赤城子一挥拂尘，曦月和离日的身体合二为一，变成了一只半青半赤的双头大鸟，一边是曦月，一边是离日。

"从此，你们合二为一，可展翅飞翔；落地分开，则并肩而行，此为比翼鸟！"赤城子笑道。

比翼鸟连声道谢，展开双翅，飘摇而去。

赤城子回头，大吃一惊，刚才救下的那女子已经坐在了宝座上，手执权杖，面有得色，身子一点点变成了灭蒙鸟。

突然，一声霹雳，金光散去，黑暗缓缓地笼罩住高台。赤城子知道此地就要关闭，不得不驾风飞出。

回头时，高台已经消失不见，黑暗中传来了女子的笑声和鸟的鸣叫声。

"人心入魔，怕是三年后，贫道还要再来一趟啊！"赤城子叹道。

原　文

《山海经·海外南经》：比翼鸟，其为鸟青、赤，两鸟比翼。……
羽民国在其东南，其为人长头，身生羽。

人鱼

许磊

龙侯之山，无草木，多金玉。决决之水出焉，而东流注于河。其中多人鱼，其状如鯑（tí）鱼，四足，其音如婴儿，食之无痴疾。

——《山海经·北山经》

1

初夏，朔州城，一个气宇轩昂的中年男子健步走进茶楼。

"哎呀，赵家老祖宗来了！给您请安！"众人一见他，纷纷起身行礼。

赵先生志得意满。他已一百一十八岁，可面容却如同三十八岁，号称活神仙。

店家端上来一碗碧绿的莲叶羹，赵先生一口气喝完，唇齿留香，周身舒泰。他一怔，想起了什么，丢下银子就走。刚到门口，便瘫倒在地，黑发变白，身体干枯，皱纹滋生，满口的牙全掉了，一口气喘不上来，就要晕厥过去。

一个年轻道士一步上前，拍拍赵先生的后背，他这才缓过来。

道士把他送回家。刚进门，赵先生说了句："李兄……"身

《幻山海——龙侯山》 布面油画　95×125cm　2016

子一软，倒地身亡。

他口中的"李兄"是朔州另一个老寿星，一百一十九岁，和赵先生是好友，也是本城著名的大善人，吃素布施，德高望重，据说都快成神仙了。

道士决定走一趟李府。

2

李府门口，道士自报名号赤城子。

正堂，李老爷正在读《山海经》，听闻道人来访，赶紧迎出来。他一百一十九岁，却也只是四十岁模样，声如洪钟，面色红润。

赤城子问起李老爷修习的法门，老人避而不谈，只说自己从四十岁开始就吃素，不沾荤腥，行善，不杀生，只要修满两个甲子，就能成仙。

赤城子看看弥漫着灵气和凶气的李府，笑了笑。

一个唇红齿白的年轻人奉茶给李老爷，汤色碧绿，香气四溢。

"这是我的玄孙，李云飞！这孩子孝顺！"李老爷端起茶盏。

他正要喝，赤城子笑道："贫道从未见过如此好茶！"

李老爷立刻将茶奉给了赤城子，赤城子也不推辞，一口喝下。

突然，李云飞身子一软，瘫倒在地，口吐白沫，指着赤城子喊着："有妖人！"

李老爷大惊，刚要喊人将赤城子拿下，赤

城子将手中拂尘对着李云飞一扫，凑到他耳边低语几句，李云飞清醒过来，羞赧地笑了笑。

"这孩子怎么了？难道又犯病了？"李老爷捶胸顿足。

原来，李云飞今年十八岁，生下来就是个痴呆儿，时常抽搐、晕厥、说胡话。十六岁时，不知怎的，突然就好了。众人皆以为是李老爷行善修仙有成，上天眷顾。

谁知，今日又犯病了。

赤城子和李老爷一起扶李云飞进了他的小院。

李府各处都布满了佛道符咒和神器，唯独李云飞的院子没有，李老爷说这是李云飞自己布置的。

赤城子驻足在书房的一幅画前。画中有一红衣女子，绰约如仙，另有六根水草。画作旁的瓷罐里有些清水，透出异香。

李老爷道："这画是我孙子所作，画得倒是栩栩如生呢！只是，这水草又多了一根，难道是他新添上去的？"

赤城子笑而不语。清风吹来，画作微动，李云飞站在一旁，眼神里有些惊惧和敌意。

3

当晚，李老爷宴请赤城子。虽然菜肴精致，李老爷却意兴阑珊，不怎么动筷子。

半夜，赤城子隐隐听到有女子的声音："道长，可否随妾身走一趟？"

一抬头，原来是画中美人，姿容绝丽。赤

城子随女子往前走去，家具房屋花草，渐次消失，眼前一片冰雪，再无他物。

女子突然停下，背对赤城子，抽泣道："妾身小鱼，长居于此，已近八十载，幸有李郎相助，才有这容身之地。道长可觉得妾身美吗？"

赤城子道："姑娘很美！"

小鱼骤然转身，伸手欲扼住赤城子咽喉。此时她再不是个美丽女子，而是个半人半鱼的怪物，极其诡异。

赤城子并不躲避，小鱼手举在空中，犹豫良久，终究不忍："你非我仇家，罢了，你走吧！"

赤城子反手擒住小鱼，喝道："妖孽！还不束手就擒！"

小鱼大吃一惊，意欲逃跑，但赤城子的手就像铁钳一般，死活挣脱不了。小鱼知道自己遇到了有道高人，顿时跪在了地上。

赤城子再三追问，小鱼只是嘤嘤而泣，更不多说。

4

突然，耳边一阵惊呼喧闹，似乎是李府出了事，赤城子飞出了这片冰雪世界。

李府的正房里闹哄哄的，李老爷竟已变成了一百二十岁的模样，须发皆白，老迈不堪。

"方才，有几个人给我送了一碗羹……喝了……就成这样了……道长……救我！"李老爷拼尽全力喊道。

可是，周围哪有送羹的人啊！倒是李云飞站在一旁，浑身哆嗦。

赤城子命人取来一碗清水，念动咒语，泼水于空中。水变成一条细线，朝着李云飞的院子飞去。

细线喷在了李云飞书房的那幅画上，画中立刻出现了六个人。

"就是他们……"李老爷气喘吁吁地说。

赤城子马上明白了，拂尘一挥，卷住李云飞的脖子，用力一拉，李云飞立刻面红耳赤，青筋爆出，说不出话。众人大惊，围上来，赤城子一挥袖，众人纷纷跌倒。

"不要害我家孩子！"李老爷挣扎着要冲过来，却根本起不了身。

赤城子不理会，手上加了些劲道。

突然，画中飞出一个美人，正是小鱼，以红纱击赤城子，赤城子纵声大笑，放了李云飞。

"小鱼！你快回去，他们要害你！"李云飞惊道。

赤城子斥道："你这傻子，小鱼要害的，是你的高祖爷爷，你画中的六根水草，也是这个鱼妖害死的吧！"

李云飞大声道："不，小鱼是水中仙女！那些人，是我害死的！"

5

两年前，痴傻的李云飞胡闹，击落了家中门梁的八卦，只觉一股香风飘散。当晚，一个红衣女子入梦，自称小鱼，是水中仙子，与李云飞有缘，愿与他相伴终身。

次日，李云飞梦醒，痴傻之态全无。他将

红衣女子画入画中，每晚，女子都会从画中走出，与李云飞相会。

两人情意绵绵，如胶似漆。红衣女子便说自己遭仇家陷害，才会困在八卦之下，不得解脱。李云飞自然要为红衣女子报仇。

女子将自己的眼泪滴入瓷罐，李云飞便把眼泪悄悄地下入那些仇家的饮食之中，那些人食用之后，立刻衰朽而死，魂魄变成画中的六根水草，赵老爷也是如此。

今日，赤城子到来，李云飞奉茶之时，已经觉得头晕目眩。当赤城子在画作前伫立，画卷微动，李云飞便知这道士有异。

半夜，小鱼从画中出来，将赤城子引开，画中六个魂魄来到李老爷屋中，假称仙人，诱骗李老爷喝下了小鱼的眼泪，李老爷便中招了。

6

众人皆惊，李老爷尤其椎心痛恨。他苦修了几十年，只差一月就一百二十岁，功败垂成，恨得牙根痒，定要赤城子杀了小鱼。

赤城子问道："小鱼，龙侯山之远，何以至此？"

小鱼一听这话，哭倒在地："多谢道长体谅！李老爷，我问你，你四十岁之前，花天酒地，为何四十岁之后，突然吃素？"

李老爷脸色难看，不肯说。

赤城子道："李先生，你府上灵气和怨气交织，若是不肯说出实情，只怕儿孙还要受你之累！你家四代单传，人丁稀少，不想就此绝

后吧？"

李老爷冷汗淋漓，不得不说了。

李老爷年轻时，家财万贯，尝遍人间美味。

他读《山海经》，听闻北方有龙侯山，有条河从山中发源，名叫决水。河中有人鱼，四足，状如鳎鱼，音如婴儿，味极鲜美，吃了再无痴呆之疾。

李老爷心向往之，邀了赵老爷，带着五个年轻仆佣，找到了决水。

明月初升，果然看见一条四足的人鱼从水中跃出。众人飞起数根鱼叉，刺中了人鱼。

众人架火烹鱼，鱼苦苦哀求，说自己三百年修行将满，就要羽化登仙，若今日被杀，便前功尽弃，只要李老爷等肯放了她，她定以宝物相赠。

李老爷等听闻此乃仙鱼，欣喜若狂，这鱼吃了定然能够延年益寿。

众人不顾人鱼的哀求，杀之，烹煮。李老爷和赵老爷吃肉，仆佣喝汤。人鱼果然味极甘美，咸鲜微甜，是人间不曾有的美味。

从此，李赵二人只觉得身轻如燕，精神矍铄，再吃天下美食皆味同嚼蜡，索性断荤腥，一心修行。

小鱼的冤魂附在李老爷身上，到了李府，却被八卦镇压。她只能躲在八卦之后，用怨气诅咒李家。然而，痴傻的李云飞打落八卦，释放了小鱼，还让她有了容身之地。

李老爷自以为即将功德圆满，这一晚，他沉沉睡去，却见赵老爷和其他五人来至房中，

要与他共饮。

李老爷一口喝下去，甘美无比，竟是当年人鱼的滋味。

他一惊，已经来不及了。众友散去，他委顿在地，全身如同火烧刀砍，炙热疼痛，瞬间衰老。

7

东方日出，红霞隐隐，小鱼恨恨说道："李老爷，我苦修三百年，却惨死于你手中，今日，我让你也尝尝这滋味！"

李老爷急怒攻心，气息奄奄："你……你利用云飞……"话未说完，气绝身亡。

小鱼看着李云飞："对不起，李郎，我确实利用了你，只是……"

一道阳光迸射，小鱼的魂魄顷刻散去。赤城子打开葫芦，魂魄变作鱼的形状，飞入了葫芦中。

李云飞大哭，问道："道长，我祖爷爷已死，小鱼也走了，我不想让他们走！"

赤城子道："你祖爷爷的阳寿早在八十年前就已结束，只是抢了小鱼的修为，才延续至今，如今也该去了。贫道这就带小鱼回龙侯山，再修三百年。你好自为之吧！"

李云飞不甘，哭问："那小鱼可曾对我有情？"

赤城子笑笑："若是没有小鱼的灵气，你如今还只是一个痴儿！你说呢？"

说罢，赤城子飘飘而去，李云飞望着他的背影，泪如雨下。

泰逢与鱼仙

许
磊

和山，其上无草木而多瑶碧，实惟河之九都。是山也五曲，
九水出焉，合而北流注于河，其中多苍玉。吉神泰逢司之，其
状如人而虎尾，是好居于萯（bèi）山之阳，出入有光。泰逢神
动天地气也。

——《山海经·中山经》

1

城中巨富朱老爷家的小姐再一次重病缠身，生命垂危，朱
老爷张榜悬赏，若有人能够治好朱小姐，重金酬谢，城中名医
近百，却无人揭榜。

据说朱小姐一生下来，全身布满鱼鳞，状如妖孽，朱家夫
妇心疼女儿，将其留了下来。十二岁时，鱼鳞之病痊愈，只是
每到夏日干旱之时，就会呼吸困难，浑身痛痒起屑，很多名医
都去看过，却束手无策，只能等到夏日过去，才能自愈。

朱家本来贫寒，自从这个小姐出生后，就交了好运，财源
滚滚，富甲一方。

朱小姐长大了，容貌丑陋，尖嘴削脸，凸眼塌鼻，半人半鬼，
十分吓人。二十五岁依旧待字闺中，不敢出门。

《幻山海——泰逢》 布面油画 83×63cm 2019

如今又病了，只怕是活不成了。

道士赤城子听闻此事，觉得有趣，便揭下告示，旁边一和尚劈手来夺，原来他也要一试身手。

2

朱府大宅之上，瑞光隐隐。和尚抢先进去，赤城子一笑，随他去了。

也不等朱老爷说明情况，和尚一看朱小姐的绣楼，便道："你家每月十五，屋内都会返潮，如同下雨一般，过了这一日便恢复如常，可是如此？"

朱老爷连连点头。

和尚又道："小姐之病，应该已持续一年，怎么如今才张榜求医？"

朱老爷更是惊叹："师父真乃神人！"

一年前，城中刮起大风，昏天黑地，风停后，朱家来了个长相奇怪的人，说要娶朱小姐，朱老爷很高兴，便设宴款待，谁知那人沾酒就醉，竟露出了尾巴。

朱老爷悄悄请来术士，以太上老君急急如律令，赶走妖人。自此朱小姐就染上重病，皮肤片片剥落，周身溃脓，剧痛哭号，如今命悬一线。

和尚说："你家女儿从出生开始，就是鱼精附体，而你说的妖人，只怕就是她的孽缘，贫僧今日就要降妖除怪！"

朱老爷大喜，连声催促和尚施法，赤城子只微笑地听着，静观其变。

和尚来到绣楼前，念动咒语。院外艳阳高照，院内却狂风大作，暴雨倾盆。和尚手中佛珠飞入屋中，屋内传来女子的哭号惨叫声，声音渐止，风雨停歇。

朱老爷冲进屋里一看，女儿已恢复如常，躺在床上静静睡着。

"多谢师父！这黄金百两，是我对师父的谢礼，万望笑纳！"朱老爷看到女儿病愈，感激涕零。

和尚推辞不受，目光一转，看向了后花园的池塘，那里只有一朵荷花，异香扑鼻。

"那花有古怪！定是妖孽所化，待贫僧收了那妖！"和尚大吼一声，抛出紫金钵，金光照在荷花上，水面沸腾，池塘里传出凄厉的惨叫声。

朱老爷面露恐慌之色，眼神闪烁，欲言又止。

眼看金光变成烈焰，赤城子再也忍不下去，一挥大袖，狂风将紫金钵击落，池塘迅速平静下来。

"你这和尚，空有法力，全无半点仁慈之心，亏你还是修行之人！"赤城子怒斥。

和尚不理，还要动手，一道霹雳之后，惊雷闪过，和尚的衣袖顿时起火。和尚大惊，一个闪身逃跑了。

3

朱老爷目瞪口呆。绣楼上，朱小姐哭喊声再起，她的病复发了，皮肤剥落，痛苦难当。

157

朱老爷气得跳脚，大骂和尚是个骗子。

赤城子不多说，只让众人抬来一个木盆，装满清水，赤城子边念咒语，边将拂尘在水中一撩，再把朱小姐放在了木盆中。

朱小姐的皮肤立刻恢复，不再哭喊，还睁开眼，笑着向父亲和赤城子问好。

朱老爷虽然松了一口气，可还不放心，赤城子便说今晚在朱家住一夜，看看朱小姐的情况，明日再走。

朱老爷大喜。

赤城子问道："怎么不见朱夫人？"

朱老爷大窘，支支吾吾，避而不谈，赤城子也不深究。

夜晚，赤城子听到异响，也不作声，只是拂尘的长丝悄无声息地从窗户钻出去，直奔朱老爷的院落。

那边传来朱老爷的惊呼声："救命啊！"

赤城子哈哈一笑，飞了出去，出现在朱老爷面前。

原来，拂尘的丝缠住了一个老妇人，这妇人虎脸人身，长着条长长的尾巴。朱老爷抱着妇人，大哭着喊"娘子"。

赤城子收了拂尘："原来这就是朱夫人，怪不得她始终不露面。"

朱老爷哭求赤城子搭救。

赤城子冷笑："朱夫人的病症，也是一年前开始的吧？"

朱老爷心虚点头。

"解铃还须系铃人，只要朱夫人去后花园

池塘边磕三个头，请求宽恕，再亲手将那朵荷花摘下，她的病症自然会解！"

朱老爷犹豫了，赤城子斥道："你们触犯天规，害了南风之神，神灵仁慈，不愿降罪于你，你们还不知悔改吗？"

朱夫人开口了："都是我的错，我这就去！"

4

池塘水深，朱老爷想代替夫人，被赤城子拦住。

跪拜磕头之后，朱夫人试着走入水中，水没过头顶，她全身灼热，如同火烧。朱夫人咬牙前行，终于到了池塘中央，攀折下那朵荷花。

满池清水变成了熊熊烈火，朱老爷哭喊起来，声嘶力竭，心如刀绞，他想跳进火中，被赤城子拉住了。

"你这臭道士，出的什么主意！你害死了我娘子，我也不想活了！"朱老爷大哭大吼。

赤城子也不生气，只是看着池塘。

不多时，大火熄灭，朱夫人竟然恢复了原样。她跳上池塘，朱老爷狂喜，抱着夫人泪流满面。

大风吹过，池塘地下飞出一人，人身虎尾。这人见到赤城子，连忙行礼。

赤城子拱手行礼道："果然是南风之神泰逢在此，贫道有礼了！"

泰逢苦笑道："道长无须多礼，在下惭愧！"

赤城子对目瞪口呆的朱家夫妇说道："你们为了自己的亲情，困住南风之神，却不知你家小姐本是他的爱侣，他们夫妻团聚之日到了！"

《山海经·中山经》有云，南方和山住着泰逢，状如人而虎尾，出入有风雨明光，主管南风。

九条河流在此汇聚流出，奔向黄河。水中有一鱼仙，与泰逢相恋，即将修成正果，来人间历劫，投生在朱家。

二十四岁时，鱼仙劫数将尽，泰逢前来寻妻，朱家夫妇看泰逢有异象，以为是妖孽，便将他灌醉，找来术士，用符咒镇压在水塘中。

这下不但朱小姐病情复发，就连朱夫人也变成了虎头虎尾的妖怪，连大门都不敢出。曾有名医来给朱小姐看病，撞见朱夫人，吓得逃回家中，大病一场，不敢声张，只说朱小姐的病难治，那些名医便不敢再来了。

如今，泰逢一出，朱小姐的绣楼上有了响动，屋门打开，一位姿容婉丽的女子翩然而出，行礼道："父亲母亲，多谢二十多年来的养育之恩，如今我要随夫君去了，二老请多保重！"

朱家夫妇不舍，凄然垂泪。

赤城子劝道："你们夫妻恩爱，情真意切，可泰逢与爱侣也是一样，以己度人，就应该理解他们，且放手，让他们去吧！"

泰逢和鱼仙再次行礼，驾起长风，飘然南去。朱家夫妇手拉着手，看着女儿消失在天边，泪中带笑。

神荼

宴临

《山海经》称：……度朔山，山上有大桃，屈蟠三千里。东北间，百鬼所出入也。上有二神人，一曰神荼，二曰郁垒，主领万鬼。

——《太平御览·果部四》

　　神荼从出生起双眼就看不见，听说他是被师父从度朔山捡回来的，也许是天生眼疾被人遗弃，不过他并不在意，虽然看不见，可他的感觉异常灵敏。

　　他师父自称什么天师，说是精通阴阳还擅长驱邪捉鬼，但是说真的，神荼觉得他跟神棍也没什么区别，从小到大他就没见师父捉到什么鬼。

　　神荼跟着师父就靠坑蒙拐骗维持生计，白天算命，晚上捉鬼，日子也还算平静。

　　那一日是他十六岁生辰，有人求到了他师父门前，说是那锦城十几户人家闹鬼，不过半月就死了几十口人，现在满城风雨，他们听说玄隐天师法术高强，特来度朔山向他们求救。

　　神荼跟着玄隐下山时，心底还在打鼓，他跟着他师父十几年，难道还不知道师父几斤几两吗？

说实话，他不信神鬼，也不觉得是什么妖邪作祟，没准就是人为的灭门惨案。

不过这一次他没料到，那所谓的怨灵恶鬼真的存在。

神荼更没想到，他师父还真不是什么神棍。

那夜没有星月，玄隐布下阵法之后，就与神荼等在那深宅中，就在神荼困得睁不开眼的时候，他听到师父一声大喝，不过刹那间光芒四起，阵法灼烫似要焚烧起来，连神荼都感觉到了不祥的气息。

在法阵变幻的一瞬，他的双眼传来了剧烈灼痛，也许是直觉，他大吼了一声，"师父小心，它在你身后！"

空中传来吊诡的笑声，玄隐躲过袭来的风刃，他刺破指尖擦过双眼，瞥到那腐烂而狰狞的面孔，也倒抽了一口凉气。

那怪物呵呵笑起来，阴毒而残忍的眼珠直勾勾地盯着神荼他们，新鲜血肉的味道让他垂涎欲滴。

玄隐提剑就冲了上去，一剑刺穿他的胸口，怪物却毫不在意，抬手捏住剑掰碎，张口就从他脖颈上扯下血肉——

玄隐疼得嘶吼出声，神荼从身后也提着剑砍过来，那怪物又狠狠地咬了几口，掐着玄隐的脖颈将他丢开，转过身死死盯着神荼，他只略略嗅了嗅，香甜的气味让他彻底失控。

他的神情兴奋癫狂，冲上来就扣住了神荼的胳膊将他扯了过来，腥臭而腐烂的脸裂开，大口撕扯着神荼的血肉，那怪物抬手就想将他的魂魄给拉扯出来，神荼在剧痛中发出一声惨叫——

在濒死之际他双目倏地泛出金光，还没等他反应过来，那双眼睛就对上了怪物血肉模糊的脸，吓得神荼一声鬼吼还没出来，身体却彻底失去了控制。

神荼还在天旋地转中，只觉得被人操纵一般，一股大力将怪物掀开，徒手就捏爆了它的脑袋。

那团血肉还在蠕动，碎裂的脑袋又重组，许久怪物颤抖的声音传来："神荼？"

神荼嘴里吐出的声音冰冷森寒："不，我名郁垒。"

"你们也出来了，看来鬼域不久就能重见天日……"

神荼却觉得脑袋都要炸了，无数记忆碎片袭来，神荼郁垒，一体双魂，明明他们耗尽灵力封印了鬼域，为何鬼域与人间还会逐渐融合？

就在神荼愣怔时，郁垒冰冷到冻结灵魂的声音传来："将它封印！"

神荼一脸恍惚，只听郁垒不耐烦地催促："快点封印！"

那怪物嘶吼着挣扎起来，被郁垒给死死擒住撕碎，神荼被他吼得灵光一闪，他抬起另外一只手念咒掐诀，金色光芒伴随着他指尖，画了一道极为繁复的符文，将怪物狠狠地缠绕束缚，不过转瞬间，怪物就随着金光消失了。

只听郁垒接着说道："鬼域和人间重合，你

《幻山海——神荼》 布面油画 80×100cm 2019

必须寻回结界碎片，否则人间不久就会成为炼狱。"

　　神荼还在怀疑人生的时候，郁垒好似渐渐沉睡了一般，他逐渐掌控了身体，恢复了知觉，连那双眼睛也重见天日，神荼摸摸眼：这该不是一双阴阳眼吧？

　　他忽地想起师父，赶紧冲了过去，却只摸到他师父胸口的血迹，只听他气息奄奄："神荼大人，真的是你……"

乘黄

苏不甜

白民之国在龙鱼北,白身被发。有乘黄,其状如狐,其背上有角,乘之寿二千岁。

——《山海经·海外西经》

楚汉一直想和兄长一样,能够上阵杀敌。

只是他从小体弱多病,父皇母后总是拘着他,让他好好调理身体,不准瞎胡闹。

但楚汉作为最受宠的皇子是个闲不住的,玩闹早就成了常事,只要小心点,瞒着上面,一般就不会有什么大事。

次数多了胆子也就肥了,他便干脆闷声搞了个大的——楚汉溜了,混在兄长出征的队伍里做了个小兵。

起初,新鲜极了,周围景色辽阔,身边更是有着和他差不多年纪的小兵做伴,一路上倒也是有些乐趣的。

只是那股子新鲜劲儿很快过去,从小娇生惯养的他便觉得疲惫不堪了,足上因长期行走磨出了好几个水泡也就罢了,皮肤晒得变深了许多,吃食住宿更是差劲得很。

等终于熬到了边关,他又要跟着一起训练,每天都像是经历了一遍生死,每每困苦挣扎之时,他都想去和兄长相认,但想到自己的愿望马上就要实现时,他便忍住了。

如此反复,随着他的身体渐好,不再是队伍中最弱的那个,邻国蛮人打过来了。

号角声吹响的那刻他还在睡梦中,楚汉被惊醒后,随之看到的是一片火光，蛮人竟然偷袭了他们的粮草。

周围更是一片厮杀，敌人和战友混在一块，楚汉也跟着杀了进去，一时间，楚汉只觉得热血沸腾，一腔战意，想要大杀四方。

不知道过了多久，敌人终于被诛杀干净，只是他们这方也是血流一片，楚汉虽受了重伤，到底还是未丢掉性命。

而他昨天还说说笑笑一起训练的战友却再也不见了踪影，望着战后的营地，感受着身上的伤痛，他不觉间悲从中来。

这就是战争吗？

他突然不那么向往了，许是已经经历过，又许是血色的光芒太过刺眼。

失败的战争会激起战士们强大的战意，在战场上的他们不单单是为他们自己而战，更是为了他们的战友，为了他们身后的百姓，还是为了他们世代居住的领土以及他们热爱着的国家。

楚汉瞧着站在高处的兄长如是说着，他高大俊美，天生白发恰似仙人。他在台上呐喊着，鼓舞着，述说着下一场战争，他们该如何如何，他们要将蛮人打到再也不敢侵犯他们的领土，坑杀他们的同伴和百姓。

一时间士气大盛，他们一鼓作气直达蛮人的营地，这一战历时十天十夜，其中小战不断，战士们或伤或死，可依旧勇往直前。

取下敌将首级的那刻，楚汉是极其振奋的，当生命在他手上流逝时，他感受到的不再是难过和害怕，而是一种难以言说的愉悦。

但战场实在混乱，楚汉本就是取巧杀敌，自身实力并不强，很快就要成为下一个刀下魂，在临近死亡的瞬间，他还在兴奋着，可又像有什么从他眼中划过，背后的伤痕实在是太疼了，他居然忍不住掉下了眼泪，真是个蠢材。

楚汉暗骂着自己，实在是太不争气了，忽然他想要再看一眼他最为崇拜的兄长。

泪花迷失了他的双眼，可他依旧能很快捕捉到那抹白色，兄长好像很惊慌？

兄长认出他来了？

兄长可看到他斩杀敌军的英姿？

兄长还未好好夸一下他呢。

他觉得好疼啊！兄长怎么还不来哄哄他？

像小时候那样，只要兄长轻轻给他呼呼，他肯定就不疼了。

垂眉闭眼时，他好像终于落入了兄长温热的怀抱，他又好像听见兄长在叫他的名字，他在说他定然不会让他这样死去。

后来的后来，在无数个后悔的日日夜夜，他睁眼醒来，再也不见兄长那抹白色。

原来，兄长是镇国的神兽乘黄，好不容易修炼化身成人，拥有了神兽乘黄的千年寿命，却最终耗尽所有，只为了救他这个毫无血缘关系的弟弟。

获得了乘黄的血脉之力，也就意味着楚汉拥有了长寿，往后千百年间，他又经历了无数场战争，见识到了何为沧海桑田，世事无常，只是他再也没了当初年少时那般炙热的向往。

《幻山海——白民国》 布面油画　100×100cm　2019

夫诸

苏不甜

> 蕡山之首，曰敖岸之山，其阳多㻬（tú）琈之玉，其阴多赭、黄金……有兽焉，其状如白鹿而四角，名曰夫诸，见则其邑大水。
>
> ——《山海经·中山经》

元和七年，玱无帝终于收复了边疆，占领了边境各国，统一了天下。

玱无年少登基，却有着铁血手腕，称帝前他便治理了琼河水患，一时间名声大振。特别是那水患消退之日，天现异象，一头白兽卷着淡蓝色的水浪而来，白兽头上长着硕大又繁复的四角，角尖向上延长交叉，其上绕着如同星辰的白色光点。

百姓见之，纷纷称为祥瑞，而那祥瑞白兽却是越过众人，直奔当时还是六皇子的玱无，俯首称臣。

水患过后，玱无在朝中越发得先帝重用，虽说经历了一次生死，但也在先太子病逝之后夺得储君之位，次年便以十七岁之龄称帝。

他继位七年，不断变革实施利民之大策，在军事上也将国土的范围扩大到了史上最大。

《幻山海——夫诸》 布面油画 80×60cm 2019

终于，海清河晏，年仅二十四岁的玱无帝本该欣喜于霸业大成，可夜里的寂寥，枕边的荒芜却折磨着他。

林贺大监在众人皆找不到帝王的时候，灵机一动来到了霜林院，果不其然，在那株梨花树下，他见到正值大好年华的帝王望着那满树的纯白花枝，眼神空洞，不知道在想些什么。

许是在思念吧，念着那个不可说的人。

不知过了多久，玱无终于回过神来，他缓缓说道："她什么时候回来？"

大监默道："陛下可以去见见她。"毕竟那人说过她不会再回到这深宫，更不会回到某人的身边。

大监不过是安慰性地提出，没想到却得到了帝王的认同，更是在第二天便微服前往江南。

为什么是江南？因为那人最爱水乡，小桥流水，怡然自得。

虽说七年未见，可到底还是有人时刻盯着那边，他们一行人很快便抵达了目的地，可帝王却只敢先让人在周围打探，打探那人到底过得好不好，离开他是否真的那么自在？自在到让她说出一辈子也不想再见到他。

却不料那人在当地颇有名气，只是简单询问，便有好多人似感叹似嫉妒又似羡慕——

"你说夫诸姑娘啊！那可真是这十里八乡顶顶有福气的人啊！"

"啧，哪有什么福气？还不是一个傻子？"

"那还不是傻人有傻福，就算夫诸姑娘真是傻，可顶不住她那张花容月貌美若天仙的脸

儿啊！"

"哎哟，夫诸姑娘她那相公可是出了名的爱妻，他本身就是个谪仙般的人物也就罢了，不纳妾只单单娶个傻妻，还每天要星星就不敢给月亮地宠着，可不得是这古往今来称得上名头的好儿郎嘛！"

玱无越听越气，没来由地想撕毁当初的约定，他要马上见到夫诸。

不过帝王也只是一时气急，缓了会儿，还是选择了入夜独自一人悄然进府。

府第虽然不大，但院落却陈设别致，满树梨花盛开，迎着淡雅的月光，苞苞盛着洁白，花香弥漫让人醉心不已。

而他刚至院中，便瞧见已然不知道在院中赏花多久的两人，一男一女都身着飘逸白衣。男人紧拥着怀中娇丽的美人，似是在逗弄，引得美人在月光下竟是一颦一笑都似那画中人，精致明媚至极。

许是夜间寒风乍起，男人没一会儿便将女人带进了房内。

屋内烛火倒影，还传出一两声抱怨，女子似乎在娇憨地叫着相公，而那男人在回应什么呢？

"是阿诸吧……"玱无突然想起自己多年前也是如此叫着那人。

"你莫不是忘了我们当初的约定？"

男人冰冷的声音将玱无的思绪拉了回来，这人不知道什么时候就出现在了他的面前，眼中甚至已然有了杀意。

玱无还未回答，又一人出现在他眼前，正是他朝思暮想的夫诸。可夫诸并未看他，而是紧紧勾上男人的臂，抱怨着："相公为何要偷偷跑出来，不陪着阿诸？"

而后她才好似看到玱无，眼中尽是陌生："咦？这人是谁？"

玱无愣了愣，竟是不知少女早已忘了他。

男人将夫诸哄回房间，才给玱无留下狠话："阿诸当年自断两角助你治水，后又为救你性命付出百年修为，才变得这般痴傻模样。你要皇位我亦已然给你，而我只要阿诸，你若要毁约，我定然……"

玱无一时无话，只觉得有什么在他眼前晃过，那是他从前忽略的。

次日，帝王回宫，终于不再排斥选妃，一时间，各家有好女都纷纷敬上，不多久，后宫便是满园春色。

花满枝头，各有姿色，可只有大监知道，那些受宠的花儿总有一处是与那人最为相似的，或眉或眼，或唇或耳……

而年轻的帝王呢？他在寻花，寻找当年那株只为他停留的花。

《幻山海——羿逐九婴》 布面油画 125×96cm 2019

大羿

苏不甜

帝俊赐羿彤弓素矰，以扶下国，羿是始去恤下地之百艰。

——《山海经·海内经》

　　九婴从未想过自己再次和那人相见时，会是在如此的生死瞬间。

　　那人似是有备而来，射出的第一箭便十分凌厉，凶横之意四溢，倒是比她这"为人害"的怪物还要狠气。

　　长期培养得来的危机感让她下意识地做出反应，九婴不慌不忙地轻巧躲过，脚尖又点在水面上。

　　本是嫌弃水中过于炎热，她才想要上岸来透透气，凉爽一番，可哪知道这厮会来。其实她也是知道的，只是不知道他来得竟然会这么快。

　　一连诛杀猰貐、封豨二兽，看来自己便是他的第三个目标了。

　　男子玄衣黑发，手持赤弓白箭，容颜俊逸，身姿十分挺拔，却又悄然隐于林间，确实是那近来声名远扬的羿了。

　　"莫逃。"羿出声而追，这等大害，他绝对不能放跑了。

　　"不逃还留着叙旧吗？"她倒也是想，可现在却也只能暗自嘲弄。

　　九婴没有回答，脚尖一点迅速就要浸没至水中，浅蓝色的裙摆也紧跟着滑下，随之而来的是河面荡起的圈圈涟漪，甚至和着散落的阳光泛出细碎的星点。

眼看大害即将没入水中，羿毫不犹豫地射出第二箭，直达九婴还在水面之上的右肩，瞬间，箭头穿透骨甲，鲜血染红蓝衫。

那记白箭着实大力，竟然将九婴生生地又射上了岸边。后背着地，灼痛感暗生，九婴不禁低吟一声，而成功阻止她的羿也越过大河来到了她的面前。

男人执箭为剑，将箭头抵住九婴雪白的细脖，眸中清冷，直言道："北有一河，水深千丈，波涛汹涌，人称凶水。水有一怪，名唤九婴，喷水吐火，为害人间……"

羿的声音和他的容颜一般明朗至极，悦耳动听，如同情人低语，可脱口而出的言语，却是字字诛心，似是判刑。

倒也确实如此。

忽的，九婴听着却不觉得可怕，只是想到了久远时候的那个山间少年，也是这样在她耳边轻声低语。

山中晨起薄雾，可那时候的她却什么也看不到，不见日月，不抵星河。却是少年的终日言语陪伴她左右，打破了那被镇压后的千百年寂静，虽只堪堪萤火之光，可她却喜不自胜。

他说，他叫羿。

他说，终有一日他会变强。

他说，今晚的月亮十分好看。

他还说了什么？

哦，他还问了她的名字。

可她却没有回答他。

因为那时候的她浑浑噩噩，连自己的名字竟然也记不清楚，可往后的岁月，她却清晰地记住了少年的名字，仿佛被她拿刀一笔一画认真地刻在了心上。

"嗤——"这一箭是划破她的心脏了吗？

男人似乎有些生气，明明这兽罪大恶极，却一副死不悔改的样子，让他一人自说自话，像是说给一个聋子听。

羿重重地给了她一箭，这次准头很好，直达心尖。

可九婴却笑了起来，一张普通平淡的脸朝他看来，道："听说你颇为爱慕姮娥？"

羿不解，却也点了点头。

"你真的不记得我了吗？"似是不甘心，九婴还是遵从内心问出了这句。

血液流淌四溢，九婴蓝色的衣衫好似渐渐变成了火红，羿终于泛起一丝不忍，问："我们可曾见过？"

九婴听闻又深深地看了他一眼，默了默，抬起眼，似望向远方的辽阔无边，她又突然笑了起来，此刻她的脸像是褪去了浮尘，娇艳无双，缓缓吐出最后一句，"不曾吧……"

双眸紧闭，她落于丛间，恍恍惚惚，她似是想起了自己真正的名字——

九婴幻化，卦分坎离；四坎为中男，五离为中女；坎为水而色玄，离为火而色赤。

所以她唤离吗？

那是独属于她的名字。

可惜啊！再也不会有人知道了，也不曾有人知道……

穷奇

阿兹猫

穷奇状如虎，有翼，食人从头始。所食被发。

——《山海经·海内北经》

　　一只红毛怪物抱着襁褓里的婴儿懒懒地靠在树边，红眸含笑盯着怀里的婴儿，粉嫩的小家伙眨着晶亮的眸子好奇地张望着他。

　　"穷奇，这婴儿是男是女？从哪里弄来的啊？"蓬头垢面的黑山老妖探头望来，皱巴巴的脸庞上一双褐色的眼睛深陷在眼窝里。

　　"女婴，我看见山下的一个老妇人将她扔在了乱葬岗里，便捡了回来。"名唤穷奇的红毛怪物紧张地抱着婴儿，满眼警惕地望着这个与他同是修炼千年的老妖怪。

　　"啧啧！新鲜的女婴白白嫩嫩的，吃起来……口感定是不错！要不，你把她送给我吧？"

　　黑山老妖的竖瞳泛起了鎏金的光泽，他伸出长满倒刺的长舌舔了舔干裂的嘴唇，伸手去夺那婴孩却被穷奇侧身躲过，他抱紧孩子躲到了对面的树下："滚！这可不是给你吃的。"

　　老妖收回手，眯眼讨好道："穷奇，你太不够意思了吧？

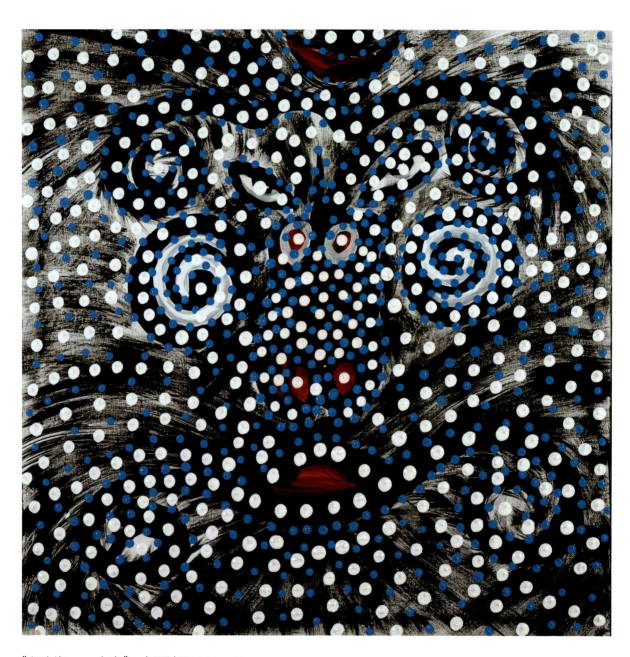

《幻山海——穷奇》 布面油画 63×63cm 2019

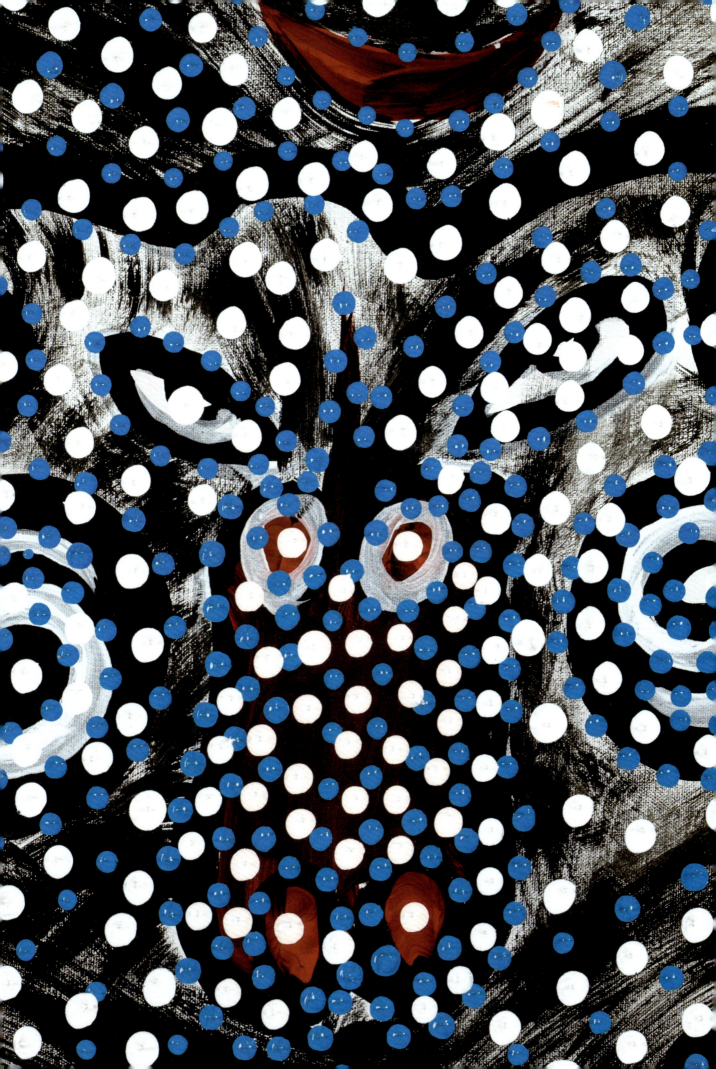

你一向不爱食人精魄，更不爱吃人肉，你不是说人类太脏了？不如就做了顺水人情送给小弟我吧？"

"不给！"穷奇绷着臭脸，低头看向怀里望着他咯咯笑的女婴。

她竟然浅浅地笑开了！

他嘴角不自然地微扬起来，这是他脸上第一次有了笑容，待在黑山之地着实无趣，以后要是有这小家伙相伴好像也不错呢！

穷奇小心翼翼地伸手逗弄了一下女婴粉嘟嘟的脸蛋："以后……你陪我，可好？"

怀里的女婴似乎与他心有灵犀，绽开了更加灿烂的笑容，声音如银铃般好听，让人觉得心都要软化了。

黑山老妖一愣："你……真要收养她？"

他点头。

十八年的光阴不过弹指一挥间，当年的女婴已经出落成一个琼姿花貌的姑娘，穷奇给她取名叫夜菲。为此他还特地请教了山下的穷秀才，只因这孩子是在芳菲四月的夜晚被他捡来，所以秀才一拍脑袋就定下了这个名字。

"师父，你确定还要披着这身厚披风去集市吗？"夜菲候在洞门不耐烦地问道。

"菲儿，师父貌丑多毛。"穷奇因为是妖兽，身形十分高大，只是浑身遍布着红色的长毛，衣不蔽体的厚披风被他伸手裹紧。

"好吧！"夜菲无奈地拾来一个斗笠为他戴上，遮盖了他大半丑陋的面容。

然而她却不知，穷奇最厌恶去集市露面，

只因她喜欢享受热闹。

这些年来，他们师徒在山上的日子虽然清苦，穷奇却是竭尽所能地对夜菲好。不仅亲授五行术法，还将自己一半的修为悉数灌输给她。

如今的夜菲勉强也能算上"半仙"了！

怎料想，这一次的赶集却让夜菲遇上了命中注定的那个人……

自此以后，翩翩公子楚箫南渐入夜菲的心间，他们秉烛夜游花都锦城，一起在碧草青青地放纸鸢，流连在叶城泛舟嬉戏……

温润如玉的公子为她展开了一片新天地，夜菲不再记得回黑山的家，她不再欢天喜地缠着师父要去赶集市，她不再想起师父正在山洞前静等她一人……

"老妖，洞外的桃花是不是开了？"洞口处斜躺着一个伸展着红翼、身形高大的男子，他容色倾城，冰肌玉骨上仅覆着一件红衫。

苏醒之后，他收敛的红翼迅速没入后背，洞外那些他亲手种下的桃树明明近在眼前，他的目光却落在洞内的梳妆台上，那里还放着一把桃木梳，他记得夜菲从小到大的乌发都是由他来梳发打理的。

如今，她在哪里呢？

楚箫南对她好吗？

"穷奇！"入洞的黑山老妖佝偻着背，耸耸肩，日益苍老的脸上挂着嘲讽的笑，"呵，历劫九幽昧火，你就是为了这一身漂亮的皮囊吗？"

穷奇懒懒地躺在一旁的枯草上，闻言眉

头一皱，淡淡开口："菲儿喜欢长得好看的男子……"

"哼！恭喜你历劫成功，妖力大涨，而我这老家伙也离死不远了……"黑山老妖吃力地抱着一捆枯草入洞，灰眸微动，垂下眼帘遮住了眼底的寒意。

不久，洞内响起了他隐隐的哭泣声，穷奇叹了一口气，起身穿上红衫，脚踩枯草来到老妖面前，伸手抚去他眼角的泪痕："别怕，我会想办法帮你延寿的。"

但凡修炼千年的妖物，若不能历劫成功，将会堕入轮回，这便是天道无情之处！

"穷奇，夜菲出事了。"老妖不禁动容，忧愁地对他说道。

"什么？！她在哪里？"

"城东五里处的观音庙……"

顾不上许多，穷奇出洞伸展出一对绝美的红翼，循着夜菲淡淡的气味一路振翅疾飞。

他是怎么也没想到，等他赶到观音庙时已经回天乏力了！夜菲浑身浴血地倒在破败的庙内，他用尽所有术法都无法治愈她。

怎么会这样？

他正心慌意乱着，昏迷的夜菲似是回光返照般猛地睁开双眼，她困惑地拽住眼前绝美男子的衣袖，那件红衫是她最后一次逛集市时买给师父的！

一股熟悉的气息萦绕在夜菲鼻间，随着年龄的增长，她太熟悉这股青草味了，便问道："你是……师父吗？"

望着生命渐渐走到尽头的夜菲，穷奇点头后却痛不欲生，胸口的那颗心就要崩裂般疼痛，这一刻他才明白，绝不能失去她！

"菲儿，莫怕！我来救你。"

话落，他抱紧夜菲，俯下身子，以吻覆上他的承诺，妖丹脱口而出……

意识模糊的夜菲能感觉到唇上冰凉的触感，紧接着一股灼热，一个物体灌入了她的喉咙。

她伸手想要环住穷奇，却见他笑着在风中化为无数闪光的碎屑，就像夜空划过的流星般消逝在她眼前。

"不——"夜菲撕心裂肺地呼喊着，眼泪倏然而下。

"不过是个凡间女子而已，能陪在你身边也不过匆匆数十载，穷奇啊，你何必如此牺牲！"

此刻，一位佝偻老人面露怒色，布满血丝的眼睛紧盯着她，瞳孔中似乎藏着一把刀，干瘪开裂的嘴笑起来苍白诡异。

"黑山老妖？"

夜菲心存疑惑地望着师父的这位老友，却见到黑山老妖身后走出一人，他清雅的笑容分外刺眼。

"黑山老妖，这是你要的能食人精魄的'凝魂魄'，里面可是盛满了夜菲的精魂呢！你何时安排我入宫做驸马呢？"楚箫南漠视夜菲，转身望向黑山老妖。

"哼！一个蝼蚁也胆敢与本妖谈条件吗？"老妖一把夺下了楚箫南手上的凝魂魄，仰头灌入喉中。

他干瘪的身体迅速暴涨，顷刻间便恢复了高挺英气的年轻样貌。

"你竟然骗我！这……是要背信弃义吗？"楚箫南脸色骤变，身形一怔道。

"老子是妖，你却连妖都不如！"老妖轻蔑地瞥了他一眼，随即伸掌虚空一抓，楚箫南便被他掐死在手中。

望着眼前的反间大戏，夜菲突然忆起了那日集市上，穷奇为了救下一个被马车冲撞的孩子，现出了丑陋的真身，整个集市上的人一片哗然，大家冷眼望着他们，纷纷抛出鸡蛋和菜叶驱赶着师徒二人。

只因为他貌丑，是个妖怪！

当时，一身白衣的楚箫南恍若天神般挡在了她身前，可她只顾着感动于这位公子，却忽略了身形高大的穷奇才是挡在最前面的人！

"哈哈哈！丑与美，善与恶，这世间孰是孰非啊？"

夜菲抹去嘴角的一丝残血，冷冷狂笑着，再次睁开眼时，额间一抹堕仙的红印妖艳夺人，那张面孔绝美倾城，眉眼间染着几丝戾气与哀伤，尖利的五指勾紧黑山老妖的脖子，温柔地在他耳畔低语，言语中染上一丝绝望。

"别得意，不过是条小金蛇而已……"

她眼神空洞地露出尖牙，撕咬上老妖的脖颈，原本猖狂的黑山老妖就这样被入魔的夜菲活活咬死了！

置身在一片虚无的黑影中，夜菲心头有一抹挥之不去的哀伤，她仿佛看到一个长脚红毛的怪物正温柔地轻哄着怀中又哭又闹的女婴。

"菲儿，是我把你捡回来，能保下你倒也好。"穷奇最后离开的温柔话语回荡在她耳边。

原来，他为自己创造了情缘，而他亦甘愿承受这一劫，直到此刻她才清醒，她根本舍不得他离开。

"穷奇，你等等我，菲儿来了……"

帝江

阿兹猫

天山，有神焉，其状如黄囊，赤如丹火，六足四翼，浑敦无面目，是识歌舞，实为帝江也。

——《山海经·西山经》

"天干物燥，小心火烛！"

江鸿耷拉着眼皮，哈欠连连地吆喝了一声，熟练地敲了三下手中的更鼓，感觉越发困倦了起来。子承父业的她，自从当上了京城的更夫，家中退休的老爹时常耳提面命：你拿着朝廷的俸禄，就该勤劳敬业，任他风吹雨打都不能够耽搁一秒打更的时辰。

蓦地，一个黑影似鹞鹰般从街巷的大宅上落了下来。

江鸿猛地一惊，立马回神。这深更半夜的，突然从屋檐上落下一个大活人来，这着实不是一个好兆头。

依稀的月光中，她能确定那是一个身形颀长的白衣男子。对方蒙着脸，看不清样貌。

"是……是谁？"她顿时打了个哆嗦，假装害怕地问道。

在清冷的月光下，湛湛寒光映入她的眼帘，一把冰冷的物件抵在她的脖颈上："闭嘴！别动！"

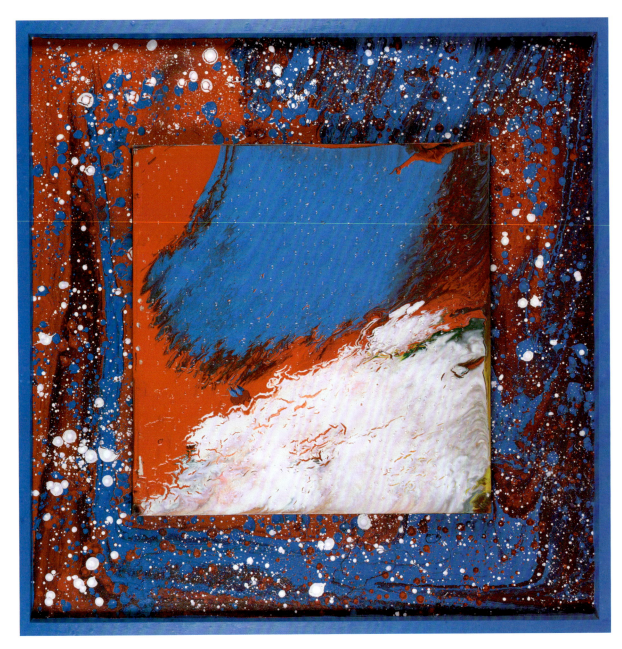

《幻山海——帝江》 布面油画 105×105cm 2019

　　一道低沉磁性的男声灌入耳中，她当然知道触上脖颈肌肤的是夺人性命的匕首，看来，来者不善啊！

　　"这位公子，我就是个更夫，刀剑不长眼，您有事好商量。"江鸿谄媚一笑，佯装自己是一朵柔弱的小白花。如今她肠子都悔青了，自己没事干吗要溜达到这个偏僻的街角呢？

　　她淡定地又敲了三下更鼓，心中暗自嘀咕着她要爱岗敬业，不能误了打更的时辰，男子气结道："你到底听到我说的话没有？"

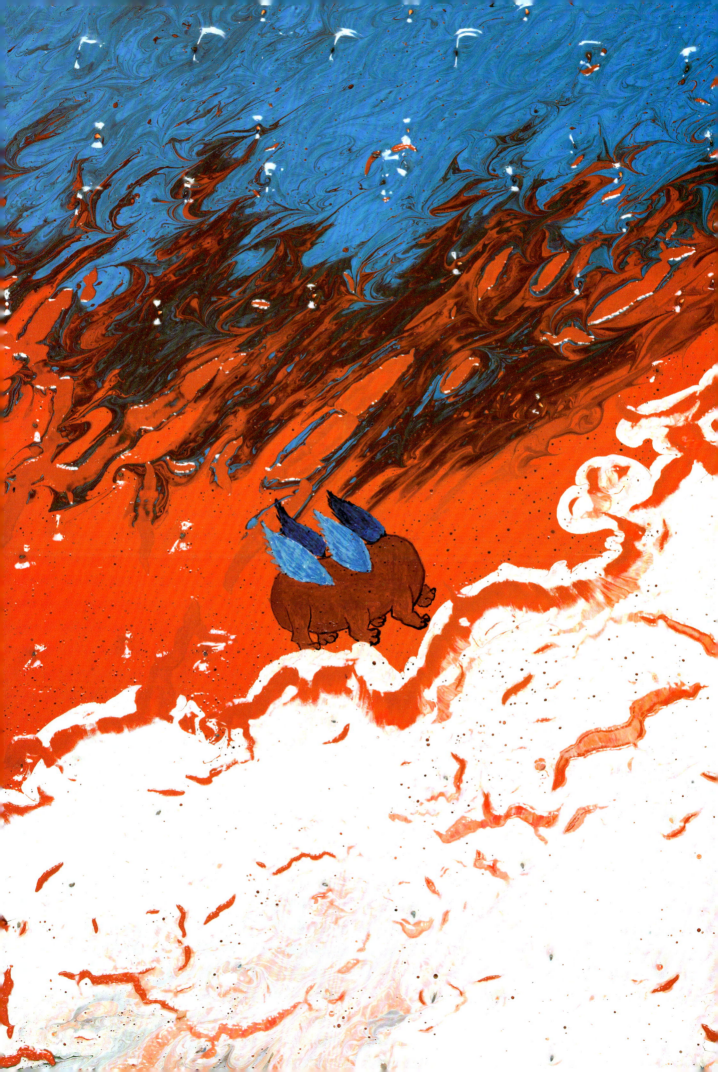

深夜的街巷里，悠长的更鼓声打破了寂静，一阵急促的脚步声渐渐靠近，一群黑衣人蜂拥而至，将两人团团围住。

刀锋的寒光过眼，来人的目标显然是这位男子，为首的黑衣人冷声道："七皇子，你逃不了了！拿命来吧！"

呵！世风日下，刀剑果然不长眼了，现在就连皇子都要杀了！

此时，一股温热的液体滴到了江鸿的脸上，她下意识地抬手一摸，竟然是鲜血！她没有受伤，那就是这个被追杀的皇子受伤了！

"对不住！"男子捂住胸口的伤痕，低声在她耳边说道，随即猛地推开了她，江鸿踉跄地跌倒在地。

"来吧。"

寒风猛刮过眼前的这一抹白，他正孤独地面对着这群穷凶极恶的杀手的围攻。

人界老爹说过，做人要仗义，不能见死不救！即使她只是一个想要好好生活的妖兽，可也懂得这样的道理。

在千钧一发之际，江鸿扯掉了灰蒙蒙的披风和头巾，抬手按住被风吹散的长发，敲打着手上的更鼓，随着节奏跳起了妖冶的舞蹈……

轻风带起她五彩的衣袂飘飞，众人惊讶地望着宛若临波仙子般的女子，朦胧的月影伴随她的舞姿摇曳生辉，她拥有一双勾魂夺魄的媚眼，但凡望了她一眼，就会被她的舞姿所蛊惑。

"看官们，你们所见即所得……"扭动着柔软的腰肢，江鸿勾唇一笑，眼带魅惑地说道。

随即，看着她曼妙舞姿的杀手们脸色瞬间全变了，他们集体出现了幻象：有人见到自己一夜暴富了，有人见到自己升官发财了，有人见到自己陷入美人的温柔乡中……

魔怔的众人疯狂大笑着四散而去，他们追逐着幻想中的世界纷纷离开。

此刻，唯有皇子一人眼神清明，他的眼前浮现出了一只赤如丹火、六足四翼、无脸的妖兽在月下跳舞的古怪场景。

众人作鸟兽般散开后，街巷只余下皇子与江鸿二人。

"你就是那只叫帝江的妖怪吧。"他说的是肯定句，神色淡淡的，漆黑如夜的眸子静静地望着江鸿。

最后一个回旋舞步止住，江鸿慢慢地转头，眯起深眸，神色复杂难辨："你竟没有被我迷惑？"

"三年前，我见过你迷人的舞姿。"皇子说完，撤下了覆在脸上的黑纱，一张俊美清冷的面容在月光中越发清晰起来，漆黑如夜的眸子细且长，鼻梁挺直如雕塑，薄唇轻抿着。

"是你！"江鸿震惊无比，她无法想象，眼前救下的皇子竟然就是曾经救过自己的那位白衣公子！当时为了感谢他，她曾为他独舞过一曲。

他冰雪般的俊脸一点一点靠近了她，温热的气息也慢慢聚拢过来，旖旎丛生，暧昧渐浓："帝江姑娘，看来，我们还挺有缘的……"

江鸿下意识地撒起了谎："皇子……我，我是来报恩的。"

胜遇鸟

阿兹猫

> 玉山，有鸟焉，其状如翟而赤，名曰胜遇，是食鱼，其音如录，见则其国大水。
>
> ——《山海经·西次经》

一日，玉山发生了熊熊大火，火势蔓延了整个葱郁的山头，到处都是哀鸿遍野的景象。山神陆玖愁眉不展地望着焚烧正旺的火海，然而他法力低微，仅仅扑灭了山头一角的火势，现在立在原地瞪眼干着急。

不久，空中飞来了一只漂亮的鸟儿，它赤羽红冠，发出的声音如同山鹿在鸣叫。

陆玖正疑惑间，却见那只赤羽鸟儿朝着山火扑腾起翅膀，阵阵鹿鸣声穿破云层，原本万里无云的天空瞬间变成乌云压顶。

顷刻间，一场倾盆大雨如期而至。

没料想，这只鸟儿居然是只能灭火的神鸟！

山火被这场大雨熄灭后，这鸟儿的羽毛沾上了雨滴，浑身湿透后竟变成了一位袅袅而立的红衣美人。

山神陆玖心存感激，久久痴望着红衣美人，见她衣衫被雨水淋湿了，他赶忙脱下外衫覆在女子身上，还为她破了做山神

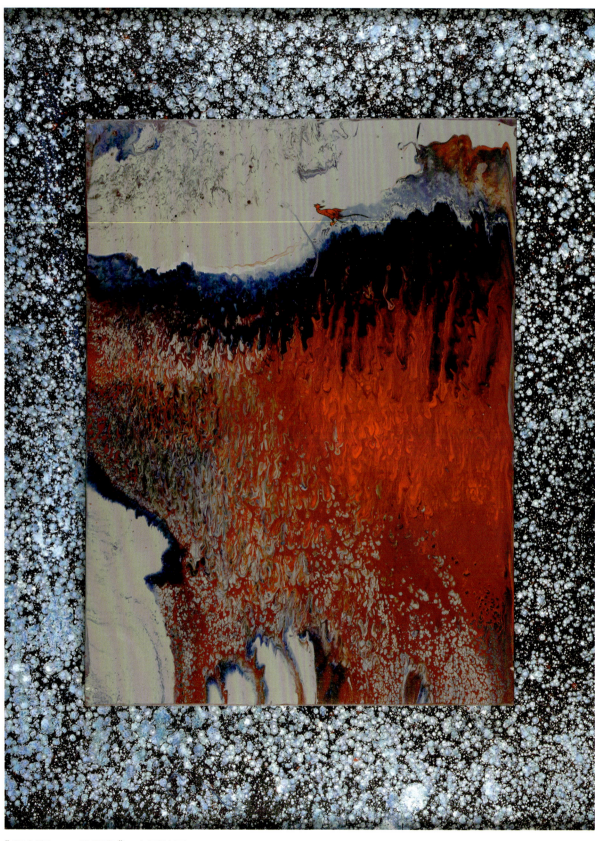

《幻山海——胜遇鸟》 布面油画 125×95cm 2019

的规矩，施展法术变出一把油纸伞，还用"烘干术"为美人烘干雨水，并请她躲入伞中与他共赏美好的雨景。

伞下的空间很小，顿时贴近的两人暧昧丛生，陆玖迟疑地开口："姑娘，小神是看管这儿的山神陆玖，不知姑娘的名字是什么？"

近看红衣美人，她竟生着一副人畜无害的脸庞，盈盈水眸含情又迷人，她红唇轻启道："山神大人，小女子名叫胜遇……自小便是生在玉山的鸟儿，成年后独自搬去隔壁的眉山居住，今日午时听闻姐妹提起玉山发生大火，我便急匆匆地赶来这里'唤雨'灭火。"

初相识的美好，让陆玖念念不忘胜遇，自此他总是隔三岔五地前往眉山寻找佳人，两人顺理成章地结为夫妻。

不料，天神刑天得知玉山火灾之事问责于山神陆玖，陆玖显然有些不服气，因为这次的山火是一个砍柴的樵夫烧烤野鸡引起的，所以他与天神据理相争。

因此，山神陆玖得罪了天神，一夜之间，他被天界剥去了仙籍，镇压在青龙湖底中受罚……

独守在家的胜遇久等不到夫君陆玖回家，便张开翅膀扶摇直上九万里，在天界的南天门处被二郎神阻拦。

"胜遇，你夫君陆玖被天神刑天降罪，如今被镇压在青龙湖底受罚呢。俗话说，夫妻本是同林鸟，大难临头各自飞。你千年修行成'神鸟'实属不易。本神君劝你，还是赶紧放弃这段姻缘吧！"

威严的二郎神君一震手中的三尖两刃戟，伏在他脚下的哮天犬朝着胜遇狂吠了二声，好似在应和主人的话。

胜遇毫无畏惧地回道："二郎神君，本姑娘认为'夫妻虽是同林鸟，大难来时应该共同担'！"

她的语气很强硬，转身便离开了南天门，直向青龙湖方向飞去。

二郎神望着赤羽鸟的身影消失在天际，无奈地摇了摇头："那青龙湖底有天界的青龙神兽镇压，你一个小小的神鸟又能兴起什么风浪呢？"

待到胜遇潜入青龙湖底时，果然遇到了一条通体青光粼粼的青龙神君浮禹。

她救夫心切，可青龙神君浮禹却丝毫不给她面子，怎么也不肯答应胜遇的要求，哪怕是让他们夫妻两人见一面都不允许。

于是，一言不合的二人便打斗了起来。

一时之间，昏天地暗，胜遇乱发狂舞，尽管已经被对手伤得遍体鳞伤，可她依然坚持迎战。

她眸若冷电，手握赤羽剑凌厉地攻击着浮禹。青龙浮禹刹那间失神，望着她莲步生风，似浮光掠影一般急袭着自己。明知她以卵击石，无法抗衡他，可还是凭借着一股子倔强逼着浮禹现出了青龙真身。

"罢了！你这胜遇鸟倒也是个倔脾气，本君虽负责镇守这方青龙湖，但也没必要阻止一对夫妻相见。"

胜遇知道这是一个难得的机会，赶忙连连感谢浮禹网开一面，终于在水牢打开的那一刻见到了陆玖。

"姑娘，你是谁？"陆玖迷惑地望着她，问道。

浮禹双手环胸，淡然解释道："胜遇，酷寒水牢非常人可以忍受，这山神被剥去了仙身，忍受了三个月后，早已神志不清了……"

胜遇如遭雷击，跌跌撞撞地离开了青龙湖底，脑海里萦绕着浮禹的最后的嘱咐——

"天神已宽恕了他的罪行，你夫君还要忍受三日水牢才能回归山林，不过他已成为遗忘你的凡人，而你是神体，你们夫妻终究还是错过！"

自此以后，人间出现了一种赤羽红冠的鸟儿，只要听到它发出鹿儿的悲鸣声，人们便知道一场水患不可避免，因为它就是象征水灾的胜遇鸟。

鹿蜀

天狼

　　杻阳之山，其阳多赤金，其阴多白金。有兽焉，其状如马而白首，其文如虎而赤尾，其音如谣，其名曰鹿蜀，佩之宜子孙。

——《山海经·南山经》

　　"杻阳山，高入云。其阳多赤金，其阴多白金。"一阵悠扬的歌声穿过林海，飘落到猎人阿郎的耳朵里。他的妻子阿朵也听得出了神。

　　二人蹑足潜踪，悄悄地向歌声的方向走去，却没有看见一个人，也没有神仙。只看见一匹英姿勃发的骏马，头是白的，尾是赤的，身上花纹如虎，脚下四蹄如漆。这是匹神马吗？

　　可是，是谁在唱歌呢？

　　阿郎不管其他，弯弓搭箭，想射向这匹不知名的马。忽然歌声又起了：

　　"鹿蜀鹿蜀，勿要啼哭。此山寂寂，可有尔屋？鹿蜀鹿蜀，汝焉识吾？吾唱吾歌，汝行汝路。"

　　原来是这匹神马在唱歌吗？阿朵激动地去拉阿郎的手："不要伤害它！"

　　晚了，阿郎手一松，箭已离弦，被阿朵这么一扯，射偏了，擦着神马的尾巴飞过去了。

那匹神马还是楚楚可怜地叫了一声，那声音像是在唱歌：

"鹿蜀何罪，孰伤我尾？痛哉痛哉，疾退疾退。"

阿朵忙走过去："对不起，是我们误伤了你，让我为你治伤上药吧。"

那匹神马看着她纯净的眼神，似乎叹了口气，站着一动不动，任凭她为它的尾巴上药止血。

阿朵边上药边和它聊天："鹿蜀是你的名字吗？"

那神马应道："是。"

阿朵又说："刚才是你在唱歌吗？真好听。"

鹿蜀委屈地说："好听你们还用箭射我？"

阿朵再次道歉："对不起啊，刚才不知道是你在唱歌。"

鹿蜀更委屈了："不会唱歌就该死吗？"说得阿郎也不好意思了。

阿朵为鹿蜀包扎好伤口，在它的脑门上亲了一下。这下鹿蜀尽弃前嫌，用它的脑袋和阿朵蹭了蹭，又用鼻子嗅了嗅阿郎，似乎也认可他是朋友了。

鹿蜀主动说："你们喜欢听我唱歌吗？那我再唱一首给你们听。"

"鹿蜀鹿蜀，好梦伴汝。情人如火，恩爱如荼。鹿蜀鹿蜀，汝焉识吾？吾唱吾歌，汝行汝路。"

阿朵依偎在阿郎怀里，陶醉地听着，心里充满了爱意。

从此，阿郎和阿朵经常上山找鹿蜀，听它唱歌。鹿蜀也偶尔会到他们的小屋，分享他们的幸福。

不久，阿朵怀孕了，鹿蜀得意地宣称："人们都说我有助于生育呢。"阿朵看着阿郎，羞涩地笑了。

日子一天一天过去，幸福如阿朵的肚皮慢慢充盈。

这一日，阿朵要临盆了，但是她痛苦地折腾了两天一夜，还是生不下来。

阿郎急得团团转，恼恨自己帮不上忙。

阿朵幽幽地醒转过来，对阿郎说："我梦见一个神仙对我说，要想生下宝宝，必须得要鹿蜀的……"说着，又疼晕了过去。

阿郎呆了片刻，拿上弓箭和刀斧，上山去找鹿蜀。

鹿蜀正在没心没肺地唱歌，看见阿郎很高兴："阿朵怎么没来？"

阿郎不敢去看它的眼睛："她来不了……她要生了。"

鹿蜀高兴得直蹦："真的？太好了！可是，你不陪在她身边，来我这儿干什么？"

阿郎不知该怎么开口，弓箭和刀斧不自觉地往身后藏了藏。

鹿蜀看到了，轻声问："她……难产？"

阿郎点了点头。

鹿蜀明白了，声音有点儿颤抖："得用我的命是吧？"

阿郎嗫嚅着："你说过，你……有助于生育……"

鹿蜀强颜欢笑："没事的。生命在谁的身上延续都是神圣和美妙的。何况，我们是朋友。"

它越这么说，阿郎心里越难受，可又焦急得不行，阿朵还不知怎么样了呢。

鹿蜀看出来了："走吧，我们先去你们的小屋，别让阿朵等太久。到那里再杀我，也省得你背着我的尸体走很远的山路了。"

鹿蜀率先朝阿朵他们的小屋走去，阿郎心情复杂地跟在它的身后。

鹿蜀又轻声唱起了歌："鹿蜀鹿蜀，勿要啼哭。此生未尽，来生未卜。鹿蜀鹿蜀，汝焉识吾？吾唱吾歌，汝行汝路。"然后它问道："等下你用什么杀我呀？用刀斧吗？我有点儿怕疼。"

阿郎犹豫了片刻，说："要不，用毒箭？见血封喉，很少痛苦。"

鹿蜀乐了，说："你傻呀，我的肉中了毒，阿朵还怎么吃？算了，你还是用刀吧，快一点割断我的喉咙就行了。"阿郎头垂得低低的。

到了小屋前，阿朵被难产折磨得面容十分憔悴。

鹿蜀走上去，轻轻地吻了吻她的额头，回头对阿郎说："动手吧。就一条，将来一定要教孩子唱我喜欢的歌。"阿郎忍不住落泪了。

鹿蜀催促他："快点儿动手吧，别让阿朵再受罪了。"说着闭上眼睛，轻轻地再次唱起它的歌："鹿蜀鹿蜀，好梦伴汝。情人如火，恩爱如荼。鹿蜀鹿蜀，汝焉识吾？吾唱吾歌，汝行汝路。"

阿郎硬起心肠，拿刀走近鹿蜀，对准了它的喉咙。

这一刀下去，歌声会不会就停了啊？

忽然，阿朵呻吟一声，紧接着，一声响亮的婴儿啼哭惊呆了阿郎和鹿蜀。

生了！

阿郎手忙脚乱地帮阿朵剪断脐带，阿朵虚弱地冲鹿蜀笑了笑："谢谢你。"

鹿蜀呆呆地问："还要不要杀我啊？"

阿朵愣了一下，然后明白了，说："杀什么杀啊，梦里神仙告诉我，生产需要你的歌声，不是你的血肉。真傻！"

阿郎和鹿蜀都恍然大悟，他和她和它，一起傻笑起来。

孩子的哭声越发嘹亮了。

鲛人

谢晟

陵鱼人面，手足，鱼身，在海中。

——《山海经·海内北经》

北海之滨的无名小渔村有着一个传说，北海中有一种陵鱼，人面鱼身，有手有足，啼声如小儿，唤为鲛人。

渔村之人家家户户世代以捕鱼为生，从未见过此等鲛人，因此以之为趣闻，只有一青年当真。

青年名为大棠，大棠少年时曾在海上遇见风暴，船身碎裂，被卷入惊涛骇浪中，生死一线。危机之时，正是一上身为人躯、下身为鱼尾的鲛人救了他。

一如所有俗套的爱情故事，大棠爱上了鲛人，并幻想着有一日美丽的鲛人会再次出现，而他能与之倾诉爱慕之情，携手余生。

但是梦想永远是梦想，随着年龄的增长，大棠也意识到自己必须成家立业了，而村民们对他常年的讥笑也令他的生活多有困扰，大棠开始寻找心仪的女子。

村民都知晓大棠心中一直念着女鲛人，所有人都笑话他，年轻女子也都不愿和他相处，只有一些寡妇看他年轻力壮动了

《幻山海——陵鱼》 布面油画 105×105cm 2019

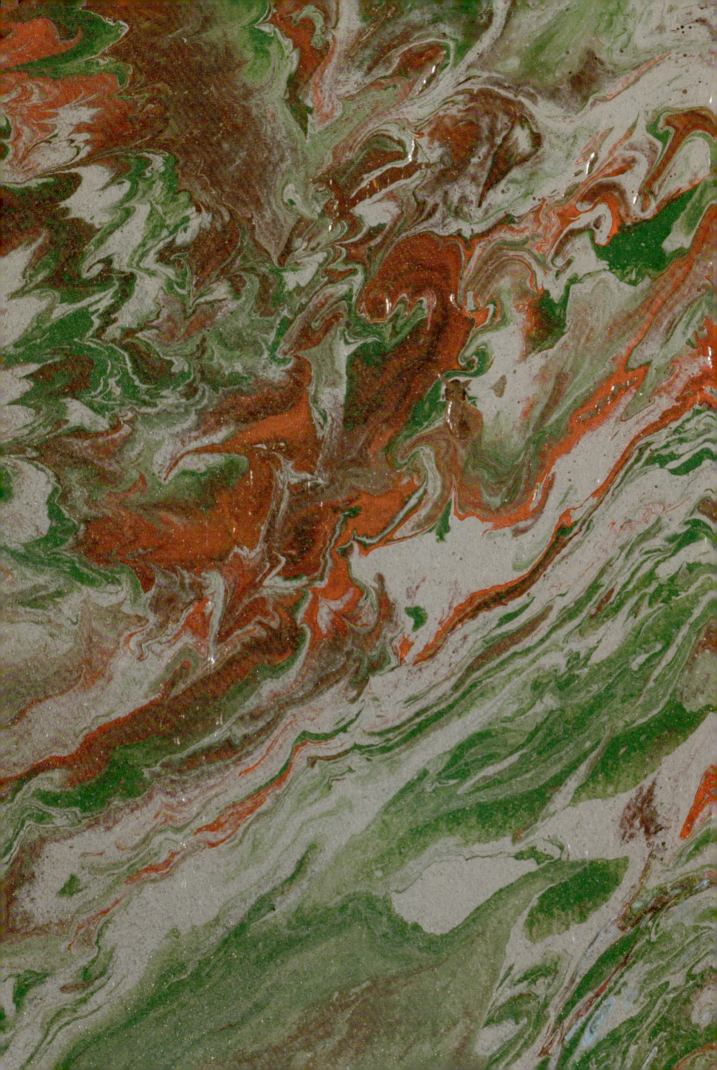

心思。

大棠心有不甘，启程前往相距甚远的另一渔村，想要开始新的生活。

这一日，大棠扬帆起航，带着自己仅有的家当出发了。

正午之时，原本风和日丽的天气突然再次变得阴沉，一如大棠少年时，刮起了巨大的风暴，掀起了惊涛骇浪。

大棠再次落入海中，恍惚间，他又看见了鲛人的身形，也不知是幻觉还是真实的，但他还没来得及确认，便彻底晕死了过去。

当他再次迷迷糊糊地醒来，竟真的看见了鲛人的背影！竟是鲛人救了他！

大棠欣喜若狂，只觉得梦想将要实现。他虔诚地对着鲛人的背影跪下，诉说着感激之情。

鲛人转过了身，一脸温和的笑意，但大棠却呆若木鸡，如遭雷劈。

因为这名鲛人，不是女子，而是男子。

幸好大棠的爱慕之情还没有说出口，不然想必这鲛人男子也是笑不出来了，大棠更是能羞愧得直接将头钻到地下去。

虽然大棠起先有些失望，但很快也变得兴奋起来。因为他虽然不能和鲛人展开一段缠绵悱恻的爱情神话，但好歹他可以证实鲛人是真正存在的，回到村里不用被人笑话，也可以正常娶妻生子了。

大棠这样想着，对男鲛人的感激之情也愈发浓烈，但此时他的财物都已经在海难中消失不见了，于是他与男鲛人约定，第二日在海畔相见，赠他礼物以维系友情。

大棠回到了渔村，迫不及待地嚷嚷着说自己见到了鲛人，希望村民们相信自己没有错！没有疯！

但大棠预想中的一雪前耻却没有出现，村民们只以为大棠是撒了谎，抑或是因为第二次海难而得了失心疯，胡言乱语。

大棠被打击得几欲癫狂，此时却有一人开口道："大棠，我信你！"

众人寻声看去，却见是常往来渔村收购海货的商贩。

因为商贩常年与各家各户都有往来，所以一时间并没有人出言反驳，商贩见此便上前拍了拍大棠的肩，一脸笑意盈盈。

"小伙子，你可撞了大运了！"

……

第二日，男鲛人如约来到海畔，渔村的村民们全体出动，每个人的脸色都散发着真挚的笑容。

男鲛人一开始觉得亲近，可不知为何，他心中总觉得这笑容有些不对劲，而这些村民的眼神不像是在看友人，更像是在看……货物？

男鲛人有些犹豫，脚步已经开始向后退去。

这时，隐匿在人群中的商人大喝道："抓住它！不能让鲛人入水，否则我们制不住他！"

男鲛人心道不妙，刚想逃离，就见数十个套索向他抛来，套住了他的身躯和手脚，而后被收紧，死死套住。

"哈哈哈！咱们发大财了！这就卖了

它去！"

"商贩，这鲛人值多少钱啊？"

"不急！我们绑着它，等其他鲛人来救，只要鲛人上了岸就与常人无异，我们大可以捕上他数十只！"商人得意道。

"若是能绑住女鲛人，那价格还得翻上数倍！更别提女鲛人那滋味……啧啧啧！"

男鲛人一脸愤怒，大吼道："你们人类号称百灵之长，可也不过是一群禽兽而已！比之猪狗还不如！"

商人冷哼道："哼，随你怎么说。"

男鲛人环视四周，喝道："大棠呢？！出来见我！"

有村民不忿道："哼，他可是能分得最多的钱！日后发达定了！"

男鲛人面如死灰，心中最后一丝希冀消亡，任由自己的身躯被村民们如拖死狗般拖到一处草屋内关押。

为了逼迫海中其余鲛人族救援，村民们对男鲛人百般虐待。数日之后，男鲛人身上已经没有一块完好的肌肤，浑身布满了血痕，整个鱼身也因为干涸而缩成了皱巴巴的干尸般的躯壳。

男鲛人已经绝望了，他只乞求，自己的族人千万别中计。

谁料，七日后的一夜，天空突然响起一道雷鸣，而后便是狂风呼啸，暴雨如注。

在狂风暴雨的席卷下，草屋的屋顶被吹翻，雨水落在了屋内。

被囚禁的男鲛人得到了雨水的滋润，终于恢复了一丝能力，拼尽全力挣脱绳索，在雨夜的掩护下逃回了海中。

在男鲛人一跃入海的那一刹那，他回头了，满眼尽是仇恨的怒火。

暴雨过后，村民们这才发现男鲛人逃跑，顿时扼腕叹息少了一条发财之路，纷纷咒骂着那男鲛人不识相。

唯有商人面色如土，一言不发地收拾东西想要离开。

有村民拦住了商人，问他这是作甚，何必连夜赶路？

商人劝道："我们如此虐待那男鲛人，必定会招致报复，大家还是赶紧收拾东西逃离才是！"

村民们不听劝，一是因为背井离乡的代价太大，二是因为他们不相信鲛人上了陆地还能与他们为敌。

商人见劝不了，也不多言，毫不犹豫地向南方狂奔而去。

但商人才跑到了村口，突然听见巨大的声音从海边传来。商人惊骇地看去，只见海啸向着渔村席卷而来，瞬息即至。

村民们还来不及呼喊，就被卷入海水中淹没。

商人是最后被海水席卷的，在被海水吞噬前，商人看见了海浪中那一道道仇恨的目光，来自上百鲛人。

是夜，海水成了血水。

唯有一人被男鲛人高高地举起，躲过了海啸，正是大棠。

此刻的大棠也是浑身被绳索绑得发青发紫，一连数日水米未进，一看便是遭了监禁。

男鲛人自知是误会了大棠，心中愧疚不已。

大棠虚弱地对男鲛人说道："我阻止他们了，可……"

男鲛人："不必多言，我信你。"

大棠回首看了被海啸吞噬的村庄，以及那一片血海，昏迷了过去。

大棠醒来后，先是沉默了三日，不吃不喝。

三日后，大棠开始在男鲛人的帮助下经商，将鲛人族堆积的货物卖往远方，同时运回一些鲛人族所需的物品。

大棠跑商了二十年，为鲛人族牟利无数，自己却故意将利润压得极低，以此弥补对男鲛人被骗的愧疚。

但二十年后，大棠突然对男鲛人说，时间到了，他不再经商了。

男鲛人疑惑道："如今你还是壮年，这么快就想颐养天年了吗？"

大棠摇了摇头说："我已经花了二十年的时间去弥补当初你被欺骗所受到的伤害，我的人生应该还剩下二十年，我需要去赎罪了。"

男鲛人一愣，很快反应了过来，怒道："那些无耻的村民这般骗你害你，你有何罪要赎？"

大棠道："当初海啸席卷时，尚有村内的老弱妇孺没有参与劫你之事，但他们也死了，这是因我而起，我必须要赎罪！"

男鲛人拦不住大棠，只能叹气。

大棠将二十年所赚之财物全部散给了村民们在其他地方的远亲和友人，而后修建了一座祠堂，供奉上当年所有村民的牌位。

此后二十余年，直到大棠老死，大棠都在祠堂内，每日磕头祈祷。

大棠老死后，鲛人一族以最高的礼遇将大棠海葬，并永世护佑渔村中的祠堂，使其不被风雨所侵，万年不朽。

第四卷

《幻山海——白泽》 布面油画 105×105cm 2019

白泽

宴临

《山海经》曰：东望山有兽，名曰白泽，能言语，王者有德，明照幽远则至。

——《御定渊鉴类函·兽部四》

海内昆仑，方八百里，高万仞，接天连地，众神之所在，天宫环立，焕若星辰。

九万年前，神界与妖族一战后，妖帝与其幼女青染殒命于荒泽，战神白泽被封帝君，此后他从六界消失，行踪也就更为隐秘。

说起帝君白泽，最令人津津乐道的不是他的战绩，而是一桩风月案。

白泽生性无情无欲，却被妖界帝姬青染穷追不舍，在六界盛宴上直接闹到了天帝眼前，彼时两界关系紧张，两人不得已定亲。

可是妖魔勾结肆虐，为天界所不容，白泽奉命斩妖帝于荒泽，帝姬青染也变成了六界的笑柄，最后在诸天阵法中与数万妖界生灵葬于荒泽。

只是近来白泽帝君不知从哪里得了一幅卷轴，回神界时神魂俱损，眉间还隐约现出血红印记。

众神本以为带回的是什么上古神器，却没想到画卷里是位不染铅华的青衣美人。

三万年也不过弹指一挥间，这画不知是否终日与白泽帝君做伴，在神界吸收了日月光华，又时时得帝君神眷照拂，终于修得精魂化形成妖，白泽竟不知这寒渡殿除了自己还有一位画中妖。

这夜，九重天寂寂无声，天河有几盏夜明灯浮沉不定，有一盏从云海边流落到寒渡殿。

画中青衣乌发的美人走了出来，抬手接住了这长夜里的神灯，就好像是接住了一朵开在掌间的花。

青衣女妖走近案前，手指拂过案几上摆放的七弦琴，琴弦拨动了三两下，缥缈灵动的琴音传出。

她日日聆听白泽抚琴，竟开始模仿他，断断续续地拨弦，尽管第一次弹，却好似一点就通。

"是……你……"

画妖本来很投入，惊闻身后这低沉好听的声音，心胆俱裂转过身，却差点没把自己给绊倒。

她倒是没什么事，不过案几上的琴却掉落在地上，发出嗡嗡的声响。

白泽站在她身后，一双眸子里集聚着细碎浮光，流离在眼角眉梢，轻轻散落在她周身。

这画妖本来站在角落里，见白泽似要走近，她慌不择路地直接遁进画里。

白泽看着画卷上的青衣女妖，疏朗长眉微蹙。画里的妖精抱着琴侧转过身，生怕与他对视。他竟不知这画还能随意改换形态。

"出来！"

白泽神情冷到了极致，殿内只有他的言语，字字如冷玉坠地。

画妖有点可怜地转过来说："帝君，小妖不是故意跑出来的，您就饶了我吧！"

白泽只深深地看了她一眼，她竟是……什么都不记得了，他轻轻合上眼，掩下一丝红芒。

再睁开眼，瞧见她这副惊恐姿态，白泽不禁也觉得刚刚过于严厉，这才缓和了脸色，却没起到什么效果，他惯常冷若冰霜的气质就像是昆仑山终年不化的皑雪。

"你可有名字？"

画妖摇头，她也只是一只懵懂的小妖，还没取名字呢。

"……青……染。"许久，白泽低低念了一遍，青衣素净，纸墨晕染，"这是你的名字。"

以上古神卷塑形，以一缕精魂作引，画中美人一笔一笔按照记忆中描摹，由此心魔顿生。

雨师

宴临

应龙畜水。蚩尤请风伯雨师，纵大风雨。（王逸注曰：飞廉，风伯也。）

——《山海经·大荒北经》

雨师与飞廉初识，也只是荒野间的惊鸿一瞥。

风灵和雨声相会，交织成一曲最曼妙的音符，在绿野丛林间，飞廉衣袂翩翩，风掀起他的长发，这便是他们的相遇瞬间。

九州炙旱，水族为兴雨在莽山设下雨祭，雨师奉命作为祭司召雨，却在莽山遭到了烛阴伏击。烛阴法术诡邪，她根本不是烛阴的对手，更何况水神玄冥还在水泱宫闭关。

烈焰燃烧，烛阴化作蛟龙，喷出的赤焰灼烧着雨师的每一寸肌肤，他盯着她，目露阴戾贪婪，毫不掩饰他的觊觎：

"雨师，你知道，我不忍伤你，若是你降服于我，我可与你共享水族至尊之位！"

雨师容色姣美，清冷如寒月，集天地水灵而生，是三界最负盛名的美人，若不是与玄冥有婚约，不知会引发多少争端。

在烛阴眼中，即便雨师是命定的水神之后，他也会将她从玄冥手中抢过来。

——烛阴奸邪狡诈，与火族勾结修习火灵，雨师怎么会听信他的诱惑？只是冷冷召唤水灵抵御。

水灵与火灵相克，她不得不在河川之间逃窜。

飞廉来时，她被围困在钟山，法力枯竭，被烛阴擒住，只能召唤最后一点水灵之力来传讯求助。

飞廉施展灵力将她带了出来，却也被烛阴重伤。为逃脱烛龙的疯狂追捕，两人潜入江海，在深海漫游了半月有余，一路向南躲进了风族领地。

跟飞廉一起在星野养伤的那段时间，是他们最欢乐的时光，踏遍山川河流，阅尽人间烟火，只是眼神的交汇，就知道对方的心意。

一场雨捎来了不好的消息，玄冥渡劫化神，他与雨师的婚期将至，水族族长要派人将她带回去。

玄冥生性猖狂邪戾，从未将万物放在眼里，却独独在雨祭中，对翩跹起舞的雨师倾心。族长亲自为他们定下的婚约，雨师从前并未放在心上，而这次就算是不情愿，她也没有办法。

水族世代供奉水神，就连灵力也只是神对他们的馈赠，水伯不仅是雨师的父亲，更是一族之长，她不能眼睁睁地看着父亲与族人承受上神的暴怒。

玄冥亲自召见，雨师和飞廉的私情暴露，暴怒之下，他的威压就连族人都战战兢兢。

玄冥眼神睥睨："你可与我一战？"

飞廉只对雨师安抚一笑，似乎并不忌惮："等我。"

可是谁都知道，飞廉不会是玄冥的对手。

天际风起云涌，由远及近的神力交织碰撞。

雨师似有所感，挣脱族人的束缚，只见飞廉浑身浴血，而玄冥嘶吼着穿过云层深海，蛟龙化作人形，裹挟着令天地震撼的神力。

他只是抬手轻轻一挥，飞廉便化作点点荧光消散在天地间，连一丝气息也没了。

"跟我回去。"

玄冥阴冷的气息充斥着滇水之畔，风云为之变幻，海川为之战栗。

雨师神色悲恸，指尖碰到的是一片虚无。她缓缓摇头，深深地看了玄冥一眼，那双眼冰冷而空洞，只落下一滴泪。

风雨将至，她长啸一声，水灵消散，纷纷细雨汇入山川河流，只落了一点水滴在玄冥手中，他眼神有一瞬的迷惘："为何……"

天地间只有一丝风灵的气息，若是化作一场雨，不知可否等到与风的再一次相遇？

雨师想起那一夜，飞廉与她踏上一叶扁舟，枕着星河与梦，温柔的眉眼在星海的映照下更加璀璨：

"雨师，你可愿与我一起遨游天地，共度一生？"

雨师笑起来，若是与他一起，不论是走遍山海人间，还是化作一场风雨，她都是愿意的。

☙ 原 文 ☙

《山海经·海外北经》：钟山之神，名曰烛阴……其为物，人面，蛇身，赤色，居钟山下。

《幻山海——惊鸿一瞥》 布面油画 105×105cm 2019

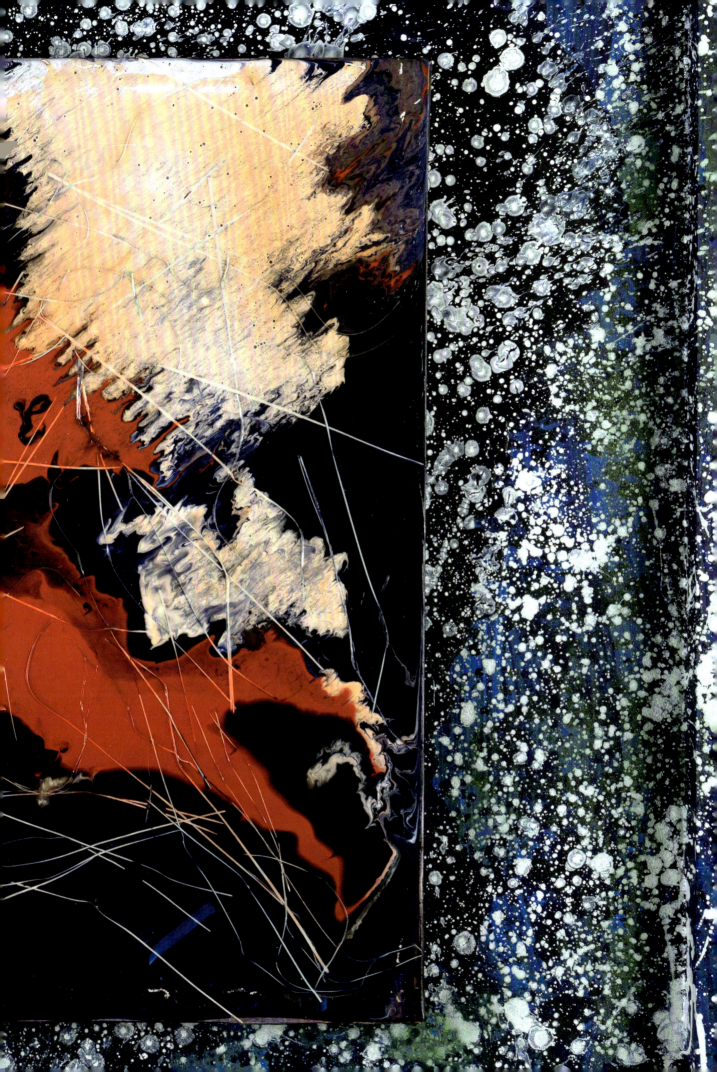

《幻山海——凤皇》 布面油画 105×105cm 2019

九凤

宴临

　　大荒之中，有山名曰北极天柜，海水北注焉。有神，九首人面鸟身，名曰九凤。

　　　　　　　　　　——《山海经·大荒北经》

　　九凤就是见不得重明那副清冷高傲的模样。他们一同拜入仙门，重明只不过先一步登上灵山，自己就得喊他一声"师兄"。

　　本来九凤还没有那么不甘——若不是重明在他对付妖兽时，独自脱身离开，他怎么也不至于记恨上这家伙。

　　九凤眼见重明从他面前目不斜视地走开，只冷哼一声，等会儿仙门大比，有的是机会让他好看。

　　小师妹站在他旁边，眼神痴痴地盯着重明的背影，九凤见此，神情更冷了几分：不就是长得有几分姿色吗？

　　"听说七师兄大败连云宗弟子，现在各派都在传重明师兄是天纵奇才呢！"

　　九凤啧啧两声，故作怨念："难道你眼中只有七师兄，就没有我了吗？"

　　小师妹嗔了他一句："师兄就别拿漓儿取笑了。"

　　九凤见她满脸飞红，又怎会不明白她的心意，心中更是愤愤。

本来以他的资质，怎么也说得上少年天才，只不过这重明处处压他一头，害得他不仅没了桃花，还天天被父兄耳提面命。

就会装模作样！也就只能骗得这些小姑娘春心萌动了。

就算是自不量力，九凤还是执鞭要挑战重明。

他又不负众望地……败在了重明手下。

那人玄衣墨发，眉眼冷清秀致，将他手中的长鞭夺走，剑芒直指他眉心："你——还不是我对手。"

九凤咬牙切齿，不由得心中已经是愤恨至极。

人界妖魔肆虐，他与师兄弟一起下山斩妖除魔，只是那只食人魔约莫是听到了风声，他们遍寻不到踪迹。

二师兄向来道："听闻这只魔兽专门捕食妙龄少女，不如我们以此为诱饵，将它引出来？"

众人都觉得这主意不错，只是哪里寻得美貌少女，若是害了人家姑娘……

九凤见状只略一思忖，忽地笑起来，神情越发嘚瑟，不禁打起了歪主意——等重明被推出来的时候，眉目依旧清冷，只不过那一袭红裙，令九凤心神微乱，眼睛都直了。

他只冷冷一眼，九凤就不由得面颊发烫，只是转过神来，心下生出几分鄙薄。

哼，看他作甚，长得跟姑娘家一样，不——比姑娘家还要好看，还怕穿女装？

不过自从那一夜过后，他每每看见重明，便觉得不自在，那些捉弄和调笑也收敛了许多。

一切转变都在那一次九幽秘境。

初入秘境，九凤就跟师门走散了，他修为尚浅，开始也不以为意，不承想遇到了一只夺舍的魔物，差点被抽去神魂。

重明御风而来，宛若天神，只一剑便将他从魔物手中解脱，只是他们到底不敌，一路历经生死，为躲避魔物最后躲进幽冥境。

误入幻境，九凤只是恍神间，他背着的人就变成了红裙少女，眉眼如画，笑颜潋滟，灼伤了他的眼。

等到九凤挣脱幻境时，一眼看见重明，见他目露疑色，不觉面红耳赤。

重明的声音清冷中透着点嘶哑："心性不定，修为浅薄，才会被幻境迷惑。"

若是从前他还会狡辩，可如今，九凤莫名心虚，只是默默跟在重明身后，心想着自己是真的疯魔了不成？

为此他真的是羞恼不已，他可是有婚约在身，怎么能移情别恋，况且这重明还是他未来的小舅子。

还真是羞于启齿。

出了秘境后，九凤更是不敢见重明，只不过躲了没一段时日，就听闻重明不日就要回九夜天。他心中更是愁苦难言，喝得烂醉，还是忍不住偷偷地跑到凤羽山寻他。

他知道重明夜夜在此清修，只是今夜竟没有看到人。

绕到一汪深泉处，只见月色下重明背对着他，肌肤似雪，长发如墨，他还没偷看两眼，就被逮住了——

"谁？"

九凤缓缓走近，只见重明转瞬披上衣衫，裹得密不透风，他不由得出言调笑："怎么，还不许人看不成，又不是没看过。"

重明起身，见他言语无状，神色更是冷了下来。

"说起来，我有一次还见过这湖中美女呢，只是你一来，我就再也没见过。"

重明闻言，神色更深了几分，颇有几分复杂难辨，只轻轻道："蠢货。"

九凤没听仔细，不然非得跟他闹起来。

寻得重明，他本想借着酒意表明心迹，却又讷讷不知所言，最后只装作发了酒疯一把抱住重明，接着便被嫌弃地丢下了山。

还不过两日，九夜天就派来了天族亲信。

九凤急匆匆地差点没赶上见他最后一面。

他未及倾诉衷肠，重明临别时忽地提起一事："对了，还未告诉你，我就要成亲了。"

九凤心底又惊又惶，不知是何滋味，转而神情更加忧郁："怎么连你也要成亲？"

他跟重明阿姊的婚约不假，只是没听说小舅子重明也定了亲啊？

重明见他情状，难得莞尔："婚期就在二十四星转后，若你有意，到时就来观礼吧。"

九凤心中更是愁闷，转念又想起，难不成他们两人还在同一天成亲？

语落，重明身形变幻，化作青鸾，展翅飞舞，绕着九凤飞了几圈。

九凤定眼一瞧，只见青羽片片坠落，他神色微惊，重明与青鸾乃是天后的一双儿女，明明他是——

青鸾见九凤面似惶惑，轻笑一声，身影陡然在云海间飘忽无踪，风只带来了她轻轻的两个字："蠢货。"

玄鸟

宴临

北海之内，有山名曰幽都之山，黑水出焉。其上有玄鸟、玄蛇、玄豹、玄虎、玄狐蓬尾。

——《山海经·海内经》

玄鸟早就听说人间繁华，只是第一次偷溜出来，就惨遭拐骗。

彼时她懵懵懂懂，被画舫上的翩翩公子所邀，只觉得与相柳一见如故，与他泛舟湖上，把酒言欢，简直恨不得引以为知己。

没料到喝醉后她一时失态，不禁现出了原形，相柳本就是想试探，识破她身份，当即就要对她下手，直取她体内的赤炎珠。

玄鸟见得相柳被她周身的炎火灼伤，就算是再蠢也瞬间明白了他的意图，惊怒之下，引颈长鸣一声，发狂般地与他缠斗，最后逃回了羽族领地。

至此，水族与火族争斗不休，她更视相柳为仇敌，每每与他碰面，总是免不了一场恶战。

两族醴水一战，她与相柳两败俱伤，落入了幽冥界，玄鸟不仅没了灵力，还很悲催地失忆了。

她只知道，等她一睁眼，就瞧见相柳对她轻柔一笑。他一

《幻山海——幽都山》 布面油画　105×105cm　2019

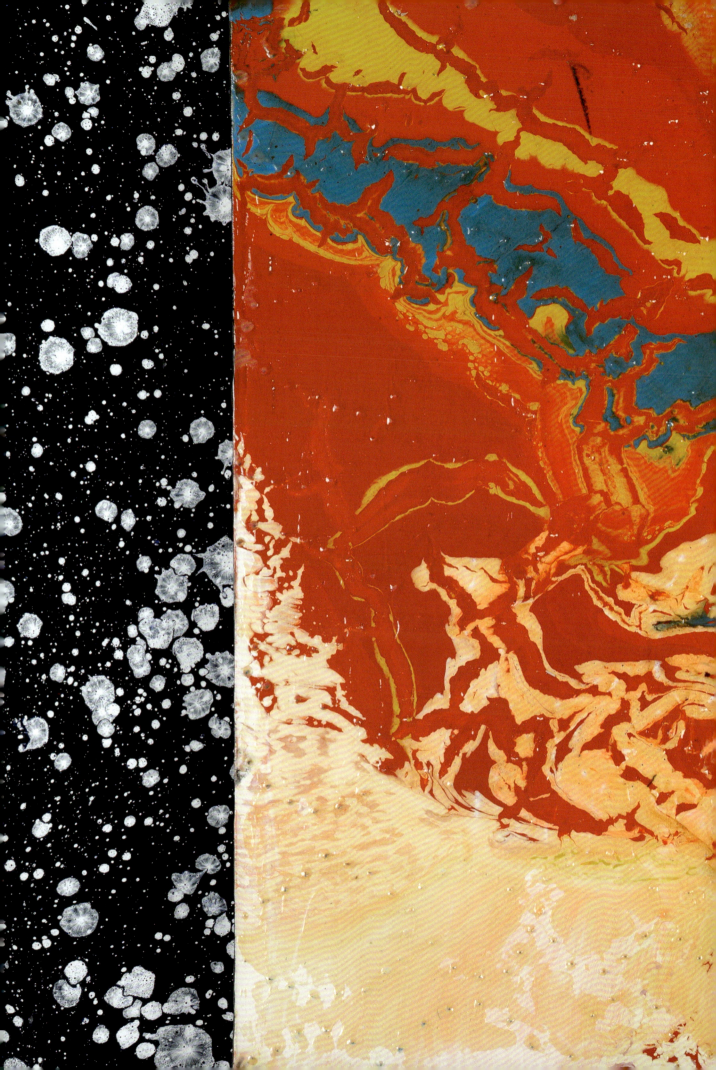

袭青衫，容颜俊雅更兼柔情，玄鸟只觉得心动神驰。

她眼神痴迷，呆呆地问他："你是谁？"

相柳很是温柔，摸了摸她的脑袋："我是你夫君。"

玄鸟瞪圆了眼，表情从震惊到狂喜，迫不及待地接受了这个"现实"。

他俩一身灵力受到禁制，没过多久就暴露了真身，被魔族追杀。

往生河畔，魔族将他们逼到了绝境，幽冥魔使亲临，笑得肆意张狂："若你们归降于我魔界，我还能饶你们一命；如若不然，这往生河就是你们的葬身之所！"

生死不过一念，相柳与她许下了来世之约。

往生河水魔气环绕，玄鸟本以为他们必死无疑，没想到沉入河底后，误入灵阵，他们被送出了幽冥界。

两人九死一生，终于逃离了魔族，玄鸟恢复灵力后，也想起了前因后果，一时间又惊又怒，相柳这个骗子竟敢占她便宜！

只是她与相柳又痴缠数年，玄鸟被相柳的皮相以及柔情迷惑，最后还是傻傻答应与他私奔。

水火两族素来交恶，连年征战不断，她贵为九天玄女，只愿与他归隐尘世，却没料到与他相约之日，就是她丧命之时。

玄鸟满心欢喜地逃出来，却在人界遭到了水族的伏击，他们布下天罗地网，只为取她体内的赤炎珠。

玄鸟怎么也不敢相信，眼前的对手是与她许下来世之约的相柳。

他神情冷漠，眼前之人在他看来宛若尘埃，出手更是毫不留情。

水族嬴鱼和钩蛇合力将她困在郢湖，她并不擅水，一身灵力耗尽。相柳将她体内的赤炎珠生生以水灵逼出。

"为什么？"

相柳看着她的眼神没有一丝柔情，只是取出赤炎珠，轻轻地扫了她一眼："将她带回去。"

玄鸟即使是重伤在身，仍旧声声泣血："难道那些柔情蜜意，都是骗我不成？"

一旁的钩蛇目露讥讽："你以为相柳真喜欢你吗，不过是为了你体内的赤炎珠！"

玄鸟双目赤红，死死盯着她，却惹来钩蛇的嗤笑："你又怎么比得上灵界至尊之位？"

是了，相柳从与她相遇起，就一直觊觎赤炎珠。若得赤炎珠，水族不需一兵一卒，就能解开火灵界的禁制，长驱直入，灵界至尊唾手可得，为此他几次三番要取她性命。

她知道他曾经的野心与权欲，可是他也答应过她不再卷入两族纷争。

明明约定还在耳畔，又是她错信于人吗？

她的目光怨毒恨极，相柳微微蹙眉，只觉摘胆剜心的痛楚，他似是有点疑惑，不过那也只是一瞬间。

钩蛇甩出长鞭就要将她拖走，玄鸟嘶吼一声，化为原形，水灵锁将她浑身割出道道血痕，但她就算是散灵，也不会让他们得逞！

她以灵源之力挣脱水灵锁，漫天赤焰将湖水瞬间蒸发，燃起滔天热浪。相柳被炽气灼伤，他眼神微变，在灼灼烈焰中也忘了躲，忽地死死盯住玄鸟，连神魂灼痛也不曾理会。

为何——会这么痛？

连神魂都在跟着一起燃烧，他大口大口地呕出血，一时跪伏在地，眼神也从迷蒙渐渐清明——

嬴鱼他们将玄鸟围住，她仰天发出一声凄厉嘶鸣，灵元从她魂体消散，红羽纷纷散落，化为绚烂焰火，将郢湖染成赤地千里！

相柳不由得目眦欲裂："玄鸟！"

钩蛇来不及从烈焰中挣脱，见他扑入焰火，只能嘶声道："不要，你会被她害死的！"

水灵尊说过，他若是想起玄鸟，锁魂珠只会让他心脉俱损，他现在强唤水灵，难不成想要变成废人，神魂覆灭不成？

水灵溢散，相柳血脉寸寸尽断，最后一丝水灵也只能勉强聚拢灵元，将其封锁在赤炎珠内。

只见得相柳化为蛇身，与赤炎珠一起没入烈焰火海中，早已不辨身形……

此后又是三千年。

玄鸟一觉醒过来，不仅没了灵力，容颜灼毁，还很悲催地跟相柳流落人间。

她记得自己一睁眼，就瞧见相柳对她柔情一笑，他一袭青衫，可是脸上伤痕狰狞可怖，吓得她赶紧闭眼。

许久她睁开眼，怯怯开口："你是谁？"

相柳很是温柔，摸了摸她的脑袋："我是你夫君。"

玄鸟眼神惊恐："不可能，你这个骗子！"

原 文

《山海经·海外北经》：共工之臣曰相柳氏，九首，以食于九山。相柳之所抵，厥为泽溪。……相柳者，九首人面，蛇身而青。

《山海经·西山经》：赢鱼，鱼身而鸟翼，音如鸳鸯，见则其邑大水。

《山海经·中山经》：崃山。江水出焉，东流注于大江，其中多怪蛇。

（晋人郭璞注：今永昌郡有钩蛇，长数丈，尾岐，在水中钩取岸上人牛马啖之。）

羲和

宴临

东南海之外，甘水之间，有羲和之国。有女子名曰羲和，方日浴于甘渊。羲和者，帝俊之妻，生十日。

——《山海经·大荒南经》

羲和很是郁闷。

那日她听说重黎渡劫归来，兴冲冲地跑到栖云宫找他，然后她就"悲剧"了。

只见那花海中，重黎摘下一朵夕雾花别在了小美人的乌发间，他俩脉脉不语，但是浓情蜜意就算她眼瞎也看得出来，难怪那侍从看她时眼神躲闪。

重黎似有所觉，看向她时，那双桃花眼没有了昔日柔情，反而一片冷清，转而是歉意。

羲和没想到他这就移情别恋了。

后来不只她，整个仙界都听说了，那重黎上神只不过渡了一次劫，就带回了一只花妖，还在天帝面前请罪，只想解除他与羲和的婚约。

羲和被莫名退婚，可她是天帝的亲侄女，这桩婚事也不可能说退就退。

《幻山海——羲和浴日》 布面油画　125×95cm　2019

不过看重黎跟那小花妖情深似笃的模样，羲和觉得她肯定没戏了。

她跟重黎怎么说也算得上青梅竹马，那时她待在宿月宫，就见他和帝俊爬上了她的墙头，重黎一头栽倒下来，就算摔得一脸泥，还朝她笑得眉眼弯弯："羲和，我们一起出去玩吧？"

羲和虽然年幼，但一直自持身份，犹豫了好一会儿，才跟他们跑了出去。最后重黎贪玩，执意要进御兽园，那麒麟被他惹得暴怒，冲了出来，差点要了他们三个的小命。

好在羲和跟帝俊还算靠谱，他们俩扯着重黎一路御风狂奔，最后引来了侍卫，这才捡回了一条命。

那时重黎看着她身上的伤口，差点没忍住哭，没多久他得离开天宫，还一直牵着她衣袖不放，说什么"等我来娶你"，后来他们俩的婚事也算是天作之合。

重黎渡劫前，还与她依依惜别，那人儒雅温柔，眸光灼灼："等我回来。"

如今她与重黎再见，只能将过往都归于曾经年少。

她都不记得最后神殿是怎么解除婚约的，难道她还能死缠烂打不成？也许是她见到那两人时，就已经觉得自己是局外人。

其实也没有想象中难受，就是有点郁闷，明明那些花前月下也不是戏言。

天界御宴，她只感觉如芒在背，本来她也没觉得丢人，可那些女仙却在幸灾乐祸。

羲和心中更加郁闷，她提了一壶酒跑到了那片夕雾花海中，心中有点愠怒，这花海中她和重黎也曾情投意合，怎么一转眼就变成了他和别人出双入对。

她飞身卷起无数花瓣，抬手就以灵力挥散，不知是喝醉了还是疯了，也不顾什么身份，只想将这夕雾花海给毁了。

幽蓝花瓣萦绕在她周身翩跹起舞，几朵调皮地停在她发间，她只听得身后一声轻叹，不觉回头："谁？"

一缕银光乍现，来人缓缓现出身形，羲和眼中也更加落寞。

帝俊抬眼见她眸中有几分失落，也没有说话，他乌墨般的瞳眸深不见底，好似轻易就看穿了她。

"原来是你啊，跟在我后面是想看我笑话吗？"羲和哼了一声，她跟帝俊也算是从小认识，在他面前也装不来优雅矜持。

帝俊摇头轻笑："不，是陪你一起喝酒。"

羲和将酒壶扔给他，索性就躺在了花海中。

帝俊也随她坐了下来，两人有一搭没一搭地聊了几句，渐渐羲和是真醉了，她只觉得昏昏欲睡。

"我不知道他也会喜欢别人……明明我们先约好的。"

帝俊偏过头看她："你永远不会知道……"

羲和快要睡着了，只轻轻哼出一声："嗯？"

——永远不会知道他一直就站在她身后，不会知道是他让那只花妖与重黎一见钟情。

帝江

宴临

> 天山，有神焉，其状如黄囊，赤如丹火，六足四翼，浑敦无面目，是识歌舞，实为帝江也。
>
> ——《山海经·西山经》

帝江跟着飞羽已经时间不短，这飞羽小郡主一直心疾缠身，恐怕活不了多久了。

帝江等她神魂离体之际，直接钻入了她的体内，天知道她只是一团混沌雾气，没办法化形，只能寄宿在凡人的躯体里。

只有纯阴之体才能容纳她的灵体，不然她也不必费心地在此苦苦守候了。

她一睁眼，只见闺房内一群人哭哭啼啼地围着她，见她醒转过来，为首的北平王妃泣涕涟涟，将她搂进怀里："阿羽，我苦命的阿羽！"

——南楚异姓王独女，这飞羽真的是集万千宠爱于一身，她估计再也找不到这么好的寄体了。

没等两个月，她终于又遇到了那个少年。

说来，她与伏厌也算是旧识，上一次她寻得一侍女附身，那侍女就是伏厌宫中的人。

《幻山海——帝江》 布面油画 95×125cm 2019

只不过那时她跟着伏厌在后宫，有上顿没下顿的，一时嘴馋，吃了从御膳房偷来的糕点，莫名其妙地就被毒死了。

她好不容易寻得的纯阴之体，肠穿肚烂就没了，害她又等了两年才找到寄体！

这伏厌也是凄惨，他母亲只是宫中的婢女，妄想攀龙附凤，没想到生下他时，不仅天降不祥异兆，连他母亲也血崩而亡。

伏厌被皇帝下令沉湖，竟也没有淹死，最后还是国师出面救了他一命。

此时，帝江见他被人压在地上揍，还是一声不吭的冷漠脸，摇了摇头，这家伙还真是没怎么变。

那四皇子见到是她，一脸欢欣地爬起来："阿羽，你来了。"

帝江只冷冷瞥了他们一眼："你们又欺负人？"

伏昭斥退他的侍从，一脸讪笑："阿羽，你别生气，我以后不会了。"

帝江轻轻点头："你姑母她们找你呢，快回席上吧。"

将四皇子打发走，她直接蹲了下来："怎么我每次见到你，你都这么惨呢？"

少年黑黢黢的眼睛盯了她一会儿，使力想爬起来，闷哼了两声又趴了回去，想来是被揍得狠了。

帝江见他逞强，也不再遮掩："阿厌，你不认识我了吗？"

伏厌眼中闪过惊疑，这世上这般称呼他的，也就只有那个人了——可是，她被毒死了。

帝江轻轻笑了一声："以后，还是我来罩着你吧。"

帝江也算是感念他那时的关照，虽然他偷来的糕点毒死了她上一个寄体，不过这家伙当时撕心裂肺的，连她都不忍心了……

她以为伏厌不会信她，可是伏厌只看了她一眼就不作声了。

在她又一次将他从湖里捞出来后，伏厌直接搂住了她，这家伙被冻得浑身哆嗦，却只红着眼死死地搂住她，像是怕她跑了。

这冰天雪地的，两人差点没冻死，只是这一幕不知怎么就引来了那些皇亲贵胄，这下可好了，他们俩湿漉漉抱在一起，成了帝都的笑谈。

帝江倒是不以为意，只是他们俩这事已然传开了，就在帝江名节不保的时候，皇帝有意为他俩赐婚，没几天圣旨下来，她直接蒙了。

听说他们这桩婚事是七皇子伏厌跪了整整三天求来的，前几日伏厌来找她的时候，只问她："你信不信我？"

帝江虽然不明所以，还是对他点了点头，她觉得伏厌那一刻的眼睛极亮，像是被点燃的烟火。

她本就是为他而来，如今也算是得偿所愿。

熙和七年，伏厌被封凌王，她与伏厌大婚，此后他们俩琴瑟和鸣，也算是一段佳话。

次年，楚魏两国战事一触即发，魏国大军压境，连下三座城池，直逼嘉禾关，一时间朝野上下一片哗然。

南楚原本偏安一隅，只是这一次北平郡王不顾妻女在京为质，勾结外敌入侵，帝江身为北平郡主，连同亲族被一起押送到了刑狱。

行刑前一夜，伏厌带人闯进刑狱，直接将她和北平王妃送走，他独身向楚昭帝请罪。皇帝震怒，差点剐了他，最后伏厌在狱中请命，他要戴罪率兵出征。

嘉禾关一战持续了三个月，十几万兵马血流成河，伏厌被逼至绝境，北魏三十万大军将他们围困至死。

伏厌突围后身边只剩下七百多人，他们一路逃至浣水，他被敌将一箭射穿胸口，连人带马落入了滔滔江河。

次日，嘉禾关破，魏军长驱直入，直抵宛都，南楚不过数日国破。

帝江沿河寻到伏厌时，他不仅命在旦夕，更是身中剧毒。

帝江耗尽灵力为他续命，以至于最后灵体消散，只来得及在伏厌耳畔轻轻道："其实，我从很久以前就陪着你，所以我来人间寻你，不过——这些你都忘了吧。"

伏厌醒来时，一团黑雾随风飘散，帝江不知所终，飞羽的尸身也化为了齑粉，从此以后，他再也不记得帝江或是飞羽。

此后又是十三年，伏厌收复山河，逐一兼并七国，在南陵称帝，九州海晏河清，天下自此归一。

楚厌帝在位不过数年，沉疴旧疾缠身，最后毒发而亡，此后天下分崩离析，他却是功德圆满，回归神位。

一缕神魂重返九天，月厌神君睁开眼，只觉得心口还似剧毒腐蚀般灼痛，他微一蹙眉，就见一旁的神官拜伏于地："恭迎帝君回归神位！"

月厌抬手抚上心口，终于明白隐隐作痛的并不是旧伤，而是心疾。

原来历劫七世，每一次帝江都会来寻他。

他轻轻闭目，灵识不过一瞬就遍及四海八荒，睁眼时他似有所感，难得露出一丝笑意："帝江，这一次，就换我来寻你吧。"

风神飞廉

阿兹猫

蚩尤作兵伐黄帝，黄帝乃令应龙攻之冀州之野。应龙畜水。蚩尤请风伯雨师，纵大风雨。

——《山海经·大荒北经》

风神悔婚了！

九重天上，这个爆炸性新闻一夕间不胫而走，万仞琉璃的琼华殿外聚集着大大小小的散仙，大家正交头接耳地八卦此事。

"老兄，你是没看到风神悔婚的那场面，怎一个'尴尬'了得！众目睽睽之下，风神飞廉手擎一只乌鸦，竟无视天帝的震怒直接甩袖走人了……"

"什么？！怎么可能呢？风神与水神之女桑绮的婚约不是三千年前便定下了吗？风神怎么会想到在今日大婚时才悔婚呢？"

"啧啧！你这就孤陋寡闻了吧？！风神飞廉素来以雅正君子闻达天下，与水神之女的婚约拖延了三千年才成婚，这中间要是没有半点猫腻鬼才信！"

"原来如此啊！不过……奇怪了？风神不是向来不近女色吗？那哪里来的第三者搞现场破坏呢？"

《幻山海——飞廉》 布面油画　80×100cm　2019

"据说啊，婚礼进行的时候，殿内突然飞进来一只喝醉酒的乌鸦，直接扑进风神的怀里，然后，风神就悔婚了……"

此刻，被议论纷纷的主人公飞廉却置身事外般地待在风神殿内。

空荡荡的大殿上，飞廉单手抵额支撑在琉璃案几之上，半垂眼帘时神情落寞又孤寂。

这个万年孤独的风神之位，看似风光，实则空虚。他骨子里流着不羁的血液，向往无拘无束的生活方式，然而在风神殿里守着万年不变的光景，看似他什么都拥有，实则什么都没有！

"咕咕……"

琉璃案几上立着一只毛茸茸的小鸟，它全身漆黑，唯有鸟冠染着一抹朱红，它用鸟喙狠狠地啄了一下飞廉的手背。

他却仿佛毫无所感，点漆瞳眸似夜色般深沉地望着这只他豢养千年的小鸟。他这般静坐于此，淡漠地睨着繁华散去，内心只余下一片虚无，暗自庆幸能有一鸟相伴。

婚约两字，对于权倾九重天的天帝而言重之又重。可是，于他而言，只是习惯服从而已，习惯了这样一成不变的日子。

小家伙见啄人不成，眨着乌黑的眸子歪头打量着主人飞廉，他伸指逗弄了一下它嫩黄的小嘴。

"小鸦，今日……多谢！"飞廉笑望着小家伙，眉心的一点朱砂愈加鲜艳欲滴，更衬得眉眼清冷孤傲。思及若不是喝醉酒的小鸦误打误撞地扑入他怀里闹腾，此时他恐怕已被天界众人推入洞房……

飞廉按捺不住地打了一个寒战，套上一件水蓝色的长衫，伸手捉住小乌鸦，眉眼透着一种不近人情的疏离感："小鸦，我们去人界透透气。"

人间风光绮丽，白云悠悠绕翠峦。春去秋来，小乌鸦立在他肩上陪他一起阅尽了繁华的盛景，踏遍了钟灵毓秀的山水……

夜风中，一袭水蓝长袍的风神入画般立在屋前，仿若与夜风融为一体。小乌鸦立在他浅金色的流苏袖口上痴痴地望着他。飞廉未曾想到，小乌鸦正眼馋地流着口水，旖旎地勾勒着之前他在温泉里沐浴的场景。不久，它竟眼冒金光，扑腾着双翅飞到他面前，伸长鸟颈后用自己的喙轻啄了一下他的薄唇。

此刻，伫立在风中赏月的飞廉微微一怔，神情困惑地望着小家伙，勾指一敲它的小脑袋："……又喝醉酒了吗？调皮！"

水神之女桑绮是抱着满肚子委屈和怨气来找风神的，只是当她找到飞廉的时候，他正立在一棵桑树下用"御风术"采摘桑葚，再将一颗颗精挑细选的果实投喂给小乌鸦吃。

这让桑绮大吃一惊，要知道她竟然在不苟言笑的飞廉脸上看到一丝笑意，尽管那抹笑意很淡很淡，却让人过目不忘。

他，不愧是享誉三界的美男子，就连淡然一笑也很销魂。

只是……他的笑不是为了她。

桑绮嫉妒地望着那只立在飞廉肩上大快朵颐的小乌鸦，都是因为那只臭鸟，她和飞廉的婚礼才会被众仙家传成了"笑话"！何况，她还是尊贵的水神之女！

她像个猎人伺机等待，趁着飞廉外出的机会，桑绮终于得手——

她悄悄地潜入飞廉屋内，看守家门的小乌鸦挓挲起黑羽紧盯着来者，视线相交时，桑绮的熊熊怒火从心底蓦然生起。

哼，不过是只凡鸟，今日她定要灭了它！

她结印布下结界，抬手一道夺命的"水波斩"直袭向小乌鸦，它重重地摔下了琉璃案几……

一个箭步上前，桑绮兴奋地捡起落地的乌鸦，想要欣赏一下自己的战果，却发现垂死的小鸟仰起小脑袋，张嘴朝她喷出了一个灼灼的火球……

"啊——！"

灼灼燃烧的火焰冲天而起，一道嘹亮的凤鸣伴随着女人凄惨的叫声爆发开来。眨眼间，冲天的凤凰火焰已经密布于天空之上……

飞廉闻声赶到竹屋的时候，桑绮捂着半边烧焦的脸正向他求救："神君救我！"

他掐指一算，已明了前因后果，一双冷眸里映着浮冰碎雪的清寒。

飞廉淡漠道："害人终害己，水神就是这样教导女儿的吗？"

桑绮掩面逃离后，飞廉仰望着火烧云的天际，微微一叹——他们俩终究还是错过吗？

一百年后，江南水乡。

烟雨朦胧中，一画舫里的红衣女子扛着一杆喷火的金枪正在帮一位书生抢亲，原本热闹的婚礼此刻却乱成了一锅粥。

风神飞廉轻落在画舫的甲板上守株待兔，却见一个眉清目秀的姑娘拽着新娘子狼狈地逃出了船舱，迎面撞上了一袭水蓝长衫的男子。

"小鸦，你又来抢亲了？"

飞廉眉眼含笑地望着眼前蛮横的女子，一丝丝柔情溢出了清澈的瞳眸。

"是你？！"红衣女子扶额低语，怎么逃了百年还是被这缠人的风神追上了呢？

斯人若仙，遇上方知有……

《幻山海——招摇山》 布面油画　105×105cm　2019

祝余

许磊

招摇之山，临于西海之上，多桂，多金玉。有草焉，其状如韭而青华，其名曰祝余，食之不饥。

——《山海经·南山经》

1

祝余就要成亲了，她是被相家恶少强行霸占的。

城中众人只是看热闹，因为相家惹不起，也因为祝余是个传说中的妖孽。

十八年前，祝娘子怀孕三年，在街坊的非议中生下女儿，然后撒手人寰。这孩子周身青黑，长满细毛，尖嘴猴腮，祝老爹给孩子起名叫"祝余"。众人认定她是妖孽。

祝余渐长，每到一处，总被人嘲笑驱逐，孩子们朝她扔石头吐口水，骂她是怪物。

面对羞辱，祝余总是默默走开，从不争辩。时间久了，便不出门，也不说话，极是孤僻古怪。

她心灵手巧，常常用泥土捏一些仙魔、怪兽甚至山川花木。这些小物件，她视若珍宝，不许人碰。

及至十二岁，祝余肤色变淡，毛发渐褪，日渐标致，出落成远近闻名的美人。只是祝余有个怪病，一触碰花草树木，便会周身长满红斑，奇痒无比。

相家公子，财大气粗，欺男霸女，无恶不作，众人敢怒不敢言。相公子偶一见到祝余，顿时半个身子酥了，立刻派人提亲。

祝家父女不肯，相公子便纠集家丁，把祝老爹暴打一顿，扬言若敢不从，就要祝老爹的命。

2

出嫁前夜，祝余去城外见了一个流浪汉。

流浪汉不知姓名，十八年前来到此地，每日东游西逛，疯疯癫癫。众人瞧不上他，祝余却极喜欢他。

流浪汉的行囊中似乎有无穷无尽的小玩意儿。长着四角的羊，那叫土蝼；像蜜蜂一样的鸟，那叫钦原；还有蛟龙、巨蛇、花豹，数不胜数。

祝余最爱靠在流浪汉身上，看他从包裹中拿出这些东西，听他讲述那些奇异的上古传说。祝余把自己做的小玩意都给了流浪汉，还告诉他自己做过的噩梦：神魔大战，天崩地裂，以及人首马身的神灵。

"每当我梦见那个神灵，就好想哭！"祝余喃喃说道。

二人时常月下对坐，相顾而言，就像是心有灵犀的老友。周围百花盛放，香气悠悠。

这一夜，他们依旧紧紧依偎。祝余说："我

不想嫁给那人，却无可奈何，你有办法吗？"

流浪汉抬起头，嘻嘻一笑，祝余叹了口气。

3

花轿到了，相公子得意扬扬地来接新娘。祝老爹苦苦哀求，被相公子一脚踢开。

门开了，祝余一身红衣，花容月貌，明丽动人，额头多了一抹青色妆纹，如同青草摇曳。

"我随你们走，不许伤害我爹爹！"祝余说道。

相公子喜上眉梢，这是他第一次听祝余说话。

正要出发，流浪汉突然蹿出，掀开轿帘，将一个九头蛇木偶塞到祝余手中："送给你，呵呵！"

祝余见流浪汉这般举动，不知该喜该悲："快走吧，莫要被他们抓住！"

流浪汉笑着，看着轿中人，不肯走。相公子挥手，家丁一拥而上，痛殴流浪汉，血流满地。流浪汉不哭不叫，依旧傻笑。

轿子远去，传来了祝余的哭声，百花纷纷凋落。

4

当夜，相公子吃饱喝足，贼笑着进屋。佳人红衣红盖头，端坐于床上。

突然，凄厉的惨叫声打破了夜的沉静，一个红衣女子冲出院子。

相府上下人等赶来，大吃一惊。祝余变得

半人半鬼，身形一丈，周身青色，双目闪绿光，配上红衣，越发恐怖。

祝余一见众人，狂性大发，长袖一挥，击倒数人，一时叫苦声不绝。

"祝余这妖孽发狂了！"消息传遍全城，百姓皆来围观。

正乱着，相公子的屋门打开，从门中伸出一个硕大的蛇头，吐着红芯，嘶嘶地叫。众人还在想着相公子的安危，那蛇猛蹿出来，竟是个九头蛇怪，身形巨大，一身腥风。

九头蛇扑向祝余，二怪缠斗起来，屋倒房塌。从相府斗到城中，满城哭号，城门都塌了。祝余渐渐不敌，九头蛇啸叫着，将她缠住。

5

一道明光闪过，空中出现一个神灵，马身人面，虎纹鸟翼。

"英招！那是传说里的神仙英招！"众人惊呼。

英招扇动双翅，狂风卷住九头蛇，如同巨网，步步收紧，祝余趁势逃出，盘旋半空，双目碧绿，如同入魔。

九头蛇的身子逐渐缩小，缩在地上，竟是相公子。英招降落在地，变成了流浪汉。

还没等众人回过神，祝余便在半空中发狂，咆哮飞舞，意欲伤人。

英招打开行囊，抛出一连串的物件，全是祝余送他的小东西。诸物飘浮空中，赫然化作飞禽走兽、神魔精怪，将祝余围住。

天现幻象。一场上古大战空中展开。一个女子，被九头蛇挟持，与酷似英招的天神激战，众仙和珍禽异兽加入战团，殊死搏杀。

九头蛇战败，女子和九头蛇坠入凡间，而英招化作一个流浪汉。

幻象消失，祝余身子一软，跌落在地，变回了女子的模样。

6

"祝余，你还记得我吗？"英招微笑道。

"我想起来了！"祝余流泪，抬头看着英招。

上古之时，百花之神祝余与天帝的爱将英招情投意合，却被九头蛇恶神相柳挟持，为害人间，引发一场神魔大战。

战后，天帝命英招斩杀祝余，英招不肯，天帝大怒，将二人贬入凡间历劫。

祝余忘了当年事，英招却始终陪在她身边。祝余做的那些泥偶，便是前世的记忆，英招小心收藏着，就为了此刻唤醒祝余。

英招拉着祝余的手，说道："今日，就随我回去吧！"

祝余惊问："天帝岂能容我？他爱你之才，要重用你，你若带我回去，定会受罚！"

英招说道："天帝答应我，历劫之后，让我掌管天界花苑，你藏身百花中，定不会被发现！我不要盛名权柄，只要你！"

祝余握住了英招之手，满眼热泪。

拜别祝老爹，霞光骤起，英招现出本形，带着一株开着青色花朵的绿草，腾空而去，奔赴天帝花园平圃。

天宫之中，天帝俯瞰平圃，注视着那个让他牵挂千年的身影。百花深处，一缕青色微光闪动，天帝轻声说道："虽然不舍，但还是成全他们吧！"

原 文

《山海经·西山经》：槐江之山，实惟帝之平圃，神英招司之。其状马身而人面，虎文而鸟翼，徇于四海，其音如榴……昆仑之丘，有鸟焉，其状如蜂，大如鸳鸯，名曰钦原，蠚鸟兽则死，蠚木则枯。

狨与青丘狐

许 磊

玉山，有兽焉，其状如犬而豹文，其角如牛，其名曰狨，其音如吠犬，见则其国大穰。

——《山海经·西山经》

1

最近，大明山的群狼很不平静，因为从外面来了一只奇怪的动物。

那动物长得像狼，周身却布满了豹的花纹，还长了一对牛角，叫起来不是狼的长嗥，而是狗的"汪汪汪"。

"我的名字叫狨，其实，你们可以把我当成狼！"怪物自我介绍。

"嘶……呜……滚远点，你这个异类！"众狼发出了威胁的嘶吼，他们可不会轻易相信长相如此奇怪丑陋的外来怪物。

狨愣了一下，走开了，躲进了深山里。

"非我族类，其心必异！"众狼看着狨落寞的背影，庆贺自己取得了一次史诗般的胜利。

《幻山海——狡》 布面油画 105×105cm 2019

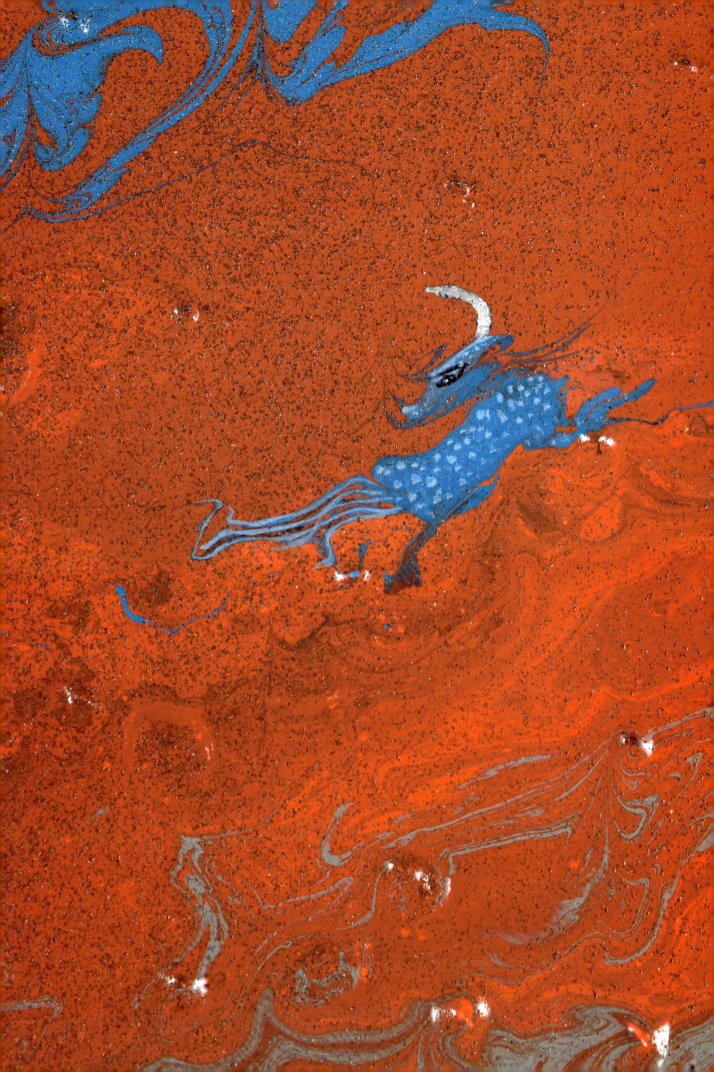

2

山下大旱，饿殍遍地，人类的眼睛都饿绿了。

这一晚，群狼正在山巅晒月亮，突然，四面山林中出现了一点火光，暗中有窸窸窣窣的声音，众狼警惕起来。

骤然间，火光四起，山林里冲出数百人，皆手持火把利刃，步步逼近。众狼想冲出重围，可他们怕火，也怕闪着寒光的兵刃，只能步步后退，挤成一团，龇牙咧嘴，厉声嘶吼，想吓退众人。

众人已经饿成了狼，哪里会怕？

"杀了这些狼，足够让咱们熬过这场饥荒！"人们喊着冲了上来。

"汪汪汪！"危急时刻，狡出现了，跃到巨石上，朝众人叫着。

狼群傻了，这个四不像的丑东西，是在帮人类，还是在帮狼群？奇迹出现了。众人一看到狡，惊呆了。片刻之后，扑通跪下，五体投地，痛哭流涕。

"天降祥瑞！神灵出现了！"

"救救我们吧！我们快饿死了！"

众人把头都磕破了，血流满地，直到磕不动，才互相扶着蹒跚下山。

众狼傻眼了：怎么，这个怪物是神灵？有这么丑的神灵吗？

狡无奈说道："人间有本《山海经》，说我在哪里出现，哪里就会五谷丰登，所以人类把我当成神，其实，我就是只爱吃兔子的狡，并

非神灵！"

众狼不信，对他无比尊敬，立刻就要奉狡为首领，狡拒绝了，依旧选择独来独往。

3

果然下雨了，百姓在山顶进献供品，以示感谢。

狡也不知道为何下雨，这和他无关。至于那些供品，他不爱吃，都被狼给吃了。

漫游山间，狡发现山里又来了新住户：一只狐。这狐周身雪白，赤眼，有九尾，身形婀娜。

狡的心怦怦直跳，他觉得狐的体味让他有点……迷醉，真是个迷人的家伙呢！

"你来自于青丘吧？"狡凑上去，小心地问道。

青丘狐打量了一下狡说："是啊，你是狡吧？难得，在这座破山里，也能遇到异兽。不过，我就快要修成人形了，所以来到这山里，寻个清静。"

狡怕狐要走，赶紧说："你放心，我就远远地看着。再说，你要修炼，我可以保护你，不让其他野兽打扰你啊！"

青丘狐说道："那也好。不过，我修行的时候，不许你吃肉，那个味儿太呛人，会让我分心的！"

狡赶快保证说："不吃，不吃，我最不爱吃肉了，我都吃山果和露水的！"

青丘狐笑了笑，狡觉得有点晕，这狐狸的笑容太让它上头了。

从此，每夜子时，青丘狐都在山巅，对着月亮，吐纳修行。月光下，云气中，青丘狐美得让狡心动。

"唉，她为什么一定要变成人类呢？做个好看的狐狸，难道不好吗？"狡在远处守望着青丘狐，心里很惆怅。他甚至有些不希望青丘狐修成人形，那样，他就看不到她了。

"但是，她开心就好，唉……"

4

狼群对狡越来越崇拜了，因为狡在这里，方圆数十里的人类都会来此供奉祈祷，供品应有尽有，狼群不需要觅食，都能吃得满嘴流油，膘肥体壮。

"那个英俊帅气的狡，实在是我们的恩人啊！其实，他也是狼，是我们狼中的神灵！"众狼一致说道。

吃素的狡，越来越瘦了。唉，青草和山果，真的不如小兔兔好吃。狡饿得要命，可是，青丘狐却很满意。

"狡，你就应该一直吃素，你看看你现在道骨仙风，将来一定能和我一样修成人形，我在人间等你哦！"青丘狐说道。

狡饿得眼冒金星，走路发飘，还真的有点仙人的感觉。虽然这种感觉不怎么美好，但只要青丘狐喜欢，他愿意做出牺牲。

毕竟，和青丘狐紧紧贴在一起，坐在山巅，看云海星月，看红日朝霞，狡觉得很幸福。

这一切，狼群看在眼里。他们打心眼里不喜欢青丘狐，想把她赶走，可是，看在狡的面子上，大家忍了。惹怒了狡，以后可就没供品吃了。这笔账，狼群会算。

月圆之夜，青丘狐周身发出七彩明光。光中出现一个女子，白衣飘飘，姿容绝代。狡看傻了。

"是我啊，我修成人形了，好看吗？"青丘狐笑问。

"好看！"狡点头，可心里却无比失落，他更喜欢她狐的身形。

"我要去人间了，你随我一起去吗？"青丘狐问道。

"呃……我不去了，在这里等你！"狡很失落。

"那好，我还会回来的！对了，我走的这段时间，你不准吃肉哦！"

5

人间遭了水灾。方圆百里的人类进献了无数供品，祈求狡能够驱除灾殃。可是狡实在无能为力，他只是一只异兽，不是神灵。

终于，灾民发觉并无用处，原本的崇敬变成了愤恨，他们认定狡变坏了，贪婪了，收了那么多东西，却不保佑他们，还降下灾祸，实在可恶可杀！

于是，灾民冲上山，誓要抓住狡，讨还公道。

狡一路逃窜，在百姓的围捕下，终于找到了一个隐秘的山洞。刚一进去，就被拦住了。

狼群就躲在山洞里，他们不让狡进去。如今，人类翻脸，狼群跟着遭殃，不但没了食物，也没了容身之地，不得不藏到这个山洞里躲避风头。

"滚！若不是因为你，我们哪里能沦落到这般地步？你这个丑陋的灾星，我们狼群不欢迎你！"众狼咆哮。

狡无可奈何，只能继续逃跑。他不想在这里逗留，免得人类发现这些狼。

在人类的围捕之下，身负重伤的狡被逼到了绝境。他浑身是血，跑不动了，面对人类的兵刃和怒吼，他安静地坐下来，等待死亡的来临。

无数的箭朝着狡飞来，一道七彩明光闪过，所有的兵刃被丢落在地，香风卷起狡，将他带到了更深的深山之中。

6

狡醒了，睁开眼，是青丘狐。可是，她怎么又变回了狐的样子？再看看自己，满身伤痕已经痊愈。

青丘狐在用她的百年道行给自己疗伤？狡一下子站起来，惊问："你为何这么做？百年修行不易，你不是一直想做人吗？"

"我想明白了，就算变成人形，我也不是人类，我还是想和你在一起！"青丘狐说道。

她在人间，人类一边喜欢她，一边恨她骂她，说她是狐狸精，说她身上有臭味。她走得越远，越是思念深山中那只傻乎乎的狡。于是，她回来了，恰好遇到众人围攻狡。

只要能让狡活下来，百年道行算什么！

多年以后，在人迹罕至的深山之中，有一只狡和一只青丘狐。狡爱吃肉，青丘狐也爱吃肉，他们过着快乐的生活。

原 文

《山海经·南山经》：青丘之山。其阳多玉，其阴多青䝠。有兽焉，其状如狐而九尾，其音如婴儿，能食人，食者不蛊。

大巫九凤

轻容

大荒之中，有山名曰北极天柜，海水北注焉。有神，九首人面鸟身，名曰九凤。又有神，衔蛇操蛇，其状虎首人身，四蹄长肘，名曰强良。

——《山海经·大荒北经》

大婚前夜，九凤开心地试穿嫁衣，眼角眉梢都是春水般温良的笑。

"九凤，你真的要嫁给颛顼？"

闺密青鸾在一旁吞吞吐吐，忧心忡忡："你俩从小打架到大，你确定……真的喜欢他？"

其实她更想问的是："你确定他真的喜欢你？"

楚地和空桑常有纠纷争斗，九凤和颛顼从小就是冤家，见面就打。怎么看颛顼也不像是喜欢九凤的样子。

可看到九凤那妩媚多情的脸，青鸾话到嘴边，硬是换了个说辞。

九凤笑盈盈地看她，满漾绯红的脸上都是自信："当然确定，我就是喜欢他，才老欺负他。想不到，这些年他竟和我是一个想法……真是……不是冤家不聚头……"

她捂着脸，含羞带俏的眼波一荡，青鸾就知道都白问了：她眼里的深情，已经满得就要溢出来。

青鸾还是觉得不大放心。

"你就不担心……"

忍了又忍，她还是问出了口。

"担心什么？我是楚地九凤，巫族十二首之一，他空桑不比我强，能拿我怎么样？行了，别用你一个脑袋，操我们九个脑袋的心。"

九凤脱下嫁衣，摇身一晃，恢复九头人面鸟原形，懒洋洋地往绣榻一横，光灿华丽的长翎顿时铺满整张床榻。

她把翅膀一张，盖住九张脸，笑道："明天我就大婚了，别扫兴啦！"

青鸾叹了口气，再看一眼九凤——或许九个脑袋真的比一个脑袋聪明机灵，是自己想太多了——转身出了门。

第二天，楚地千里红装，送九凤嫁入了空桑，嫁给空桑少主颛顼。

从那天起，青鸾很久都没见过九凤。

只听说那天夜里，兵刀起，乱军攻楚，却是颛顼借着大婚之名攻打九凤的家乡楚地。

九凤得知真相后与颛顼在洞房拔刀相向，最后夺门而去，生死不明。

这一战，总归是逆转了空桑弱于楚地的局势。

后来过了很多年，青鸾在飞越大荒，路过北极天柜时，突然被一个虎首人身、自称强良的神人请到山里，说有故人遣他来邀她一叙。

这故人，竟然就是九凤。

她已经不再是以前天真无邪的打扮，也不再爱吃甜蜜的点心，喜欢喝的酒也从清甜的桃花酿变成了极地最烈的烧刀子。

青鸾看着穿沉郁华服的九凤，总觉得两人因为岁月有了不少隔阂。

酒到一半，九凤有个脑袋忽然喃喃自语："听说……他又……娶亲了？"

没等青鸾回答，另外一个脑袋忽地就痛骂出声："呸！提他做什么？晦气！要不是为了我楚地的百姓，我早就……早就……"

楚地和空桑已经议和，她确实不能怎么样。

左首又一个脑袋开始流泪："算了算了，喝酒，喝酒……"

也许确实是喝多了，九凤开始说胡话，九个脑袋齐齐地撒娇般横在案上，意见纷纭，九嘴九舌。

有叫骂渣男的。

有号啕大哭朝青鸾衣服上蹭眼泪鼻涕的。

有沉默灌酒的，还有怔怔发呆的。

青鸾这才觉得九凤似乎还是以前那个闺密。

她莫名地心疼，轻声说道："九凤，你可是楚地的大巫九凤啊，不要这样了。"

九凤九个脑袋忽地就齐齐流泪了，只喃喃说道："想不到我九个脑袋，都算计不过一个渣男。情这种事，我不会信了，不会再信了……"

说完，她趴在酒桌上，睡死过去。

青鸾像孩童时一样轻拍她的肩膀，叹息：

《幻山海——九凤》 布面油画 105×105cm 2019

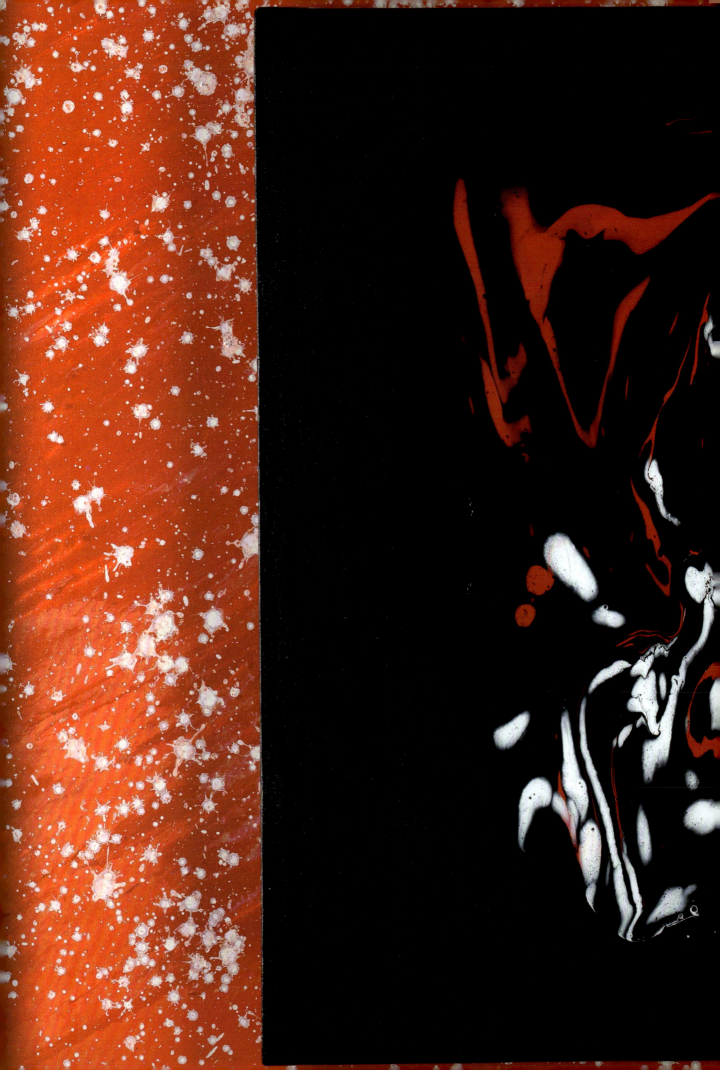

"一个人在这里，一定很寂寞吧？"

九凤没有回答，也不知道听到没有。

第二天一大早，九凤把青鸾塞进一辆云车赶她离开，边赶边骂："别用你一个脑袋，替九个脑袋的操心了！我可是有九个脑袋的九凤，打麻将都能凑个两桌有余！你在这里絮絮叨叨的，老让我想起陈芝麻烂谷子的旧事，实在是聒噪又烦人，赶快走！赶快走！"

青鸾看了看满车的北极天柜特产，又看了看九凤飞扬的眼角中一闪而过的晶莹泪光，仓皇离开，只在心里默默念一句：九凤，多保重。

她不敢说出心底的难过，毕竟她发现，九个脑袋的九凤其实比一个脑袋的她更加难过。

后来她再也没见过九凤，只听说她一直住在大荒的北极天柜，疾恶如仇，性子时暴时善，却始终庇佑着楚地的一方百姓。

原　文

《山海经·海内经》：黄帝妻雷祖，生昌意。昌意降处若水，生韩流……取淖子曰阿女，生帝颛顼。

计　蒙

赵世博

　　光山，其上多碧，其下多水。神计蒙处之，其状人身而龙首，恒游于漳渊，出入必有飘风暴雨。

——《山海经·中山经》

　　风清云朗的天气，突然一阵暴风骤雨，在漳河的河面上卷起层层巨浪。风雨乍来乍去，转瞬之间，又是云开日出。仿佛有异常闪耀的光芒刺破了正在退却的乌云，刹那间将其蒸发殆尽。一道祥云缓缓降下，方才那耀眼的光芒，便是从这祥云中发出。

　　祥云触到漳河岸边高耸陡峭的崖壁，倏尔散去，现出三位神祇，他们之间相隔数丈，分主次立于崖壁之上，站在中间主位的神祇形状与人无异，一身白衣，俊朗飘逸，神态安详，却不怒自威。他左边的神祇形状如人，但周身青灰色，长着一层薄薄的鳞片，一对黛色的眼睛，两个金色的瞳仁。他右边的神祇，看似一个英武伟岸的男子，却长着一条虎尾，脸上总是挂着笑意。三位神祇的身上都散发着光芒，只是中间那位白衣神祇的光芒更加耀眼，如同日月。

　　过了许久，平静的漳河水面有了微微波动，似暗流涌动，微波渐强，慢慢形成一个漩涡，漩涡越转越快，抽起河水，好似龙卷风。突然，从"龙卷"中心跃出了一位神祇，他高高腾空，"龙卷"顿时失去了动力，顷刻坍坠于水面。

这个神祇人身而龙首，高大威猛，有一种极强的威势，使人不敢正视，他就是光山的神祇计蒙。计蒙是由龙族修行成神，所以出入自带风雨。虽然被封在光山，他却喜欢漳河，常来这处深渊游玩。今日在渊底玩得尽兴，正要回山，跃出水面时，却见到三位大神立在崖上，似乎是在等他。那个站在中间的白衣神祇便是白帝少昊，执掌日月光明，天界的巨擘。站在他右边的，是吉神泰逢；站在他左边的，是衰神耕父。两人的职能正相反，泰逢出现在哪里，哪里便会兴盛，而耕父出现在哪里，哪里便会衰败。自从鸿蒙之战结束后，他就没见过他们三个了。

"见过白帝。"计蒙朝白帝少昊略拱拱手，又对泰逢、耕父微微颔首。

"一别数万年，战神的威风丝毫未减。"少昊微笑。

"哪还有什么战神，只是个喜水的野神罢了。"计蒙冷笑。

"在地府幽闭几万年，当年那些叛神又开始蠢蠢欲动，频繁侵扰鬼门关，多有逃出地府者。天帝有意请战神重新披挂，镇守鬼门关。闲散几万年，战神想必也闷了，正好出山舒展一下拳脚。"少昊说。

"多谢天帝美意，我很喜欢现在的逍遥日子，再过几万年也不会闷，天帝日理万机，就不必为我操心了。"计蒙说。

"天帝的只言片语皆为诏命，众神皆是天帝臣子，不听号令，便是抗旨了。"少昊说。

"天帝当年请我助他定鼎天界的时候，可没有这么大的架子。我即便抗旨，又怎样？"他说着腾空而起，与少昊对视片刻，方才驾云而去。

回光山的途中，计蒙不自觉想起几万年前的那场鸿蒙之战。那时天地混沌，上古诸神各霸一方，征伐不休，天帝也是其中之一，他想开创一个众生平等的世界。众生平等的理念触动了计蒙，于是他披挂龙鳞甲，手持龙牙刀，助天帝统一了诸天，创立了三界，将反对天帝的上古诸神，统统关进了冥界。但新的世界并没实现众生平等。他心灰意冷，丢下了战神的封号，在光山，做了一位优游神祇。

他远远望见光山上有紫气升腾，必是有天神到了，他猜又是与少昊一样，是劝他出山的。可等回到山上，却见是两个女子，年长的他认识，是帝女瑛，两人是故交。三界分明之后，听说她与一个姊妹住在洞庭山，前些年，又听说她恋上了一个凡间男子，犯了天条，为避天界惩罚，与那男子藏匿到了人间。她如今突然来了光山，很让他意外。而她身后那个年轻女子，不论是相貌还是风姿，都不在她之下，却不像神，倒与人更相似。

"几万年不见，战神计蒙威武如旧。"瑛对他绽开了一个笑容，相比几万年前，虽然眉宇间多了些沧桑，但笑容仍然动人。

"那些陈年旧事，快不要提起了。"他大手一挥，爽朗地笑了。

"那好，计蒙哥哥。"这是几万年前，她对他的称呼。

"帝女瑛来访，可是有事？有事便直说，你我不需要寒暄。"计蒙一贯这样直率。

"一百年前，我用夸父山的桃花蕊和洞庭山的醴泉水，酿了一坛桃花酒，今日到了开坛的日子。我想三界之中，除了计蒙哥哥，谁也不配喝它，索性便来了光山，与你饮酒叙旧。"瑛说着闪身，露出了身后的那坛酒。

"甚好，我也几百年没喝过好酒了。这是哪位仙子？身体可有不适？"计蒙高兴之余，又忍不住道出了心中的疑惑。瑛身后的那个女子一直低着头，满脸绯红，局促不安。

"这是小女姚姬，并没有不适。她虽是个女孩，却喜欢听诸神斗战的故事，我常对她讲你的辉煌事迹，她钦佩得不得了，今日终于见到真神，害羞了。快向大神问好。"瑛笑着说，搂着姚姬的胳膊，将她拉到了自己的身边。

"见过计蒙大神。"姚姬低头给他行了个礼，脸一直红到耳根，随即又躲到了瑛身后。

看着这个天真烂漫的小姑娘，计蒙很是尴尬，忙自嘲道："哪里有什么辉煌事迹，休听你母亲哄你。"

瑛带来的桃花酒果然是难得的好酒，开坛之后，酒香飘散，醉倒了半山的飞禽走兽。酒一入口，计蒙只觉神飞意畅，妙不可言。姚姬恭顺地在一旁为他俩斟酒。喝到高兴时，瑛让姚姬唱一曲助兴。她也不扭捏，大方地唱了一支天乐，她那天籁之音惊呆了计蒙，这是神女都没有的歌喉，不敢相信竟然出于一个半神女子。

他和瑛说起过去，说起他们畅想的那个众生平等的世界，五味杂陈。他们一直喝到夜里，他竟然醉了，醉得不省人事。而将他从宿醉中唤醒的，是姚姬的哭声。

计蒙睁开眼，看到姚姬伏在瑛的身上恸哭，而瑛的身体已经渐趋透明。天神与人最大的不同，是神没有魂魄与身体的区分，而是合二为一，所以当天神死去，身体会渐趋透明，或者化为灵兽、草木，或者归于宇宙尘埃。可天神都是不朽之身，不受外力伤害，是长生不死的。而昨天，瑛分明没有一丝损伤，怎么会突然死了？他见瑛的手里握着一块绢帛，便将绢帛从她手中抽出，摊开来看，上面写的是天书，大意是：她与凡人成婚，犯下天规，丈夫死于天界的追杀。她早已生无可恋，但希望姚姬能活下去，于是下符咒，使得天眼无法发现她们母女，东躲西藏了十几年，但姚姬逐渐长大成人，前日有了月事，符咒从此失效，她们已经被天界发现，难逃追杀。她早已想到，到了这一天，只有能撼动天地的大神才能保护姚姬，便想到了他。所以她在姚姬小时候就对她讲述他的事迹，让她崇拜，只为到了这一天，将她托付给他。三界中，只有他能保护姚姬，也只有他愿意保护姚姬，因为他们曾有众生平等的

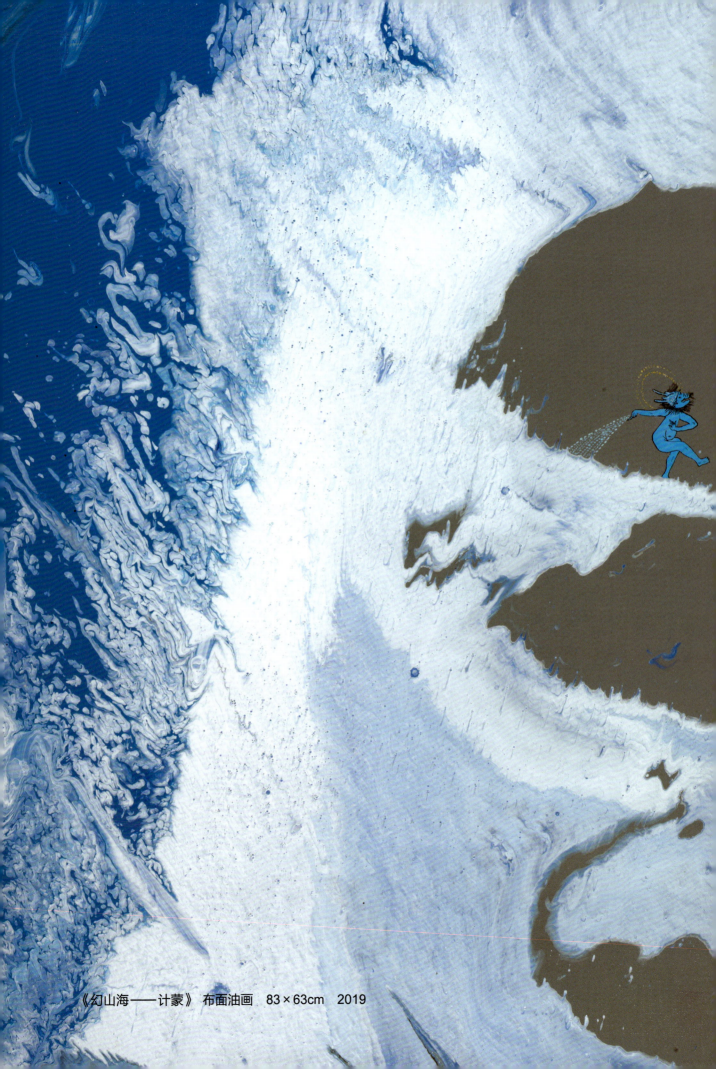

《幻山海——计蒙》 布面油画　83×63cm　2019

誓愿。倘若她活着求他，他可能不会答应，所以便以死相托，让他无法拒绝。

瑛是自我了断的。

看了瑛的遗书，计蒙又怒又惊，怒的是她蓄意算计他，惊的是为了女儿，她竟然能以死相托。此时瑛的身体已经化入虚空，看着伏在地上哭得伤心欲绝的姚姬，他束手无策，不要说未来该如何对她他不知道，连此刻该对她说些什么，他也不知道。正在他无计可施的时候，一片乌云飘到了山顶，几道雷电闪过，从云中落下数个怪神，周身上下盘绕着蛇，双手也各握着一条蛇。不知是其中哪个说道："奉天命，取罪女姚姬性命，快来受死。"

姚姬已经哭得力不可支，现在又受到如此惊吓，便瘫坐在地上，面色惨白。见她被吓成这样，计蒙大怒，瞪视着那些怪神，喝道："哪里的爬虫，敢来光山撒野，快滚，滚得慢了，我剥了你们的皮！"

这些怪神大概是成神的年月不久，不认得计蒙，不但不怕，反而横眉立目说道："大胆野神，我们是奉天规行事，你可知道，触犯天规是什么结果？"

计蒙冷笑道："我随天帝订立天规的时候，你们这些爬虫还在吃蟾蜍。这么狂妄腌臜的畜生，也配做神？"说着一挥袍袖，卷起一股飓风，将这群怪神裹挟进去，飓风在空中消散，这些怪神也随之无影无踪了。他回身扶起了姚姬，对她说："不要怕，只要有我在，便没人能伤你分毫。"

计蒙将姚姬带到了夸父山。这座山风光秀丽，尤其山的北面，有一片方圆三百里的桃林，一年四季，每个季节都有不同的桃树开花。有湖水从林中发源，有很多骏马在林中奔驰，微风拂过，落花漫天，美不胜收。姚姬一来，就爱上了这里，在如雨的落花中欢快奔跑，不时回眸望他，每一次回眸，都触动一次他的心。

"大神是如何知道这样美的所在？真是了不起。"她跑回他身边，笑着说，双手捧在身前接落花。

"这片桃林是夸父的手杖所化，不只美，还能遮蔽天眼，可算是不受天界监督的世外桃源。在三界未定的时候，我和你母亲常来这里，在林中畅谈。"他说。

"谈些什么？"她问。

"谈众生平等，谈未来的世界，无等级，无倾轧，无优劣。谁知道打破了旧等级，又树立了新等级，我们盼望的不过是镜花水月，就算全力以赴，最后也只是一场空。"他望着虚空出神，忍不住想起了过去。

"怎么会是一场空？战神计蒙的事迹，会永远被三界传颂。"姚姬目光灼灼，仿佛她是那些事迹的亲历者。

"不过是虚名，毫无意义。我和你母亲同样不服这天规，我只是躲开了，倒是你母亲，到死都在抵牾天规。"他叹了口气。

"我一直想不通，天规为何不准天神与凡人成婚？"提到母亲，姚姬脸上的笑容隐没了。

"因为三界等级不同，天界认为凡人性情

轻浮善变，无恒心，与凡人成婚，会损害神性，长此以往,会破坏天界至高无上的地位。"他说。

"都是胡言，谁说人无恒心？我若心有所属，便终生不移。"姚姬这样说，却牢牢地盯着他，眼神充满笃定。

计蒙带着姚姬在夸父山的桃林安顿了下来。她虽然只有一半天神血统，但早已经和母亲学习了辟谷之术，平日餐风饮露，只偶尔食用一些花蜜鲜果，已是不食人间烟火了。她在林中住得怡然自得，每日忙碌，或采桃花蕊酿酒，或在湖水中浣纱，或与草木谈天。她天生禀赋，可解花语，与林中花草竟有说不完的话。

但姚姬无论做什么，都不会离开计蒙的视线，对他的起居也照顾得无微不至。他不习惯有人伺候，可一旦拒绝，姚姬就会郁郁不乐。她还会问一些他过去的事迹，向他求证真相与传说的出入。他本不喜提这些往事，可见她听得这样入迷，渐渐便也不再回避，对她知无不言。她做任何事,不论大小,都要征询他的意见,百依百顺。唯独他要教她防身的法术，她断然拒绝。

"在大神身边，我会法术做什么？若大神想赶我走，我活着也无趣了，会法术也无用。四海九域，大神想去哪里，我都愿意追随。"姚姬说着，满眼噙泪，计蒙也就不好再坚持了。

计蒙与姚姬在桃林住到半年，她酿的桃花酒开坛了。姚姬很欢喜，对他说："我母亲说过，要有桃花酒，才算有家，我们有家了。"

他也笑了，有家，很好。只是他们的家，

存在的时间太过短暂。刚饮罢桃花酒，天边缓缓地飘来了朵朵祥云，映得漫天彩霞。

"大神看，好美！"姚姬指着天，惊喜地笑着，但他却笑不出来。

"他们找来了。"他说。

"谁？"她问。

"天神。"他说。

"这片桃林不是能遮蔽天眼吗，他们如何能找到我们？"她陡然慌了起来。

"这里不是秘密，四海九域都找不到，自然知道我们就在这里了。"他神色自如。

炽烈的光芒在桃林之上曝开，如同太阳坠落，他一把将姚姬揽在怀中。光芒过后，三位神祇出现在林中，分主次站定，主位是白帝少昊，左右为耕父与泰逢。空中仍有祥云飘浮，云中都是待命的神祇，今日的夸父山，或许会成为几万年来三界最大的战场。

计蒙脚下升起龙卷风，风过后，他已披挂了龙鳞甲胄，手持龙牙刀，远古的杀气弥漫开来，树木枝叶沙沙作响，仿佛在瑟瑟发抖。

"战神为何阻挠天界捉拿帝女瑛之女？"少昊问。

"没缘由，只是想保她一生无忧。"他说。

"你要如何保她一生？她虽有天神血统，但天界仍然视她为凡人，若是与她通婚，也仍是天条中的不可赦之罪。"少昊说。

"你用天条压我？那好，诸天神听好了，我今日便娶姚姬为妻，我立誓保我妻子一生无忧。"说着，低头问怀里的姚姬："你可愿意嫁我？"

姚姬已泪流满面，但却毫无惧色，重重点头说道："姚姬万死无悔。"

"你们听到了？"他高声说："天条我犯了，哪个想治我的罪，尽管来！"

少昊双肩微微一颤，双臂便闪出利刃一般的光芒，随即这样的光芒也在他身后的耕父、泰逢臂上闪现，头顶的祥云也被一道道光芒刺破。

"即便你是天界第一战神，也敌不过诸神。"少昊说。

"作战无必胜，只有无畏惧。拼我一命，不将天界毁了，我便枉称战神。"他说着，突然狂风大作，天空瞬间阴沉，遮天蔽日。

这时，空中传来一个极其威严的声音："计蒙，难道你想亲手毁掉你开创的世界？"

是天帝的声音。

计蒙对着空中高声说："当年是为了开创一个众生平等的世界，如今天界蔑视众生，保留这世界又有何意义？"

"凡人性情轻浮，无恒心，若是放任天神与凡人通婚，凡人多生异心，遭背叛的天神必定心生怨怼，到时天界的清明何在？"天帝说道。

"凡人虽然被肉身禁锢，但心性清明，与天神一般。我父亲当年至死不悔，我也一样。"姚姬对着空中大喊。

"一时激情共死并不难，难的是持之以恒，坚定不移。"天帝说道。

"天帝若能开恩，姚姬定能向天地证明。"

姚姬说着跪了下去。

"计蒙，你敢信她？"天帝问。

"深信不疑。"他说。

"好，那朕便给你们个机会。现立一道法咒，计蒙将心剖出，交与姚姬守护，你去镇守鬼门关百年。百年间，她不得离开这片桃林半步，一旦离开，你的心便会化为顽石，你也会立即殒命，万劫不复。她若能在这片桃林中守护你的心满百年，朕便废了这条天规，允许天神与凡人通婚。"天帝此言一出，震撼了在场的众天神。

"你愿意吗，承受百年的孤独？"他问姚姬。

"我愿意，守着你的心，千年万年也愿意。"她毫不迟疑。

计蒙与她对望，会心一笑。

这时从空中落下一只玉匣和一把匕首。计蒙捡起匕首，刺进自己的胸膛，姚姬一声惊叫，忙将玉匣捧在胸前。计蒙紧握匕首，剖开自己的胸膛，亲手取出心脏，放进了玉匣。姚姬双手颤抖，却镇静地说："我从今日起便开始酿桃花酒，百年后开坛，迎夫君归来。"

"好。"计蒙只说了这一个字，空中再次曝出炽烈的光芒。光芒过后，桃林重归寂静，只剩下了姚姬一人。她站起身，将玉匣绑在背上，便去捻桃花蕊酿酒了。

时光荏苒，流转不息，不知从哪一年开始，在夸父山的桃林中，有奇异的酒香溢出。那些新晋升入天界的神祇也已不知，曾有一条天规，是不许天神与凡人通婚的。

原 文

《山海经·西山经》：长留之山，其神白帝少昊居之。

《山海经·中山经》：夸父之山，其木多棕、楠，多竹、箭，其兽多㸲（zuò）牛、羬（qián）羊，其鸟多鷩（bì），其阳多玉，其阴多铁。其北有林焉，名曰桃林，是广员三百里，其中多马……丰山……神耕父处之，常游清泠之渊，出入有光，见则其国为败。

烛龙

方如梦

西北海之外，赤水之北，有章尾山。有神，人面蛇身而赤，
直目正乘。其瞑乃晦，其视乃明。不食不寝不息，风雨是谒。
是烛九阴，是谓烛龙。

——《山海经·大荒北经》

母亲常对我说，我是神女，不能轻易许愿，若许则必应。

阿武不相信，笑说若是此话灵验，我何不赶紧许愿嫁给他？

我很恼火阿武这般态度，便大声说："那我就许愿永远都不
要嫁给你！"

阿武白了脸，盯着我看了半天，跺了跺脚走了。

我心中懊恼得很。

跟阿武从小一起玩到大，如果他不是这般不相信，我又何
必说这些？除了母亲不同意我们两个人的婚事，整个章尾山有
谁不知道我们两个以后一定会在一起。

阿武也说过，只要我们两个好好的，让母亲放心，母亲这
么疼我，又怎会阻挠到底？

说起来这两年母亲的态度倒也缓和了不少，虽然嘴上依然
不同意我跟阿武成亲，但是我跟阿武平时笑闹，她也只是睁一

只眼闭一只眼，权当没看见。

阿武的父亲是猎户，阿武从小便跟着父亲在章尾山中打猎。时常会给我带回一些山里好玩的东西。可是阿武不让我进山，说山中凶险，有怪兽。

我不怕，我说自己可以许愿让怪兽不伤害我。此话恰好被母亲听见，她揪着我的辫子就将我往回拽，说神女发愿都是庄严神圣的事情，哪里能够随随便便胡说八道。

我吐了吐舌头。

从小到大，也不是没试过许愿，每每也不灵，我觉得母亲一定是在诳我。虽说她是村中祭司，言说必中，但是神女这个说法总也太过玄虚。我自觉除了眉心有一点红痣，饭量大一点以外，跟章尾山的其他姑娘们没什么不同。我想找阿武去道歉，毕竟他想娶我，我也乐意嫁给他，刚才的那些话只是一时跟他拧着干，当不得真。

阿武不在家，估计是一气之下进山去了。

阿武的父亲有些慌张，进山前要祭神，阿武这般匆忙，也不知道该做的都做了没。

我趁阿武父亲心神不定没留意时，便也溜进山里。

章尾山今天天气不好，乌云笼罩，怕是要下雨。

我闭着眼睛试着许愿，但愿不要下雨。

然而愿还没许完，雨丝就飘到了脸上。

要是阿武能看到此情此景，估计就没那么在意和生气了，毕竟神女这种事情，也就是母亲自己说说罢了。

此番山雨与别时不同，顷刻间就大雨瓢泼，来势汹汹，明明是下午，却也黑得如同夜晚一般。

我很少进山，心里害怕得很。

巨大的吼叫声突然从头顶传来，吓得我脚一滑，差点从山路上掉下去。

抬头看，山顶上一个怪兽长得跟一头牛一样大，浑身上下的毛如刺猬一样参开。

它见我看它，突然间就纵身往下一跳。

我哆哆嗦嗦地挪不开脚步，千不该万不该，不该自己一个人进山。

只听怪兽又是一声大吼，一支长矛不知道什么时候深深插在了怪兽身上，受伤的怪兽仓皇而逃，而我的阿武如同天神一样威风凛凛地站在那里。

我就知道阿武会来救我。从小到大，一直如此。

然而这场雨却越下越大，暴雨不停，终于酿成了山洪，眼见半个村子消失在汹涌的洪水中，人的哭声和牲畜的叫声嘈杂地交织在一起，又全部旋转着消失在水面。房屋、庄稼、树木被连根拔起，衣服家具被水拉扯着一起奔腾。在低处浑浊的水面上，在水流的咆哮中，数不清的人的尸体和猪羊鸡鸭的尸体纠缠在一起顺水漂流。

侥幸逃脱的村民们虚弱不堪，都挤在祭坛旁哭哭啼啼，要母亲帮忙祭祀。

有人说山洪前看见我与阿武进山，两人皆

两手空空，没有带任何祭品，说不定是得罪了山神。

又有人说，当时山间传来两声惊天动地的吼声，闹不好是阿武弄伤了山神。

还有人说，我身为神女，却跟阿武一起伤了山中神兽，上天不满故而降此大难。

暴雨连绵，已经下了一个月。

尚未被冲走的半个村子里天天都充斥着伤病所带来的呻吟和死亡所带来的恶臭。村里剩下的粮食已经快吃光了，村民们顾不上水中腐烂的尸体，开始在水中打捞一切可吃的食物充饥。

村民看我与阿武的眼神越来越憎恨嫌恶。母亲不让我出门。

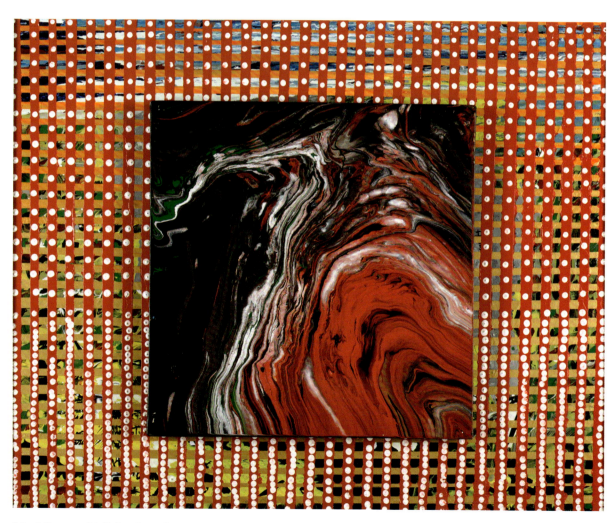

《幻山海——烛龙》　布面油画　·　70×66cm　　2019

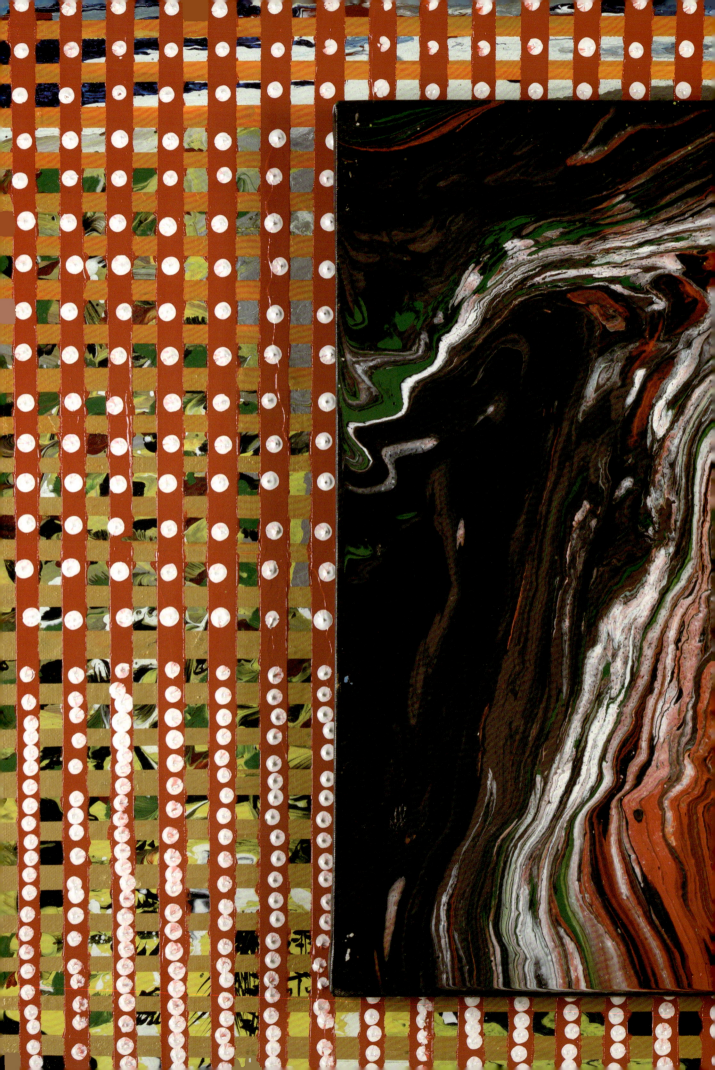

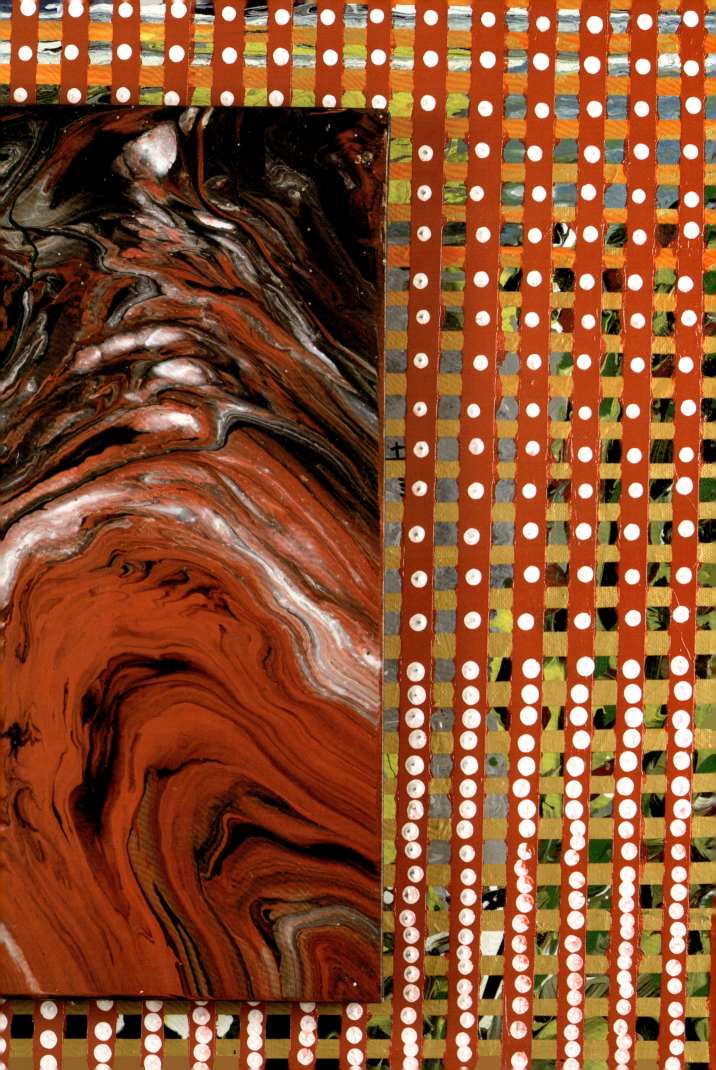

阿武却也不让我出门。

我问阿武，到底怎么了？阿武顿时红了眼眶别过头去。

其实就算阿武不说，我也能知道。毕竟门口聚集的村民越来越多，用神女的心祭祀以平天怒的吼声，我能听见。

我看看天，还是阴沉沉地下着雨，跟天漏了个窟窿一样，门外喊声也越来越大。再这么下去，怕是母亲也救不了我。

我每天很诚恳地许愿，让雨赶紧停了。

不是说神女的愿望许则必验吗？

雨到底是停了。

雨停的那一刻，我还在许愿。这一次，是不是我的愿望终于灵验了？

村民纷纷涌向祭坛，欢呼声响成一片。

是母亲在祭祀吗？我须得去看看。

在祭坛旁，欢呼的村民不知道为什么看见我之后安静了下来，眼神怪异，鸦雀无声。

我有些害怕。

我害怕的时候，阿武在哪里？他怎么不出来保护我？

祭坛之上，血流成一片。阿武躺在白色茅草上，心口被挖开，心脏被放在祭坛中央，母亲手中的刀犹自滴着血。

母亲说，此番天降大灾，须得血祭。本来村民要我，可阿武说，那日得罪山神的人是他，用他来祭祀足以平天怒，不需要用神女。

母亲看我的眼神既疼惜又无奈。

我走上祭坛，阿武红色的鲜血渐渐地染满全身。

母亲伸手本想拦我，却无端停了下来。

额头那颗红痣没来由地开始疼痛。

躺在这里的人，原本应该是我，阿武为了保护我，自己站了出来。

伸手握住祭坛中央阿武的心脏，这心脏还是那么温暖。

母亲说，阿武舍不得离开我，他的魂魄一定会在这章尾山中游荡。

可是天那么黑，路那么滑，我的阿武要是看不清路摔跤了该怎么办？

村民的惊叫声和呐喊声似乎慢慢消失了。

心脏在手心似乎还在微微跳动，眉心红痣在额头上慢慢裂开、消失，变成一个空洞。

我的阿武，让我的胸口温暖你的心，两颗心在一起跳动，从此就再也没人能将你我分开。我张嘴，嘴巴不再像人类，大得足以吞下这心脏。

眉心空洞慢慢地开始变化，有了光芒，变成一只眼睛，而我沾满了鲜血的身躯也开始慢慢地化成蛇。

我是神女。

我若许愿，有愿必应。

我的阿武，你因风雨替我祭天，那么从此就让这章尾山的风雨握在我掌中。从此以后，我不食，不寝，不息，用我眼中的光，照亮你在山间的路。

从此以后，章尾山再无血祭。

鹿蜀

方如梦

杻阳之山，其阳多赤金，其阴多白金。有兽焉，其状如马
而白首，其文如虎而赤尾，其音如谣，其名曰鹿蜀，佩之宜子孙。

——《山海经·南山经》

鹿蜀睁大双眼看着眼前的神女。

目光有些羞涩的神女赤脚站在空中薄薄的云气之上，随风
轻轻摇动，仿佛随时会飞走。

鹿蜀在杻阳山上活了这么久，好看的神人来来往往地也见
过不少，但是像眼前神女这般好看的却是第一次见，未免目瞪
口呆，有些失态。

跟随神女一起来的山膏估计是看不惯鹿蜀这副痴汉的模
样，毫不客气地撒起泼，张嘴就骂，鹿蜀倒抽了一口冷气。

神女的脸红了，有些不满地轻轻碰了碰山膏，山膏转头惊
讶地看了看神女，又看了看鹿蜀，嘴巴闭了起来，一脸不高兴
地把头埋进红如丹火的皮毛中，仿如一个火球。

神女于是开口了，声音清越，如杻阳山上流淌着的清泉："你
的歌声很好听啊，能不能再唱一首？"

鹿蜀有些不好意思地低下头。杻阳山上虽然常有神人来往，

《幻山海——鹿蜀》 布面油画　105×105cm　2019

然而专门驻足听他唱歌的，眼前的神女还是第一位。

刚才他唱的什么来着？鹿蜀在害羞紧张之下有些记不清了。

于是神女轻轻地跺了跺脚，脚边的云雾泛起阵阵涟漪："你若不唱，那我可要走了。"

山风吹过，神女身上的香味若有若无地飘进鹿蜀的鼻子中，鹿蜀睁大眼睛，长长的睫毛眨了眨，然而嘴里不知为何偏偏就是发不出声音来。

神女轻轻地叹了口气，风吹起来，衣袂飘飞，神女带着山膏慢慢飞了起来，直到消失在远处的群山之中。

不知何时，出现在身边的狰狊也好奇地伸着脖子，朝神女消失的地方看了看，嘲笑鹿蜀："你平时不是唱得挺带劲的，怎么见了神女吭吭吭吭半天哼不出一句来？这般好看的神女不常见，你好歹多唱两句让我们都看看她。"

鹿蜀看了看狰狊，叹息道："旋龟常说扒了你的皮披在身上就有勇气了，我见了神女胆怯，要不借你的皮用一用？"

狰狊抖了抖四只耳朵，用背上的眼睛瞪了鹿蜀一眼，甩着九条尾巴跳到一边："你不要听那个老旋龟胡说八道，我还说剥了他的壳背在身上能治耳聋呢，你信不信？"

懒懒散散地趴在树上听了半天的类站起身来，抖了抖身上的毛，用那雌雄难辨的声音叫了一声，笑了："你们两个吵什么！鹿蜀平时吃了睡，醒了唱，逍遥自在何时胆怯过？我看

八成是爱上那神女了故而害羞。鹿蜀啊，我来给你出个主意，你没事儿了就蹲在这山头扯着嗓子拼命号，神女说不定什么时候就又听见了。这一听之下，神女开心就收了你，从此你就跟那山膏一样，神女走到哪里你跟到哪里，我们到时候也能沾光，说咱们山上出了个神女之夫。"

狰狊大笑起来："哎呀，神女好说，那山膏可是个不好惹的，咱们鹿蜀要是天天跟山膏混在一起，啧啧啧，我很替鹿蜀担忧啊！"

鹿蜀懒得跟他们两个斗嘴，看着山上薄雾，轻轻地叹了口气。

自从神女走了之后，虽然日子照常一天一天地过，然而鹿蜀心里面总时不时地想起那天的情形，神女身上飘来的香味也总是若有若无地在鼻端萦绕。

鹿蜀心神不定，吃不香，睡不稳。

心神不定的鹿蜀会在半夜中最烦恼的时候来到山顶唱歌。夜晚的山顶上覆盖着微微白露，鹿蜀的歌声悠扬，如霜如霰般轻轻地飘洒在杻阳山，引得山涧中的鯦跳跃不止，类便也常常跑来趴在树上听，边听边用尾巴敲着树干打拍子，最后在树干上缩成一个毛球陷入沉睡中。

一天晚上，鹿蜀照旧轻轻地在山头唱着歌，除了鯦和类的声音之外，鹿蜀突然听见了一声叹息，这叹息声仿佛就在身后。

鹿蜀浑身一抖，闭上了嘴。

慢慢转身，神女赤着脚站在夜晚的露水之上，衣衫下摆微微飘动，似乎是刚来，又似乎

要走。

鹿蜀睁大眼睛，看着神女。

神女这次没有带山膏，看着鹿蜀，有些羞涩地微微一笑："鹿蜀的歌声轻易求不得，所以我只能偷听。"

鹿蜀低下头，脸涨得通红，喃喃地不知道说什么好。

神女却走近了鹿蜀，轻轻地碰了碰鹿蜀。

鹿蜀浑身一震，睁大眼睛看着神女。神女的手温暖柔软，碰在鹿蜀身上却像直触于心。鹿蜀忍不住深吸一口气，似乎要确认一下眼前到底是不是一场梦。

神女笑如清风，那魂牵梦绕的香味又弥散在鹿蜀周身。

神女凝视着鹿蜀，直看到鹿蜀的心中："鹿蜀，请你为我唱一首歌吧。明天我就要奉帝命去大荒极东之隅，此去一别，你的歌声我怕就再也没机会听了。如果……如果有可能的话，你愿不愿意跟我一起去？"

鹿蜀默默地看着神女，一时间心乱如麻，有无数句话想说。千言万语终于全部化作了歌声，山风吹着歌声，清越地缭绕在杻阳山上，山顶残月的光芒虽淡却暖，映照着鹿蜀和神女依偎在一起的身影。

猼訑早晨看见鹿蜀的时候，太阳正好升起，照在鹿蜀虎一样的斑纹上，明亮耀眼。鹿蜀正眺望着东边日出的群山，静默不语，仿佛昨夜做了一场梦，而他尚未从梦中醒来一般。

猼訑拍了拍鹿蜀："我听类说，昨夜神女来找你了，你给她唱了一夜的歌。"

鹿蜀并没有回头，只是在朝阳中微微一笑。

猼訑犹豫了一下，难得正经地看着鹿蜀："你这么喜欢她，为何不跟着她去？"

鹿蜀轻轻吸了一口杻阳山晨间的薄雾，转头看了看猼訑："我若跟她一起去，朝夕除了她就是那山膏，怎比得上在这里跟你吵吵闹闹来得舒心自在！"

猼訑盯着鹿蜀看了一会儿，突然笑了："你这个胸无大志的鹿蜀，不随着神女去掌管日月运行，整天蹲在杻阳山做什么？生儿育女吗？"

鹿蜀便也微笑了："我原是俗物，哪里配与神女一起司掌日月？便在这故土山水中安稳度日，娶妻生子，呼朋唤友。开心时唱唱歌，不开心时跟你吵个架，这等生活便是神仙也难求。"

猼訑摇头叹息，却不小心一脚踩到了不知何时跑来的类，两个家伙又吵起来。在笑闹声中，鹿蜀抬头凝目看向极东的云雾。

❦ 原 文 ❦

山海经·南山经》：亶爰之山，有兽焉，其状如狸而有髦，其
名曰类，自为牝牡，食者不妒。又东三百里，曰基山，有兽焉，
其状如羊，九尾四耳，其目在背，其名曰猼訑（bó yí），佩之不畏。

《山海经·中山经》：苦山。有兽焉，名曰山膏，其状如豚，
赤如丹火，善詈。

《山海经·大荒东经》：有人名曰鹓（wǎn），北方曰鹓，来之
风曰狻（yǎn），是处东极隅以止日月，使无相间出没，司其短长。

第五卷

洞庭帝女

方如梦

洞庭之山，帝之二女居之，是常游于江渊，澧沅之风，交潇湘之渊，是在九江之间，出入必以飘风暴雨。

——《山海经·中山经》

我看着阿姐。

江渊上，阿姐在自澧水吹过来的风中站着，衣袂飘飘，美极了。

阿姐见我看她，不由得回眸一笑，笑意在风中粲然如朝霞："阿妹，你只盯着我看做什么？"

我感叹万分说："阿姐，你这么美，为何要跟王子夜那个凡人在一起？他怎么可能配得上我的阿姐？"

阿姐用手轻轻戳了戳我的额头说："你还小，不懂这些。"

我撇嘴说："你身为帝女，善呼风唤雨，整座洞庭山都为你倾倒，怎么一个王子夜就莫名其妙入了你的眼？"

一提到王子夜，阿姐脸上便是一红，眼睛里都闪着光，像极了清晨花瓣上的露珠。阿姐似笑非笑地说："阿妹，你是个没有心的，所以你不知道凡人的真心有多好。那王子夜将他的一颗真心全给了我，从此眼中心里再无其他人，如此这般，我不珍惜却待如何？"

我拉着阿姐的手连连跺脚说："哎呀阿姐，且不说你是帝女，就凭阿姐这样的美貌，任他是什么人，见了你都得把真心给你！"

阿姐掐着我的脸说："阿妹，他不知道我是帝女呀，我也没以真面目示他。他只以为我是个凡间普通女子，却舍命为我击退合㺄，你说这不是真心是什么？"

我揉了揉被阿姐掐红的脸，很不服气地嘟囔："说起来这事儿我就一直觉得奇怪。那合㺄平时只在剡山出没，怎会无端跑到夫夫山上来？怎么又这么巧，正好就堵住了阿姐的路？说不定是王子夜故意安排的也未可知。"

阿姐佯作生气说："真是越说越离奇了。合㺄这兽性子野得很，见什么吃什么，我见了都怕，他一个普通人怎么驱策得了？我看倒是该给你弄一只三足鳖来吃，好治你这疑心病。"

我叹息道："阿姐，既然如此，那我替你试试他如何？"

阿姐皱眉问我："你怎么试他？"

我眼珠一转，笑道："你不是说他只一心对你吗？我且去会会他。"

阿姐睁大眼睛看着我，心中的烦恼感应了天象，江渊上一时间狂风暴雨。

我在暴风雨中笑得很是纯良无害："若是他当真不为我所动，只一心爱恋阿姐，那当然是最好不过。如此，我便替他去灵山十巫那里求得长生药，你与他从此双宿双栖。不过嘛，若是他有负阿姐……"

阿姐纤眉一皱，问道："那便怎样？"

我掩口笑道："啊呀阿姐，若是如此，我便将他大卸八块给阿姐出气如何？"

阿姐心中一震，睁大眼睛，脸色在风雨中变得惨白。

阿姐要当温柔纯良的高贵帝女，我便做那个凶残暴戾的坏妹妹吧。

找到王子夜的时候，他正在一个山洞里。好好一个人，山下部落中的屋子不住，非得蹲在山洞里面，也真是个奇人。

我带着风走进山洞，留下洞外大雨如注。

火光中，一人一兽相伴而坐。

我揉了揉眼睛，没错，一只合㺄正驯顺地蹲在王子夜的脚边一起烤火。

王子夜抬起头看我，摇曳的火光照在他的脸上，我顿时一愣。

好一个俊秀的少年郎！

我这下可算是明白阿姐为什么喜欢王子夜了。一个凡人居然能生得如此好看，火光之下，王子夜的眼睛灿若星辰，看得我一时间竟说不出话来。

大约是姑娘们发痴的眼神他见多了，王子夜神态自若，只冲我微微一笑："姑娘，你怎么一个人在山上？"

王子夜的声音如清泉一般在山洞中回响，我回过神来，小声说："我家阿姐近日来心中烦恼，我想上山为她寻些鬼草。"

王子夜在火边给我让开一点地方，示意我坐过来，一边点头："鬼草，其叶如葵而赤茎，其秀如禾，服之不忧，是好东西。"

合窳睁大眼睛看着我，喉咙深处发出低低的咆哮声。王子夜冲它挥了挥手，这合窳便听话地默默退到山洞深处的黑暗中。

看这样子，这合窳十有八九就是他养的，阿姐竟然没看出来，真是傻得够可以。

我走过去坐在他身边。王子夜侧头看我，看得我手足无措："你看我干什么？"

王子夜笑如春风："好看。"

我心中竟突然微微一动。

姐姐曾对我说过，心动时的感觉最美好。

原来如此，竟是这般。

我清了清嗓子，看着王子夜说："你是谁，又为什么在这里？"

王子夜转头看着火光，火光在他眼中："我来洞庭山，是来找我心爱的人，不想一连几天她都不见踪影，这几日山间又风雨不停，所以被困在此处。"

不错嘛，一连找了几天都不曾放弃，王子夜对阿姐还真有心。只是洞庭山乃是我与阿姐的住处，我们两个出入必飘风暴雨，这几日王子夜要想等个好天气却也难。

我曾对阿姐说过，如果他当真对阿姐一片真心，那我就去灵山给他求长生药。现在想想，当初这话还是说得有些孟浪了。本以为王子夜对阿姐只是表面功夫，便随口这么一说，眼下怕不得真去求那十个脾气古怪的老家伙？

一想到这里，我浑身一个哆嗦。

王子夜转头看我，想了想，把自己的外衣给我披在身上，又伸手往火里加了一点柴。

我问他："那你若是一直找不到你心爱的人怎么办？"

王子夜转头冲我笑了笑，却不说话。

我拉他袖子问："喂，你为什么不说话？"

王子夜微微笑着看我，他笑起来眉眼弯弯，眼中似有星光闪烁，真是好看极了。"总会找到的。"

我心里很是感慨，这样好看的人，倒也配得上我阿姐。

算了算了，再考他一考，若是他赢了，我便放过他，替他去灵山求药。那十个老家伙虽然难缠，但我若是跟他们软磨硬泡也不是不行。

我问王子夜："你心爱的人是谁，不如说来听听？"

王子夜在火光中冲我一笑，却不说话。

我逗他："那你心爱的人是不是生得极美？是洞庭帝女？"

王子夜眼神意味不明地冲我看了一眼："洞庭帝女？那是神女，我这样的凡人岂能轻易见到？"

我拉了拉披在身上的外衣，衣服上有一种极好闻的味道："洞庭帝女也不是很难见到呀。更何况你长得这么好，若是能得到帝女的爱慕，从此长生不老也不是什么难事。"

王子夜听了这话，半晌没吭声。我转头看他，他的脸一半在火光中光彩夺目，另一半却隐藏在黑暗中看不清楚。

我记得那个喜欢在水里玩蛇的神仙于儿曾对我说过，长生不老对于凡人来说是天大的诱惑。

我诱惑到他了吗？

想到这里，我不由得微笑了起来："你想什么呢？"

王子夜转脸看着我，俊秀的脸在火光中越发好看："你到底是谁？"

我慢慢凑近他，近得能感觉到他的呼吸，眼睛直看进他的眼中："我就是洞庭帝女呀。你没听人说过吗？帝女居于洞庭之山，出入必飘风暴雨。这山洞之外的风雨，便是我带来的。"

王子夜的脸色变了，身体往后仰了仰，跟我拉开距离，勉强笑道："姑娘开玩笑了。"

我似笑非笑地坐正："你若不信，那便算了。"

山洞里一时寂静无声，只听得木柴在火焰中毕剥作响。王子夜清了清嗓子："你要真的是帝女，那为何怕冷？"

我冲他眨了眨眼睛："我不怕冷，只是觉得你的衣服很好闻。"

王子夜的脸在火光中似乎红了红。

我于是再次凑近他说："你为什么不相信我是帝女？是因为我长得不好看？"

王子夜这次没躲，只是脸清晰可见地红到了耳朵根："你长得极美。"

我笑道："那你相不相信我是帝女？若你真心对我，我便可以将手中的不死药给你，你从此长生不老，与我在这洞庭山上双宿双栖，岂

不快乐得很？"

王子夜沉默不语。

我挡在他和火光之间，他一张脸被笼罩在黑影之下看不出表情。

我于是靠得更近了："还是说你舍不得你那心爱之人？"

王子夜愣了："这这这……"

我微笑："算了，你既然已经有心上人了，我又何必跟凡人强抢？王子夜，还你的衣服，长生不老莫再妄想。"

说着，我便故意起身要走。

王子夜却着急，一把拉住了我："你既知我名字，必是帝女。我愿与帝女携手共度余生。"

话音刚落，就见一阵狂风呼啸而来，大雨倾盆而下，浇熄了洞中火焰。冲进来的阿姐气得双手发抖，指着王子夜的鼻子半天说不出话来。

我阴恻恻地笑了："阿姐，我说得没错吧？凡人如何靠得住？"

阿姐哀伤地化作一个模样普通的樵女，站在王子夜面前："王子夜，枉我对你一片真心，你却如此轻易便移情别恋。"

山洞深处传来合窳的低吼声，看来这合窳真不喜欢阿姐变的这个樵女。

王子夜惊恐得连话都说不出来，左看看阿姐，右看看我。

我懒散地伸了伸腰说："洞庭帝女一向是两个，王子夜，你难道从来没听过？"

王子夜面如土色，失去了火光，此刻王子

夜的脸不见半分俊秀，反而庸俗乏味至极。

　　一脚踹开飞扑过来的合窳，我一把拎起王子夜，边走边说："洞庭有帝女二人，姐姐温柔纯良，妹妹凶残暴戾。我说过若是你对我阿姐没有真心，我便将你大卸八块。你莫喊叫，很快就会完事儿了。"

《幻山海——帝二女》 布面油画　63×63cm　2019

原　文

　　《山海经·东山经》：剡山，多金、玉。有兽焉，其状如彘而人面，黄身而赤尾，其名曰合窳，其音如婴儿。是兽也，食人，亦食虫蛇，见则天下大水。

　　《山海经·中山经》：牛首之山，有草焉，名曰鬼草，其叶如葵而赤茎，其秀如禾，服之不忧。……从山，其上多松、柏，其下多竹。从水出于其上，潜于其下，其中多三足鳖，枝尾，食之无蛊疫。……夫夫之山，其上多黄金，其下多青雄黄，其木多桑、楮，其草多竹、鸡鼓。神于儿居之，其状人身而身操两蛇，常游于江渊，出入有光。

　　《山海经·海内北经》：王子夜之尸，两手、两股、胸、首、齿，皆断异处。

　　《山海经·大荒西经》：有灵山，巫咸、巫即、巫盼、巫彭、巫姑、巫真、巫礼、巫抵、巫谢、巫罗十巫，从此升降，百药爰在。

女祭

宴临

> 奇肱之国……刑天与帝至此争神……女祭、女戚在其北，居两水间，戚操鱼鮋，祭操俎。
>
> ——《山海经·海外西经》

巫咸国崇尚巫神，举国上下都以神权为尊，与皇权并存。

数年前，巫咸国君襄王还只是襄世子，只因好奇偷偷闯进巫神山一探究竟，却不料得见女祭司，从此一颗心就无处着落。

那一日，他闯进巫神山密林，却没料到蛇虫环绕，毒瘴侵袭，意识昏沉之际，只听得环佩相鸣，幽幽笛声钻进心底。

蛇虫退却，雾气消隐，大约只在梦中，他看见女祭一袭青衣，容颜清丽，轻轻瞥来一眼，那双明眸从此就印在了他心底。

"你是……何人？"

女祭收起竹笛，唇角轻抿，目光含着探究意味，他只听女祭淡淡地对侍女吩咐了一声："将他送下山。"

从此，姜襄似着了魔，即使是巫神山凶险，他也不顾性命想见她一面。

女祭也许知道了他的心思，那日他历经艰险，终于抵达巫山神殿，求见女祭司。

《幻山海——巫咸国》 布面油画　105×105cm　2019

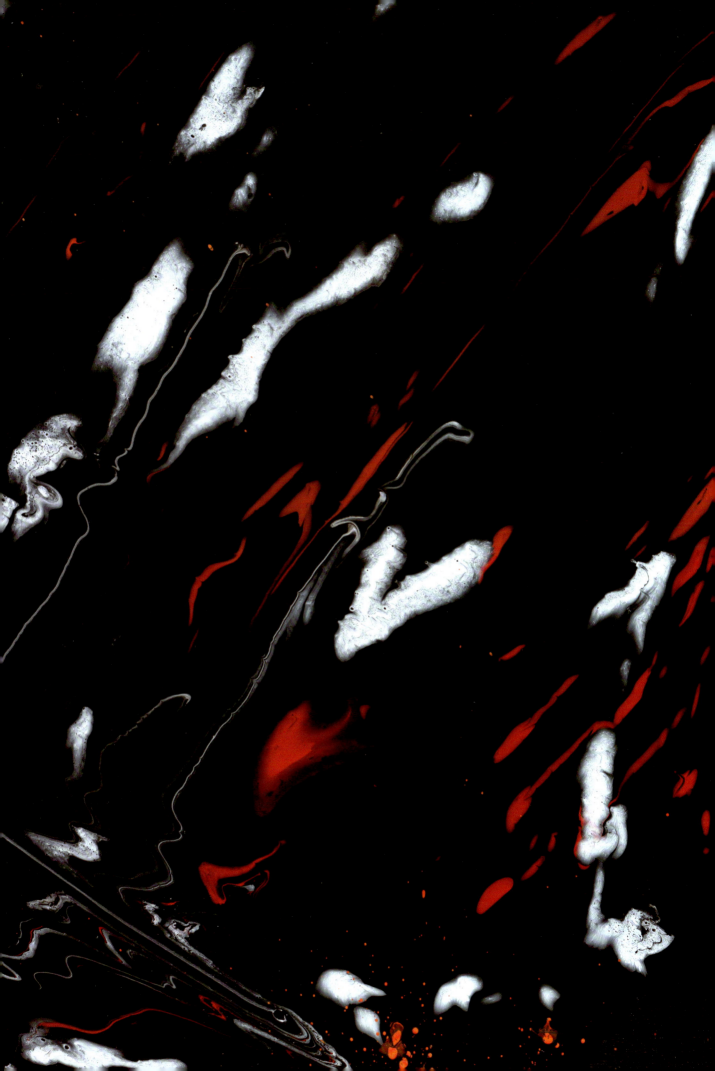

"你这又是何苦？"女祭依旧是轻执竹笛，袅袅侧立在巫神像一旁，目光邈远似乎穿透了一切。

"我只为你而来。"

姜襄身染血迹，形容狼狈，但是眉眼弯弯，那一双眼在幽幽烛光中宛若星子，少年的赤忱足以动人心。

女祭一时失神，她定定地看了姜襄许久，久到连姜襄都以为无望，她启唇允诺："我只希望你……不要后悔。"

不过三年，姜襄在云梦登帝，女祭信守承诺，辞去大祭司一职，不再侍奉神殿，放弃神力与长生，被巫神永生放逐。

巫咸国君姜襄即位后，只娶了女祭为后，数年间两人恩爱非常，连后宫也如同虚设。

世人都只道女祭来历不明，却独独得姜襄恩宠，襄王即位后更是不顾群臣反对，立女祭为后，由此朝堂上下颇有微词，都言女祭是祸国妖女。

甚至还有人以清君侧的名义起兵谋反，不过都被姜襄和女祭给压了下去。

却没想到姜襄不过独宠女祭三年，一日湘水故地重游，就带回了一位绝世美人——云姬。

云姬容颜俏丽，风姿妩媚，被姜襄带回来后一时春风得意，女祭更是变成了举国的笑话。

比起女祭来历不明，云姬的父亲是巫咸国重臣，她又一时独得姜襄宠爱，更是气焰嚣张，几番想要见女祭都被拒之门外，最后竟然直接带人闯进了清澜宫。

花丛中她见女祭身姿纤袅，云姬本以为她也算是个美人，没料到一转身，就见她一张脸宛若恶鬼，似被毒液侵蚀，只清冷投来的一眼，就让云姬心惊不已。

她慌忙问安后就匆匆离去，也来不及看清——其实除却那溃烂疮口，她与女祭眉眼间颇有几分相似。

自此，女祭面如恶鬼的消息传了出去，更是被世人看作不祥，成为众臣口诛笔伐的对象，更何况她身为后妃还妄自干政，更是为人所不齿。

一日朝会，诸臣齐齐谏言，希望襄王能够废后另立。

只不过姜襄震怒之下，直接甩袖而去，根本不理会他们的谏言。

他寻到清澜宫，见得女祭，即使她容颜可怖，姜襄却一脸恍若未觉，只执起她素手："你别听他们胡说，只不过是你蛊毒侵蚀，我不忍见你困扰……"

女祭捂住他口，抿唇笑得柔情缱绻，令姜襄眼神更是痴迷，只不过他转而捂住心口："孤只觉得这两天心口好似鼓动不已，也不知是否旧疾发作。"

女祭轻柔一笑，眼神说不出的晦暗莫测："若是你不曾有异心，它又怎么会躁动？"

姜襄急急辩解道："怎么会，我心底只装得下你一人。"

女祭也不知信与不信，她只幽幽道："我相信……"

——噬心蛊不会骗她的。

她也并不贪心，只想要与他百年相守罢了。

姜襄好似松了口气，可他只觉得心口越发心悸难忍："我会死吗？"

女祭眼神微动，只轻轻安抚他："别怕，今夜你留宿于此，让我为你瞧瞧。"

姜襄点了点头，只是一双眼睛越发黑沉，盯着女祭的眼神专注深情，仍旧与当年一般无二。

女祭见此轻轻抚过他心口处，只见鼓动的心脏渐渐停息下来，她垂首时柔声细语："你乖一点。"

——云姬入主后宫，朝堂上下本以为要不了多久，姜襄就会彻底厌弃女祭，却没想到云姬没过几日就香消玉殒了。

听说云姬暴病而亡，她父亲夏侯只觉得蹊跷，自是不信，一夜他私闯陵墓，开棺后得见云姬遗体，一时惊怖交加，只见云姬浑身上下一张皮好似被生生地残忍剥去……

原 文

《山海经·海外西经》：巫咸国在女丑北……在登葆山，群巫所从上下也。

巴蛇

苏不甜

> 巴蛇食象，三岁而出其骨，君子服之无心腹之疾。其为蛇青黄赤黑。
>
> ——《山海经·海内南经》

终于到了与卿卿大婚的这日，宋瑜骑着骏马，身着大红色新郎吉服，用八抬大轿将他最爱的卿卿娶回了家。

洞房花烛夜，他瞧着自家娇妻的俏丽面容，只觉自己是这世上最为幸运的人。一夜缠绵，共赴巫山，欢乐至极。

而后日复一日，他们都恩爱有加，如同每一对新婚夫妇，时时刻刻黏在一起，也不觉得腻歪。

宋瑜是家中独子，所以颇受父母祖辈宠爱，自己更是玉树临风，才高八斗，年纪轻轻，便已然是临川这一代有名的俊杰才子了。

年少成名，却娶了个乡野女子，一时之间倒也成为临川百姓的闲谈之资。但那乡野女子似是很得宋瑜的宠爱，正妻之位迎娶其过门也就罢了，宴席都极致奢华地一连摆了三日，差不多全城的百姓都去凑热闹了。

周衍来时，正是宋瑜带着娇妻上桃林山散心的时候。

《幻山海——巴蛇》 布面油画 95×125cm 2019

前头一男一女，均着青色衣裳，相依相偎，一时间入眼者都觉得那是对恩爱佳人，可周衍却不这么认为，甚至嗤之以鼻。

忽地，女子停下来和男子说了几句什么，男子便快步前去折了朵浅蓝色的小花儿，别在女子的秀发间，本就妍丽的面庞，此时被那小花衬托得更为动人了。

"卿卿可真好看。"宋瑜望着怀中的女子痴痴地笑着，又感叹了句："这样好看的卿卿竟然是我的妻。"

听着这样羞人的话，卿卿也不自觉地跟着笑了起来。

身后一直悄然跟着他们的周衍听到却是满脸冷漠，十分不屑地望了眼宋瑜。

许是厌恶的目光太过强烈，宋瑜似有所感，朝周衍那看了过去，入目却有些讶异，转瞬又将目光压下，只是拥着卿卿走得更快了些。

三月正是桃花盛开的时节，更何况是这片临川城里最负盛名的桃林山上的桃花了，粉色的花瓣儿娇艳欲滴，似是倾国美人的面庞，如珍似宝，好看至极。

卿卿见之，果然甚是喜爱，主动拉着宋瑜逛了大半天，还是宋瑜说着好话强行哄着她停下来休息一番，她才肯停。

山中凉亭中早已有他让人提前备好的点心，就着美景，让怀中美人一展笑颜，实在是人生一大快事啊！

只是没有那讨嫌的人出现就好了。

周衍现身想要将卿卿夺过来，却不料宋瑜早有防备，紧紧地搂住卿卿的纤纤细腰，怎么也不肯放手。

周衍不得，只能狠狠道："你还要拘着她的魂魄到几时？"目露恨意。

"卿卿是我的妻，才不是什么魂，她是人。"宋瑜出声反驳，极为不愉。

"呵呵。"周衍冷笑，"我师姐何曾有你这位只想食她血肉的丈夫？"他直盯着宋瑜，像是盯出他个血窟窿来才好。

不，这根本不解气，应该将他千刀万剐，挫骨扬灰！

"不，我没有！"宋瑜将怀中的卿卿搂得更紧，若是一般人早就出声叫唤了，可卿卿却一声不吭，似是一个毫无感情的精致人偶，鲜亮的外表早已失去了刚才的灵动，眼神黑漆一片，空洞至极。

"呵——你这叫死不悔改呢，还是脸厚如墙？"周衍又是一番嘲讽，瞧着宋瑜一步一步迈向疯癫，"也难怪你只敢躲在这'醉梦之境'里荒唐度日……"

周衍的话还在继续，宋瑜却是已然想要上前撕碎他的嘴，让他不要再说这些瞎话。

"你不过是个伪君子，我师姐又怎会喜欢上你这种玩意儿——"

"你闭嘴！你给我闭嘴！卿卿她爱我，她最爱我了！"刺啦一声，宋瑜伸出手就要抓到周衍脸上，可却白光一闪，眼前哪还有什么人？

"你为何偏要闯进去？他明明活不了几天了。"一白发男子对着被自己从梦境中带出来的周衍无奈说道。

周衍白了他一眼，才说："都说巴蛇之肉，君子服之，无心腹之疾。可那宋瑜算是哪门子君子？"

"骗我师姐真心，娶她过门治好自己的疾病就将她冷落致死，死后他还要日日拘着师姐的魂魄，造个破梦境也就罢了，你猜他在这梦境里做什么了？"说着周衍竟然笑了起来，只是笑容里的轻蔑之态十分明显。

"这个畜生居然扮起了深情，真是个不要脸的！"

白发男子听了也不再多话，只是想着那宋瑜左右也不过这几日活着了，他虽得巴蛇血肉，可到底还是一介凡人，使用禁术造就"醉梦之境"最多维持数日，待境碎他将灰飞烟灭再不入轮回之道。

境中，一切又恢复了常态——

宋瑜抱着娇妻卿卿，缓缓吻上了她的额间，似有千般爱意，百般怜惜。

凤凰

苏不甜

有五采鸟三名：一曰皇鸟，一曰鸾鸟，一曰凤鸟。

——《山海经·大荒西经》

阿梧是这世上唯一还存活的凤。

这是师父临终前告知他的，老者逝去，只留下一只尾戒和一句话便让阿梧下山去了。

初下山，各处的新鲜事物都让阿梧忘记了那些忧伤，一路而来，他倒是也得了些许乐趣，但也不是什么都如意的。

就如这次，天降大雨，他却迟迟未找到避身之所，身子被雨淋得湿透了大半，才堪堪找到一座破庙。

只是这破庙实在是太破了些，比之他和师父在山上那艰苦的住处条件还要恶劣，阿梧忍不住想要施展个小法术，却又想到师父的告诫，再想想刚才自己连大雨都经历了，现在这点困苦着实不必，也就作罢了。

他在庙里寻了一块略平整一些的地便蜷缩着，迷迷糊糊地睡了过去。不知过了多久，他只觉得自己本还温热的脖颈似是被什么冰凉之物缠住，便下意识地睁开眼，做出防备状。

不料阿梧还未反抗，就被对方凌厉如刀尖的眼神给震慑住

《幻山海——凤凰》 布面油画　105×105cm　2019

了，如墨似雾，看不清男人眼里的情绪，却能感知到其藏在眸子深处的狠戾，好比山中的饿狼，想要将手中猎物吞入腹中。

"好汉饶命！"此等危急时刻，阿梧下意识地说出了在他偷偷看的那些话本子里这句出现频率十分高的台词。

虽说有些口不择言，但也颇有几分应景，这不，男人还真是手下留情了，没有一把掐死他，只是在他雪白的脖颈上留下了一圈绯红色的印子。

阿梧天生雪肌，轻微触碰都能瞬间留下痕迹，更是男生女相，容貌娇艳至极。若不是一直待在山上修炼，这从小还不知道要祸害多少痴儿怨女呢！

被迫跟着男人来到帝都已经十天了，阿梧一直待在这小小的院落里。其实这院子不小，绿水假山倒也别致，只是比起原来他那可以自由活动的山间，委实太过憋屈了。

特别是男人没事就来他这小院落坐坐，也不干吗，就一直静静地盯着他，似要将他瞧出个什么花来。

日子太过难熬，阿梧在忍了三月之后终于寻到了时机想要偷偷逃走。

月黑风高夜，一道灵活的身影在院内穿梭着，却在抵达后门的那一瞬间，被一个冰冷的声音给喝住："你想去哪？"

"啊？"阿梧怎么也没想到就在这最后一刻他被发现了，许是胜利就在眼前，迷花了他的眼，这一刻他选择不顾师父的告诫，忍不住

使用法术想要逃离。

青光乍起，他一个瞬移咒，睁开眼的那一刻才发现自己还是在原地，而本在他身后的男人此刻却已然在他身前，用一种惊喜又痴叹的眼神望着他。

如果男人的眼刀能化作实火，阿梧想，那么他早就被烧焦了吧！又何必被捆绑在这火上直接烧呢？又烧不死。

"你果然是凤。"男人在把他抓回来的那刻就等着这天，被大火连烧了三天三夜，阿梧依旧毫发无损，那么就证明他的猜测是正确的。

"你到底想做什么？"阿梧终于忍不住开口，之前他"被迫"跟着男人走不过是因为他身上那股熟悉的同类味道，而现在那味道却越来越淡，淡到他现在根本就感受不到了，所以他忍不住想离开。

只是他却没想到这个凡人居然能够禁锢他，使得他现在想离去都没有法子了，真是阴沟里翻船。

"马上你就知道了。"男人笑了笑，真是冷风拂过，寒冽如冬。

"啊——"阿梧只觉撕心裂肺，身上似是一点力气也没有，气息更是微弱到极点，月白色的袍子早已染上绯红。"你？"他不敢置信，那人好似将自己身体中最为重要的东西给夺走了。

"谢谢你的凤骨了，小阿梧。"男人笑着说出感谢，面上却是一片冷漠，赤色的凤骨晶莹清透，与男人从自己体内拿出的另一副墨色的

骨不同，只是那墨骨里似也有几丝赤色在流转。

　　"你杀了我的姐姐？"瞧到这里，阿梧还有什么不明白呢？现在想来那熟悉的味道也有了缘由。

　　"你是说小阿桐吗？"男人似是在怀念，"那可真是个可人儿呢，比之于你，乖巧极了，只是她不肯将她的凰骨给我，那我只好夺了。"他说得极为正经。

　　如今他已得到凤骨和凰骨，这就可练成传说中的能让人直接成仙的凤凰骨，男人一成不变的脸上也染上了喜意，可在他欣喜若狂的那一刻，被束缚在火中的阿梧却不知道念叨着什么，手上的那只尾戒慢慢地发出光芒，在瞬间如同暴风降临，顷刻将这四周的东西都吞噬掉了。

　　消失的那一刹那，阿梧想到了师父留给他的那句话——好好活着，莫要再找你姐姐了。

　　当时阿梧什么也没有回答，只是看着师父，向他最后一拜。

　　而他又怎么能不找到他的亲姐姐呢？那是他世上唯一的姐姐啊！

　　恍惚间，他又想起幼时阿姐曾和他说过他们名字的由来，"凤凰凤凰，非梧桐不栖"，可到底他们又能在哪里安稳地栖息呢？

毕方

阿兹猫

章莪之山，有鸟焉，其状如鹤，一足，赤文青质而白喙，名曰毕方，其鸣自叫也，见则其邑有讹火。

——《山海经·西山经》

顾轩回忆起自己与毕方女帝的初见仍是历历在目，尽管现下他离死亡只差一线……

那日天气燥热，他正与朱雀城门的一位守城侍卫发生争执，却见一顶豪华精美的金鸾轿子缓缓前行，车身上方垂着朱红的流苏，轿身上的铭牌上刻着一个"方"字。

奇怪的是，轿子是自己在空中平稳匀速前行，轿旁空无一人，场景虽然诡秘却极为惹人注意。

两排城门守卫一见这顶金轿，大惊失色，齐刷刷地跪地行礼，每个人的眼神里都流露出尊崇和敬仰。

"参见女王陛下——！"

顾轩是个外乡人，来到这个鸟族兴旺的玄城是为了寻一颗鸾鸟的蛋治疗卧病在床的母亲。

传说，凡人若是食用了鸾鸟的蛋，便可医治百病。因此顾轩历经艰辛，这才侥幸来到了鸟族的帝都玄城。

《幻山海——毕方》 布面油画 125×95cm 2019

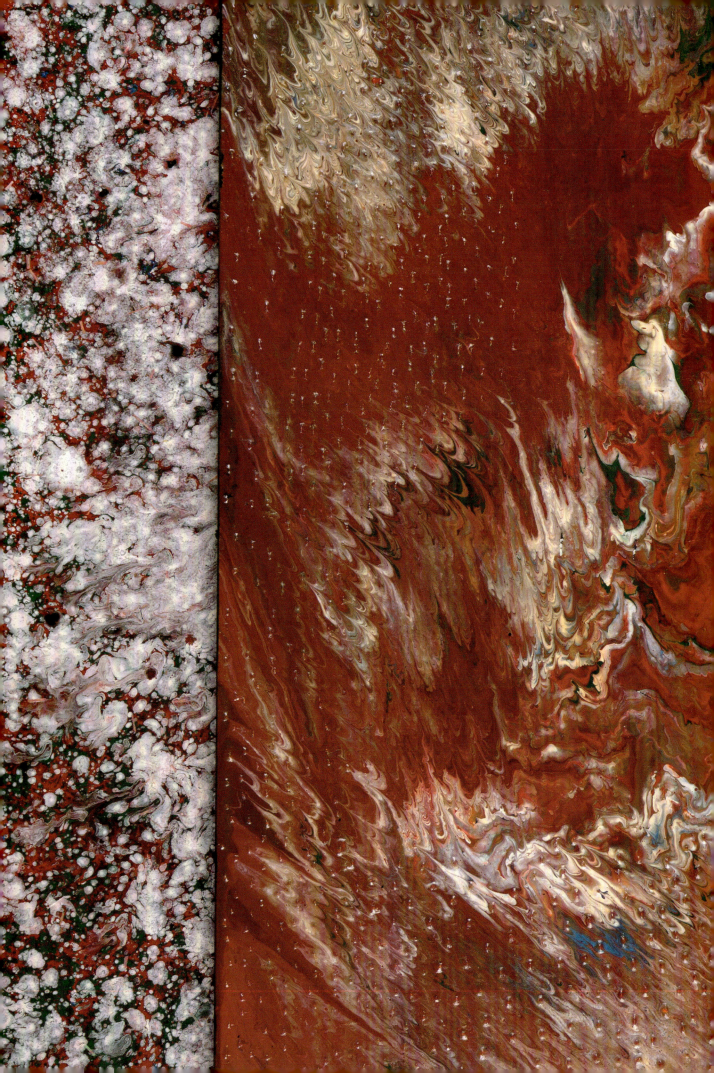

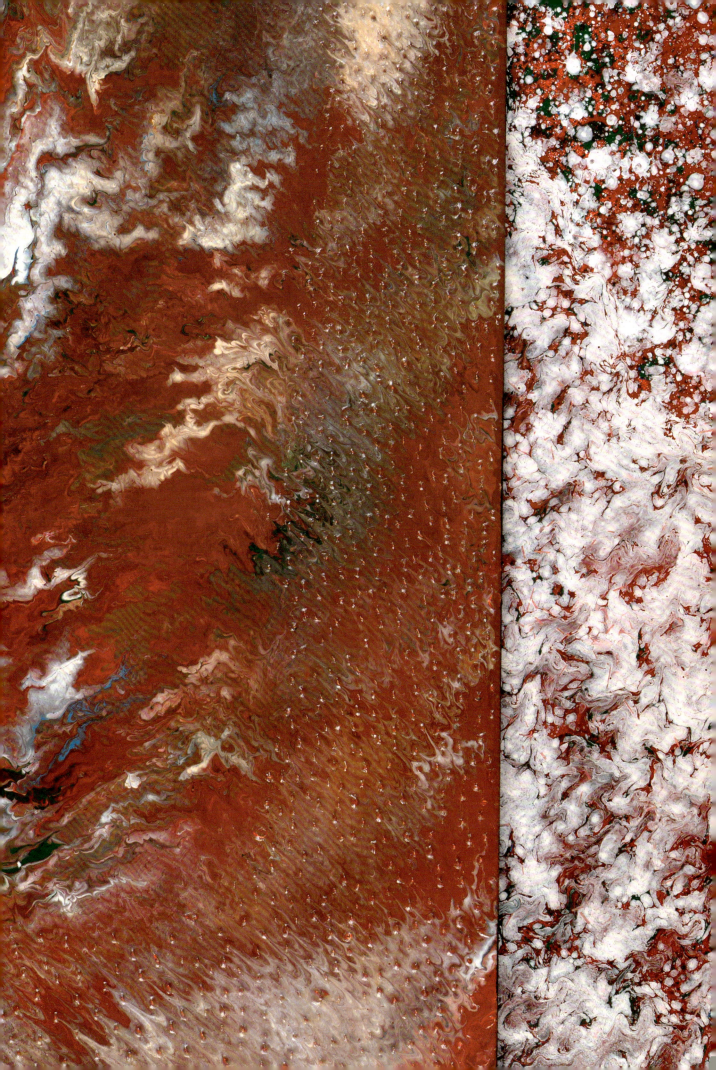

他一头雾水地望着这顶轿子，发现身边与他起争执的士兵竟脸色惨白地瑟缩着身子跪在原地，对于轿中女帝，他感到越发好奇。

"谛听，何事如此喧哗？"一道极为冰冷孤傲的声音从轿中传出，女子声线中带有些许冰冷。

这时，轿旁忽然阵阵红烟腾起，转瞬间平地上多出一片黑压压的鸟兵，犹如蚂蚁大军般密密麻麻地守护着这顶金鸾轿。

一个身穿黑斗篷的男子挺身上前，他的脸庞刚毅冷硬，不苟言笑地说道："启禀陛下，是一外乡人与朱雀门的侍卫发生了争执，这人族大肆喧哗说有要事需要禀明君上，这才扰乱了城门的秩序。"

"哦？"轿中女帝明显不悦，她这微微上扬的声调让周围众人噤若寒蝉。

谛听却心领神会，凌厉眼光瞟向顾轩，后者突然感觉双腿一软，还没反应过来便"扑通"一声跪在了轿前。

入乡随俗的道理顾轩自然也是知道的，尽管样子很狼狈，他倒也不慌不忙地抬手作揖："请陛下恕罪，小人不知是君上的金鸾轿，这才惊扰了圣驾。"

"谛听好生处置，勿让外族人入城，扰乱了羽族的秩序。"冰寒入骨的嗓音中带着王者独有的霸气，女帝直接宣判了顾轩的命运。

话落，金鸾轿子又腾空而起，顾轩心急如焚地上前抓住了轿子的把手，于是他整个人连着轿子都悬在半空。

"人族，休得放肆！"眼见有人竟敢冲撞圣驾，谛听拔剑刺向了拦轿之人，脱手而出的星剑化出一道流光，直射进顾轩那只死拽轿身的手臂。

"啊——！"

右手臂被硬生生砍断，顾轩惨叫一声，瞬间失重后他身子向右一倾，冷汗浸湿了他的身体，尽管疼痛难忍，他仍然咬牙坚持紧拽轿子左边的扶手。

饶是经历杀伐无数的谛听，见到如此不屈的男子，眼神也微微一动。

"陛下，小人真的有事前来相商……"

顾轩诚恳至极的语气，浑身浴血却拼死坚持的样子，不禁让轿中女帝有了一丝动容。

"哦？人族，你究竟所为何事前来我们羽族？"女帝冰封的声音如同昆仑山上万年不化的积雪。

微风轻扬，一只纤长玉手掀开轿帘，现出一位容色倾城的美人，只见她身穿一件金丝凤袍，袍上绣着大片怒放的彼岸花，紧束的凤纹金丝带完美地勾勒出了那窈窕的身姿。

惊鸿一瞥间，顾轩心下一动，女帝那双顾盼生辉的凤眼瞬间便让他沉沦，不觉失了方寸。

许久，被美色所迷的他才艰难开口："陛下，我……我想进献麒麟血……"

"人族少年，你有麒麟血？"女帝端坐在轿中，一双琉璃红瞳深不见底，垂眸却掩下眼底的一抹亮色。

"是的，陛下！"顾轩痴痴凝望着眼前风

华绝代的女帝，一颗真心早已系在美人身上，怎奈眼皮却愈发沉重，意识渐渐开始昏沉。

"谛听，送他入宫……"

轿帘再次被玉手的主人放下，女皇不怒自威的声音从轿中悠悠传出，顾轩体力不支地陷入了一片黑暗中。

三年后。

女帝的后宫原本美男如云，此刻却被她统统遣散，昔日羽族后宫最得宠的三妃鸐鸊、灌灌、赤鷩凶神恶煞的眼神令顾轩印象深刻，他愧疚地为鸾鸟求情："陛下，留下青鸾吧！"

"倒也是，多亏了他妹妹赤鸾生下的蛋方才救下了你母亲的命。"毕方女帝媚眼如丝地笑望着顾轩。

"陛下，我是自愿留下陪你，你待我甚好，我又怎可如此自私？！"虽说情爱是极其自私的事情，但是女帝废除后宫，独宠他一人的行为令顾轩心生感激，少年赤诚的爱意终于有了心上人的回应，这让他整日沉浸在微醺的幸福中。

他，是真的爱上毕方了！即便她是一只鸟的化身，即便他们身份悬殊，即便他只是一个弱小的人族……

"轩君，朕饿了……"

午时的暖阳晒得人懒洋洋的，毕方女帝赖在他怀中撒着娇，她柔情蜜意的眼神令顾轩心生欢喜。

顾轩知晓每过正午时分，便是毕方进食的

时候，他揽着她的纤腰，步入"百味园"中。

甫入园，美人便化作一只独脚的丹顶鹤，张开红羽撒欢地奔向了灼灼燃烧的火炉处，吞食起火焰来……

像往常那样，顾轩慵懒地立在一棵梨树下满眼宠溺地笑望着毕方神鸟："方儿，我们何时能拥有一个孩子？"

不远处，毕方鸟一愣，兴奋地振翅飞至他的眼前，她红眸一紧，神色深幽道："轩君，想要我们的孩子，还缺一物呢？"

"哦？不管是何物，我都替方儿寻来！"

"呵，是吗？"

凶光乍现在毕方鸟的红眸中，她一跃而起朝着顾轩心口处急猛一啄，一颗殷红跳动的人心被她叼在了鸟喙中。

"咔嚓咔嚓……"

此刻，宛如厉鬼的毕方鸟正细细咀嚼骨肉的声音传入了顾轩的耳畔，这恐怖骇人的血腥场景令他脸色煞白，他不明白昔日恩爱的妻子为何今日却要食心？

难道他才是她今日的食物吗？

恢复人身的毕方魅惑一笑，咧开殷红的唇瓣低叹道："轩君，朕缺的是你这颗爱我的心呢！"

话毕，她转身便走，一丝留恋都没有。

潮湿的地面血水四溅，地上躺着一个胸口有血窟窿的男子，濒临死亡的顾轩目眦欲裂，痛不欲生。

梨树上，一只鸾鸟讥讽地嘲笑道："愚蠢的

人族，你可知自己错许了痴心，毕方鸟生性凶残冷漠，为何偏偏会对你另眼相看？难道你当真以为她会爱上你了吗？"

"她为何会……"

直到此刻，顾轩仍然死不瞑目，他遗憾地咽下了最后一口气。

一袭青衫落地，青鸾抬手拭去了他眼角最后一滴血泪，轻声叹息："顾轩，麒麟血只有混合爱人之心服下，方可葆鸟族百年青春美貌……"

在金銮大殿的王座上，毕方女帝意犹未尽地舔了舔沾血的嘴唇，邪魅一笑道："谛听，打开朱雀城门，从此羽族欢迎人族的到来……"

原 文

《山海经·南山经》：基山，有鸟焉，其状如鸡而三首六目，六足三翼，其名曰鹣鹕，食之无卧。又东三百里，曰青丘之山，有鸟焉，其状如鸠，其音若呵，名曰灌灌，佩之不惑。

《山海经·西山经》：小华之山，鸟多赤鷩，可以御火。其草有萆荔，状如乌韭，而生于石上，亦缘木而生，食之已心痛。……女床之山，有鸟焉，其状如翟而五采文，名曰鸾鸟，见则天下安宁。

谨

阿兹猫

翼望之山，无草木，多金玉。有兽焉，其状如狸，一目而三尾，名曰谨，其音如夺百声，是可以御凶，服之已瘅。

——《山海经·西山经》

翼望山上的月儿缓缓爬上枝头，朦胧的夜色中，一樵夫独自前行，他身后尾随着一个黑影。

云遮月隐，黑影倏尔间化为人形，她是山上食人精魄的蛇妖。

"哎哟！壮士……救命啊！"

听到一声酥麻入骨的女声，正在林中赶路的樵夫止住了脚步，回身一望，却见一位年轻貌美的女子正倒在野地上，右脚腕鲜血汩汩地流着，她好像受伤了！

女子轻咬红唇，楚楚可怜地望向他——

男人腰间别着一把柴刀，背上驮着一捆干柴，这是他今天的工作成果。而在他肩膀上趴着一团橘色的毛球，它是一只独眼的野猫，蜷着三条蓬松的尾巴正在酣眠中。

这野猫是他半年前在打柴的路上捡到的，当时他隐约听到女子曼妙的吟唱，循声在河边捡到了一只独眼的野猫，它似乎

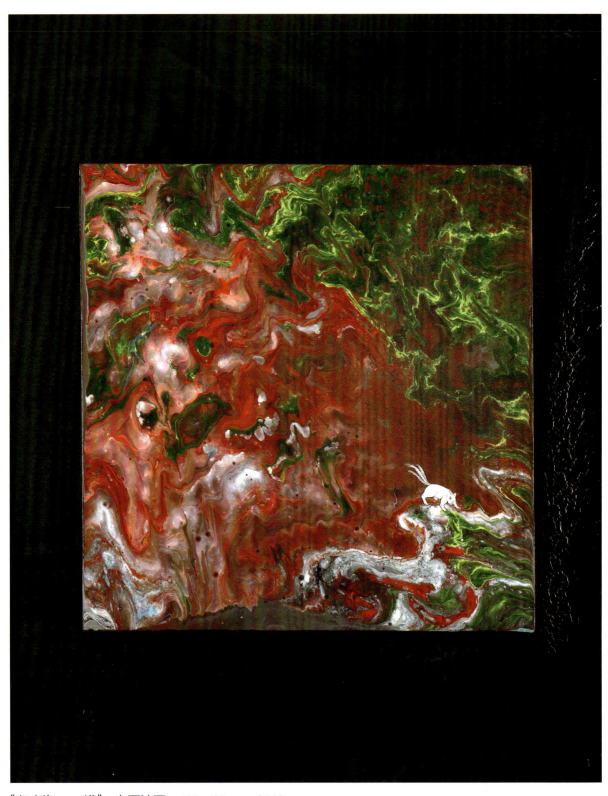

《幻山海——罐》 布面油画 125×95cm 2019

并不怕生人，一见他便窝到他肩膀上，仰着猫头与他亲昵。樵夫并未驱赶它，从此以后它便与他相伴。

此时，林中甚是安静，除了阵阵虫鸣声，偶尔会传来几只小兽踩断枯枝的声音，樵夫想到家中善妒的美貌的妻子，时常会轻嗅他身上的气味检查他的行踪，他皱眉犹豫了。

"壮士？"女妖再次发声提醒他。

望着女子求救的眼神，樵夫终究不忍，他俯下身子准备抱起她，一阵可怕的夜猫子啸叫声打破了夜的祥和，一道嗜血的红光直射在女妖身上。

月儿穿过云层，皎洁的月光洒在樵夫身上。女妖望见那只黄毛小兽竖起黄毛立在他肩上，这哪是什么野猫，分明是成精的妖兽——讙！它仅有一只狰狞的红瞳，那红光正是从小兽独眼中放出，带着嗜血与魅惑，死死地盯着自己。

女妖瘫坐在地上，已被吓得神魂俱裂，她瑟缩着身子不敢动弹。再看那小兽，它将两条尾巴搭在樵夫的双肩，另一条缓缓地搭向他的头顶，而男人浑然不觉，双目无视她，继续麻木地向前走着，恰似一具行尸走肉。

女妖想起但凡人类的头顶及双肩各聚有三团阳火，就像是活人的三盏灯，因此妖魔鬼怪都不敢靠近。

这小兽却已经灭掉了男人双肩的两盏灯，那这个人……脸色惨白的女妖越想越怕，慌乱收敛起脸上惊恐不安的神情，转身就想要逃跑。

而此时小兽已经露出獠牙——

"放肆！我的猎物你也敢觊觎！？"

突然，不知何处传来一句浑厚有力的娇喝，仿佛暴怒的雷霆，又好似迷离的天籁，仿佛能震撼万物，又好似从未出现过。

女妖甚至连惨叫的声音都来不及发出，瞬间便化成了一团齑粉飘散在荒野中。

此刻，男人身形一振，如梦初醒般回过神，环顾四周，好像什么也没有发生过一样。

小兽仍然趴在他肩膀上甜甜地酣睡，方才露出的狰狞犹如只是幻觉。甚至男人摸了摸它的头，它都未作反应，仿佛先前屠妖的惊心一幕根本不存在。

一切又回归平静，樵夫只觉得刚才脑中一阵天旋地转，再回神时什么都不记得了，想到妻子还在家中等待，他加快了回家的脚步。

一间茅草屋前，背着干柴的樵夫轻叩门扉。良久，一美妇打开房门，见到是他，随即展开无邪的笑颜。男人肩上的小兽一见美妇便跃入她怀中撒起了娇。

男人边卸下干柴，边埋怨妻子："夫人，我每次外出你为何总要小黄跟着我？"

美妇轻抚着小兽笑道："小黄可是讙，甚是通灵，它洪亮的叫声可以降服百兽，还可以差使鬼神，避邪驱凶。你行走在深山老林间，我担心官人走夜路遇到危险，特地让它陪伴你呢！"

男人解下腰间柴刀挂于门上，宠溺地望着妻子怀中的讙，抬手戳了戳小兽的脑袋，憨厚地笑道："说来这小家伙确实乖巧伶俐，今日夜起得早，我穿林地坟场回来的。半路它怕我冷，还拿三条尾巴给我做围巾呢，哈哈！"

"那是因为她真心把你当亲人了。"美妇闻言脸上露出喜悦，"你可知，谨千年可渡劫化为人形。一切随劫而去，唯独这尾巴随它永世。她愿用三尾护你，说明你已是她至亲之人。"

樵夫也露出满足的笑容，他搀扶着美妇走向里屋："夜已凉，夫人身子不便，快些上床歇息吧。"

美妇垂眸点头，心中暗自盘算着这男人的死期将至……

在清冷的月光下，她小腹微鼓，显已有孕在身。她缓动金莲，跟随丈夫转身入房。

此时，一阵夜风吹过，微掀美妇长裙，三条黄尾一闪即逝。

饕餮

阿兹猫

钓吾之山，有兽焉，其状如羊身人面，其目在腋下，虎齿人爪，其音如婴儿，名曰狍鸮，是食人。（晋人郭璞注：为物贪婪，食人未尽，还害其身，像在夏鼎，《左传》所谓饕餮是也。）

——《山海经·北山经》

传说，居住在西北方的戎狄族鬼方氏，不仅是声名远扬的贵族姓氏，而且是一个特殊的门派，鬼方人具有通灵的神力。族中只有初生的婴儿脖子后有星痣或者左耳后侧有星痣的，方才有资格冠以"鬼方"姓氏，成为有声望的通灵师。

漠南地区有讨伐鬼方氏的契河人，身份显赫的契河皇族喜欢驯养一种叫饕餮的神兽，这种动物极其贪婪，怎样吃都不能满足它的胃口。

这种羊角虎头、牙齿尖利、眼睛在腋下的"好吃之徒"很难饲养，因为它们太过贪吃，以至于最后吃得太多被活活撑死的数不胜数。

契河族是个好战嗜血的氏族，百年来他们与戎狄族战争不断，却始终各有胜负，两族之间保持着一种微妙的平衡。

一日，戎狄族鬼方宗主的废柴儿子鬼方魏在漠南的千域沙

《幻山海——饕餮》 布面油画　66×70cm　2019

漠地苦苦寻找，历经一场危险的沙尘暴终于寻到了那块闪闪发光的凤凰血玉。

回家的路途虽遥远，鬼方魏却暗自庆幸着："太好了！拥有了凤凰血玉，今日之后我便能帮梦儿打通第八脉，让她成为至尊通灵师，这样我们就能顺利订下婚约，这可是我们之间的承诺呢！"

"魏哥哥，你怎么那么晚才回来？"

漓梦朝着鬼方魏甜甜一笑，此刻的她长发披肩，身材凹凸有致，在风的吹拂下，发丝飞舞，粉裙飘动，这不由得让鬼方魏呼吸一阵起伏，心脏扑通扑通地狂跳。

"是的，梦儿，凤凰血玉到手了！你准备好了吗？现在我就助你打通第八脉！"鬼方魏说完从怀里拿出一个锦盒，一枚通体赤红的血玉香气扑鼻，浓郁的灵力波动而起。

"这是盘古开天辟地以来，仅有的一枚凤凰血玉，有了这颗具通脉丹的灵玉，再加上我输送给你的灵力，绝对能让你成为大陆上无敌的至尊通灵师！"

鬼方魏尽管先天灵体充沛，对各种功法的领悟力也是极高，却始终无法凝聚灵力。他从漓梦口中得知凤凰血玉结合通脉功法可以让修灵者事半功倍，为感谢佳人多年来的默默陪伴，这才冒险为她寻来了凤凰血玉。

"真的吗？魏哥哥对我真是太好了！"漓梦心生雀跃，表面却不敢显露太多，噘起红唇印上了魏的脸颊，"梦儿等待梦想成真很久了呢！事不宜迟，我们现在就开始吧！"

羞涩的鬼方魏红着脸慌忙应承道："好……好，我们……现在就开始！"

一炷香后。

"梦儿，你终于成为至尊通灵师了！那么，我们就可以订婚了，以后，你就是我的妻子了！"鬼方魏满脸喜悦地从地上爬了起来，他踉跄地靠近漓梦，兴奋地说道。

"订婚？你这个废柴也配吗？那么猴急，要么你自己去订吧！"漓梦冷淡地说道。

"梦儿，你怎么了？先前我们不是说好了，只要我能帮你达成心愿，成为族中最强的至尊通灵师，你就愿意与我订婚。走，我去告诉你的父亲和我的母亲，告诉他们，我们要订婚了，然后再找个良辰吉日就成婚。"

察觉到心上人冷若冰霜的变化，鬼方魏以为自己出现了幻听，他急切地想要握住她的手，却被她嫌弃地一甩，灵力耗尽的鬼方魏一头栽倒在地上，扬起了四散的尘土。

灰头土脸的他不敢置信地望着漓梦，为何先前还口口声声地亲昵唤他魏哥哥的女子，现下完全变成了一副陌生的面孔！

"癞蛤蟆！"

然而，此刻漓梦头也不回，只是冷冷地吐出三个字。

一阵狂风刮过，一个身穿道袍的白衣男子突然出现在漓梦的面前，他轻搂起身边的娇俏美人，睥睨地望着趴在地上一蹶不振的鬼方魏。

头顶刺眼的烈阳照得鬼方魏眼睛生疼，他眯着细眼，终于看清了道袍男子的面孔："二弟？你怎么和梦儿……在一起？"

"大哥，鬼方族只有你、我和梦儿三人有资格成为通灵师，而你本就是族中的弃子！梦儿与我说起你一直觊觎于她，我这才想出这条妙计榨干你的剩余价值，你既然爱慕梦儿，不如就此成全了她，岂不是乐事？"

"二弟，族中本就没有我的地位，我与你素来为善，你和漓梦为何要如此狠毒算计我？难道你的良心就不会痛吗？"

"良心，它值钱吗？待我成为率领戎狄族的首领，我便会与漓梦成婚，你这个废柴弃子就该做我们的垫脚石！"

鬼方魏仰头长啸了一声，他攥紧手上那沾着自己鲜血的凤凰玉，双眸通红地望着眼前阴险狠辣的鬼方苍澜和得意忘形的漓梦，滔天的恨意在胸中灼灼燃烧。

往日种种被族人欺负的场景历历在目，他本就是族内不受待见的鬼方族人，漓梦冰冷的目光，鬼方苍澜嘲讽的语气更是成为压倒他的最后一根稻草。

"哈哈！从此以后，宁愿我负天下人，也不让天下一人负我！"

暴怒后的鬼方魏脖颈后的一颗星痣瞬间化为七星痣贯入脊椎，他整个人化成一只大得吓人、狰狞可怕的饕餮凶兽，它浑身漆黑无比，此刻张开了血盆大口。

"不好！竟是饕餮王兽！"鬼方苍澜惊慌失措地拽着漓梦想要离开，饕餮却突然一声巨吼，一口便吞噬了鬼方苍澜和漓梦。

失去理智的饕餮王兽瞪圆了赤红的兽眼，脚下生风，跑得又快又劲猛，它冲入了戎狄族的营地，见一人便吞一人，似乎怎样吃人都满足不了它硕大的胃口，直到整个戎狄族人全部被它吃光，它才意犹未尽地舔了舔锋利的兽齿，纵身跃上荒山上消失不见……

戎狄族的营地仿佛成了人间地狱，地上一片狼藉，却只见鲜血不见任何尸身，因为贪婪的饕餮王兽已经将之吞得连一根骨头都不剩了。

远处，一位契河人骑着一只金毛饕餮来到了这片营地，他优哉游哉地走到了一片沾血的草丛里，俯身捡起了那块晶亮的凤凰血玉，轻声叹息。

"未曾有一法，不从因缘生，你以性命为代价化身为饕餮妖兽报复了戎狄全族，不过是镜花水月，终究会无影踪，空空如也……"

《幻山海——应龙》 布面油画　105×105cm　2019

应龙

阿兹猫

> 应龙处南极，杀蚩尤与夸父，不得复上。故下数旱，旱而
> 为应龙之状，乃得大雨。
>
> ——《山海经·大荒东经》

瑶池仙境，一红莲汲取天地之灵气，三千年化形，三千年化魂，三千年化身，眨眼万年光景，便在九重天上晋升为红莲仙子。

百花盛宴上，玉帝见她姿容绝美，便眉目传情于她，怎料这红莲仙子却是块木头，压根儿不搭理他。

玉帝失望之余暗自揣测她这是欲擒故纵，故而几次三番笑吟吟地前往瑶池之地视察。负责看守瑶池的红莲虽然尽忠职守，感情上却装傻充愣，她这样的行为很快就得罪了这位顶头上司。

为了惩戒这个不识抬举的仙子，某日玉帝故意找茬儿责怪她玩忽职守，派她前去人间捉拿九幽洞内的魔神应龙。

玉帝放下狠话，她若是一日捉不到应龙，便一日回不了天庭。

众人皆知，应龙乃是上古魔兽所化，神鬼皆伐。天上大大小小的神仙加起来都不是他的对手，又岂是一个小小的仙子就可以轻易拿下的？

玉帝当然知晓这次任务的结局，他无非是想要红莲仙子屈服于他的淫威之下，向他求情讨饶，以便他开出有利于自己的条件。

谁料想，这红莲仙子竟是个"直肠子"！她不卑不亢地接下了这个不可能完成的任务，转身便跳下了通往下界的"玉桥"。

玉帝甚至都没来得及看清她脸上最后的表情。

九幽洞中，魔神应龙正在饮酒作乐。一守门的小妖惊慌失措地报告说，有位天上的仙子前来挑战魔神，还大言不惭地说要带他去天庭领罪。

"领罪？本尊何罪之有？！这仙子莫不是傻了吧？"

应龙挑眉讥笑了一声，仰头灌下整坛的烈酒，并未搭理那个立在洞口叫嚣的傻仙子，安心享受着身边一圈美人儿的投怀送抱。

九幽洞外，红莲与众妖魔激战正酣，却迟迟不见应龙现身。想到"擒贼先擒王"的战略，困在洞口的红莲仙子放了一把红莲业火直捣他的老巢……

火势随山风蔓延到洞内，洞里的妖魔鬼怪顿时乱作一锅糊粥，大家慌不择路地逃到了洞主应龙那里前去告状。

眼见自家老巢被人烧成了焦炭，应龙怒不可遏地要抓住这个罪魁祸首。

灼灼燃烧的火焰映红了她艳丽绝尘的脸庞，一身鲜红的战袍在风中猎猎作响，见她之初，应龙有了一瞬间的微怔。

她，竟与心中爱慕的"她"如此相像！

"小仙，你唤什么名字？"失神的应龙眯着狭长的紫眸温声问道，声音磁性又好听。

"我们不熟。"红莲淡淡地瞥了应龙一眼，松松垮垮的玄衣衬得他丰神俊朗，右眼角一颗泪痣摇摇欲坠，黑发似水墨般肆意泼散在他身后。

这男人仅朝她邪魅一笑，她竟被他致命吸引了，勾去了大半的魂魄。

她错开与他对视的目光，却被应龙窥得了先机。

"女人，既然你不肯说，那本尊便关到你开口说为止！"

"应龙，你不怕这红莲业火吗？"

"雕虫小技！"

话落，他执起一支玉笛吹奏起"音煞"之曲，洞内蔓延的火势竟渐渐熄去了火苗。

她与应龙打斗，竟连他的一根手指都碰不到，他太强大了！

初战告捷的应龙二话不说，直接将她扛起，大步流星地向着洞府深处走去……

"女人，只要你跟了我，这里的金银珠宝、绫罗绸缎、锦衣玉食本尊统统都给你！"打开宝库大门后，应龙傲慢地望着她，掷地有声。

红莲眼神淡漠地望着这座樊笼似的宝库，这里堆积着遍地的金银珠宝，四周硕大的夜明珠将山洞内照得犹如白昼。

这些极度明亮的光芒晃得红莲眼花，应龙却用手指着这些财宝再次引诱她。

红莲摇头坚持道："应龙，你随我回天庭吧！"

关了这女仙数月，她竟油盐不进，这让应龙甚为恼怒，他暴躁大吼道："你到底要什么？！"

"我什么也不要，只要你随我回天庭。"

"好！只要你答应做我一夜的新娘，我便随你去天庭！"应龙信誓旦旦道。

红莲眸光微动，立马提出条件："好！三聘九礼，八抬大轿，一样不可缺！"

应龙守诺，果真按照仙子的要求迎娶她，却不料洞房花烛当晚，他掀开她的红盖头后，仙子化成了一朵红莲盛开在婚床上。

"女人，你给本尊变回原形！"

"应龙，我遵守诺言嫁给你了。"

"你——！"

这一夜，应龙怀抱一朵红色的莲花，愤愤不平地度过了他的新婚之夜。

翌日，他果然依言跟随仙子回到天庭。

红莲原本以为任务完成自己便可以位列仙班，却不料应龙竟从玉帝处得来一纸与她的婚约！

"红莲，你出自天庭，这样我们才算得上是名正言顺的夫妻……"

原来，他来天庭的目的竟是为了她！

红莲被他感动了！

九重天上，玉帝亲眼望着那个意气风发的男人牵着红莲仙子的手离开了。

九幽洞内，应龙时常与她纠缠，耳鬓厮磨间竟让红莲情窦渐开……

这一夜，红帐落下时，她终将自己献给了那个说爱她的男子，只是当他欲望攀升到最高峰时，她却听到了应龙满足的喟叹——

"灵儿，你终究属于我……"

那夜之后，应龙对她的态度日趋冷淡，身边的美人换了一茬又一茬，久等不到心上人，红莲便质问起花心的夫君。

"既已得到，何须再用心？"应龙冷漠作答。

红莲方才顿悟：但凡能轻易说出口的爱，都不单纯！

"夫君，为何要骗我？"

"你与她们并没有什么不同，不过是我所爱之人的一部分而已。"他搂着身边美人，紫眸潋滟地睨着她，目光早已失去了往日的温度。

看清这个男人的真面目后，红莲冷冷一笑："男人薄幸，女人却不能让自己所托非人！"

寒光划过了男人的喉间，沾血的结魂刀掉落时，应龙震怒："红莲，你竟敢伤我？"

"你若敢冷，我便敢走！"

甩下一纸休书，红莲摇曳着身姿渐渐消失在了男人的眼中……

三日后，应龙感觉心口剧痛无比，医师诊断此乃"情蛊"，唯有用他真心所爱之人的眼泪方可解毒。

然而，他无爱……

《幻山海——赤鱬》 布面油画　105×105cm　2019

赤鱬

谢晟

英水出焉，南流注于即翼之泽。其中多赤鱬（rú），其状如鱼而人面，其音如鸳鸯，食之不疥。

——《山海经·南山经》

"惊，从今日起，你们一家被逐出部落！"

"我不服！我们并没有犯错！"

被唤作惊的少年搀扶着不断咳嗽的年迈父亲，一旁是一脸惶恐正瑟瑟发抖的兄长衷。

"惊，你父亲的病会传染给旁人，甚至给整个部落带来灭顶之灾！这就是罪！"

"得病不是我们的错！"

"无须多言，如若再让吾等看见你靠近部落必杀之！"

部落众人将惊一家推搡出了营地，用矛和棍戳着他们的身子赶他们离开。

惊无奈，只能扶着老父亲和胆小的哥哥前往丛林深处无人聚居之地。

眼看着天空越来越阴沉，惊赶紧伐木割草，忙活了半天，终于赶在天黑前搭起了一个简单的棚子用于安身。

"啾唧，啾唧！"

惊突然听见了鸳鸯的叫声，抬头看去，见有一个人脸躲在树上，好奇地打量着老父亲身上因病溃烂的皮肤。

"谁？！"

惊追上了前，那人脸却迅速躲到树后，消失不见。

天空下起了倾盆大雨，惊忙着照顾老父亲和兄长衷入睡，不再去管那人脸。

深夜，突然地动山摇，惊第一时间被惊醒。

"地崩了！快跑！"

惊扶着老父亲和衷迅速往棚外跑去，才出了棚，就有山石砸了下来，把整个大棚砸得稀巴烂。

惊赶忙跑到了开阔处避险，却再次听到了那鸳鸯般的叫声。

"啾唧，啾唧！"

只不过这一次那叫声极为哀婉，惊循声而去，只见一人脸被巨石和大树夹着压住了身子。

眼见着山上仍不断有碎石落下，惊还是鼓起勇气冲了过去，用尽全力搬起巨石，那人脸才逃了出来。

可惊却被吓着了，那人脸下身竟不是人，而是有四只脚，长着尾巴的一条怪鱼。

当惊带着怪鱼回到家人身边后，老父亲称这怪鱼名叫赤鱬，曾听部落老人提起。

赤鱬却在老父亲说话间一直盯着他溃烂的皮肤，而后突然将自己的背部顶在岩壁上摩擦，只见从赤鱬背部的肉上掉下来些许粉末。

赤鱬朝惊叫着，把头偏向老父亲。

惊会意，将那粉末涂在了老父亲溃烂的皮肤上，过了一夜，没想到老父亲的皮肤重新变得光滑细嫩，他的病也痊愈了！

惊大喜，忙着向赤鱬表达感激之情，请他吃自己摘来的水果。

可哥哥衷却起了别的心思，他悄悄地回到了部落，迎接他的却是矛和棒。

"首领且慢！我父亲的病治好了！"

"荒谬，那疮病在部落横行了数百年，就连巫医都毫无办法，怎么可能这么快医好？"

"是赤鱬治好了我父亲，它的肉粉能够治愈疮病！"

"赤鱬？"

部落中人俱是惊疑，显然听过赤鱬的传说。

"首领若不信，可跟我去看一趟。"

在衷的带领下，部落首领很快找到了惊和赤鱬。

"真的完全治愈了！"

族人们惊喜地检查着惊的老父亲的身体，而后目光火热地看向了赤鱬。

"很好，惊，你们一家可以搬回部落了！"首领笑意盈盈。

回到部落后，惊渐渐发现了不对劲。

部落首领先是带着众人囚禁了赤鱬，而后部落里每日都会来一些陌生的新客人，只不过那些新客人都有着疮病。

惊想要见赤鱬，却被族人拦住。

不久后，部落里有赤鱬且能治愈百病的消

息就散布了出去。

上门求药的人越来越多，部落换取的钱财也越来越多，整个部落也越来越强盛，声名在外。

每个族人都喜笑颜开的，觉得日子比以前好了许多。

唯有惊闷闷不乐，觉得自己害了赤鱬。

惊找看守的朋友打听消息，得知赤鱬虽然经常被刮下肉粉，但也好吃好喝地伺候着，没受多大苦，这才安心了一点。

可部落外的传言却变了，变得越来越夸张。

从赤鱬能治疮病，变成了赤鱬能治百病，最后甚至变成了只要吃了赤鱬肉，就能长生不老！

不断有人上门重金求购赤鱬肉，部落首领终于抵不住诱惑，开始用刀割下赤鱬的肉，一片一片卖给那些欲求长生者。

营地里，每一日都回荡着赤鱬凄惨的叫声，惊心如刀割。

终于有一天，惊趁着族人们集体上山打猎之时，买通了守卫见到了赤鱬。

赤鱬此时已经奄奄一息，背部的肉被割下了大半，不断地流着血水，凄惨无比。

惊愧疚无比，不再犹豫，抱着赤鱬想要逃离营地。

可惊的哥哥衷却出卖了他，早早地通知了部落首领，因为他舍不得有赤鱬在的富裕生活。

营地内的所有族人都围住了惊和赤鱬。

"赤鱬救了我的命！你们要害赤鱬就从我的尸体上踏过去！"关键时刻，惊的老父亲站了出来。

噗！部落首领将长矛捅进了老父亲的胸膛，老父亲倒在了血泊中。

惊绝望了，这个部落根本不会在乎他们一家的性命，更不会在乎什么道义。

"快走！"衷发出了怒吼声，血红着眼睛扑向了部落首领和他厮打在一起。他确实想要靠赤鱬赚钱，可他却没想害死自己的父亲！

衷后悔了！想要用命来赎罪！

惊含着泪抱着赤鱬在混乱中逃走，身后传来衷的惨叫声。

一路狂奔，惊来到了河边，将奄奄一息的赤鱬放入河中。

"赤鱬啊，本以为遇见了你能改变我们一家被放逐的命运，却不想我的父兄却死得更早了。"惊哀叹着。

"这可笑的命运啊！"

"啾唧，啾唧！"

赤鱬在水中转着圈，似是着急地想要安慰惊。

"赤鱬，以后我便与你相伴吧，再也不回部落了。"

从此，惊就住在了河边，和赤鱬一世为友。

有远方的姑娘感慨于惊的故事，千里前来相恋，留下了一段佳话。

而惊的后代也继承了惊和这姑娘的善良，衍嗣绵延，建立了新的部落，世代保护着赤鱬。

而这新的部落，是善良的部落。

赢鱼

谢晟

洋水，其中多黄贝；赢鱼，鱼身而鸟翼，音如鸳鸯，见则其邑大水。

——《山海经·西山经》

"苍天啊！你为什么不给我们犀远村一条活路啊！"一个老汉跪倒在干涸的土地上，对着烈日哭喊着。

百年难遇的大旱下，庄稼全部因干旱而枯死，土地干裂成一块块分离着，就连村民们都已经一连数月未曾清洗身体，俱是蓬头垢面的，甚至连身上的皮肤也都皲裂了开来。

"泽，你真的要去邦山寻找那赢鱼吗？"

被村民们唤为泽的少年紧紧地攥住拳头道："传闻那赢鱼所到之处皆能引来大水，若是能请它来此，必可救我们犀远村大旱！"

泽徒步走了一个月，穿过了荒野、大山、沼泽、湖泊，终于来到了邦山的洋水河前。

"赢鱼！我是来自犀远村的泽，我祈求您的帮助！"泽对着洋水河大喊。

良久，河面仍然平静，无一丝波澜。

《幻山海——邽山蒙水》 布面油画　80×100cm　2019

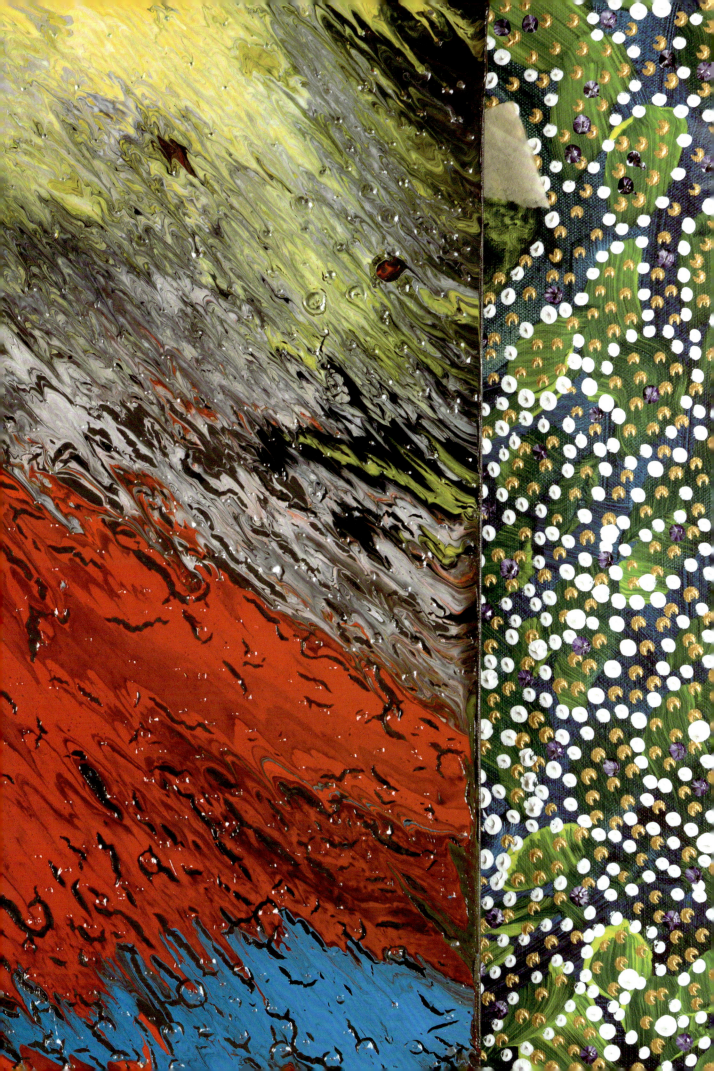

泽并不气馁，在河边跪了下来，一遍一遍虔诚地喊着："泽，求见嬴鱼！"

泽跪了三天三夜，渴了就喝河水，饿了就忍着，不眠不休地喊着求见嬴鱼。

终于，河面突然冲出了一道水柱。

伴随着一声鸳鸯鸣叫般的叫声，长着一对透明翅膀的嬴鱼跃到了河面的水柱上，凝视着泽。

泽大喜道："嬴鱼！祈求你救救我们！"

"人类向来视我如洪水猛兽，喊打喊杀，有何可求？"嬴鱼一脸冷漠。

"我们犀远村遭遇了百年难遇的大旱，所有庄稼都枯死了，就连我们村民所喝的水都不够！听闻您能召来大水，特此请求您和我前往犀远村，救我族人！"

"既是如此，何不举族迁徙到水草丰茂之地？"嬴鱼发问道。

"族中老弱妇孺居多，受不得迁徙之苦。何况数月大旱来，村民们少吃少喝，早已没了力气，走不动路了。"

嬴鱼沉思良久，泽越等越焦急，开口喊道："若您能救我族人，泽甘愿做牛做马，供您驱使一生！"

河面突然沸腾了起来，冲出一道水柱直扑向泽，把泽拍飞了出去。

嬴鱼发怒道："你就这般看我？我本就欲与人族为善，奈何我生来所到之处便会有洪水相随，所以才被你们人族误解！如今你既有难相求，我自愿意跟你走一趟！"

泽大喜，对着嬴鱼深深磕头。

嬴鱼跟随着泽离开，上岸前往犀远村。

路途才到一半，突然有数十个手持刀剑的战士把泽和嬴鱼拦了下来。

领头的战士怒吼道："嬴鱼！你还要跑出来害人吗？！"

泽连忙上前解释："并非如此，我们犀远村大旱，我是想请嬴鱼前去帮忙，召来大水以解村民之危。"

"那也不能走这条路！前方就是我们村落，我们村没有大旱！一旦嬴鱼引来洪水，那就是滔天大祸！"

"是啊！绝不能让你们祸害我们村！"

"拦住他们！保卫村子！"

眼看着战士们发怒的样子，泽一脸茫然，觉得自己也变成了毁家灭族的大恶人。

无奈之下，泽和嬴鱼调转方向，想从另一条路回犀远村。

"如你这般，是回不去的。"嬴鱼开口道。

果然，在另一条路泽和嬴鱼再次被当地的村民阻拦，甚至连老弱妇孺都挥舞着锄头想要跟他们同归于尽。

泽再次绕路，在四方转了个遍，可没有一个村子愿意让嬴鱼经过，哪怕是从附近的山路走他们也不允许！

"该你选择了，年轻人。"嬴鱼沉声道。

"你若是强行带我闯过村落，那大水就会淹了途经的村庄，可你若是无所作为，你的族人就会饿死渴死！"

泽痛苦地抱着头跪倒在地上大喊："我该怎么办？！"

嬴鱼没有再说话，静静地等待着泽的选择。

良久，泽紧攥着双拳站了起来道："我们从没有河流的村庄经过，这样大水带来的损失小，不会伤了人命！"

"即便如此，他们的房屋也会被冲垮，他们的庄稼也会被淹死。"

"可如果不这样做，我们犀远村全村人都会死！两害相权取其轻，大不了回头我们犀远村再弥补他们村的损失！"

嬴鱼沉默了良久，最终点了点头。

泽和嬴鱼来到了离河最远的村落，村民依旧挥舞着武器拼死拦路。

这一回，嬴鱼直接召来了大水，一路冲了过去。

而这村落也一时间成了泽国，等大水退去后，所有的房屋都已破败不堪，庄稼也被淹死，人人趴在地上号啕大哭。

泽不忍地闭上了眼睛，一路故技重施，带着嬴鱼来到了犀远村。

"泽，你真的做到了！"

"嬴鱼！感恩您的到来！"

犀远村上下欢欣鼓舞，将泽当成了英雄，将嬴鱼奉为救世的神祇。

这是嬴鱼第一次受到人族的敬仰，可它却并没有笑容，在大水如期而至后，它便起身返回。

"嬴鱼啊，若是来年再有旱灾，还请您再来相助啊！"

嬴鱼摇了摇头道："这是我第一次帮人族，也是最后一次帮人族。"

众人一愣，一脸不解。

"我救了你们一村，却害了沿途所经的十一个无辜村落，我这不是在救世，我这是在灭世！"嬴鱼沉声道。

此言一出，犀远村上下皆愧疚不已。

"我们会补偿他们的！"泽羞愧地喊道。

嬴鱼摇了摇头不再言语，乘着水流原路返回。

路上，早已有被大水淹了的村子村民持械等待，眼里尽是仇恨，想要报复嬴鱼。

嬴鱼本可再次趁着大水冲过去，可它却在人群中停了下来。

"我毁了你们的房屋，淹了你们的庄稼，如今就用我的血肉弥补你们，至少让你们不至于饿死吧。"

村民们面面相觑，最终还是举起了武器，一刀刀割下了嬴鱼的血肉。

嬴鱼凄惨地叫着，那本如鸳鸯般清脆的叫声此刻却哀婉无比，直到血肉被挖到能看见骨架了，村民们才收手。

没有人感谢嬴鱼，也没有人再出憎恨之语，嬴鱼拖着满身的伤痕吊着命回到了洋水河。从此，万年不出。

《幻山海——青丘山》 布面油画　105×105cm　2019

天狐之殇

谢 晟

青丘之山，其阳多玉，其阴多青膳。有兽焉，其状如狐而九尾，其音如婴儿，能食人。食者不蛊。

——《山海经·南山经》

"苏月，你切记，此次下山必定要杀死奎山部首领魁。"天狐一族的长老齐聚一堂，对那叫作苏月的狐族少女叮嘱着。

苏月躬身一叹，天狐一族本是青丘狐族的分支，数百年前迁徙到惜月山一带生活，一直无人打扰。

但数月前，突然有一个名叫奎山部的人族部落也迁徙至此，占据了惜月山水草最丰茂之地，严重影响了天狐一族的生活。

因此，天狐长老们决定派出狐族最美丽、最魅惑、最智慧的少女苏月前往奎山部接近魁，伺机刺杀！

苏月带着全族的重托下了山，她提前打探好了奎山部的行进路线，在一个美丽的湖边，打扮成无知的落水少女，等待魁的到来。

果然，一切如苏月所料。

魁的确从湖边经过，也的确霸气地直接跳入水中抱着苏月游了上来，为她披上了自己的大衣。

魁和苏月对视，英雄和美人惺惺相惜。

苏月心中尽是得意，果然男人都是一个样，看见了美丽且柔弱的女人就会生起天然的保护欲。

就在苏月刻意地掀开自己衣服一角，展露雪白的香肩时，突然感觉到自己的后脖一阵冰凉。

苏月惊呼出声，竟是魁突然用自己的青铜剑抵住了她的后脑。

"天狐一族，果然有趣。"魁的眼中尽是戏谑。

苏月顿时遍体冰寒，原来魁早就知道自己的身份，那岂不是……

魁的手下带着苏月来到了奎山部的营地，手下向苏月提了条件，只要苏月带着奎山部攻打天狐一族，就可以让她活命，并许诺她可以成为新的天狐一族族长。

苏月自然拒绝了这荒谬的条件，她并非贪生怕死之徒，已经做好了被杀死的准备。

但令她诧异的是，一连几天，自己都只是被关在帐篷里不准胡乱走动，可食物和水甚至梳妆之物都一应俱全，部落之人也对她彬彬有礼。

可苏月并没有觉得兴奋，反而觉得奎山部的行为诡异至极。终于，她忍受不住整日猜疑到发疯，主动提出见魁一面。

她如愿见到了魁，当先问道："你究竟意欲何为？"

魁笑道："是你来刺杀我，反而问我意欲何为？你不觉得荒谬吗？"

少女自知理亏，羞红了脸。

"你杀我未遂，是你欠我的。你既不愿出卖狐族，那便无法偿还，所以我扣着你不让离去，这难道不应该吗？"

苏月一阵默然。

"更何况这段时间你也是好吃好喝地被人伺候着，并未缺衣少食，我也算没有怠慢你这仇人吧？"魁一脸调笑之意。

苏月此刻有一种荒唐的感觉，竟认为自己要刺杀的这魁其实是一个好人，嗯，还是一个长得高大帅气的好人。

苏月红了脸，使劲儿地摇了摇头想要丢开这荒谬的想法。

"那你要囚禁我一辈子吗？"

"你不愿陪我一辈子吗？"

"当……当然不愿！"

"可这是你欠我的。"

"我……我还你！"

"怎么还？我偌大一个奎山部，莫非还有你不会的本领？"

苏月一愣，歪着脑袋想了想，而后猛地一拍大腿喊道："我们天狐一族会占卜之术，你们人族不会！"

魁嘴角上扬，像是喜欢看苏月这可爱的模样。

"好，我奎山部正要与上溪部交战，验验你这本领是真是假！"

魁唤手下拿来一张地图，向苏月解释道，

上溪部可能的行军路线一共有三条，一条过河，一条穿过山谷，一条绕到奎山部后方。

苏月走出帐篷，盘膝坐在地上，对着月亮默念祷告，而后剪下自己的一段发丝，抛到空中。

发丝在空中摇摆着，分成了两段，最后落地。

"上溪部会过河！"苏月一脸得意扬扬地对魁挥着手，就像在向自己的朋友展示心爱的宝物。

魁笑了，笑得很温暖。

三日后，上溪部全军渡河至河道中央时，奎山部突然从树林中杀出，半渡而击，斩首无数，大败敌军。

魁骑着烈马乘胜追击，直捣上溪部营地，彻底吞并了上溪部。

"你不欠我了，可以走了。"

"你真的让我走？"

魁点了点头，苏月反倒有些失落。

苏月的背影渐渐远去，魁脸上的笑容也散去。

"不对，我被骗了！"

"奎山部根本没打算先进攻狐族，而是故意以退为进，诱导我答应为他们占卜！"

"他们一开始的目的就是借我的占卜之力吞并上溪部，壮大实力在惜月山站稳脚跟！"

苏月不愧是天狐族最智慧的少女，一出奎山部营地便反应了过来。

"魁这个大骗子！"

"哎呀，这下怎么办，我下山是为了杀了魁赶走奎山部的，可现在反而帮他们变得更强了！"

苏月懊恼地拍了拍脑门。

就在这时，身后却传来了数十道马蹄的追赶声。

只见奎山部的战士赶上来包围了苏月，苏月一愣。

"首领，我们已经打探到了天狐一族的藏身之地，现在唯一的阻碍就是林中的瘴毒！"

"传闻只要吃下天狐的血肉，就能使人不中邪毒之气！"

奎山部族人纷纷跪下，双手高举青铜剑劝着魁。

而魁的目光却始终在刑场中央被绑着的苏月身上。

苏月满脸绝望，仰天长啸。

"魁，到了这一步还假惺惺的干什么？！杀了我成全你的野心吧！"

魁一步步走到苏月身前，抚摸着她的发丝。

"你愿意陪我一辈子吗？"

苏月愣住了，但很快又吐了魁一口唾沫。

"你这骗子别演戏了！"

魁笑了笑："看来你是不愿意的，但即便如此，你也该自由！"

魁割断了苏月的绳索，再转身时，奎山部众已经纷纷对他拔剑相向。

"只有带领奎山部壮大的，才是首领！"

"魁，你莫要自误！"

魁笑了，还是那般温暖的笑。

他背着苏月，手持青铜剑，浑身数十处受创，终于杀出了重围，带着苏月逃回了惜月山。

但魁已经濒死了。

"大骗子！你不准死！我不允许你死！"

苏月哭喊着。

"我愿意！魁！我愿意！"

这是魁临死前听到的最后一句话。

魁露出了这一生中最后一个笑容，也是最温暖的笑容。

女魃

刘光辉

有人衣青衣，名曰黄帝女魃……所居不雨。

——《山海经·大荒北经》

1

岳山国少君抚了抚马鬃，翻身跨上马鞍，箭壶里的箭叮当作响。寻竹送到门外，还没来得及叮嘱，少君一挥手，已经纵马而去，只留了个背影。身后的兵将慌忙跟上。

早晨的雾气还没消散，寻竹看着打猎的人群越走越远，朝阳顶着红晕渐渐升起。

旱情没有缓解，少君的心情越来越低落，借着打猎略消胸中块垒。他父亲英明神武，指挥着大军，多次把善于驱使虎、豹、熊、罴的北齐国杀得大败。北齐国只能求和，她是国君最年轻的女儿，只能跟着和亲队伍来到岳山国。

婚后，少君对她很是恭敬，举止从未失礼。她却总觉得少点什么。

年前老国君视察边地，失足掉进源泽，竟然溺亡。这源泽方圆百里，是上古凶神相繇的血污所化，周围谷物不生，百兽不近，大禹爷曾三次想填塞它，但三次均以失败告终。老国君

《幻山海——黄帝女魃》 布面油画　100×80cm　2019

一死，年轻的少君登位，诸事繁忙，夫妻相处的时间越发少了。

今年旱情难解，始州国又利用地处上游的优势，把顺水的水源截了，岳山国几次致信均无回应。她也遣人去北齐国求助，不料父亲却说她是女子，干政不吉。寻竹心里只得苦笑，若说女子不得干政，何以战败，就把女子送出来当这政治的牺牲品？

2

少君回来的时候已是黄昏。她在宫殿下，看着屋檐铃铛随风摇摆，屋脊的影子渐渐与夜色融为一体。

少君骑在马上，踩得石板哒哒作响。这声音既密集又脆弱，带着慌乱，与平日的稳重不同。

她远远地看到，少君怀里拥着一个女子，黑发遮脸，不辨面目。走到近前，她才看到女子青衣上带着血迹，宛若桃花盛开。

她指挥宫人接下女子，又安排速请医师。无意中抬头，见少君神情焦急，心里忽然一痛：这神色，她未曾见过。

她从旁人处得知当日情形：少君追着一只青鸟，一直来到大泽。大泽是群鸟退羽之处，芦苇浩浩荡荡。少君连发几箭，皆未中，最后一箭，射中的却是这青衣女子。

她还知道其他的说法：有人说这女子是妖，青鸟所化，并非人类。还有人说这女子是少君的情人，借此进城而已。更有人说，这女子是始州国的间谍，是来刺探情报的。

当着她的面，少君什么也没说，她也没问。有时候，她希望少君能解释一下，为何带她进宫，哪怕是些没用的场面话也行，但是没有。

她等着那个青衣女子醒来。

3

青衣女子醒来后，就在宫里四处行走，到处看，觉得一切都新鲜。有时候会问，少君就耐心地回答。

她说自己在赤水长大，却去过很多地方。月圆的时候，坐船航行在海上，能听到氐人在歌唱，歌唱氐人阿绿嫁给了建木国国君。在晨光熹微的时候，还能看到人面鱼身的陵鱼追赶飞鱼，溅起的水花闪着银光。她说大人国里，有一种大青蛇，脑袋黄黄的，最喜欢吃大鹿。沃民国的人，喜欢吃凤凰鸟的蛋。

每次她说这些，少君就听得入迷。他没去过太远的地方，所识的物种也有限，战场上的虎、豹、熊、罴倒是常见，但那是要命的猛兽，实在没有赏玩的兴趣。

青衣女子喜欢找寻竹聊天。寻竹虽未远行，但见识却不差。她所知的远远超过所谈，每每话语不多，却能切中要害。她知道长着三张脸、却只有一只胳膊的三面人，知道长着六个脑袋的鸺鸟，知道比翼鸟、天犬、九尾狐。但有少君在场，她从来不说。

青衣女子的手很好看。十指纤细，像初春柳条般柔软。手背洁白晶莹，淡蓝色的血管覆盖其上，像初雪后流淌的小溪。

寻竹常常握着这手，发出赞叹声。青衣女子却喜欢用这手，挠她的痒。有时候少君在旁，也无所顾忌。

三人渐渐走得很近。有次打猎，少君也带了她俩同去，对寻竹骑马的从容，很是惊叹。

4

少君越来越离不开青女。寻竹无数次半夜醒来，望着隐隐星光，沉沉夜色，不知身在何处。

她听到的声音越来越杂。有很多已经牵涉国事，连父亲都派人来询问。红颜一旦和祸水连在一起，背后必然隐藏着动荡。

该到决断的时候了，她不希望看到杀戮和血腥。她派去的人，从系昆山的共工祭坛请来了大巫师。大巫师的卜辞里，有这么一句：不雨，是天谴。

再过十天，就得举行求雨的郊祭了。郊祭，照以往的惯例，要用牛羊猪狗供奉上天，这次怕是不行了。大巫师说，一定要用"人牲"祭天，否则干旱就得持续十年。

她已经得到了大部分老臣的支持。

5

传说当年黄帝大战蚩尤，屡战不胜。蚩尤身旁两员大将风伯和雨师，经常在战争中布云施雨，让黄帝吃尽了苦头。天帝派女魃助阵黄帝，女魃能静风止雨，蚩尤因此大败。但女魃法力用尽，无法重回天界，只得留在山海界。因她所在的地方从不下雨，逐渐被人们厌弃，黄帝只能将女魃迁至赤水。女魃又喜欢到处游荡，却常常被人驱赶。

寻竹只觉得，可惜了那一双手。于是，她把它们砍了下来，留在了身边。

马蹄声声，岳山国少君又要打猎去了。

原 文

《山海经·海外南经》：比翼鸟……其为鸟青、赤，两鸟比翼。

《山海经·海内南经》：有木，其状如牛，引之有皮，若缨、黄蛇。其叶如罗，其实如栾，其木若蓲（ōu），其名曰建木。在窫窳西弱水上。氐人国在建木西，其为人人面而鱼身，无足。

原 文

《山海经·海内北经》：陵鱼人面，手足，鱼身，在海中。

《山海经·大荒西经》：有沃之国，沃民是处。沃之野，凤鸟之卵是食，甘露是饮……有赤犬，名曰天犬，其所下者有兵……大荒之中，有山名曰大荒之山，日月所入。有人焉三面，是颛顼之子，三面一臂，三面之人不死……有青鸟，身黄，赤足，六首，名曰鸀（chù）鸟。

《山海经·大荒东经》：有青丘之国。有狐，九尾。

《山海经·大荒北经》：有人名曰大人。有大人之国，厘姓，黍食。有大青蛇，黄头，食麈……有北齐之国，姜姓，使虎、豹、熊、罴……有顺山者，顺水出焉。有始周之国，有丹山。有大泽方千里，群鸟所解……共工臣名曰相繇，九首蛇身，自环，食于九土。其所歍所尼，即为源泽，不辛乃苦，百兽莫能处。禹湮洪水，杀相繇，其血腥臭，不可生谷；其地多水，不可居也。禹湮之，三仞三沮，乃以为池，群帝因是以为台。在昆仑之北……有系昆之山者，有共工之台，射者不敢北乡。有人衣青衣，名曰黄帝女魃。蚩尤作兵伐黄帝，黄帝乃令应龙攻之冀州之野。应龙畜水，蚩尤请风伯雨师，纵大风雨。黄帝乃下天女曰魃，雨止，遂杀蚩尤。魃不得复上，所居不雨。叔均言之帝，后置之赤水之北。叔均乃为田祖。魃时亡之，所欲逐之者，令曰："神北行！"先除水道，决通沟渎。

荀草

方如梦

青要之山，畛水出焉，而北流注于河。其中有鸟焉，名曰鴢（yāo），其状如凫，青身而朱目赤尾，食之宜子。有草焉，其状如菅，而方茎、黄华、赤实，其本如藁木，名曰荀草，服之美人色。

——《山海经·中山经》

1

第一次见阿箬，便受了她的眼泪。

说也奇怪，倒不是其他，而是阿箬的眼泪正巧滴在根上。

虽说天地精华灵气都在这青要山上，但说要得到人类一点精魄因而获得灵识，那也须得机缘凑巧。就像身边那老鴢鸟，修炼了几百年也未见有此奇遇，整天叽叽喳喳连句人话都说不出来。

周遭天地阔朗，其他的杂草郁郁葱葱。

小小的阿箬因为绊倒，哭得涕泪横流，伤心欲绝。

我努力摇动枝叶，企图安慰她。她看着我突然开出来的一朵小黄花，突然笑了。脏脏的小脸上带着亮晶晶的眼泪。

2

阿箬觉得我是一个可以听她说话的伙伴，便常常过来。

《幻山海——青要山》　布面综合　80×100cm　2019

干旱时候还带着个小罐子时不时地给我浇一浇水。

我便努力开花给她看，阿箬看着那一朵不甚起眼的小黄花，常常便笑了。

她说："爷爷说，你叫苟草，吃了之后能让人变漂亮对不对？"

我收起小黄花，警惕地摇摆了一下。阿箬咯咯笑了，伸手摸摸我的叶子："放心，我不会吃你的。爷爷说，漂亮打什么紧，顶重要的是心要好。山下的小孩嫌我丑不跟我玩又怎样，我不是还有你和那只鸺鸟吗？"

3

日子一天天过去，阿箬一天天长大。

长成大姑娘的阿箬很会唱歌，也很会跟老鸺鸟拌嘴，老鸺鸟也总是一边吃着阿箬带来的人类的食物，一边叽叽喳喳地数落阿箬。

日子长了，他两个叽叽呱呱的好像真能听得懂对方到底在说什么一样。

阿箬摸摸我，我就努力开出小黄花。

嘈嘈杂杂的日子，平凡而又快乐。

4

那一天我们一起看日落。

迎着日落，一群人驱策着两头文虎慢慢走过来。

虎啸山林，冷不防震得老鸺鸟一哆嗦，拍起翅膀骂骂咧咧地飞往高处。

阿箬却并不害怕这两只文虎，只是凝视着走过来的众人。走在最前面的少年衣着华丽，身带佩剑。这少年真是生得好看极了，阿箬瞧着他的眼神充满了惊讶和一抹我不太懂的神色。那人猛地瞧见阿箬的脸，却吃了一惊，急急忙忙转过的脸上写满了嫌弃和鄙夷。

跟着的人大声说："君子国小国主路过，尔等还不回避？"

真没礼貌。

阿箬却没吭声，顺从地从地上站起身来拍了拍手，垂头站到一边去，给这些人让开路。

文虎重重地踩了我一脚，我眼前一黑，根茎差点被踩断。

这群人和这两只文虎，我一点都不喜欢。

阿箬却睁大眼睛红着脸，目不转睛地一直盯着少年，直到背影消失。

阿箬坐回我身边，愣愣地想了半天，说："他长得可真好看。"

我努力地伸直被踩弯的根茎摇了摇，表示不赞同。

阿箬却没有如往常那样摸摸我。

5

阿箬开始努力装扮自己了。今天头上插朵花，明天又把头发弄成别的样子。

阿箬渐渐地不笑了。

看日落的时候，阿箬很是怅然："爷爷说的是错的，长得好是一件很重要的事情。小国主长得那么好看，我很喜欢他，你说这可怎么办？"

我不知道该怎么回答，只能摇了摇小黄花。

阿箬轻轻摸摸我："你放心，你是我的朋友，我怎么会吃掉你？"

6

君子国那一群人又来了。

阿箬惊喜交加，轻轻拍着我指向高处逆着日落的方向，"你看，你看，他们果然回来了。"

虎啸山林，震撼大地。

被吓过一次的老鸱鸟听了这虎啸声暴躁起来，拍着翅膀不由分说飞扑到文虎眼前就啄了虎的眼睛。

文虎受惊之下疯狂逃窜，见人就咬，就算这群人的长矛也控制不住抓狂的文虎。小国主在混乱中从山坡上滚到了阿箬脚下，晕了过去。

阿箬轻轻用手擦着小国主脸上的血。

随从被文虎追得抱头四散逃离，撇下了阿箬身畔一身狼狈昏迷不醒的小国主。

阿箬咬紧牙关用小小的身躯背着小国主一步一步朝山下走，只剩我独自在夕阳下举着那朵小黄花。

7

阿箬许久许久之后才回来，在我身边哭成泪人。眼泪浇在我的叶了上和心里。

阿箬说，虽然君子国国主感念阿箬救了小国主，愿意让阿箬如愿嫁给小国主，然而小国主看见阿箬的脸就生气，亲手砸了准备好的喜轿。

阿箬问我，该怎么办？我不知道。

如果变得漂亮能让阿箬开心，如果阿箬那么希望嫁给小国主，我是不是应该帮助她？

她的眼泪，曾经浇在我的根上。

苟草，服之美人色。我想了想，又想了想。

小黄花慢慢地开在风中，阿箬的眼睛亮了起来。

8

我用最后的灵识看着吃了茎叶后慢慢变成美人的阿箬。肤白胜雪，目若点漆。

我的摇摆慢慢地消失在日落后的暮色中。

若无她，今生我便也无灵识。

此番全都还给她又有何妨？

愿变美后的她能如愿嫁给小国主。

原 文

《山海经·海外东经》：君子国……衣冠带剑，食兽，使二大虎在旁，其人好让不争。

书生与鸾鸟

绯夜妖

有鸟焉，其状如翟而五采文，名曰鸾鸟，见则天下安宁。

——《山海经·西山经》

南岳之地有一个书生叫黄庭，字悦然，少年时因才思敏捷、学富五车闻名于乡里。成功过了童试后，乡试之时太守杨焕之曾看过他的文章，并给予其"文采斐然"的好评。因欣赏他的文采，便请黄庭亲来府上，从言谈之间观察他的举止与文采。

饮茶间，杨太守问："家中可有如花美眷？"黄庭如实回答说，家中仅有一老母与他相依为命。太守笑而不语，随即命人将他送回家中。

第二日，媒婆来黄庭家中报喜，说是杨太守传话给他：要是能勤奋努力考取功名，太守便将他的掌上明珠嫁于他。

媒婆说杨太守的女儿美若天仙，琴棋书画样样精通，若是书生能娶到这样美貌的妻子，那可是前世修来的福气。黄庭听后，心动不已。他很有信心自己可以考取功名，可是第三次会试就落了榜。

他托人转告杨太守："我命由我不由天，功名是迟早之事。请太守大人再等我三年，若是三年后我还未通过考试，请再将您的女儿另嫁他人。"

自此，黄庭更加刻苦地学习。

一天夜里，皓月当空，有一个秀才来拜访黄庭。这人生得面如冠玉，长眉若柳，身如玉树，只是一头齐耳短发和清冷的气质尤其引人注目。黄庭客气询问此人从哪里来，有何事来此地。那人作揖说："小生姓蓝，单名泽。"

两人稍稍说了几句话，黄庭便觉得与他甚是投缘，此人见识广博，心中暗暗赏识，把酒言欢之后便想留蓝泽同宿一处。蓝泽也不推辞，睡到天亮才走。黄庭再三嘱咐他，得空记得再来叙旧。蓝泽觉得黄庭诚恳热情，便提出不久后自己搬家，需要在他家借住一段日子。黄庭欣喜不已，他们约好搬家的日子就此分手。

到了约定之日，果然见到有一驾车的老翁送来了一些日常用品与锅碗瓢盆，蓝泽则牵着一头稀罕的白骡子来到门前，黄庭早早地便命家中仆人洒扫好了屋子，他为蓝泽安排了干净的客房住宿，还命下人将蓝泽的白骡子牵入马厩好生伺候。

从此以后，一见如故的两人朝夕相伴，研究学问，黄庭觉得自己收获颇丰。他见蓝泽不读四书五经，却只捧着一卷《山海异闻》看，书中讲的尽是一些奇闻逸事，还能教人炼丹修道。黄庭甚是好奇，蓝泽却笑称他不适合读此书。

"蓝弟，这是为何？"黄庭问。

"你考取功名不就是心念杨太守的女儿，又怎么可能摒弃杂念一心求仙问道？"

蓝泽的话让黄庭心生愧疚："虽说窈窕淑女，君子好逑，只怕我这俗人未必有这福分。"

想到女子韶华易逝，而杨太守迟迟未回信给他，黄庭担心这段情缘不过是自己一厢情愿罢了。

蓝泽笑道："黄兄并未见过杨太守家的女儿，何以如此就认定此女，万一她是个丑八怪呢？"

黄庭一笑置之："蓝弟不知，乡里人都说我这穷酸书生年纪已大却妄想攀附太守高枝，可他们却不知我心比天高！杨太守对我的赏识，我一直心存感激。即使杨家之女未必是个美人，但她大家闺秀的气度与才华路人皆知，这才是我真正所仰慕的。"

"黄兄竟然不好色？"蓝泽试探一问。

黄庭摇摇头说道："为兄不是眼浅之人，大凡以色事人者，色衰而爱弛，爱弛则恩绝，娶妻娶贤才是正道！"

蓝泽一笑了之。

第二日，蓝泽整理了行装提出要远行，黄庭心中不忍分离，再三挽留他，可蓝泽却去意已决。黄庭无奈，只能依依不舍地与他惜别。

临别之际，蓝泽故意伸手揉搓着耳垂，问黄庭："黄兄可有发现我的耳朵与其他男子有何不同？"

黄庭定睛一看，竟发现蓝泽的一对耳垂竟然有耳洞！

"你竟是……"黄庭无比震惊地望着蓝泽，正想再问她为何欺骗自己，蓝泽竟转眼间

《幻山海——鸢鸟》 布面油画　105×105cm　2019

化身成一只通体赤色，五彩长尾的鸟儿振翅高飞……

苍穹之上，它鲜红的身影和清越的鸣叫声立刻吸引了周围看热闹的人群，突然有人惊喜道："啊！神灵显灵，竟然是象征吉兆的鸾鸟啊！"

这时候，黄庭才后知后觉。

第三年，黄庭殿试高中状元，以自己已有婚约在身为由婉拒了皇帝赐婚的长公主，衣锦还乡后迎娶了南岳太守的女儿。

大婚当日，当黄庭掀开太守女儿的红盖头时，一个极美的清冷女子映入眼帘，她长眉若柳，金佩玉环，齐耳短发分外引人瞩目，耳垂摇曳的金鸾吊坠叮当作响。

"黄兄，许久不见，你可挂念过蓝儿？"喜床上，凤冠霞帔的女子剪水秋瞳含情脉脉地望着黄庭，嘴角噙着调侃的笑意，周身清冷气质早已消失不见。

"啊？怎么是你！"

黄庭当场傻了！

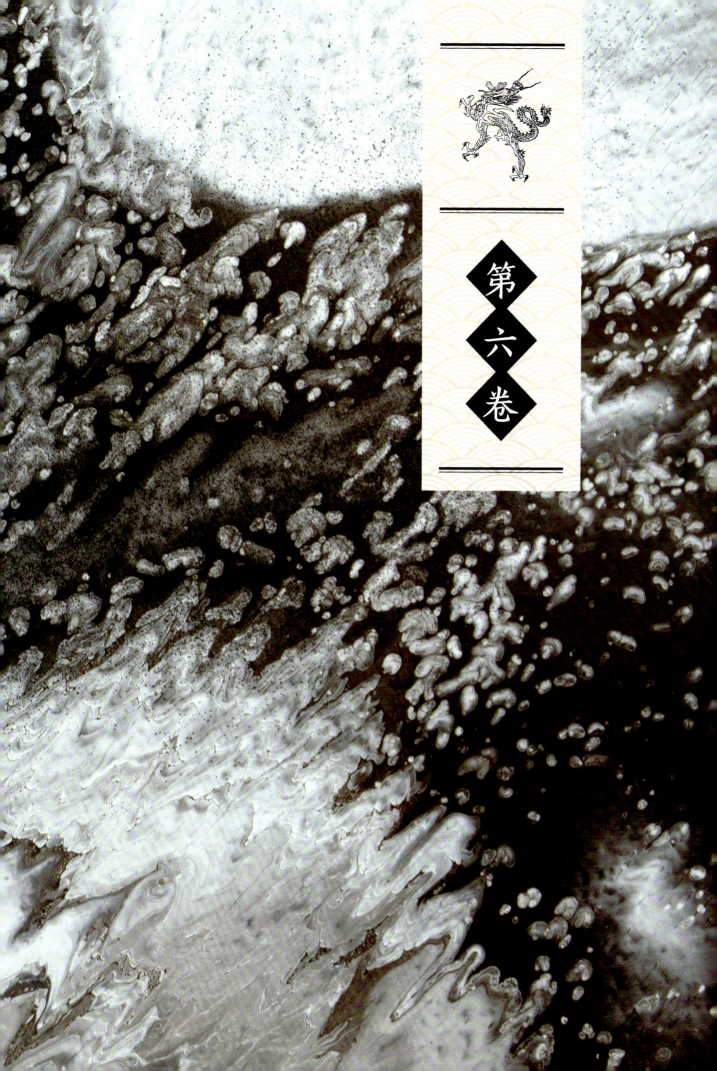

第六卷

《幻山海——陆吾》 布面油画 105×105cm 2019

陆吾

刘光辉

昆仑之丘，是实惟帝之下都，神陆吾司之。其神状虎身而九尾，人面而虎爪。是神也，司天之九部及帝之囿时。有兽焉，其状如羊而四角，名曰土蝼，是食人。……有草焉，名曰薲（pín）草，其状如葵，其味如葱，食之已劳。

——《山海经·西山经》

1

雨越下越大，很快地上形成了洪流，不少人家的杂物，顺水流淌在大街上。有女人的一只鞋子，还有孩子的红肚兜，一只小猪仔试图从水中站起，但每次都是徒劳。

陆压站在茅檐下看了看，没有什么值钱的东西，他转身回屋。屋子里的丹炉渐渐变凉，穷奇的内丹快炼好了。

抓这只穷奇可不容易，费了半年工夫。光准备诱饵——迷草熏肉，就花了太多钱。这半年肉价涨得太快，迷草也跟着涨，无良商家坐地起价，可恨。

即使吃了诱饵，摇摇欲倒，这穷奇的力气还是大得出奇，尤其是它翅膀上的味道，又腥又臭，刺猬一样的毛发，也熏得人发晕。

想到这里，陆压下意识地闻了闻腋下，那股味道仿佛还在。他想着要不要在雨中冲一下澡，还能省点洗浴钱。一抬头，就看到了跪在院里的黑衣少年。

这个十五六岁的少年，每天都来，一言不发，就是跪着。早晨起来，拥抱太阳，你就看到了他，一般跪到月上柳梢头，他就回去了。

陆压知道他想干吗，就是想要这穷奇的丹丸。一定又是红绫捣的鬼，要不是她授意这小子，旁人怎知道他要捉穷奇？这半年忙忙活活，家产搭进去大半，好不容易成了，就等着发笔横财，这小子就来了。看穿戴打扮是个平民，肯定没钱。唉，上次心软，被红绫钻了空子，弄去了美容养颜的荀草膏秘方，这次，又要来空手套白狼？

陆压决心不搭理他。要是下跪这么值钱，他也改行要饭去。

这小子怎么一动不动了？不对劲！唉，碰瓷无处不在啊！

陆压走进雨中。

2

"你要我这丹药干吗？普通人用不上，你又不是术士。"陆压把稀粥递给少年。

"我要救阿薰，她被土蝼捉走了。我追不上，也打不过。请术士，我没有钱。"

"城里有缉妖司，他们管这个，你去找他们呀。"

"我去了，缉妖司说要排队，他们已经知道了，上头正在处理这件事，最快也得半年。"

"半年以后，你那阿薰坟头都长草了。土蝼每次捕食都是一天抓一个，凑足七七四十九人，再一天吃一人，之后找个洞穴睡半年。你来我这里也好几天了，阿薰能不能活着还不一定。"

"我要救她。我自小父母双亡，是阿薰的父母收养了我。我们一块长大，那年她为了救我，被蛊雕抓伤了脸，留了好大的疤痕。"

"唉，你这么年轻，路还很长。你还会遇到其他的女孩，没有什么比你的命更值钱。"

黑衣少年抿抿嘴，不说话了。他额上长了块红斑，红得像血。

"妖丸虽说服用之后能增强力量，但是你的身体也会变化。更多的人是不耐药力，直接挂了。你服下穷奇丸会变成什么样，我也不知道，你要是死了，就什么都没有了。"

"我……不怕。"

"少年子只知道情爱，活着不好吗？我这里有昆仑山上的蕡草，吃了可以没有烦恼，价格也公道，不然你买点尝尝，给你半价。"

黑衣少年摇头说："我要救她。"

"可是，你真变了样子，她还会认得你吗？"

"我要她活着，好好活着，就够了。"

3

少年没有死，可是他变了模样。身体和四肢，完全是老虎的样子，脸上也长出了厚厚的一层毛，只有额头上的红斑隐约可见。他没有穷奇的翅膀，却有九条尾巴，这不是穷奇的特征。估计上次抓的那只穷奇也不是纯种，有青丘九尾的血统。

陆压开始训练少年。

"土蝼抓去的人，通常会放在一个地方，每天还会给他们喂食。这家伙不吃死人，死一个人，他就会另抓一个，一定要凑齐四十九个活人才吃。这货长得像个羊，通体雪白，看上去温温顺顺，最是狡诈不过。你要特别小心，它头上有四个角，会突然变长，锐利无比。

"你现在这个样子，只是穷奇的虎身你留下了，力量根本不够。这九条尾巴，将来会有用处，现在我也想不出能干啥。土蝼不一定能跟你打，他会以为穷奇来了，试探一番，就跑路。因此，你重点是练声，气势上要镇住它。明天我带你出城，找个僻静的地方，找找共鸣腔。"

少年摆摆尾巴，跃跃欲试。

"你不要随便乱跳，我家房顶上的瓦很贵的。"

4

阿薰在缝衣服。

她从土蝼洞穴里爬出来，已经过去了好久

好久。久到她觉得是做了个噩梦，恍惚不是真的。

阿薰脸上的疤痕不见了。有个邋遢的术士，给了阿薰一盒药膏，说可以去疤生肌。

阿薰把黑色的衣服缝好了，她叠得整整齐齐，春夏秋冬四季都有，满满的一箱子。

阿薰父母说他为了救阿薰，跌下悬崖了，再也没有回来。

只有阿薰记得，那只九尾虎额上有块红斑。

阿薰听到了乐器的吹打声，迎亲的队伍来了。

阿薰要出嫁了。

5

"我叫陆压，你就叫陆吾吧。你这九条尾巴，不太好找媳妇。改天我找九尾狐大妈，给你介绍几个。"

陆吾仿佛没听到一样，对着昆仑山谷吼了起来，轰隆作响。

"这事有意思了。你赶跑的土蝼跟之前不太一样，不是野生的，像是豢养的，他脖子上有块符石。有人盯上这山海天地了，我们有活干了。"

原 文

《山海经·南山经》：鹿吴之山，泽更之水出焉，而南流注于滂水。水有兽焉，名曰蛊雕，其状如雕而有角，其音如婴儿之音，是食人。

《山海经·海内北经》：穷奇状如虎，有翼，食人从头始，所食被发，在蜪犬北。一曰从足。

《山海经·中山经》：青要之山，有草焉，其状如葈，而方茎、黄华、赤实，其本如藁木，名曰荀草，服之美人色。

姑媱山

刘光辉

姑媱之山。帝女死焉，其名曰女尸，化为菡（yáo）草，
其叶胥成，其华黄，其实如菟丘，服之媚于人。

——《山海经·中山经》

1

屋子里有些热。大白天的关门堵窗，还点上一支巨大的火
烛。这火烛油据说是从烛龙身上提炼的，但烛龙油能燃百年，
绝不会像眼前这般冒黑烟。

陆压扫了一眼。与上次他来相比，这间客厅里少了很多东
西，那套最贵的夸父山楠木桌椅也不见了。

仆人低头开门，虢夫人终于来了。

岁月在她脸上，依旧没有留下痕迹。白如美玉，肤如凝脂，
双眸似水。要是再多一点点表情，就更好了。

虢夫人把手里攥着的药膏扔给陆压，冷冷地说道："菡草膏，
你知道我早就不用了。"

"最近山海界不太平，实行封禁以后，出去太不易。菡草
的存量不多了，好多商家都囤着，等着涨价赚一笔。我这菡草
膏还加了东海的珍珠粉，你知道……"

《幻山海——姑媱山》 布面油画 125×95cm 2019

她摆摆手，不想再听下去了。

"最近，关于我的流言蜚语很多。有长舌妇竟然说，没有子嗣算什么女人？"

"任何人都可以变得狠毒，只要她学会嫉妒。没有子嗣，关她们什么事？"

"不仅仅是长舌妇们，其他的人也……"她坐到椅子上，露出疲惫的神情，"那些年轻的姑娘们，越来越没有底线，她们的行为举止令我感到羞耻，但是男人，尤其是老男人，就吃这一套。"

她越说越愤怒，陆压听得有些不自在。封禁以来，城里的年轻人无所事事，能产生幻觉的鬼草价格直线上涨，极品的无忧鬼草在权贵间更是流行。

"我厌倦了无休止的争斗，尤其是与岁月，无论如何，我也赢不了岁月啊。陆压，红绫说你什么都能弄到。我听说姑嫚山上有蘦草，服下可以摄人心魄，从此听命于一人，只是难寻。只要你能弄来，我便给你高价，而且你和红绫的事，我给你说去。"

陆压苦笑道："不是我不想去，只是姑嫚山乃帝女之坟冢。你说的蘦草，又名女尸草，术士们都是听过没见过。古经记载，第一个服下的人发疯而死，之后再也没有记录了。你这不是我要去寻草，你这是要我命啊。"

"红绫的事，你也不考虑？"

陆压说："我要能弄来蘦草，第一个先给她服下。这死丫头害惨我了。"

2

的确是被红绫害惨了。姑嫚山上古木参天，路径也无，石头上爬满了野藤，这些野藤带刺，陆吾的翅膀被划了几次，他不耐烦，飞到了空中。也亏他在空中寻路，不然真是难行。

"其叶胥成，其华黄，其实如菟丘。"陆压脑海里重复着这句话。什么季节开花？什么季节长果实？菟丘的果实不大，那么蘦草的花应该也不会太大，小黄花？

"你在找什么？"

"蘦草。"陆压顺口回答了一句。忽然吓了一跳，哪来的声音？他一抬头，看见眼前站着一个小姑娘，年纪只有十七八岁，鹅蛋脸，眉心一颗红痣。

这姑嫚山上，怎么会有人？饶是胆子大的陆压也吓得不轻。他正要使用清心咒给自己压惊，那小姑娘忽然咯咯笑了起来。

"好久没有人来了，你陪我说说话，我就告诉你蘦草在哪，不然你一辈子也找不到的。"

"你先告诉我，你是人是怪。"

"我不是人，也不是怪，我是帝女。"

"帝女不是早已经……"

"是呀，但是天帝用了法力，我的魂魄留下来，只是离不开姑嫚山，你要不要听我的故事？"

3

帝女是天帝的小女儿。她出生以后，天帝很是欢喜，对她宠爱有加，凡是她想要的，都想方设法取来给她玩。

"我曾养过饕餮、穷奇、混沌当宠物。饕餮太能吃了，混沌光知道睡觉，穷奇老带我天上飞。"她掰着手指头说着这些凶兽。

"山海界，我去哪玩都行。有一次，我到了槐江之山，那里开着好多漂亮的花，五颜六色的，我摘了好几朵。有些花我不喜欢，比如黑色的那种，味道臭臭的，我就掰断了好几枝。不料，因为折花，我被骂了。

"骂我的人长得很英俊，但是却有一个马的身体，他浑身虎斑，背有双翅，跟陆吾很像。他叫英招，给我父亲看管花园的。我后来才知道，他曾经跟着我父亲，打了几百次征伐邪神恶神的仗，但是他性子耿直，屡次顶撞父亲，父亲就让他看管花园了。

"在我认识的人里，没有人敢骂我，他们都怕我父亲，英招说每种花都有生命。这种黑色的花，名叫菁蓉，女人吃了，生不了小孩，但是却可以治疗腿疾。我折断了它，就等于折断了别人的腿。

"英招骂我的事，我没告诉父亲。我还经常去花圃玩。他看起来很凶，却常常把花圃的花拿去救人，他说打仗有很多人受伤，花可以救人，为什么不做？

"槐江山上还有很多神兽，长得像羊的土蝼，像蜜蜂的钦原，六个头的树鸟，蛟龙、大蛇、豹子什么的，英招都不许它们吃人伤人。

"我慢慢长大了，发现自己越来越喜欢英招了。可是有一天，我再去找英招，他却不见了。他给我留了信，父亲派他去征讨相柳了。

"我不知道相柳是谁，我想着英招那么厉害，一定能早早回来。我就等他，可是等到花圃的花都开了三次了，他还是没有音信。

"我开始着急，到处打听英招，可是没人告诉我。我去找父亲，父亲沉着脸说英招已经战死了，我是帝女，行为不可如此放肆。

"我不相信，天天哭，天天哭。有人告诉我，相柳是九头蛇，是父亲最大的敌人，英招怎么可能战胜它？

"我终于没有等到英招。我跳到了槐江里。"

4

帝女说，服下蓇草就能得到别人的宠爱，可是她爱的人已经没了。没有了爱的人，服下蓇草有什么用？

她给了陆压那朵黄色的小花。

陆压没要。他给了虢夫人忘忧花，也是黄色的。虽然药效只有一个月，但是足够虢夫人沉浸在回忆里了。

陆压的忧愁却没压住。土蝼们，曾是英招看护的。帝女说它们后来不知所踪，而今出来到处掠人，这事看起来有点麻烦。

原 文

《山海经·西山经》：嶓冢之山，有草焉，其叶如蕙，其本如桔梗，黑华而不实，名曰蓉蓉，食之使人无子。……槐江之山，实惟帝之平圃，神英招司之，其状马身而人面，虎文而鸟翼，徇于四海，其音如榴。……昆仑之丘，是实惟帝之下都，神陆吾司之。其神状虎身而九尾，人面而虎爪。是神也，司天之九部及帝之囿时。有兽焉，其状如羊而四角，名曰土蝼，是食人。有鸟焉，其状如蜂，大如鸳鸯，名曰钦原，蠚鸟兽则死，蠚木则枯。……天山，有神焉，其状如黄囊，赤如丹火，六足四翼，浑敦无面目，是识歌舞，实为帝江也。（晋人郭璞注：质则混沌，神则旁通。自然灵照，听不以聪。强为之名，号曰帝江。）

《山海经·北山经》：钩吾之山，有兽焉，其状如羊身人面，其目在腋下，虎齿人爪，其音如婴儿，名曰狍鸮，是食人。（晋人郭璞注：为物贪婪，食人未尽，还害其身，像在夏鼎，《左传》所谓饕餮是也。）

《山海经·中山经》：牛首之山，有草焉，名曰鬼草，其叶如葵而赤茎，其秀如禾，服之不忧。……夸父之山，其木多棕、楠……翼望之山，湍水出焉，东流注于济；贶水出焉，东南流注于汉，其中多蛟。

《山海经·海外北经》：共工之臣曰相柳氏，九首，以食于九山。相柳之所抵，厥为泽溪。……相柳者，九首人面，蛇身而青。

《山海经·海内北经》：穷奇状如虎，有翼，食人从首始。所食被发。在蜪犬北。一曰从足。

《山海经·大荒北经》：西北海之外，赤水之北，有章尾山。有神，人面蛇身而赤，直目正乘。其瞑乃晦，其视乃明。不食，不寝，不息，风雨是谒。是烛九阴，是谓烛龙。

氐人

刘光辉

窫窳龙首，居弱水中，食人。有木，其状如牛，引之有皮，若缨、黄蛇。其叶如罗，其实如栾，其木如菡，其名曰建木。在窫窳西弱水上。氐人国在建木西，其为人人面而鱼身，无足。

——《山海经·海内南经》

1

"你去告诉他，尽快给我回话，我等不了那么久。"氐人小绿的上半身浮在水面，鱼尾在水下摆动，晃起一片白色的泡沫。她的前胸被两个贝壳遮住，脖子上挂着一颗蓝色的珍珠。

陆压咽了咽口水，把视线挪到稍远一点的海上。海浪掀起一条白线，几只海鸥在空中盘旋。

"他说只要你服下这颗药丸，保证能长出双腿。"陆压边掏药丸边说："我对这颗药丸还做了点加持，保证你的双腿修长洁白，迷倒世间所有男子。"

小绿接过药丸，不以为然。她伸了个懒腰，甩着长长的绿色头发，唱起了歌：

彼采贝兮，一日不见，如三月兮。

彼采珊兮，一日不见，如三秋兮。

彼采珠兮，一日不见，如三岁兮。

声音袅袅，在半空中盘旋不散。

陆压屏息凝神，心想：都说氐人歌声迷人，好多出海的渔人听到会迷失其中，最后葬身于大海，今日一听，果然如此。

"我累了，想要回去。你去告诉他，我也向海巫求了一味灵药，他服下，就能长出鳞片和尾巴，跟我一起在海里生活。"小绿伸手到脑后，摸出一个海草编制的小袋子，扔给陆压。

"那里面还有一颗珍珠，是我们的近亲鲛人的眼泪。这是给你的礼物，感谢你给我们传话。"

说罢，小绿腰身一扭，潜入海中，消失不见。

2

"这怎么可能！"年轻的建木国少主，面色苍白，紧握双拳，使劲捶在面前的木案上。

"我有子民。而且为了让她变成人，我动用了建木的果实才换取的灵药。那果实五年才收一次，一颗就能换一斛珍珠！

"让我变成鱼，她是怎么想的？入赘氐人吗？我是堂堂的建木国少主！

"别以为她在海里救过我，我爱上了她，她就可以为所欲为！"

陆压一声没吭。红绫给他找的这个差事，一开始就不应该接。听着只是传递几句话，可

是这趟海上行，海风劲吹，阳光苦毒，人都被晒脱了几层皮。氐人生性随意，居无定所，找他们可费了劲了。

"你再去跟她说，最多十天，就给我答复。如果她还不答应，这事就算黄了。我不会长出尾巴的。

"还有，我听说邻近的弱水国正在造船，他们觊觎鲛人的珍珠海域，前几年就深挖水道，这次恐怕要动真格的。海里并不安全，你告诉她，我不希望氐人卷入战争。"

3

"战争？人类？"小绿玩弄着头发，还是漫不经心的态度，"让他们来吧。你们离开大海，也不过才短短的时期，现在就想回来征服我们。你们已经忘记了很多东西，你们对大海一无所知。"

陆压皱着眉头。氐人并不了解人类，不了解人类能够制造锋利的铁矛，能够投下邪恶的剧毒。在海里，氐人有巨大的力气，有飞驰的速度，但是力气和速度往往抵不过咒语，有些术士心是黑的。

"你再考虑考虑。他就算长出尾巴和鳞片，也没办法在海里生活。在水下，他无法喘气。就算他学会了避水咒，也只能避开海水，你们两个还是无法接触。"

"为什么要我牺牲？他有没有一点担当？上次他喝了几口海水，就差点死掉，要不是我日夜照顾，他早就没命了。为什么你们所谓的

《幻山海——氏人》 布面油画　125×95cm　2019

报恩，只能是我们变成人，你们却不能变成我们？"

陆压无言以对。

4

建木国少主神情忧郁。身体原本消瘦的他，看起来更瘦了，眼下又多了两个黑眼圈。

"本来不该给你看的。"他递给陆压一块树皮，树皮上刻着几行字。陆压快速读完。"……所得之珍珠等宝物，约定平分。"这最后一句，看得他心惊肉跳。

"看起来他们是约盟，实际是威胁。如果建木国不加入，他们会联合其他国家，先进攻我们。毕竟我们的建木树对疗伤治愈有奇效，他们觊觎已久。这么看来，上次我落海，也不见得是意外。

"陆压，最近有些事不太正常。弱水国开始捕捉食人兽窦窳，有人说这种水兽如果加以训练便所向披靡。你之前说的土蝼劫人，且多是青壮年，我觉得背后有什么势力，想挑动山海界大乱。

"我爱小绿，我也想像氏人一样，随波逐流，随遇而安。我想浮在海浪上，看无尽的星空，每天一早醒来，就能看到太阳。我想跟鱼儿一样自由，听海鸟鸣叫，海浪呼啸。陆压，落海的那几天，是我一生中最幸福的几天。

"可是，我不能抛下族人。我用建木果实的时候，族人毫无怨言，他们信任我，我真的不能。你最后再见一次小绿吧，告诉她，我尊重她的决定。"

5

婚礼很简单。小绿穿了一件蓝色的衣裙，衣领两边缀满了珍珠。她用海藻盘起头发，建木国少主也戴了一顶贝壳做的冠。

建木人拿出了最丰盛的食物。建木果实发出阵阵清香，虽然所剩不多，但是建木人懂得这样的时刻，需要这样的珍果。

小绿对她的双腿很满意，修长洁白，她的脚步轻盈又优雅。虽然还要忍受一阵的疼痛，但是她觉得这都是值得的。

陆压把珍珠送给他们作为贺礼。红绫低声说："小绿送你的，你又送回去。合着你什么也没出。"

陆压指指自己的肤色，黑黢黢的，只剩一口白牙。

陆吾张开翅膀，在夜空中飞了几圈，与海鸟斗起了速度。

"听说弱水国的船都被烧了，他们很生气。"陆压忽然说了这么一句，"该来的暴风雨总会来，我陪你就是。"

红绫白了他一眼，笑了。

原　文

　　《山海经·西山经》：昆仑之丘，是实惟帝之下都，神陆吾司之。其神状虎身而九尾，人面而虎爪。是神也，司天之九部及帝之囿时。有兽焉，其状如羊而四角，名曰土蝼，是食人。

《幻山海——蓄收》 布面油画　80×60cm　2019

屠龙

刘光辉

大荒东北隅中，有山名曰凶犁土丘。应龙处南极，杀蚩尤与夸父，不得复上，故下数旱，旱而为应龙之状，乃得大雨。

——《山海经·大荒东经》

1

这段路实在太难走了。陆压忍不住看了看前方，凶犁土丘绵延数百里，周围全是碎石，看不到任何植被。太阳火辣辣地烤着大地，真想找个水塘跳进去。

炎热吓退了很多人。他看到有三个人躲在一块巨石后面，靠那点阴凉大口呼吸，旁边放着脱下来的铁甲。

这也难怪，龙好久没有出现了。自从帮助黄帝战胜了蚩尤，龙族就开始逐渐减少活动，有人说这是龙族对黄帝的承诺。毕竟，它们太过显眼，力量也太过强大。北方的烛龙，不食不寝不息，看守着山海界的北大门。夔龙原本生活在海上，更是不见踪影，用它们的皮做的战鼓，至今还被供奉在太庙里。

这次出现的是应龙。龙族里强悍的种群，背生双翼，可游走在天空、陆地、海洋。应龙脾气火暴，传说当初黄帝没打算杀蚩尤，但是应龙却没放过蚩尤，因为蚩尤对龙族向来残忍，剥皮抽筋，做成战甲。

陆压不想蹚这趟浑水。但是红绫执意要来，他怕这死丫头有什么危险，只得跟来。

"应龙浑身都是宝，哪怕一片龙鳞，对术士的法力提升都有帮助。"一路上，这样的话语陆压听过太多了，他感到有点悲哀。曾经的应龙，是帮助人们战胜敌人的功臣，万人敬仰。而今，却成了人人都想要的宝物。

当然也有不同的声音。青衣派术士就声称，龙来自东方荒野，与青衣派同属一地，他们的职责是保护东方荒野中的一切。因此，他们是来保护应龙的。陆压看着他们手里的法器，多是用异兽骨做成的，内心鄙视了一番。

红绫窈窕的身影，一直走在前面。要不是为了跟她出行，他才不来。好多次，陆压都想跟红绫去山海界转转，但每次都落空，这次终于能在一起了，但没想到会有那么多人。

城里的术士门派几乎都来了。除了供奉木神句芒的青衣派，他还看到供奉火神祝融的赤衣派、信仰金神蓐收的白衣门，信仰海神禺强的玄衣派。这几派明争暗斗，互不相让，当然他们更瞧不上的还是陆压这种散派术士。尤其是陆压跟红绫走在一起，时不时窃窃私语，那些年轻术士们更是满脸鄙夷。

缉妖司也派出了几队人马。他们坐在马上，慢慢悠悠地前进，队伍后面跟着好多辆车保障给养，有一辆车上竟然装着冰块。

其他的人，多半是城里的权势人物或者富商大贾雇佣的，他们形形色色，打扮古怪。

陆压轻轻地说道："四海八荒，时装秀。"红绫忍不住笑了出来。

应龙出现在凶犁土丘的南边，他们已经快到了。

队伍出现了停滞。陆压看到前面的人停了下来，视线所及，似乎都停了下来。

"到了吗？最前面的人发现了龙？"虽然对屠龙兴致缺缺，但是走了这么久，受了这么大的罪，他也有点好奇：这个应龙到底长得什么样？

有人拉了拉他的衣袖，陆压回头，是红绫。

"有件事很奇怪，你有没有发现？"红绫有点焦急地说道。

陆压摇摇头。

"我们的法力越来越弱。天气这么热，我想用清凉咒，在山脚下还好使，越往山上走，越不行。"

陆压念了个起风咒，发现根本没用。凶犁土丘，能让法力消失？如果应龙真的在前面，那么它面对的，将是一群普通得不能再普通的凡人，这群凡人满脸满眼都是欲望，想要把应龙据为己有。

陆压说道："怎么办？要不我们赶紧溜回去吧。应龙是上古神兽，法力又强，要是它发火，还不把我们撕碎了？"说完，他想抓红绫的手，被红绫打了一下。

"如果我们的法力消失，那么应龙应该也没有法力。它可能只是一只大一点的神兽而已，不如静观其变。"红绫歪着头说道。

前面的队伍有些骚动，有一些人已经开始掉头往回走。可是上山下山的路就这么一条，他们一掉头，更显得拥挤，后面就有些乱。有人开始破口大骂：胆小鬼，没本事上什么山？

"真的有龙，它要跟我们单挑！"退下来的人中有人大声喊道。

陆压哈哈大笑，这条龙有意思。

2

最终留下来接受挑战的，只有十个人。除了陆压和红绫，四大门派各派出了一个传人，另外四个人来自异域，陆压只认得有个羽民国的，毕竟他的一身羽毛遮盖不住。还有一个人，肤色黝黑，可能来自厌火国，但没有吐火，无法确定。有个女的妩媚妖娆，脸上涂白，后腰上挂了个枕头一样的东西，红绫说她一笑就掩嘴，像是黑齿国的。最后一个人戴着斗笠，裹在一身黑披风里，看不见样子。天气这么热，不知道他会不会捂出一身痱子。

缉妖司没和其他人一样离开，而是守在山头。他们竖起了遮阳伞，还搬出了冰块。

凶犁土丘的最南端，是一个巨大的石坑。石坑的中央有一根十几丈的石柱，应龙就盘在这根石柱上。它的脑袋像牛头般大小，长长的龙须下垂，细长的脖颈划出一道完美的弧线，尾巴轻轻地拍着石柱的下端。

看到有人来，应龙微微抬起来头，双眼如熔金一样，呈现落日的颜色。这条龙一定是身经百战，它周身布满伤痕，肚腹之处鳞片残缺。

应龙打了个呵欠。陆压耳边突然想起雷一般的轰鸣，"我是应龙，几百年未踏中土，一切竟然都变了！你们是黄帝、炎帝的子孙啊！没想到，今日竟然要与你们一战。对于你们来说，龙的浑身都是宝，你们恨不得立刻杀了我，剥我的皮，吃我的肉。数百年前，我与黄帝一起，保护了你们啊！"

应龙的声音忽然抬高，震得周围石头都在动。陆压手心里都是汗，红绫的肩膀也在微微抖动。如果不是担心红绫，陆压早就溜了。他对龙没兴趣，看应龙这样子，估计打也打不过。

"谁先来？"应龙的声音低沉。

陆压看到四大门派没有人动，倒是羽民国的那位，抽出了一把长剑。羽人的翅膀忽然展开，根根如铁片，他飞到了半空。

陆压听到空气被划破的声音，尖锐刺耳，羽人急速向应龙冲去。应龙已经从石柱上滑落，看到羽人的冲刺，应龙只是转了个圈，就躲开了刺击。接着，他伸出了爪子，羽人还没来得及反应过来，就被应龙攫在爪中。

"小小鸟，不够看！"应龙轻轻弹了一下爪子，羽人就被弹了出去，他跌到地上，昏死过去。

剩下的人，面面相觑，没人再动。

"当年与蚩尤一战，酣畅淋漓！没想到今日如此不过瘾，你们还有谁要来吗？"

沉默良久，青衣派弟子最先讲话："我等并非要与应龙神一战。久闻大名，不见真身，我是木神句芒传人，当年先祖师也曾受黄帝派遣与蚩尤一战。"

应龙哈哈大笑："句芒喜欢造战车，他是个好木匠。祝融烧火做饭很勤快。至于禺强，他海鲜做得不错，是个好厨子。蓐收喜欢打铁，是个好铁匠。你们是他们的传人，手艺不知学得如何。"

四大门派面面相觑，脸色很难看，再无人说话。

应龙转向陆压和红绫："你们两个，看热闹不怕事大。小姑娘，你是轩辕的后人！你这个男娃子，是鸿钧的传人。你们两个走到一起，有点意思。"

应龙又对剩下的三个人说道："山海无事，天下太平。你们想捉我，恐怕自不量力。当年与蚩尤一战，最是酣畅淋漓。蚩尤虽然残暴，但他从不耍阴谋诡计。你们要在山海界搞事，就学学蚩尤。"

应龙说完这些话，又绕到柱子上。

"混沌欲来，其锋不可当！分久必合，合久必分。吾去也！"

一阵风雷大作，应龙消失在众人眼前。

陆压伸出手，拉住红绫的手，缓缓说道："该来的总会来！能跟你一起，死也值得。"

红绫望着陆压，笑了。

原　文

《山海经·海外南经》：羽民国，其为人长头，身生羽。……厌火国，兽身黑色。生火出其口中。……南方祝融，兽身人面，乘两龙。

《山海经·海外西经》：轩辕之国在此穷山之际，其不寿者八百岁。在女子国北，人面蛇神，尾交首上。……西方蓐收，左耳有蛇，乘两龙。

《山海经·海外北经》：北方禺强，人面鸟身，珥两青蛇，践两赤蛇。

《山海经·海外东经》：黑齿国，为人黑，食稻啖蛇，一赤一青，在其旁。一曰：在竖亥北，为人黑首，食稻使蛇，其一蛇赤。……东方句芒，鸟身人面，乘两龙。

《山海经·大荒东经》：东海中有流波山，入海七千里。其上有兽，状如牛，苍身而无角，一足，出入水则必风雨，其光如日月，其声如雷，其名曰夔。黄帝得之，以其皮为鼓，橛以雷兽之骨，声闻五百里，以威天下。

《山海经·大荒北经》：西北海之外，赤水之北，有章尾山。有神，人面蛇身而赤，直目正乘。其瞑乃晦，其视乃明。不食不寝不息，风雨是谒。是烛九阴，是谓烛龙。

夸父

刘光辉

夸父与日逐走，入日，渴欲得饮，饮于河渭；河渭不足，北饮大泽，未至，道渴而死，弃其杖，化为邓林。

——《山海经·海外北经》

大荒之中，有山名曰成都载天。有人珥两黄蛇，把两黄蛇，名曰夸父。后土生信，信生夸父。夸父不量力，欲追日景，逮之于禺谷。将饮河而不足也，将走大泽，未至，死于此。应龙已杀蚩尤，又杀夸父，乃去南方处之，故南方多雨。

——《山海经·大荒北经》

1

夸父从甘枣山上一步一步挪下来。他被晒得黑黝黝的，头上戴了顶破草帽。常年看太阳，他视力受损，不得不拄着手杖，用来探路。

山下的人群立刻围了上来，却不知道说什么，于是就这么站着。他们都是附近的村民，因为水喝得少，嘴唇干裂。

夸父没搞清楚状况，以为村民在列队欢迎，心里忽然很感动，嘴上连连说：客气客气，不过是做了一点本职工作。夸父

《幻山海——夸父》 布面油画　105×105cm　2019

想，通常会有小朋友献花。于是，他准备弯腰接花。

"闪开，闪开！"一个公鸭嗓喊着。人们忽然像烫着了一样散开，一个腆着肚子的中年官员走了过来，拱手道："夸师，辛苦。"

夸父拿起拐，在地上画了三条线，说道："不苦，不苦，本职工作。我们族人追逐日影，擅于定东西方位。只不过想要更准确，我还得到禺谷去，这样就更准了。"

官员有些不耐烦："禺谷离此百里，旱情严重，实在没车送您去那里。您就说说，这次旱情是不是天神降下的祸患？"

听到这里，围观的人很是肃穆，有的人面色惶恐，浑身哆嗦。

夸父咳了一声，平静地说道："天神我在山上没遇到。我只是定方位，定出方位，大家就可以远行，离开这里。至于你说的旱情，我看近处就有水塘，如果放水……"

官员赶忙摆摆手，说道："那水是供奉天神的，不能随便乱动。至于你说的远行，没有神意，岂能乱动？我听说还有人看见了颙，长得像鸟，有人脸，四只眼睛，它现身，肯定有旱灾。"

村民们瞠目结舌，很是害怕。

"晚上请术士再做一场傩祭，你们都要出钱。"看到村民们纷纷点头，官员很是满意。

夸父还想说点什么，官员已经转身走了。

2

"这个夸父，你们从哪找的？"城主喝下一杯水，皱着眉头问道。

"他自称是北方大荒来的，成都载天山，还说他是族里业务能力最强的。"

"搞业务出身的，这么不懂事吗？鼓动村民迁徙远行？还要动我的水塘？"

"城主，最近又有术士带了几只鵁鸟、颙鸟，都是传说能带来旱灾的异兽，是不是马上放出去？"

"就没有大一点儿的吗？肥遗、鸣蛇之类的。这些喜欢陆地行走，长相怪，叫声又大，更容易被人看见。"

"这些蛇类喜欢食人，怕不好控制。"

"食人？那不正好吗？这个夸父执意要去禺谷？那就让他去啊。我听说最近有人见过应龙，在凶犁土丘，那离禺谷也不远，要是他不巧被应龙吃了，这事可就更好玩了。"

"属下去办，不过蛇类异兽太过凶暴，一般术士抓不住。我听说有个叫陆压的，惯会弄些古怪伎俩，就是要价太高。"

"要价高，我还给不起吗？多做几场傩祭就好了。财富对穷人来说，就是灾难。我要替他们消灾解难。还有，这几天水塘多派人手，我怕有人不开眼，舍命取水。"

3

夸父拄着杖，一步一步往西走。眼看太阳升起来了，必须在日落之前赶到禺谷。这一路，土地龟裂，河流干涸。路两旁的大树，叶子凋落殆尽，只剩干枯的枝杈。

夸父想起家乡的邓林，那里树立着一根根手杖，是历代逐日的先辈们留下的财富。他渴望有一天，自己的手杖也能留在那里。

想到这里，夸父有些激动，他默念起逐日大法："正日景，以求地中。日南则景短，多暑。日北则景长，多寒；日东则景夕，多风；日西则景朝，多阴。"

逐日者，死在追日的路上，是最美的死法！

他想走得更快，无奈腿脚跟不上了。年轻的时候，一天走个百十里地跟玩一样，他在族内单日脚程的纪录保持了十年。现如今，不服老不行。

"哞……哞……"

一阵牛叫的声音，忽然从前面传来。

"有牛好啊，要是运气好，说不定还能搭乘一下牛车，这样可就省事了。"夸父边想着边加快脚程。

直到他看到了一条蛇。脑袋红红的，像鲜血的颜色，身子却是白色的，不时发出牛叫的声音。这是毋逢山的朋蛇，凶残无比，最喜欢吃人。村民说见了它，就会有旱灾。

"跑是来不及了。不知道这蛇进食了没有，我这把老骨头，估计它不太感兴趣。"

夸父最后看到的，是朋蛇加速向自己奔来！

4

这几天的傩祭有效了！虽然没有求来大雨，但是共水河竟然又开始流水了，虽然水流细小。村民们奔走相告，家家户户拿着水桶跑去河里取水。

"看来以前的术士都不行，只有这个叫陆压的，有点真本事。"

"照我说呀，不是他厉害，是那个穿红衣服的姑娘厉害。她一瞪眼，陆压跳的傩舞就卖力。"

"你说我们真的要搬家吗？这个地方住惯了，舍不得啊。"

"你不搬，不搬等着渴死？他们都说，这点水不够用，也就是凑合着远行路上渴不死。"

"原来那个眼神不好的老头哪去了？"

"谁知道，他说要去禺谷，带的水又不多，怕是路上渴死了吧？还有人说，他被应龙吃了。"

"快，快，轮到你了，赶紧打水吧。"

5

陆压在地上画了三条线，边画边念：

"正朝夕，先树一表东方，操一表却去前表十步，以参望，日始出北廉，日直入。又树一表于东方，因西方之表以参望，日方入北廉，则定东方。两表之中，与西方之表，则东西之正也。"

红绫捡起一块小石头，打到他背上，没好气地问："背过了没有？这是重点，要考的。"

陆压愁眉苦脸地站起来，说道："我为什么要背这些？我又不想逐日影，定方位……"

"谁让你变成朋蛇，吓唬夸父？那老头岁

数大了，不经吓。现在好了吧，他赖上你了。他说早就想找个徒弟，你骨骼清奇，能跑擅奔，视力又好，正好做他的传人。"

"我变朋蛇，那不是为了应付这个中山城城主吗？这么短的时间，我去哪抓朋蛇？他们给的价又高，要会傩祭，还可以加钱。"

"你变朋蛇，还得让我来送货。第一天的傩祭，还是我跳的。我哪会这个？"

"嘿嘿，你不会跳傩祭，你只会去挑了城主的水塘，把人家的水给放了。还威胁城主搬迁。"

"让他们搬迁，不光因为旱灾。中山城地处要冲，早晚有一战。还有，你不要告诉夸父，他老家已经被火烧了。"

蚩尤重生，山海易色。想到这里，陆压不禁心事重重。他转头看到红绫脸上也有些严肃，就忍不住逗她："你知道当年后羿神射掉九个太阳，为何留下一个？"

红绫摇头。

"留一个，给我们晒恩爱！"

"好土啊，你！"

原 文

　　《山海经·南山经》：令丘之山，其南有谷焉，曰中谷，有鸟焉，其状如枭，人面四目而有耳，其名曰颙（yú），其鸣自号也，见则天下大旱。

　　《山海经·西山经》：鵸鸟，其状如鸱，赤足而直喙，黄文而白首，其音如鹄，见则其邑大旱。

　　《山海经·北山经》：浑夕之山，嚣水出焉，有蛇一首两身，名曰肥遗，见则其国大旱。

　　《山海经·中山经》：薄山之首，曰甘枣之山。共水出焉，而西流注于河。……鲜山，多金、玉，无草木。鲜水出焉，其中多鸣蛇，其状如蛇而四翼，其音如磬，见则其邑大旱。

《幻山海——青丘九尾》 布面油画 105×105cm 2019

青丘狐

刘光辉

青丘之山，其阳多玉，其阴多青䨼。有兽焉，其状如狐而九尾，其音如婴儿，能食人。食者不蛊。

——《山海经·南山经》

1

青丘山的山顶，有块巨石，天晴时站在上面，能看到云海。白云排成一条条白线，看久了终究会烦。更多的时候，是雾气缭绕，大风吹得树木呜呜叫。

小玉在山上待够了。她还有几天就能下山了，去人生活的世界。第九条尾巴，要到人世间去长出来。

小玉不明白，为什么父母总是愁容满面。人世间，听上去就很有意思，她想去看看。

"有些狐，去了就再也回不来了。"奶奶开始絮絮叨叨。她经过三次雷劫，第三次的时候，雷把她的双目灼伤，但是小玉却觉得她什么都能看到。

"我有个远房侄子，去了那边，听说收养了一个人族的孩子。最后，为了这个孩子送了命。小玉啊，有些事你不懂。"

我总是什么都不懂。小玉听到这里就很生气，长出第九条尾巴，就可以经历雷劫，就可以跟父母一样，法力强大，可以经常离开青丘山，随便去别的地方。

"人族说，吃了我们的肉，就能不再受别人骗。可是连这句话都是谎言。我们的肉，并没有那样的作用。他们总是互相欺骗。"

小玉很疑惑，为什么要骗来骗去？她更好奇了。

"你只有半年的时间，如果半年不能回来复命，你就再也没法回青丘山了。"

小玉胳膊上多了块红色标记，它的颜色每天会变淡，如果消失了，她就再也没法回来了。

小玉修习的《人族史》几乎获得了满分，她觉得自己对人类习俗掌握得足够多了。只是半年而已，但祭司宣布了好多好多的禁令：不得杀人，不得参与争斗，不得施展法力，不得与人相恋。

小玉打了个哈欠，好无聊，谁会跟人产生感情？

2

人间无趣得很。

小玉在市集上闲逛，听到人声嘈杂。

"我这胭脂，是用帝休树的花粉磨制而成，帝休树在少室山，我们专门在那里建了房子，雇人专门采这种花，只有我这个是真的，其他人的都是假的。"

小玉听着很想笑。帝休树的果实可以入药，花却有毒，真抹在脸上，半炷香的工夫，脸就烂了。

"我这肉，是虎蛟肉，你看看，鱼身蛇尾，这条是死了，不然叫得跟鸳鸯一样。吃了这肉，能消肿止痛，而且治痔疮，彻底根除。"

小玉看了看，商家用了一条鲤鱼，剁去尾巴，换上蛇的尾巴就往外卖。

小玉叹了口气。人族真的像奶奶说的都是骗子吗？

"你这小术士，看着年纪轻轻，真能胡说八道啊。你师父就这么教你的？"

前面忽然传来一阵叱骂声，人群都往那边拥。小玉很好奇，也往那边走。

她挤进人群，看到一个少年，满脸通红，另一个是壮汉，左脚踩在一担柴上，对着少年指指点点："我看你年少，摆个看相的摊子，寻思给你开个张，你却说我左眼青，右眼红，眉心发黑，今日会打死人！好生晦气。我看要打死人，也就是打死你吧。"

那少年始终一言不发。众人见打不起来，便劝解一番，壮汉又骂了一阵，担起柴来走了。

小玉看那少年面容清秀，不过十七八岁，众人散了，还在那里暗暗生气。她好奇心来了，对少年说："你给我看看吧。"

少年抬头看了她一眼，低声说道："青丘山上，其阳多玉，其阴多青膲。"

小玉很惊讶："你知道我是谁？"

少年笑了："碰见这种事，还敢找我看相的，肯定不是凡人。你长得又这么漂亮，肯定是修行中的青丘狐。"

小玉点点头："接下来要怎么办？我们打一架，你要抓住我，吃我的肉？"

少年摇摇头："我才不要打架，我还不一定打得过你。再说了，狐肉不好吃，腥臊味太大，而且吃了你们的肉也没那功效。"

小玉皱起眉头，闻了闻腋下。

少年说："你很香。"

小玉笑了。

3

少年叫阿鸣，是个修习的术士。他师父喜欢到处喝酒，动不动就没有踪影了。阿鸣只能自食其力。

那天他给樵夫算命，说他要打死人，果然中了。樵夫当场脱逃，找到阿鸣以后，磕头如捣蒜，求阿鸣想法救他。

阿鸣很为难："这事本来也能解，只是那日你急着走了，现在出了事情，我也没有法子，除非你能找到白民国人，他们的坐骑叫乘黄，乘黄的角研成粉，能起死回生。但是白民国在海外，根本去不了。"

樵夫泣不成声，说自己身死不足惜，但是家有老母，还有奶奶，双目已盲，都需要供养，自己死了，她们怕也要被饿毙。

小玉在旁边听着，忽然说了一句："我有办法，只要你打死的人肉身还在，不超过三七二十一天。"

樵夫说："当日我是因为道窄，将柴换肩，不料塌了一头，迎面走来一人，扁担尖正好碰到他的太阳穴，当场他就死了。"

小玉去到无人处，吐出内丹，红赤赤，如鸡蛋大小，递与阿鸣，教给他使用之法，嘱咐他用完即还。

阿鸣与樵夫走了。

4

小玉的修习期要满了，她对这个人间毫无留恋。

她想念青丘山。春来晴天，东海翻浪，满树花开。夏雨落在树叶上，溅起小小珠玉。阳光在林间穿梭，微风透过尾巴，拂过毛皮。

第九条尾巴要长出来了，她终于可以再到巨石上看云海了。

5

城里出了一宗命案。死了两个人，一个是叫阿鸣的小术士，另一个是他的师兄老乔。此二人设局坑人，恶名在外，城里同情的人很少，大多数人说：苍天有眼，死有余辜。

因为两人的心都被挖走了，缉妖司出动了，好一顿搜查，最后不了了之。

陆压也听说了，他只说了一句：青丘山虽有禁忌，但骗内丹者，实属可恨，杀之可也！

原文

《山海经·海外西经》：白民之国在龙鱼北，白身被发。有乘黄，其状如狐，其背上有角，乘之寿二千岁。

《山海经·南山经》：浪水出焉，而南流注于海。其中有虎蛟，其状鱼身而蛇尾，其音如鸳鸯，食者不肿，可以已痔。

《山海经·中山经》：少室之山，百草木成囷。其上有木焉，其名帝休，叶状如杨，其枝五衢，黄华黑实，服者不怒。

鲛鱼

岳海广

县雍之山，晋水出焉，而东南流注于汾水。其中多鲛鱼，其状如儵而赤鳞，其音如叱，食之不骄。

——《山海经·北山经》

传说在千百年前的太湖流域，生活着一种名叫鲛鱼的水怪，它长相凶残，力大无穷，喜欢藏匿在深水区。不论妇孺老幼，还是飞禽走兽，一旦靠近深水区将会有性命之忧。

即便如此，仍有无数人渴望捕到鲛鱼，因为传说吃了鲛鱼肉可治百病，甚至能让人起死回生。但如果是健康的人吃了鲛鱼，则可能会丢掉性命。至于这个传说是真是假，无人能给出定论。

李家村毗邻太湖，村民以打鱼为生，但大家只是在岸边浅水区捕些小鱼小虾，拿到集市上换些柴米油盐，深水区的大鱼则是可望而不可即的，只因那里有水怪出没。

石头是村里的年轻汉子，他身材魁梧，膀大腰圆，可惜家中贫寒，一直没钱娶妻。

某天，石头借着酒劲儿，准备驾船出海，对着阻拦的村民喊道："我要去湖心捉几条大鱼贩卖，凑些钱财娶媳妇，我长得

《幻山海——鲨鱼》 布面油画　105×105cm　2019

壮实，才不怕水怪，你们都回去吧，不用担心。"

可是等到天都黑了，村民们也没有看到石头带着大鱼回来，于是大家纷纷猜测他被水怪给吃了。

大概过了十几天，李老汉在湖边发现了石头的那艘小船，船舱里杂乱摆放着几条半人多高的鲤鱼骨架和一截奇怪的白色鱼尾，上面依稀留着几个牙印。

李老汉自言自语道："奇怪，这鱼尾难道是传说中的鲞鱼？可惜肉都被石头吃了，不然我闺女就有救了。"

突然，一股恶臭传来，李老汉回头一看，只见石头腐烂的身躯漂在不远处。

等到埋葬完石头，李老汉将几条半人高的鲤鱼骨架摆在村民跟前，怂恿大家带上武器，一起去湖心打鱼，村民们听到李老汉的主意，先是有几人打算前往，可一想到惨死的石头，又纷纷反悔了。

李老汉摇头叹气地朝家中走去，刚一进门就对妻子王婆说："本打算鼓动大伙一起去湖中央打鱼，然后我趁机捉条鲞鱼回来给闺女治病，结果他们都不敢，全是孬种。"

王婆斩钉截铁地说："老头子，他们不去，咱俩去，哪怕捉不到鲞鱼，也能捉几条大鱼回来卖钱。"

李老汉和王婆轻轻点头，将目光缓缓地转向病榻上的闺女。

天灰蒙蒙刚亮，李老汉和王婆乘着小船驶向了湖心。

王婆坐在船头，手握一柄钢叉，警惕地观察着四周，口中念念有词。

几个时辰后，小船漂到了湖心，两人相互配合，将渔网抛入湖中。

等了一会儿，二人忙着收网，可当拉到一半的时候，渔网却剧烈抖动起来。

李老汉既惊又喜，喊道："老婆子，快来帮忙，不知道是大鱼还是水怪！"

话音刚落，只见一条浑身雪白的怪鱼从渔网中飞出。

李老汉双臂发力抓紧渔网，喊道："刚才那条鱼应该就是鲞鱼，鱼尾和石头船上的一模一样，抓一条回去，闺女就有救啦。"

王婆一手环抱住李老汉的腰身，生怕他被水怪拽入湖中，一手将钢叉对准了湖面。

此时，小船左摇右晃，水花四溅，随时都有倾覆的危险。

李老汉咬紧牙关，双手发力，将渔网猛地向上一提，不承想水中的鲞鱼力道与李老汉相当，竟拖着小船在水上飞驰起来。

王婆见势不妙，挥起钢叉对着渔网猛刺几下，顿时，鲞鱼失去了抵抗力，流出白色的血液。

李老汉趁机将渔网拉上了船，从中翻出一条巴掌大小、通体雪白的鲞鱼，发现它的腹部和背部有着锋利的鱼鳍，明白了渔网被冲破的原因。

李老汉气喘吁吁地说："终于捉到了，真没想到这鲞鱼血是白色的，咱们快回家吧，闺女还等着呢。"

当天，李老汉将鲨鱼放在锅中熬煮后喂给了病榻上的闺女，果真治好了她的重病，可就在李老汉欣喜之际，却发现闺女后背长出了一对鱼鳍，正当李老汉诧异之际，闺女竟夺门而出，一口气冲进了太湖。

李老汉紧随其后，发现闺女正手忙脚乱地清洗背后的鱼鳍。

随后李老汉和王婆找到族长，将事情的经过说了一遍，最后，族长翻开一本破旧的古书，解释道："传说重病之人吃了鲨鱼能恢复健康，但可能会在后背生出鱼鳍，只有经常用太湖水清洗身子，才能使鱼鳍逐渐消失。但如果正常人吃了鲨鱼，则有性命之忧。"

李老汉感叹道："哎，传说是真的，我苦命的闺女啊。"

王婆赶忙安慰道："哎，老头子想开点吧，好在咱闺女还活着，石头连命都没有啦。"

自此以后，每当夜色降临，李老汉两口子就陪着闺女来到太湖边清洗身子。三年后，闺女后背上的鱼鳍彻底消失，并出落成了一位端庄秀丽的姑娘。

跂踵、婴勺与青耕

复州之山，有鸟焉，其状如鸮，而一足彘尾，其名曰跂踵，见则其国大疫。……支离之山，有鸟焉，其名曰婴勺，其状如鹊，赤目、赤喙、白身，其尾若勺，其鸣自呼。……堇理之山，有鸟焉，其状如鹊，青身白喙，白目白尾，名曰青耕，可以御疫，其鸣自叫。

——《山海经·中山经》

天 狼

复州山上有一种鸟，长得像鸮，却拖着一条猪尾巴，还只有一只脚，叫作跂踵。

跂踵也知道自己长得有点儿可笑，挺自卑，但长成这样，它自己也没有办法。于是它经常早出晚归，尽量避开和人们碰面。

支离山上也有一种鸟，长得像喜鹊，红眼睛、红嘴巴、白羽毛，尾巴像盛酒的勺子，叫作婴勺。

婴勺知道自己长得好看，到哪里都会有人喜欢。它经常往人多的地方去，站在枝头炫耀自己的形象，怕人家不知道它的名字，成天嘴里"婴勺、婴勺"地叫着，声音像歌唱一样，很好听。

董理山上还有一种鸟，长得也像喜鹊，青身子、白眼睛、白嘴巴、白尾巴，叫作青耕。

青耕整天忙忙碌碌的，不知道人们对自己如何评价，它也不关心。

这一天，跂踵飞到山下觅食，用一只脚蹦来蹦去，有点儿笨拙，不小心被一双瘦骨嶙峋的大手捉住了，塞进了笼子里。

跂踵惊魂未定，不知道那人会怎么处置它，不料那个精瘦的汉子看着它忽然大笑起来："猫头鹰，猪尾巴，一只脚，丑死了！"跂踵由惊转怒，脸色都青了，它心里怨毒地诅咒："让你得病！让你得病！"

瘦子把跂踵带到了集市上，自言自语道："也许有人愿意为这丑东西花两个小钱吧，毕竟它丑得挺有创意的。"跂踵由怒转悲："呜呜，人家丑就该死吗？呜呜，谁笑我丑，让谁得病！"

集市上，人们都被跂踵的丑样逗得哈哈大笑，指指点点，还有淘气的孩子伸手来拽它的猪尾巴，人们笑得更厉害了。跂踵在笼子里东躲西藏，生怕尾巴被人扯掉了。

瘦子不乐意了，一把推开那个孩子说："别乱抓，它就指着这条猪尾巴搞笑呢，扯掉就不值钱了。"跂踵又恨不得干脆把尾巴扯掉算了，它在心底不停地诅咒："让你得病！让你们都得病！"

于是，诅咒变成了瘟疫，悄悄在人们之间流行。瘦子推了一把那个孩子，瘟疫就传到了

孩子身上。孩子笑嘻嘻地躲到他妈妈身后，瘟疫又传到他妈妈身上。他妈妈被一个无赖偷偷扯了一把，无赖也传染上了瘟疫……

忽然有人惊叫："看那里，那只鸟好漂亮！"人们转头去看，只见一个胖子托着一只鸟笼，里面关着一只婴勺。它实在是太喜欢炫耀自己的羽毛了，飞得离欣赏它的人们太近，于是也被捉住了。

婴勺开始还不理解："我这么漂亮，人们怎么忍心伤害我？"后来它渐渐明白，正是因为喜爱，所以才会伤害。它伤心地想："难道美丽也是一种错误？"

现在，一丑一俊两只鸟被并排放在了一起，人们都在惊叹：

"实在是太美了！"

"实在是太丑了！"

"美得惊人！"

"丑得惊神！"

"上天做这只婴勺时，一定用了太多心思。"

"哎，说不定做这只跂踵花的心思更多哩！"

人们询问这两只鸟各多少钱。

胖子傲慢地说："婴勺五十钱。"

瘦子不甘示弱地道："跂踵一百钱！"

人们议论得更欢了。婴勺忽然不忿地叫起来："什么？这个丑东西居然比我还贵？气死我了！"

跂踵呆愣了一下，发作起来："都是笼中鸟，你居然还有心思争这个？你个呆鸟傻鸟笨

《幻山海——山中精灵》 布面油画　105×105cm　2019

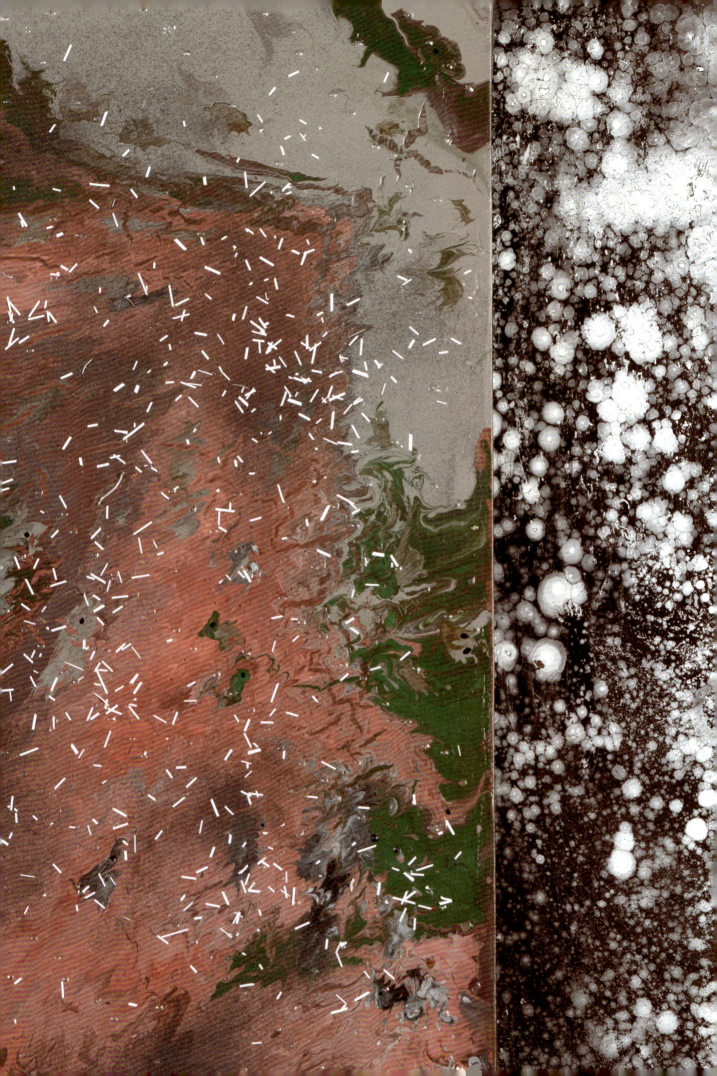

鸟！"

婴勺也回骂："你个丑八怪丑九怪丑十怪！"

人们听不懂它们在吵什么，都觉得怪有趣，越聚越多，于是，瘟疫越传越广……

第二天，集市周边的村子里都有人爬不起床来。人们恐慌了。

婴勺盯了跂踵一眼："你干的好事！"

跂踵冷冷地回了句："他们活该！"

很多人梦见了跂踵的诅咒。有人主张去烧香求神，求跂踵开恩；有人说干脆把它烧死，兴许它的灰能治病；还有人说既然婴勺和跂踵一起出现，那么跂踵种下的瘟疫，只有婴勺的肉能治好。

婴勺快哭了："你干的好事！"

跂踵也哆嗦了："他们……活该……"

这时，青耕不知从什么地方飞来，也不知是用什么配的草药，给有瘟疫的人家送了去。

药到病除。

青耕也给人们托梦："放鸟归林，相安无事。"

婴勺和跂踵都被放了。它们互相看了一眼，又都瞅了一眼青耕，默默地飞走了。

青耕又开始忙忙碌碌的，不知道人们怎么评价它的美丽，说比婴勺有过之无不及。

它不关心。

饕餮之徒

天 狼

钩吾之山，其上多玉，其下多铜。有兽焉，其状如羊身人面，其目在腋下，虎齿人爪，其音如婴儿，名曰狍鸮，是食人。（晋人郭璞注：为物贪婪，食人未尽，还害其身，像在夏鼎，《左传》所谓饕餮是也。）

——《山海经·北山经》

石桌之上，一个白玉盆，里面盛满了一盆红彤彤的、八只脚的怪物。

一个低头看不见脚趾头的小胖子皱着眉头问："师父，这个是什么？能吃吗？"

饕餮头也不抬，答道："螃蟹，能吃。"

那小胖子拿起一只螃蟹，咬了一口，差点儿硌掉牙，苦着脸嚼了半天，还是呸的一声吐了："又硬又牙碜，不好吃。"

饕餮嫌弃地瞥了小胖子一眼，随手拿起一只螃蟹，掀、掰、分、剔、挑，啃、嗒、嘬、吸、咬，不一会儿，丰腴的蟹膏、肥嫩的蟹肉纷纷落肚，饕餮将面前的螃蟹壳往一起拼，俨然一只整蟹，栩栩如生。

小胖子看呆了，拍手赞叹："师父，您太厉害了！"

《幻山海——饕餮》 布面油画　105×105cm　2019

饕餮带着三分得意说："连这也不会吃，还敢愣充我的徒弟？"

小胖子谄媚地笑着说："我这点儿道行哪能跟师父比啊，您吃过的盐比我吃过的饭都多。哎，师父，那狌狌怎么吃啊？"

饕餮道："简单。在树下放上草鞋，鞋都连在一起。旁边的石头放上葫芦，葫芦里都装满酒。狌狌会自己喝了酒、去穿草鞋，一抓一串。加姜煮、加韭烤，都行。吃了能蹿善跑。"

小胖子给饕餮倒一碗酒，自己也倒上一碗："师父知道的真多！那駮怎么吃？"

饕餮喝干一碗酒："駮长得像马，叫声像鼓，却能吃虎豹。你用一把伞顶张老虎皮，等它把虎皮吞下去，你就把伞撑开，它就跑不了了。不过，炖它得费些工夫，必须用禹王鼎、烧栎木才能炖熟。吃了不得脚气。"

"师父，凤凰怎么吃？"

"等它自焚的时候，外焦里嫩，正好吃。吃了唱歌跟凤鸣似的。"

"师父，太阳怎么吃？"

"一是趁羲和给太阳洗澡的时候吃，水煮的，像荷包蛋。一是趁后羿射下来的时候吃，半焦的，像烤乌鸦。"

"师父，月亮怎么吃？"

"一是趁天狗把它吞了的时候，敲锣打鼓吓得它吐出来，当然，别忘了洗洗再吃。一是趁吴刚睡觉的时候，偷了他的斧子，喝了他的

桂花酒，炖了玉兔，煮了蟾蜍。记得用温水煮，蟾蜍不往外跳。然后把月亮掰开了吃，脆生生的，像梨。"

"师父，天能吃吗？"小胖子有些醉意了。

"只要嘴够大，吞了就是。"

"师父，你什么都能吃吗？"

"不，不吃貔貅，那东西只吃不拉，一肚子屎。"

"师父，那穷奇怎么吃啊？"

饕餮愣了一会儿，才道："我知道怎么吃，但我不能说。它总算是我的朋友。"

小胖子显然喝高了："嘻嘻，师父原来你也有不吃的啊！你能吃自己吗？"

饕餮道："怎么不能？"说着就张嘴把自己的后半个身子吞了下去。

小胖子吓了一跳，只见饕餮吃得津津有味，不一会儿，整个身子都没了，只剩下一颗硕大的头颅，还伸出舌头舔了一圈嘴唇，意犹未尽地看着小胖子。

小胖子被吓得掉头就跑。

饕餮笑道："喂，你不是拜我为师吗？"

小胖子边跑边哭边说道："不学了，太吓人了，还得吃自己啊！"

饕餮哈哈大笑，自言自语道："你以为光贪吃、肚大就行了吗？后世的小子们，当你们自诩饕餮之徒的时候，先想想有没有把自己吃掉的决心、把自己吃光的能力。"

原 文

　　《山海经·南山经》：招摇之山，有兽焉，其状如禺而白耳，伏行人走，其名曰狌狌，食之善走。

　　《山海经·西山经》：中曲之山，其阳多玉，其阴多雄黄、白玉及金。有兽焉，其状如马而白身黑尾，一角，虎牙爪，音如鼓音，其名曰䮜，是食虎豹，可以御兵。

　　《山海经·海内北经》：穷奇状如虎，有翼，食人从首始。所食被发。

　　《山海经·大荒南经》：东南海之外，甘水之间，有羲和之国。有女子名曰羲和，方浴日于甘渊。羲和者，帝俊之妻，生十日。

狸力助工

天狼

柜山，有兽焉，其状如豚，有距，其音如狗吠，其名曰狸力，见则其县多土功。

——《山海经·南山经》

嗨，大家好，我就是著名的狸力。什么？没听说过我？回去好好读书，《山海经·南次二经》之首，柜山上的神兽说的就是我。

你才是猪呢，你才是猪呢，人家只是状如小猪，汪汪。对，我吠声如狗，我脚爪像鸡，明眸善睐，如花似玉……什么猪狗不如、鸡犬不宁？你会不会聊天？

告诉你，人家就是勤劳勇敢的狸力，哪里有土木工程，哪里有就我助工出力。你们县衙大吧？我帮忙修的。黄鹤楼高吧？我帮忙盖的。黄河长吧？我帮忙疏通的。泰山雄伟吧？……不是我堆的，但上山的路是我帮忙开的。牛怎么死的？去去去，那不是我吹的。

我干过的最大的工程？那要数万里长城了。不不不，我自己干不了，当时，有成千上万只狸力去现场帮忙的。为什么？不为什么，就是看那些修长城的民夫太辛苦了。我们勤劳勇敢

《幻山海——狸力》 布面油画 80×60cm 2019

的狸力，是最有同情心的。

不信？你知道砌长城的那青砖石是怎么运上山岭去的吗？靠人抬？那得累死多少人啊。告诉你吧，就是我们狸力帮忙运上去的。我们二十四只狸力一组，把青砖放在滚木上，四个在前面铺滚木，四个在后面把滚木递到前面来，四个在左面推，四个在右面推，四个在后面推，四个在上面指挥。我这么睿智，当然是指挥了！

虽然如此，但民夫还是非常辛苦啊，披星戴月，夜以继日，吃不饱穿不暖，冻死的和累死的不计其数。

那天，有个叫孟姜的女子来长城工地上，要找她的丈夫万杞良。监工的兵士当然说不在这儿，她苦苦哀求："兵爷，求求你好好查查，让我见夫君一面吧。长城一万里，我已经找了九千里了。他们说我夫君就在这里。"

其实万杞良早在一个月前就累病而死，就被埋在这长城之下，兵士怎么会说呢？只说没有没有，快走快走。

孟姜女没办法，又回过头来哀求其他的民夫："叔叔大伯，各位兄长，我丈夫万杞良与我成婚不到一个月就被拉来修长城。我沿着长城上下寻他，别人跟我讲，他应该就在这里。你们谁见到他了？发发善心告诉我吧！"

大家知道，也没法说。看看兵士，看看孟姜女，一个个垂头不语。孟姜女是个聪明绝顶的女子，她看出大家不忍心的原因，就凄然问道："我夫君已不在人世了，是吧？那么你们告诉我他葬在哪里，我去祭奠一番总行吧？"

大家还是不敢说不忍说，我看不下去了，就汪汪叫了几声，上万只狸力一起出现，用猪头拱，用鸡爪刨，把那已经修好的长城轰然推倒，露出了万杞良的尸首。

小孟姜盈盈拜了下去，泪如雨下，先是呜呜咽咽，继而放声号啕，终于撕心裂肺，哭得风云变色，雷鸣电闪，暴雨倾盆。豆大的雨点打在身上，我们都浑然不觉，只是呆呆地看着孟姜女哭泣。

她慢慢地回过身来，冲着我躬身下拜，我伸爪子去扶她，她的眼泪滴落在我身上，打得我好痛啊！

所以，你明白了，我们不图金银，不图名利，就想替劳苦人们分担些辛苦。

我们是勤劳善良的狸力，汪汪。

精卫填海

天　狼

发鸠之山，其上多柘木。有鸟焉，其状如乌，文首、白喙、赤足，名曰精卫，其鸣自詨。是炎帝之少女名曰女娃。女娃游于东海，溺而不返，故为精卫，常衔西山之木石，以堙于东海。

——《山海经·北山经》

百川终入海。

海的那边还是海，东海西海南海北海地中海，红海黄海蓝海青海五花海。

海的边际是什么？是天吗？

你独自在海边走着，胡思乱想，海风把你的长发，吹得凌乱。

有比翼鸟从你头上飞过，一青，一赤，它们都只有一只眼睛、一只翅膀，合在一起却飞得自由自在。你似乎觉得自己少了半边臂膀，所以才不会飞。

羽民国的人浑身长满羽毛，像鸟，但是飞不远。讙朱国的人都有双翼，像蝙蝠，只能滑翔捕鱼。

真正能飞起来的，只有仙人吧？不久前，姮娥吃了王母给后羿的不死草，听说飞到月亮上去了。那只不过把人间的寂寞换成了天上的寂寞吧？

《幻山海——填海》 布面油画　80×100cm　2019

你也想真正地飞，不去月亮，也不去天堂，像比翼鸟一样，有人陪你一起比翼。

潮起潮落。

被海浪遗留在沙滩上的海螺，据说用它能听见龙宫里的音乐。不小心仰翻在岸边的海龟，艰难地挣扎。你帮它翻过身来，它匆匆地向大海爬去。留给你的那颗珠子，据说能听懂人鱼的语言。

你把那珠子含进嘴里，真的听到人鱼的召唤："来呀，来呀！"那是友好的邀请，还是诱人的蛊惑？你分辨不出来，只知道海的深处似乎埋藏着无数秘密，不与人说。

那东海之外，有个扶桑国吧？那里的扶桑树高三千丈，树粗一千围。帝俊的妻子羲和在扶桑树下的甘渊里，替她的十个太阳儿子洗澡。然后又驾驭着六龙牵引的车，送太阳去巡天值日，从曲阿到悬车，从蒙谷再回到汤谷。

你想去扶桑，问问羲和妈妈，怎么才能不怕烫呢？你经常被自己心里的火灼伤，无处安放。

那大荒之中，有日月山吧？听说那里是天地的枢纽，日月所出入之处。帝俊的另一个妻子常羲在山下的冰池里，替她的十二个月亮儿子洗澡。把它们洗得冰清玉洁，寒魄冰魂。

你想去日月山，问问常羲妈妈，怎么才能不怕冻呢？你经常被自己心里的冰冻伤，彻骨清寒。

水可载舟，亦可覆舟。

那日，你终于驾着一叶小舟出海了。是去找人鱼？还是去扶桑？还是想用遨游代替飞翔？你没有说，没人猜得到。

忽然，海上掀起狂风巨浪！海水立起来，遮天蔽日，像山压顶，如树倾颓，将你的小舟打翻，小舟如一片落叶，坠入深不可测的汪洋。

美丽的你，年少的你，溺水而亡。那么美好的青春终结于滔天恶浪。

你的灵魂化身成一只小鸟，黑羽、白喙、赤足，头上有着美丽的花纹，一如你花样的青春。你"精卫、精卫"地叫着，于是人们把这当成你的名字。

你终于能飞了！但只是将地上的彷徨，变成了天上的彷徨。

那可恨的东海似乎还在嘲笑你的彷徨无助，偶尔掀起个浪花打湿你的羽毛。

于是，你做了个决定，填平东海！

从此，你终日衔西山之微木、碎石投于东海。徒劳往返，披星戴月。微木和碎石是那么渺小，投下去无影无踪。海笑得都岔气了，把浪花在岸边的礁石上摔得粉碎。

但你毫无惧色，日复一日，年复一年，寒暑不畏，风雨无阻，精卫，精卫，天空中始终有你执着的飞翔。

因为你誓要填平东海万顷浪！

原　文

　　《山海经·海外南经》：比翼鸟，其为鸟青、赤，两鸟比翼。一曰在南山东。羽民国在其东南，其为人长头，身生羽。……讙头国，其为人人面有翼，鸟喙，方捕鱼。一曰在毕方东。或曰讙朱国。

　　《山海经·海外东经》：汤谷上有扶桑，十日所浴，在黑齿北。居水中，有大木，九日居下枝，一日居上枝。

　　《山海经·大荒南经》：东南海之外，甘水之间，有羲和之国。有女子名曰羲和，方浴日于甘渊。羲和者，帝俊之妻，生十日。

　　《山海经·大荒西经》：大荒之中，有山名曰日月山，天枢也。吴姖（jù）天门，日月所入。……有女子方浴月。帝俊妻常羲，生月十有二，此始浴之。

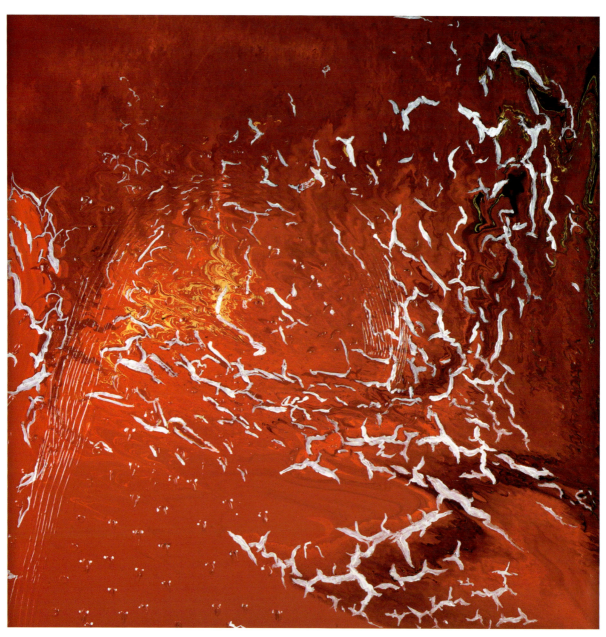

《幻山海——混沌之死》 布面油画　105×105cm　2019

混沌之死

天
狼

> 天山，多金玉，有青雄黄。英水出焉，而西南流注于汤谷。有神焉，其状如黄囊，赤如丹火，六足四翼，浑敦无面目，是识歌舞，实为帝江也。
>
> ——《山海经·西山经》

天山之上，冰雪茫茫。英水潺潺发源于此，向西南流入汤谷。

冰雪之下，少树木，多奇石，出金玉，产雄黄。偶有雪莲盛放，晶莹剔透，芳香如醉。

天山南麓，忽然成了另一个天地，百花齐放，百果飘香，百姓安居，百业兴旺。

这一日，一朵硕大的雪莲旁，忽然来了两位不速之客。

南来的那位红衣人赞叹道："都说这雪莲食之可成仙，别说吃，就是看上一眼，也让人觉得心神俱醉，非仙亦仙。"

北来的那位白衣人撇嘴说："酸不溜丢的，你慢慢观赏啊，我先尝尝。"伸手就去采那雪莲。

红衣人怒道："忽，凭什么你先？长者先、幼者后，你多大？"

白衣人忽笑道："磨磨叽叽的，倏啊，都论过几百回了，咱俩都八千多岁。"

倏得意道："我记得我出生时百花盛开，所以我是春天生的。你说过你出生时白雪皑皑，所以你是冬天生的。我比你大，我先来。"

忽叫起来："放屁！你在南方，日日春暖花开，我在北方，天天白雪皑皑！少整没用的，能动手就别吵吵！干脆点，谁赢了谁吃！"说着掏出兵器来，是一对电母锤。

倏道："怕了你？"也掏出兵刃，原来是一柄雷公凿。

二人正要动手，忽然有人瓮声瓮气说："恁俩这是做甚？"

二人一愣，四下寻找，低头看见一个黄色的肉皮囊，胖胖乎乎，圆不溜丢，像个大肉球上又长了个小肉球，那个小肉球说是脑袋吧，没鼻子没眼睛没嘴巴没耳朵，只顶部凹陷处隐约有个洞，声音好像就是从那个洞里发出来的。

倏奇怪地问："此为何物？"

忽也不解："这是个什么玩意儿？"

倏用脚去踢那个肉皮囊，不料那东西反应奇快，伸出一只肉乎乎的小脚，反踩在倏的脚背上，倏痛得直跳。

忽定睛再看，只见那黄皮囊里红光闪烁，似乎是怒火中烧。借着光芒，倏、忽才看出来，原来那皮囊生着四个毛茸茸的小翅膀、六只肉乎乎的小胖脚。

皮囊瓮声瓮气道："为甚动手动脚？恁们是谁？"

倏道："我是南海帝君倏。"忽道："我是北

海帝君忽。"二人齐问："你是谁？"

那皮囊道："额是中央帝君，大号帝江，可大家都叫额'混沌'。恁们刚才要做甚？"忽傲然道："打架。"皮囊混沌高兴了："好玩，带额一个。"

倏道："你帮谁？"混沌叫道："两个都帮！额左边的手帮北方的忽，额右边的手帮南方的倏。来吧，开打！"说着，六条小肉腿兵分左右，两两对战，扭打起来。右前腿忽然扇了那个似乎是脑袋的小肉球左侧一巴掌，左前腿似乎怒了，也给了那小肉球右侧一巴掌。

倏和忽都看呆了。混沌左右互搏打了半天，气喘吁吁地停下来问："额都打半天了，恁俩咋还不动手？"倏、忽笑得眼泪都出来了。

混沌问清楚他俩打架原来是为了抢一朵雪莲吃，不由得也笑了："这算个甚？额请恁们去额家，吃个够，燎咋咧！"

于是三人移步天山南麓，中央帝君混沌给南海帝君倏和北海帝君忽安排了盛大的招待场面，美味珍馐不计其数，美酒佳肴取之不尽，美人歌舞眼花缭乱。雪莲只能算餐前水果，倏、忽各吃了七大朵，打嗝都是雪莲味儿了。

忽发现，混沌的座椅和他们不一样，原来他直接坐在一个和田玉制的马桶上！倏也发现了，混沌喝酒吃饭都是从头顶的凹陷处直接往下一倒，上边刚倒完，下面就直接排出来了！原来混沌肚子里没有五脏六腑，就一根直肠子。混沌满不在乎："这有啥？方便方便才是真方便。"说着，扔进去一只整鸡，马上排出来一

具整齐的鸡骨架。倏和忽笑得肚子疼。

没两杯酒，混沌就醉了，摇头晃脑地跟着音乐扭动起肥而不腻的腰身、晃动两对扑朔迷离的小翅膀，踢腾着六个灵活无比的小短腿，跳得不亦乐乎。倏、忽乐不思南北。

从此，倏和忽经常造访天山，混沌总是好酒好肉热情款待。

这一日，忽忽然问混沌："你为啥没有眼、耳、鼻、口、舌？"混沌也不知道，反问忽："恁为啥没有翅膀？"忽被问住了。倏借着酒劲儿道："人们都有七窍，你却只有一个洞洞，太可怜了。"混沌被他们说得也觉得自己可怜，就哭了起来，从头顶那个凹陷的洞里抛出一坨晶莹的眼泪。

倏、忽很同情他，就决定合力用他们的雷公凿和电母锤为混沌开凿七窍，每天开凿一窍。

第一天，嘴凿好了，混沌喝酒更快了，说话声音都变得好听了。

第二天，左眼凿好了，混沌看清了世界。哟，天地如此葱茏，山河如此壮丽。

第三天，右眼凿好了，混沌看清了朋友。

哇，倏，你红得很可口；忽，你白得很可乐。

……

等七窍全部凿好的那天，仿佛一阵天风吹过，醍醐灌顶，七窍轰然，百脉俱通。仿佛宇宙间所有的东西都从混沌的七窍灌了进来又溜了出去，不知所起，不知所终。

混沌一下子看清了听见了闻到了尝出了好多东西，他被吓得闭着眼塞住耳捏着鼻子捂住嘴，不愿听不敢看不忍闻不想说。但所有的东西都拼命朝他脑袋里塞：矛盾虚伪贪婪欺骗幻想疑惑简单善变好强无奈孤独脆弱忍让气愤复杂讨厌尔虞我诈钩心斗角隔岸观火笑里藏刀爬灰的爬灰养小叔子的养小叔子我从未见过如此厚颜无耻之人你是猴子请来的救兵吗大郎你起来喝了这碗药吧……

混沌痛苦得说不得喊不出，他有了七窍却没有心，承受不了这些。终于，眼里进出两行血泪，一命呜呼。

倏和忽在混沌的墓前鞠躬行礼，二人很伤感，不知是因为失去朋友，还是因为失去酒肉。

祖状之尸

杜辉

有人方齿虎尾，名曰祖状之尸。

——《山海经·大荒南经》

上古时有一无名山，山边有一寨，寨子里数百人家，靠山吃山，男人打猎，女人采果，倒也衣食无忧，四时安乐。

忽一日山中来了一只巨虎，伤人无数，断了寨民的营生。

于是村寨里的猎户们组织了一支声势浩大的队伍，去围捕这只巨虎。不料猎户们伤亡惨重，那只巨虎却毫发无损。据虎口余生的人描述，那巨虎身长足有丈余，从十几米宽的山涧一跃而过，咆哮声能盖过天上的雷声，眼神像闪电一样不可逼视。它轻轻松松地就突破了猎户们的围剿，利爪一挥将一位猎户开膛破肚，虎尾一甩让一名壮汉骨断筋折。它身姿轻盈地跃上一块高岩，在月夜中回首一瞥，将一种无比轻蔑的眼神，留给了四散奔逃的众猎户。

从那之后，巨虎越发横行无忌，日日择人而噬。村民叫苦不迭，却又无计可施，为了躲避虎害，不断有人迁徙，原本人丁兴旺的寨子，竟渐渐有了衰败的迹象。

这一天，一大汉背负着一位老妇，闯入寨中求助。原来，

《幻山海——祖状之尸》 布面油画　105×105cm　2019

老妇是他母亲，途中突患急病，眼看命垂一线。救人如救火，寨医不敢怠慢，一番银针施治，老妇转危为安。大汉喜极而泣，跪下磕头致谢。就在这时，一声虎啸传来，天地为之变色。村人相顾惨然，催大汉赶紧离开，大汉细问端详后，心中已打定一个主意，抱拳拱手说道："某生平有恩必报，救母大恩无以为报，唯有以身偿之，此一去生死难料，我母亲就拜托给列位了！"

众人问清大汉的心意后，一个个咋舌摇头，他竟然要去孤身斗虎，这岂不是以卵击石？大汉也不争辩，他三下两下脱去上衣，露出一身钢筋铁骨，突地斜肩向一棵小树撞去，只听得咔嚓一声，那碗口粗的树竟硬生生地断成两截。众人相顾骇然，才知道大汉并非常人，但就算他神力惊人，毕竟不是三头六臂，怎敌得过那携风而行的百兽之王？

大汉并不多言，他赤着上身，拿起一把钢叉，直奔山林而去。又是一声虎啸，木叶萧萧而落，大汉突然昂首发出一声大吼，那声音雄壮无比，一时山鸣谷应，竟然把虎啸之声压了下去。

一人一虎在林中展开搏杀，风云为之变色，草木纷纷倒伏，群兽震恐不已，逃出百里以外。大汉浴血而战，身上遍体鳞伤，巨虎也没占到便宜，被戳了几叉，鲜血染红皮毛，耳朵也少了半只。巨虎从未见过如此勇猛之人，不由得心生怯意，掉头疾奔而去。大汉哪肯放虎归山，迈开大步追赶，但虎行如风，岂是人力可以赶得上？大汉情急之下，撇去手中钢叉，身体猛地一纵，一口咬住虎尾。巨虎又疼又惊，慌不择路冲下悬崖，大汉钢牙紧咬，自始至终没有松口……

众人去崖下搜寻，却始终没找到这一人一虎，但虎害从此灭绝，寨子又逐渐恢复了往日繁华，村民们感念大汉恩德，轮流奉养其母，供她颐养天年。

若干年之后，村寨里的人经常看到一个赤膊大汉在山林中游荡，口中咬着一条色彩斑斓的虎尾。

后人感念大汉对寨子的存续之恩，以祖先奉之，称其祖状之尸，供以神位。村寨得其护佑，山林物产丰富。

山不在高，有仙则灵，成神成仙者，原来不过是至情至性至善之人。

獙獙

夏振芳

　　樕螽（sù zhū）之山，北临乾昧。食水出焉，而东北流注
于海。……姑逢之山，无草木，多金玉。有兽焉，其状如狐而
有翼，其音如鸿雁，其名曰獙（bì）獙，见则天下大旱。

　　　　　　　　　　　　　　　　　——《山海经·东山经》

　　他在姑逢山的上空翱翔，从地上看去，像一只巨大的枭。
他俯瞰的姑逢山没有一点绿色，因此毫无生气，山上铺满了金
玉宝石，在日光下五彩斑斓，耀眼夺目，像一座珍宝堆砌而成
的山。倘若初次见到这座山，多半会被这些珍宝攫住魂魄，可
他已经看了将近百年。在他眼里，姑逢山只有荒凉，满山金玉，
也不如一草一木。他遥望其他山峰，全都绿意葱茏，多少次，
他想飞过去看看，树究竟是什么模样，青草嗅起来又是什么味
道。可他一次都没飞出过姑逢山的疆界，他终生不得离开姑逢
山，这是他的宿命。

　　他叫獙獙，其状如狐，有长翼，叫声如鸿雁，但他轻易不
能叫，这也是宿命。上古水漫九州，鲧治水九年，洪水不但没
能得到治理，反而危害日甚。于是鲧获罪，被祝融斩首于羽山，
鲧的幽怨之气化作獙獙。獙獙一出，天下大旱，助大禹治水成

《幻山海——姑逢山》 布面油画 100×100cm 2019

功。猲猲虽然治水有功，但因其现世则天下大旱，困顿百姓，所以天帝赐猲猲金玉无数，却令其族世代不得离开姑逢山。姑逢山从不下雨，因此草木灭绝，只余下满山的珍宝。这些都是他母亲对他讲的，讲这些不是为了让他熟悉他们这一族的历史，而是要让他知晓，绝对不能离开姑逢山。他的族类，就因为受不了永居姑逢山的枯寂，擅自逃离，被天界一一诛灭，如今猲猲一族，仅剩他与母亲。他曾对母亲抱怨说："我们因为治水立功，却被世代囚禁在这枯山上，早知这样，当年就不该随大禹治水了。"而他的母亲，只是淡淡地回了一句："这不是我们能做主的。"

比住在枯寂的姑逢山更可怕的，是心里的枯寂，他没有一个朋友，姑逢山无草木，这里也少有禽兽往来，他窝在硬邦邦的黄金玉石上，每天盼望的，只是有飞鸟从头顶经过，看它们由远及近，又看着它们渐行渐远。他有时实在愤懑，会赌气往高处飞，一直飞，恨不得撕开天际。母亲从来不干涉他，只是在山顶望着他。

所以当灵儿出现在姑逢山的时候，他是欣喜的，欣喜若狂。他初次见她，她正在姑逢山捡宝石，赤红的，靛蓝的，黛绿的，绛紫的，她低头捡拾，忘了一切，他落到她不远处，她未察觉，他走到她跟前，踩的脚下宝石发出声响，她才抬起头。

灵儿问："此山是你的？"

他点头。

灵儿又问："我偷了你的东西？"

他摇头："不算，你尽管拿，我有好多。"

灵儿笑道："谢谢，我叫小灵。"

他点头，悄悄看着小灵，她像人，却又不像人，她有碧色的双眼，蓝色的头发，鬓边、臂上有淡金色的鳞片。

他问："你是人？"

灵儿答："不是，我是龙女。是东方食水里的龙女。"

他飞到高处的时候，能看到东方有一条蜿蜒的河，想必就是食水了。他没问，她也没说，她一直在滔滔不绝地说关于制作首饰的事情。

灵儿说："这块紫色的玉石镶在冠上最好了，这些碎宝石嵌在妆奁上也再好不过了。这块红宝石可以做一枚项链坠子，只可惜小了一些，再大些就更好了。"

他赶忙说："有大的，我带你去找。"

灵儿在姑逢山停留了数月，他每天带她找珍宝，她则为他讲天下是什么样子，他几次看见母亲远远望着他们。母亲告诫过他，不要结识外族，不要交朋友。他已经想好，若母亲干涉，他该怎样抗辩，但母亲从未干涉。

他暗自许愿，希望灵儿能留下，永远留下，他愿意把姑逢山最好的珍宝找到送给她。可看着她的笑容越来越少，他知道，他的愿望是没办法实现的。

某天黄昏，两人坐在山顶，眺望着远方。之前两人在山顶眺望，灵儿都会指着某一座山告诉他，那座山上有什么样的草木、禽兽、游鱼，但今天，她什么都没说，也是因为他们目力所及的山，已经没什么可说的了。

"你想过离开这座山吗？"灵儿幽幽地问。

"想过。"他说。

"那为何不走？"灵儿转头望着他。

"母亲说我不能离开姑逢山，这是我族的宿命。"他声音空空的，心也空空的。

"我父亲也不准我离开食水，说龙族不能离开水，我不仅离开了食水，还游遍了九州，什么也没发生。后来母亲说，父亲是不放心我外出遨游，故意吓我的。所以长辈说这些话，不必信的。"

"是这样吗？"他将信将疑。

"是啊，我为何骗你？"她言之凿凿，"我要把你送我的这些珍宝带回食水的家，你同我一起吧，食水离此不远，你又能飞，天黑之前就能回来，你母亲发现不了的，等你这样偷偷出去过几次，并没发生什么，她以后就不会再阻拦你了。"

他望着远处苍翠的山脉，天边金色的流云，觉得灵儿说得很有道理，思量良久，怯怯地说了一个"好"。

他随着灵儿飞出姑逢山的疆界，他们贴着山脉飞行，他终于看到了树，看到了花，嗅到了花香，听到了松涛。他大口呼气，吸进这沁人心脾的清甜空气，他忍不住叫出声来，发出鸿雁那高亢婉转的鸣叫。他觉得他的生命，从这一刻才刚开始。

他们刚落到食水边，水中就跃出了一众龙族子弟，如临大敌地看着他。一位紫色虬髯、头上长角的长辈将灵儿一把扯到一边，大声呵斥："你这孽障，出去闲游还不够，竟然招来了这样凶物，如今天下将大旱，食水里不知有多少族类要死于这场浩劫，你百死难偿。"

灵儿被骂得惊慌失措，颤声问："父亲，他，他是谁？"

灵儿父亲说："他是我们水族的煞星，是这天下的祸害。"

"杀了他！"人群里有人喊。

灵儿父亲道："天帝的造物，犯错自有天惩，我们速速回去，安顿水族，抵御大旱。"

这一众龙族裹挟着灵儿回到了食水中，只剩下他一个。太阳落山，森林幽暗，一阵风吹过，山林飒飒作响。这是他从未见过的，他非常恐惧，就像刚刚发生的那一幕一样让他恐惧，他是煞星，是祸害！

他张开翅膀，慌张地飞回了姑逢山。天已经黑了，但他还能看见母亲矗立在山顶，如石像一般。他落到母亲身边，想要认错，却嗫嚅着说不出话。

"你闯祸了。"他母亲的声音异常冷静。

"母亲，我错了。"他惧怕得流下泪来。

"娘不怪你，但以后都听娘的话，好吗？"他母亲走过来，用额头抵着他的额头。

"我以后都听母亲的，再也不离开姑逢山。"接触到母亲的身体，他的心安稳了。

当夜刮起大风，大风刮了半个月，吹尽了天上的云。两个月滴雨未下，太阳连日炙烤大地，草木枯黄，一点火星，都能引燃熊熊大火，连绵数日。看着这一切，他终于知道，他究竟闯了什么祸。而这一切，还不是最坏的。

在他擅离姑逢山的百日后，突然电闪雷鸣，天降祥云，他起初欣喜，以为是要下雨了。但从云中降下的不是雨，而是一个金身天神，肃穆的脸孔不怒自威，他不自觉地瑟瑟发抖。

天神："猲猲触犯天规，依律当死。"

他母亲纵身跃到天神脚下，说道："众生皆有情，禽兽也有爱子之心，不忍看爱子受戮，祈求天神念在我族曾为治水立功，允许我代子受罚。"

"不要，母亲，我闯的祸，我受罚。"他大喊。

"你不是答应，以后都听娘的话吗？"他母亲回头望了他一眼，挥舞翅膀打过来，他被打得失去了知觉。

等他再醒来，天神已经不在了，酷热的太阳沉到了山梁上。他看见母亲矗立在原地，四肢竟然变成了石头。

"母亲！"他哭喊着爬起来，跳到母亲身边。

"天神开恩，减轻了惩罚。我将化成顽石，永不离开这座山，不离开你。孩子，娘过去总对你说宿命，是娘错了，没有破不了的宿命，我们不能决定如何生，却能决定如何活。娘太笨，不会活，我想站在这看着你，看你如何活得好，不要让娘失望。"他母亲的声音越来越低，最后发出一声长鸣，变成了一尊石像。他倚在母亲所化的石像上，哀鸣之声响彻姑逢山。

多年后，很多人听说，在东方，有一座姑逢山，山上无草木，多金玉。山中有兽，名猲猲，每天收集山中金玉，精心堆砌成宝塔，宝塔光芒映射数十里，引来无数仙族、禽兽，在姑逢山流连不去。猲猲极为慷慨，塔上的珍宝，随意馈赠访客，只求这些访客在山顶的一尊石像边，放一抔土，栽一朵花。

在东方，有一座姑逢山，山上多金玉，山顶，四季花开。

原　文

《山海经·海内经》：洪水滔天。鲧窃帝之息壤以堙洪水，不待帝命。帝令祝融杀鲧于羽郊。鲧复生禹。帝乃命禹卒布土，以定九州。

駮兽

轻容

中曲之山，有兽焉，其状如马而白身黑尾，一角，虎牙爪，音如鼓音，其名曰駮，是食虎豹，可以御兵。有木焉，其状如棠，而员叶赤实，实大如木瓜，名曰櫰（huái）木，食之多力。

——《山海经·西山经》

我第一次看到她，是在中曲山腰。

那天夜里，我路过山脚的玉石云台，正看到她张着稚嫩的手，挡在一群虎豹前，身后是一只比她略小的、哀声叫唤的同属小兽。

听老一辈提过，这种小兽的名字，叫人，纤细而脆弱。

自己都要被虎豹吃了，还想着护着别兽，真是……不自量力。

夜色里，那些野兽眼中闪着森绿的光，一瞬不瞬地盯紧了这两只小兽，并没有发现我的存在。

虎豹环伺，看来她是凶多吉少。

虽然我以虎豹为食，但我是只有节制的駮兽，半夜出来只为散步，并没吃夜宵的打算。

我打了个哈欠，甩动尾巴，自认为轻盈地转身。

《幻山海——駮》 布面油画 125×95cm 2019

身后，沉闷的低吼声，石子的滚动声，凄厉的哭号声混成一片。

是那些野兽们按捺不住，争食打起来了。

太吵了！

我加快了离开的脚步。

可就在这时，有什么坚硬的东西从我头上擦额而过，险险地擦过我头上的独角。

我们驳兽，头可断，发型不可乱，角更是巍然不可侵犯。

这些在中曲山厮混的蝇营狗苟，打架就打架，竟敢在驳兽角边动石头，不知道这角是我们驳在族群里地位的象征吗？

作为我们驳兽的口粮，竟然敢动我们至高无上的角！

是可忍……驳不可忍。

我怒不可遏，仰天长啸。

如战鼓般的嘶鸣顿时声动四野。

四面虎豹，八方凶兽争相逃亡，很快退了个一干二净。

整个云台山只剩下先前那个叫人的小兽，她抱着另一只更小的兽，眼神涣散地看我。

天刚亮，东边有漫天云霞，光灿流离，把她的脸衬得通红。

她躺在地上，气息微弱，哀戚地看我半晌，稚嫩的唇瓣微微张开，沁出了几抹触目惊心的血丝。

这是……想向我求救？

我这样高贵血统的驳，又怎么会管你们这种脆弱生物的闲事？

可出乎我的意料，她只是朝我挥了挥手，绽出一朵苍白无力的笑，吐出几句断续的话：好漂亮的马……马儿快跑，别被老虎吃了……快跑吧……

我是驳兽，不是马，再好的汗血宝马头上也没有我这样俊秀的独角，也没有连老虎都要模仿着生长的爪子。

我们驳兽的血液里，流淌的是中曲山最尊贵的灵魂，怎么会是马那种脆弱的生物？

指驳为马！没眼光！

可若是任由她这样死了，岂不是她到死都还是这样没眼光？

驳兽骨子里奔涌的骄傲，不能允许有这种致死不休的误会！

我把她用嘴一衔，甩上后背，带到中曲山特有的櫰木林，撞下几颗櫰木果，踢到她面前。

櫰木果，吃了可以强身健体，应该能救下她和她怀里的那只小兽。

她迟疑了许久，才看清我的暗示，抱着比她脑袋还大的櫰木果开始啃食。吃了几口之后，似乎发现了什么，又咀嚼着，将果肉喂到了她怀里的小兽嘴里。

看起来，还不算太笨。

日头渐起，我有些困了。

夜间活动的动物，总归见到阳光就犯困。

我打了个哈欠，懒懒地看她一眼——果然是孱弱的生物，吃个果子都吃得那么慢——找了个舒服的姿势，沉沉睡去。

恍惚中似乎有一只柔软的爪，在轻轻地帮我顺毛。

凛然不可侵犯的驳，怎么能被这样脆弱的小兽近身接触？

我心中略有些抗拒，但是……确实困，重点好像还挺舒服。

算了，就当是帮我抓痒痒吧。

我轻哼几声，偏过头，示意她可以往左边多顺几下。

朦胧中似乎还有细微的低语，是她在边顺毛边给我轻声说她的遭遇。

大意是她和妹妹遇到战乱，与家人失散，逃到中曲山，多亏遇到了我。

各种感谢，各种担忧，零零散散，絮絮叨叨。

多大点事？我是驳，骄傲的驳，能驾驭兵刀凶气，能止息战争杀戮的驳。

只要我在，没有什么不可以。看在你帮我抓痒痒的分上，我就勉强再帮你一次吧……只要，你以后多帮我抓几次痒痒。

嗯，就这样说定了。

第七卷

帝女草

赵世博

姑媱之山。帝女死焉，其名曰女尸，化为䔄草，其叶胥成，其华黄，其实如菟丘，服之媚于人。

——《山海经·中山经》

她是天帝之女。她出生的那一日，漫天红霞，久久不散。她集天地精华于一身，肤如凝脂，玉骨冰肌，气若兰草，顾盼动人。因其美貌，惊动了天地众神。也因其美貌，得到天帝宠爱，时常让她代自己接受四海九域的献祭，因此，名为女尸（尸，意为神主位，代神享祭者）。

女尸长成少女之后，便腻烦了代父亲接受献祭这样的孩子游戏，而对来朝觐她父亲的诸山众神产生了兴趣。天界的诸神，虽然外表个个俊美飘逸，可全都心如磐石，冷若冰霜，毫无趣味；倒是这些地上的神，狂浪豪放，性情热烈。于是她来到人间，与山中诸神结好悠游。在平逢山，她恋上了神祇骄虫。骄虫人身而二首，一首喜，一首怒。他是人间螫虫之王。平逢山中遍是蜂巢，蜂翅轰鸣震耳，蜜香浓郁，熏得人发醉。骄虫为她酿出世间最香甜的蜜，同她在迷宫般的巢中恣意缱绻。他的巢，也如蜂巢一般，阳光从细小的孔洞中射进来，密密麻麻，将她凝脂般的肌肤染成了琥珀色。

可天神与地神禀赋不同，天神神性如水，地神神性如火，虽说上善若水，水降万物，可她年纪尚轻，神灵幼稚，而骄虫是地上大神，神灵旺盛。她与骄虫共处数月之后，便开始精力不支，日渐消瘦，如被烈日炙烤的泉水，逐渐干涸。她身倦神疲，与骄虫玩乐的兴致便也淡了。可骄虫见她身体不适，不但没有怜香惜玉，反而用那张表情愤怒的脸对着她，将她丢在巢里不闻不问，独自游乐去了。她只得拖着病体离开了平逢山。

就在这时，她遇到了钟离。

她离开平逢山，强撑着飞出几百里，便再也支撑不住了。遥见一座山，开满奇花，于是便翩然落下，想在这座山上暂歇。她卧在花丛中，娇喘阵阵，将花儿倾轧得狼藉一片。

"仙子可是病了？"一个轻缓温煦的声音从身后传来，她回头望去，见到一人矗立花中，玉树临风，俊朗如仙族，但眼中却温情脉脉。只这一望，她已深深痴倒。

"病了，病得很重，怕是要死在你的山中了。"她说着昏了过去。

再醒来，她发现自己身在一处崖洞里，躺在一只万年灵芝上。这是他的家，他的床。洞内开满了鲜花，各色蝴蝶萦绕其间，洞中有一口泉眼，平滑如镜。

"我猜仙子是天神，便配了补益天神的花浆喂你，果然猜对了。"他站在她面前，微笑着望向她。

"我能在你这多休养几日吗？"她痴望着他，脸颊绯红。

"当然可以，只要仙子愿意，在小神这里住多久都可以。"他因回答得太急，略显慌张。

她觉得他的声音是暖阳，她的心是霜雪，听他说话，她的心便化了。

钟离是人，修行成神。人神在仙族里地位最低，常被天神、地神看不起。但人神神性如风，温和涵养，与天神、地神都无抵牾。而人神温良敦厚的性情，也让她觉得如沐春风。她每日喝钟离为她调配的花浆，到第十日已自觉恢复如常了。兴奋之下，她且歌且舞，为钟离跳了一出《霓裳曲》，曲终时她轻盈地投入他怀里，柔声说道："我愿做你洞中的花草，被你莳养。"两人自此结成伴侣。

钟离最擅长培育奇花异草，在姑媱山上耕耘百年，育出诸多三界难觅的良种，更难得的是这些奇花异草都有补益神性的功用。他洞中的泉眼，实际是向天帝献祭的祭坛，他用花浆为祭品，向天帝许愿，无一不实现。

两人结为伴侣之后，他精心配出一壶花浆，将愿望写在绢帛上，将花浆与帛书一同投进泉眼。盛花浆的玉壶沉进泉底，少顷，从泉底浮上了一件七彩霓裳，光彩熠熠，将洞府映得五光十色。她在天上长大，但这样华丽的霓裳也没见过几次。钟离亲手为她穿上这件仙衣，在她耳畔说："我过去修仙成神，求的只是长生不老，如今才领悟，我修仙成神，其实是为了遇到你。我只愿生生世世，沧海桑田，永不与你

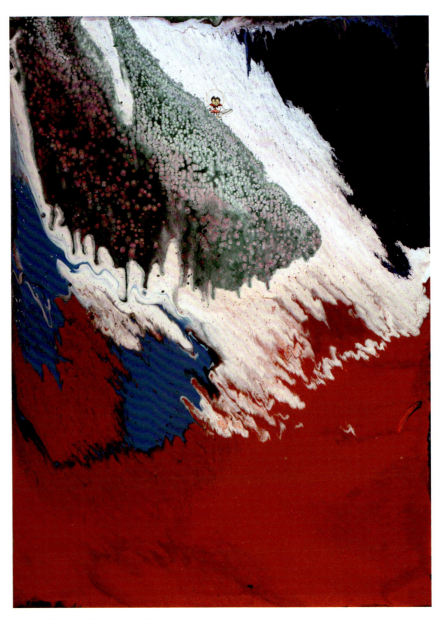

《幻山海——骄虫》 布面油画 83×63cm 2019

分离。"

她留在了姑媱山，与钟离结伴，日出而作，日暮而归，照管满山的花草。钟离教她耘土、锄草，告诉她每一种花草的习性和功用，可以配出哪一种花浆，她都喜欢听。她踏着清晨薄雾，在花草间，是欢喜的；踏着黄昏暮霭，在花草间，也是欢喜的。她经常兴之所至，便在花草间歌舞，而钟离总是随身带着一支笛子，为她伴奏。她本以为，她可以与钟离在姑媱山上生活很久很久，然而当泰逢经过姑媱山的那日，一切都变了。

泰逢是吉神，因此在人间极受崇拜。他的样貌像一个健硕伟岸的男子，只是多了条虎尾，他出入都有光芒，善兴云吐雾，所以泰逢过处，总是光芒万丈，祥云漫天。她初看到这一景象时便倾慕不已，于是升到云端去结识泰逢。

泰逢旷达，并无虚礼，只是留下一句："帝女若闲暇，可来和山找我。"

从此之后，她变得郁郁不乐。钟离虽然一心对她，浓情蜜意，可他只守着这座山，如花匠一般，总显出人的气象狭小，没有神仙那种与天地共往来的豪情，相处久了，让人气闷。终日只待在这姑媱山上，就更是拘束了。她躺在花丛里，望着天，想着若是只能这样，那她与凡人女子还有何不同？还做什么神呢？

但钟离却不解她的心思，看她不乐，便越发殷勤地陪在她身边，百般疼爱。可他越是这样，她越腻烦，越想躲开他。终于，在一个月夜，她不辞而别，只在一棵月桂树上草草刻下："我

愿作凤鸟徜徉于天地间，不愿作花草终老在这山中。我去了，你珍重。"

她去了和山，在萯山之阳找到了泰逢。泰逢带她遨游九州，将她笼罩在他的光芒之下，幻化出五彩祥云，为她做舟楫，与她在祥云中欢愉。与泰逢同游，被地上诸神仰视，她觉得无限荣宠。然而她毕竟神灵不足，与泰逢遨游日久，渐觉疲倦，便想在和山休养几日。泰逢欣然答应，却随她自处，对她没有任何照顾。而且地神都是灵兽所化，不遵守凡人的道德伦常，没有忠贞一说。他留在和山，就有灵兽媚妖来寻他，妖娆献媚，而他也来者不拒，山上总是娇笑喧哗不断，嬉闹之声填满了她的耳朵。而那些媚妖也恃宠而骄，变本加厉，最后竟然强占了她休养的洞窟，抢了她的霓裳彩衣，还将她打伤。泰逢对此仍是不闻不问。

无奈之下，她只得离开了和山。

在被泰逢冷落的时候，她就不自觉地想起了钟离，眷恋他的温存体贴。如今离开和山，本是漫无目的，可游荡了半日，却愕然在云层之下看到了姑媱山。虽说思念钟离，可她之前并没想过回来找他，但此时看见那遍山的奇花异草，她再也无力离开。

钟离正在一畦开九色花的花圃中耘土，花儿因他在侧，枝叶都格外舒展挺拔。见到她，他装出冷漠，淡淡地问候："仙子别来无恙？"却难掩慌张悸动的神色。见他这样，她心中的胆怯少了许多，凄惨一笑："哪里是无恙，恐是已经病入膏肓了，是为见你最后一面，我才踏

上姑媱山。"

许是太累了，许是见到他，不必再强撑，她又昏了过去。

她这次病得极重，旬日方能勉强下地走动。钟离每日为她调配花浆，悉心照料，无微不至。但态度却总是冷淡的，而且夜里只留她一人在洞里，他在洞外，寝于花草间。

在精力复原之后，某夜，她赤脚披着薄纱，走到他跟前。躺在花丛中的他睁开眼，冷冷地问："何事？"

"如果花草质弱，不能在当年开花，你会因为它没能报答你的培育之恩而铲除它吗？"她问。

"不会，草木有情，感念你悉心照料，会在来年开得更好。"他说。

她向前一步，俯身握住了他的手："草木有情，人岂无情？你恕我因无知犯的过错，我也会一心一意地报答你。"

迟疑片刻，他也握住了她的手，说："人心易碎，不堪辜负。"

她投在他怀里，说："人心情重，怎忍辜负？"

她与钟离重归于好，情意更胜从前。她不离他左右，伴他劳作，为他拭汗。他常谱曲填词，她拿来曲词，且歌且舞，二人真的是一对神仙伉俪。几载光阴倏忽而过，她在他的爱护下，神灵日益充盛，风姿更胜以往。她也不止一次告诫自己，未来无尽的日夜，都要这样度过，可心里却渐次萌生出躁动。

那一日，她正在花间唱他新谱成的曲子，空中突然传来一声喝彩。她抬头望去，见空中一地神，人面虎身，虎爪而九尾。她认得，是掌管九域园囿的神祇陆吾。他们邀陆吾入山小憩，陆吾欣然答应，入山观览了山中的奇花异草，赞不绝口。临走时，他也邀请他们去他的昆仑山游玩。

她早就想出去游玩，便要与钟离同去昆仑山，可钟离素性恬淡，不愿离开姑媱山，此事便搁下了。但她却心痒难耐，延挨了数日，赶上一日钟离独自进山育花，她便偷偷去了昆仑山。

昆仑山巍峨雄伟，不知胜姑媱山多少倍。陆吾带她观览昆仑风光，大半日倏然而逝，她担心钟离回来不见她，便匆匆别了陆吾，返回了姑媱山。

她原想，只出去这一次，看看昆仑山便够了。可是出去一次，便一发而不可止，每隔三两日就要出去，被钟离发现，便用各种说辞搪塞。开始时还忌惮钟离，可渐渐地就不再顾及了。除了陆吾，她还结识了槐江山的英招。槐江山与昆仑山接壤，因此她经常与陆吾、英招同游。英招人面马身，周身虎纹，还有一对宽大的羽翼。陆吾、英招狂野孟浪，为了玩乐，不惜闹得翻江倒海，山崩地裂。她也随他们这样肆意放浪，无所不至，经常旬日不回姑媱山。钟离阻拦了她几次，而她早已听不进去了。

但她也不是完全不顾念钟离，离开姑媱山的日子多了，也会心神不宁。她受不了只守在那座山上，可也不能抛开钟离。所以每次回姑媱山，她都要带一株稀有的花草，讨好钟离，他总是郁郁不乐，少有言语。可那一次，他却格外热络，主动为她送上了一盏紫色花浆。

"花浆怎么这样颜色？有何补益？"她接过玉盏，笑问。他却支支吾吾，最后干脆说："这一盏配得不好，不要喝了。"她怎么肯依，娇声说："你配的花浆，即便是毒药，我也情愿喝。"说着便要喝，却被他扬手打翻。见他这般怪异，她恍然醒悟："难道这真是毒药？"

"不，不是毒药，它只会让你成为凡人。"他慌忙解释。

"你要害我！"她瞪着钟离。

"我怎么会害你？我只是不愿你离开我。"他顷刻颓丧下去。

"将我变成凡人，困死在这山中，还不是害我？"她愤然质问。

"执子之手，与子偕老，相爱，便不可有二心，你若留下，我向天地起誓，会待你比我性命还重要。"他笃定地望着她。

"若不能离开这座山，我情愿死。"她说罢转身便走。

"你这次若走了，便再也见不到我。"钟离在她身后大喊。

"你还是脱不掉凡人的贱性，只会赌咒发誓。"她冷笑，接着头也不回地离开了。

她再没回姑媱山，与陆吾、英招一起，恣意遨游。她的神灵已成熟，不必再担心与地神相处久了会伤及自身。在后来的两年中，她几

次经过姑媱山，每次都想去看望钟离，想听他的声音，想看他的笑容。但心中对他实在有愧，因此都作罢了。

一晃过了数年，她看遍了四海九域，突然有一天厌倦了这样的生活，也厌烦了那些地神的粗野。她累了，不是神灵的残损，是心累了。过去，她想知道世界有多大，而现在，她已不想知道。那些纵情玩乐也不再能打动她，她只想有张床，能安稳地睡觉，只想有个人，能安稳地陪在她身边。她开始思念钟离，越来越渴望，以至于疯狂。于是她丢开了同游的神祇，去姑媱山找钟离。她暗下决心，这次不会再离开他，她愿意喝下那盏紫色的花浆，成为凡人，换得他的原谅。

可当她回到姑媱山，那座原来遍是奇花异草的仙山，已长满了荒草。她来到他们住过的崖洞，洞里长着青苔，挂着蛛网，那棵做床的万年灵芝也已腐烂。洞中的泉眼还在，只是之前碧蓝的泉水变成了黛色。她走近泉眼，看到泉水中漂浮着一张帛书，上面的字迹仍清晰可见，写的是："我钟离，愿沧海桑田，日月陨落，永生永世，不见女尸。"

她一阵心痛，跌倒在地，可这次没人扶她起来。

她用钟离曾经传授她的技艺，在姑媱山培育花草，将荒山重新变成了花园，她每日流泪，每日向苍天祈祷，祈祷钟离回来。她终于知道了心碎是怎样的一种痛楚，但已无济于事，她再也无法弥补。

眼泪耗损了她的灵性，眼泪哭干，她死在了姑媱山。

她死后化为仙草，名蓄草，其叶胥成，其华黄，其实如菟丘，女子服了它，便能获得宠爱。因此，常有女子来姑媱山采蓄草，为了她们的心上人。

原　文

《山海经·西山经》：槐江之山，实惟帝之平圃，神英招司之，其状马身而人面，虎文而鸟翼，徇于四海，其音如榴。……昆仑之丘，是实惟帝之下都，神陆吾司之。其神状虎身而九尾，人面而虎爪；是神也，司天之九部及帝之圃时。

《山海经·中山经》：和山，吉神泰逢司之，其状如人而虎尾，是好居于萯山之阳，出入有光。泰逢神动天地气也。……平逢之山，有神焉，其状如人而二首，名曰骄虫，是为螫虫，实惟蜂蜜之庐。

《幻山海——枸状山》 布面油画 105×105cm 2019

枸状山

江东

枸状之山，其上多金玉，其下多青碧石。有兽焉，其状如犬，六足，其名曰从从，其鸣自詨。有鸟焉，其状如鸡而鼠毛，其名曰蚩（zī）鼠，见则其邑大旱。汜（zhǐ）水出焉，而北流注于湖水。其中多箴鱼，其状如鯈，其喙如箴，食之无疫疾。

——《山海经·东山经》

远山之上，暖风细细，绿草如茵，杨柳翠波。

一红衣女子捂着胸口跪坐在地上，她的脚下皆是枯草，身后死者相枕。

她泪眼如同清泉，滴滴落下，风吹起她那如墨黑发，白皙的手腕上鲜血淋淋。

"我随你数十载，身上无数刀伤，就换来这东山的葬身之处吗？"

那声音如此凄凉，眸子之中早就失去了往日的自信，此刻的她只觉得五内如焚。

"你太容易相信人了，实属活该。"

蓝衣男子冷笑一声，声音不带任何感情，虽悦耳，却没有半丝的人情味，像是一把尖刀，每一个字都要刺出一朵血花，生生将人刺得千疮百孔方肯罢休。

"我爱了你数十年，为你出生入死，却只换来一句活该！哈哈……我真是痴情，为了你手刃最爱我的人，我真是疯了，才会如此忠心于你！"

女子狂笑着，不顾那殷红的血液从唇边滑落，将那枯黄的草衬得越发颓败。

她已经是个颓废到了无路可走，生无可恋的废人了。

"蠢货，从来没有资格活着。"

男子长剑拔出，猛然一刺，长剑贯胸，她看着胸前那无数个夜晚被她视如珍宝的长剑，自嘲而又疯狂地笑起来。

"蠢货，从没有活路！好，很好，非常好！既然你不容我，我又如何容你？"

女子一把将男子推倒，往后退了几步，踉跄地站起来，举起三根手指，一如那寒夜鬼魅般瞪视着男子。

"我以我血为祭，咒尔世代为狗，只得从他人之后，再无为人之能！天雷将至，以我魂为烛，点燃万古黑夜，我血入河，赎万民生灵，我骨入土，滋万民生计！"

女子话落，隆隆雷声响起，咔嚓一声，雷劈下来，将她瞬间劈碎。

伴随着点点星辰，她的血落入河水之中，变成了嘴如长针一般的鱼儿，人们唤这种鱼儿为箴鱼。

血气入土，青色的玉石与金属在土壤中沉睡着，偶尔可以看到地面上碧绿晶莹的碧玉石，人们称这些为碧玉。

只是那男子被女子的血卷裹住，一道雷又一次劈了下来，将男子一劈两段。

男子一边奋力往前爬着，一边发出哀号，他的身体被拉长，慢慢地变成了公鸡的样子，幽幽的声音从天空中传来，是女子憎恨的声音。

"你犹如老鼠一样，令人恶心，又如何能拥有鸟儿的模样！"

话落，雷再一次劈在男子的身上。

"啊！"惨叫声响起，那公鸡虽然有了雏形，却变了模样，鲜亮的羽毛变成了老鼠毛，丑陋异常，人们称呼他的上半身为蚩鼠，只要见到就拿石头丢他。

又因为女子愤怒生成的地火总是追随着蚩鼠，故而蚩鼠所到之处，永远尘土飞扬，旱灾连年。

而留在枸状山的男子的下半身，它应了女子的诅咒，变成了六足的小狗，总是跟着它见到的第一个人，它不会汪汪叫，只会反复地说"从从"。

人们每次见到从从，都会告诉孩子们，不要做辜负别人的坏人，否则天雷劈下来的时候，就会变成只能跟着别人跑的六足小狗"从从"了。

枸状山有三宝，六足的小狗从从，公鸡外形却长着鼠毛的蚩鼠，以及可以治疗瘟疫的针状嘴的箴鱼。

不周山下

丁 丁

西北海之外，大荒之隅，有山而不合，名曰不周。

——《山海经·大荒西经》

　　蟠桃会晤之后，神农氏共工和轩辕氏颛顼因价值理念不同、彼此利益冲突，大打出手，在昆仑山脚下发生激战。天地为之震颤。

　　最终，在不周山脚下，颛顼手握轩辕剑，将共工逼至绝境。颛顼手中的轩辕剑一寸一寸地刺入共工的身体。共工双手抵住剑刃，鲜血流经山川河流，河川为之沸腾。

　　临死前，共工用尽最后一丝力气，对颛顼说："你赢了这场战斗，但以后，你会遭遇同我一样的结局，面对死亡。就算是黄帝的血脉后裔也无法逃避死亡，何况你并不是。"言毕，共工哈哈大笑。

　　之前早有颛顼并非昌意儿子的传言，颛顼并不相信。此时他更加气急败坏，催动轩辕剑之中神力，剑刃散发出蓝色光芒。颛顼手握剑柄更用力地刺下，鲜血沿着剑刃滴在不周山脚下。轩辕剑最终刺穿了共工的心脏，共工的神力发生惊天动地的爆炸，不周山随之倒塌，洪水遍布九州。

大战之后，颛顼带着轩辕剑返回轩辕氏的都城桑丘。

一天夜里，数道黑影突然出现于颛顼周围，是颛顼的父亲昌意所派遣的刺客。一番血战，五名刺客四人尽殁，一人重伤返回，带回沾血的轩辕剑，称颛顼已死。昌意令人将轩辕剑神力封印，对外则宣称颛顼死于同共工的不周山之战中，而洪水实为天灾，并非因共工颛顼之战而起。

此后数年间，一切风平浪静。然而看似平静的局势下，其实暗流涌动。昌意的帝党势力与西陵氏后党势力相互倾轧，昌意的权势摇摇欲坠。

一日，被封印的轩辕剑忽然失窃。不久后坊间出现传言，当年不周山一战，颛顼并没有与共工同归于尽，而是在回程途中遭到刺客暗杀，但颛顼幸免于难，流落于荒野之中。

昌意听闻谣言之后，拍案而起："是谁传的谣言，是谁？快去给我查，快去给我查！"此时的昌意老眼昏花，体弱多病，眼前时常见到当年暗杀颛顼的幻觉，轩辕剑的失窃更是加重了昌意心中的疑惑。

熟悉的声音从昌意的身后响起，是颛顼回来了。

昌意小心翼翼地回头："是你，我能听出你的声音，你刚从你母亲那里回来，你母亲告诉你什么了？"

"父王，我从母亲口中得知了，原来我是神农氏的血脉，而非轩辕氏的血脉，难怪在我离开不周山战场之后，你会派人暗杀我，原来我在你心目中的地位如此低贱，皇位就必须传给玄嚣是吗？"

颛顼手握轩辕剑，催动轩辕剑之中神力，剑刃先是如不周山一战时那样散发蓝光，接着蓝光变化为鲜红色的光芒。昌意大喊："来人，来人！"正当护卫要靠近颛顼的时候，最前面的两名护卫应声倒地，身体先是凝结成冰晶，之后化为尘埃。

"如果你没让我带着轩辕剑去见到共工，我还真不知道当年的真相。"

昌意大惊："当年的真相？你从共工那里知道了什么？"

"当年，母亲和祝融情投意合，已经怀有身孕，父亲觊觎母亲的美貌，告白失败，便去游说爷爷，利用政治联姻，强行从祝融手中抢走了母亲，还以嫁妆的名义拿走了轩辕剑。但是你没有想到，轩辕剑本名祝融剑，非祝融一族血脉只能催动祝融剑第一层神力，使剑刃散发蓝光。"

颛顼再次使用祝融剑的神力，将一柄剑化为两柄，刺入昌意胸口。"只有祝融氏同西陵氏的血脉才能催动神剑的第二层神力，使剑刃散发红光，红色的剑身意味着毁天灭地的信念。"

昌意倒在了血泊中，用最后的力气说出："但是催动第二层神力，会让你失去所有的神力，这值得吗？"之后，昌意咽下了最后一口气。

《幻山海——祝融》 布面油画　105×105cm　2019

颛顼冷冷地看着昌意的尸体说："值得，何为不值得呢？"

当夜，颛顼宣布自己的父王在寝宫病故，而自己登基为帝。

在颛顼母亲的后宫，一个人从帷幕中徐徐走出，竟是当年在不周山身死的共工！共工用诡计骗过了年纪尚小无法看清真相的颛顼，这一切的始作俑者便是共工和颛顼的母亲西陵。

共工冷冷地说："数十年的仇怨得报了，西陵，下一步便是要扶持我们真正的儿子玄嚣上位了。颛顼已失去几乎所有神力，时日无多了。"

西陵看着尚处于襁褓之中的玄嚣，冷冷地说："共工，他一定惊讶于你还活着，你去用祝融剑吸干颛顼最后的神力吧。"

雨师妾

丁丁

帝命竖亥步，自东极至于西极，五亿十选九千八百步。竖亥右手把算，左手指青丘北。……雨师妾，其为人黑，两手各操一蛇，左耳有青蛇，右耳有赤蛇。

——《山海经·海外东经》

"这对于雨师妾来说是吉兆，但是对于族人来说，却是劫难。"

雨师妾为了这一次仪式，准备了数年之久，为了她的丈夫竖亥，雨师妾献祭了数千条鲜活的生命。

为了他，雨师妾赐死了出言不逊的水族祭司；为了他，雨师妾发动了水族巫族之战，俘虏了巫族族长之子巫彭；为了他，雨师妾熔炼数千人的精血，注入他腐败的躯壳之中。或许这一切都是徒劳，但是雨师妾并不在意，她无数次尝试，只为换取一次渺小和微弱的起死回生的契机。

面对于雨师妾的暴政，水族上下毫无反应，正是因为数十年前的那一场劫难，让雨师妾拥有了神力，但是一名名叫长安的少年看到了雨师妾的软弱和残忍。他找到了前任祭司惨死的茅草房，长安看到了水族命运的寓言，一条长蛇咬着自己的尾巴，在命运的天阶盘旋。族人告诉长安，这一切都是徒劳，无人能够阻止拥有神力的雨师妾。

但是长安并不相信命运，祭司的指引让长安来到昆仑山脚下，长安遇到了自己的命运，雨师妾的女儿晏紫。一刹那的目光相碰，他已决定守护她生生世世。而晏紫在长安的眼中，看到了家乡的星空。

站在雨师妾的面前，长安和晏紫两人是如此的渺小，雨师妾用手镯幻化出命运之蛇的神力，告诉晏紫，想要得到这一份认同，你将付出难以想象的痛苦与煎熬。

即使是晏紫拼尽毕生所学，也难逃雨师妾抬手一击。

"为了你的一己私欲，葬送整个水族的命运，为了你自己的诺言，使竖亥成为血肉傀儡，饱受折磨，为了你所谓的爱，扭曲了所有人的心灵，这一切可如你所愿？"

雨师妾看着眼前的长安，回想起自己当年在昆仑山脚下初遇竖亥的那一刻，长发少女，肤白胜雪。但是竖亥孱弱而腐烂的躯壳摆到了雨师妾的面前，雨师妾守护的并非只是竖亥的生命，更是他们当年扶桑树下的诺言。

现在刻骨铭心的思念，更像是噬骨之毒，让雨师妾彻夜难眠，面容枯槁，手臂之上尽是思念所致的刀疤。因为思念，雨师妾已经哭瞎了双眼；因为思念，雨师妾已经形如骸骨；因为思念，雨师妾本想一死了之，但是命运之蛇的神力让雨师妾求生不得求死不能。她只想通过这个仪式，复活竖亥，对他说出当年并没有说出的那句话。

竖亥仿佛听到了雨师妾的呼唤，睁开了闭合数十年的双眼，从仪式的骸骨血泊当中醒来，阻止了刺向晏紫的剑刃，眼前的雨师妾仿佛依然是数十年前在扶桑树下许愿的少女。竖亥轻抚着雨师妾的额头。

但是竖亥的身体能够维持的时间，也只有仪式的一瞬间，从复活到枯槁腐败，不过刹那而已。雨师妾终于得偿所愿，她放下了执念，似乎释然了，雨师妾已是了无遗憾，但是此时的竖亥和长安眼前，再次看到了水族的命运之蛇。

此时的雨师妾，失去了原本拥有的执念，失去了命运给予的资格。雨师妾一声长啸，与竖亥双双化作尘埃，天空开始落下血色的雨滴，雨滴如刀刃一般刺向晏紫的身体。

长安迅速抱住了晏紫，血色的雨滴让长安和晏紫染上了水族的怨念。当晏紫从仪式之中醒来，她看到倒在她怀中的长安，仿佛明白了自己母亲雨师妾当时所面对的一切。命运之蛇赋予晏紫掌控水族的权柄，但是那噬骨之毒同样在晏紫心中产生涟漪。

那刻骨铭心的思念，又如何能轻易化解，为了长安，多年之后注定要发生，她无论如何也逃脱不了的命运。

晏紫回想起当时对于母亲所说，若是爱在，又何必执着于生死，此时的她似乎感觉到了母亲心中的伤痛。

《幻山海——雨师妾》 布面油画 80×100cm 2019

女祭、女蔑

吴夕中

有寒荒之国。有二人女祭、女蔑（miè）。

——《山海经·大荒西经》

　　我叫祭，她叫蔑，我们是一对姐妹，也不知是何时诞生在这片土地上的，年岁过于久远，以至于我们连长幼都已分不清了。

　　日复一日的生活里走进来一个风尘仆仆的过客，他越过风沙走来，当时正好日落月升，他裹了裹一身的烂布，牙齿打着战说："你们这儿可真冷啊！"

　　原来这种感觉叫冷啊……

　　不过只要在黑夜里睡上一觉，翌日远方那团火球升起，大地又会回暖的。

　　"那不叫火球，那叫太阳；晚上那个也不叫冰球，那叫月亮。"他笑着告诉我们。

　　蔑听得很认真，但我并不在乎。

　　叫什么有什么关系呢？太阳在的时候，我们就行走在大地上，寻觅食物和水源，偶尔能碰上一棵正在结果的树，能欢喜得好几天都睡不着觉。但有时大风刮过，吹散了路标、吹没

《幻山海——寒荒国》 布面油画 80×100cm 2019

了水泽，吹倒了果树，我们又会垂头丧气好几天。

但等到太阳升起，我们还是会再度出发。欢喜和失落，就像温暖的太阳和冰冷的月亮一样，在我们的命运中轮番交替。

那人举目四望，长叹一声："你们这里太荒凉了，又冷，我要离开了。"

"你要去哪儿？"蓑紧张地问，看得出来她很喜欢这个来客，希望把他留下。

"去那边。"他指着太阳落下的地方。

"那里有什么？"

他摇摇头："我不知道，所以才值得向往。"

"可是万一有危险怎么办？"我为他担忧。

他却咧开嘴笑了："危险无处不在，但鲜花和清泉也无处不在。"

蓑很失落，因为我们连鲜花和清泉是什么都不知道。

他问了我俩的名字，从背篓里掏出几片竹子和一把锋利的小刀，一边喃喃念叨一边在上面画着奇怪的符号："有寒荒之国。有二人女祭、女蓑。"然后头也不回地走了。

过客离去以后，蓑就疯魔了，总朝着他离去的方向呆呆地凝望。

有时她也会问我："你说，那边有什么？"

能有什么？太阳和月亮呗。

"祭，我们也去看看吧。"

我想不到她会这样疯狂，立即激烈地表示反对："那可不行呀！太阳会灼烧你，月亮会冻死你。"

她的脸上写满了失望。

山丘后走来一人，长着老虎的牙齿和豹子的尾巴，来向她求婚。

她指着远方考察来人："你知道那边有什么吗？"

来人皱了皱眉头："能有什么？火球和冰球呗。"

"那不是火球和冰球，那叫太阳和月亮！"

"叫什么有什么关系？"来人不屑地说："跟我回昆仑吧，我们那里万物尽有。"

两人不欢而散，这场婚事告吹。

又有一个人翻山而来，自称是位战士，他拿着戈和盾，挺拔得像棵树，看上去还挺像那么回事。

但求婚的话还没说出口，蓑已在拼命地摇头："不行不行，他没有头，没有眼睛，怎么陪我去看那边的太阳和月亮，鲜花和清泉？"

没有头的战士生气地走了，他是在战场上失去头的，对于他来说这是一位战士的荣耀，容不得别人侮辱。

又来了一个没有影子的人。

蓑故技重施："你知道那边有什么吗？"

没有影子的人博学多才，笑道："那里叫'常阳'，是太阳和月亮降落的地方。"

蓑立即就对他有了兴趣，盛情邀约道："那我们一起去看看好吗？"

"好呀，不过路途遥远，我要先回家把田里的粮食收进谷仓里，然后再来和你出发。"

可是他的粮食从今年的秋天一直收到第二

年的秋天，还没有收完，薎又失望又生气，总觉得自己被耍了。

"也许是他家的田地太广阔，或者谷仓太大。"我试图安慰。

但薎的心情并没有因为我善意的谎言而有所好转，她失落地趴在洞穴里望着正在落山的太阳，半晌才开了口："祭，我不想等了，我们自己去吧。"

我大惊失色，慌忙劝阻，说什么食物短缺啦，野兽出没啦，拉拉杂杂一大堆理由，每说一句薎的眸子就黯一下，到我闭嘴的时候她也不再吭声了，而是翻过身来，呆呆地瞪了会儿洞顶，然后闭上眼睛，失望地睡去了。

我长舒了一口气。

可是第二天醒来的时候，薎已经不见了。

我急忙跑出洞穴，攀到高处，只见在一轮红球升起的山顶上有一个小小的熟悉的黑影，她正在远离我的方向艰难地前行着，我大声疾呼薎的名字，但风太大，路太远，这片寒荒的天地吞没了我的呼唤。

忽然那黑影转过身来，似乎也看见了我，冲着我又蹦又跳挥舞双手，我连忙也挥手，声嘶力竭地大叫："回来呀！快回来呀！"

但她什么都听不见。

等太阳越过我们头顶的时候，她放下挥舞的手，转过身去，慢慢地离开，终于消失在了一片刺眼的金光之中。

原 文

《山海经·大荒西经》：西海之南，流沙之滨，赤水之后，黑水之前，有大山，名曰昆仑之丘。有人，戴胜，虎齿，有豹尾，穴处，名曰西王母。此山万物尽有。大荒之中，有山名曰常阳之山，日月所入。有寿麻之国。……寿麻正立无景，疾呼无响。……有人无首，操戈盾立，名曰夏耕之尸。

鲜山有蛇

吴夕中

鲜山，多金、玉，无草木。鲜水出焉，而北流注于伊水。其中多鸣蛇，其状如蛇而四翼，其音如磬，见则其邑大旱。又西三百里，曰阳山，多石，无草木。阳水出焉，而北流注于伊水。其中多化蛇，其状如人面而豺身，鸟翼而蛇行，其音如叱呼，见其邑大水。

——《山海经·中山经》

夏日炎炎，暑气熏蒸。

春天播下的种子还没来得及长出高高的绿苗，这难耐的酷热已让它们渐渐失去了生机，再也不能去参与秋天的金黄了。

一个木桶丢到河里，舀起来大半桶泥沙；一个人朝井里望去，仅剩的几口水都没不过长期定居此地的一群癞蛤蟆。

蝗虫乌压压地飞过，骨瘦如柴的庄稼汉们站在炎炎烈日下，硬是连哭出来的眼泪都被蒸干了。

有人义愤填膺地骂道："这鬼天气，一定又是鲜山上的那条鸣蛇出来了！"

此话一出，立即群情激愤："对！肯定是那个扫把星又下山来了！"

"每次它一下山，天下就大旱，实在是太讨厌了！"

"兄弟们，把打蛇的家伙都拿上，这家伙一定在附近，咱们满山搜，搜到了就揍它，让它晓得我们的厉害，看它以后还敢不敢随便下山！"

"对！没错！把打鱼的网也拿上，那家伙有翅膀，会飞呢，大家别只往地上看，也往天上看看！"

"走！我们去揍它！"

庄子里英勇的汉子们临时组队，气势汹汹地拎着十八般农器要找一条蛇算账，殊不知就在他们说话的当下，那条长着两对翅膀的小蛇就匍匐在他们身后的一棵大树上，瑟瑟发抖。

呜呜呜——冤枉呀！它也是因为山上的水都枯竭了，才想下山来找点水喝的呀！呜呜呜——

农夫们的渔网和钉耙看上去那么可怕，把它这个可怜的小家伙吓得不轻，两对小翅膀收得紧紧的，极力想把自己隐藏在粗壮的树枝上，再不济，至少要伪装成一条常见的、没有翅膀、不至于挨揍的蛇吧？

树下的人们才浩浩荡荡地走了，还没来得及舒一口气，又有一个凶巴巴的声音在身后暴怒："啊！你这家伙原来在这儿啊！"

小家伙吓得魂飞魄散，眼珠子都快瞪掉了。

抬头一看，好几条大花蛇正吐着芯子，眯着眼睛看它呢。

"每次你这家伙一出现就大旱，害得我们

都没水喝，还不赶紧给我滚回山洞里去老实待着！"

"不是这样的……"可怜的小家伙话还没说完，满树的蛇就朝它飞来。

它赶紧伸展翅膀往天上飞去。

"哎呀，你这家伙原来在这儿呀！"又有好久都没吃到河鱼的老鸹在天上狙击它。

"我没有……"小家伙都快哭了，但大家的攻击一波接着一波，跑到屋檐上有猫儿亮爪，躲进田里有田鼠围攻。

终于动物们的厮杀声引起了人们的警觉，天罗地网扫把钉耙，小家伙一边躲一边哭，被打着的时候还"昂昂"直叫，声音像敲磬石一样。

"打死它！打死它！"人啊狗啊猫啊鸡鸭啊蛇鼠啊，原本的天敌们都团结成了一个队伍，齐心协力地来围剿它。要不是它身子小动作快，今天必定是要死在这儿了。

真是个可怜的小家伙。

好不容易挨到了天黑，大家跑得都累了，没有水没有粮食的夜里，也只能早早地吹灯休息了。

这时，一直躲在树下小庙里的小家伙才敢探出头来。

没人了吧？它可怜巴巴地想："我不过就想在山底下讨口水喝，大家至于吗……"越想越委屈，忍不住哭了起来，"呜呜呜……我再也不想当鸣蛇了……"

"不想当鸣蛇，那你想当什么呀？"忽然

《幻山海——鸣蛇》 布面油画　100×100cm　2019

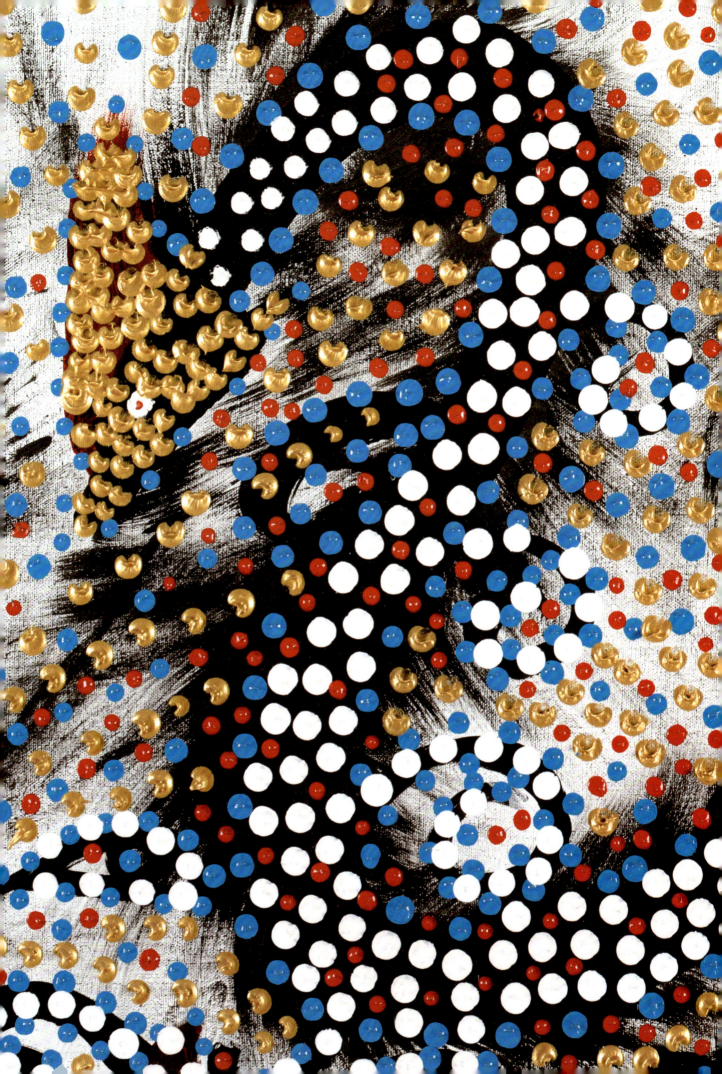

一个小娃娃般稚嫩的声音响了起来。

小家伙吓得立即又躲了回去。

"谁？"它紧张地四下张望，可是没有别人呀。

那声音安抚它："是我呀，就是你抱着的这个。"

抱着的？小家伙看看自己的翅膀，正好抱着庙里那个小小的神像的后背。

"你你你……"第一次看到泥巴塑像显灵，小家伙惊诧得舌头打结。

"你别紧张，我也是修炼了好久好久，才能开口说话的。"

小家伙眨巴眨巴眼睛："你是神仙吗？"

"算是吧。"

"那你能帮我吗？"

"呃……怎么帮？"

小家伙立刻飞到神像的面前，虔诚地祈祷道："求求神仙，让天下雨、河有水，让土地不干旱吧。"

神仙有些为难地说："可是，我只是个法力一般的小神仙，不一定能做到呀。"

"求求你啦，试一试吧！"鸣蛇苦苦哀求，"你看大家多可怜呀，辛辛苦苦种了那么久的粮食，到秋天颗粒无收的话，会死好多好多的人啦！"

神仙支支吾吾道："那……那我跟共工神（传说中的水神）联络一下吧，不过我的法术不够，需要一个牺牲品，也就是说，需要有谁献出自己的东西来才可以试一试。"

"那就牺牲我吧，我愿意把自己献给你。"

"那我试试吧……"

小神仙开始作法了，它念着古老而繁复的咒语，一团黑雾从地上升起，团团笼罩在了鸣蛇的身上，它头疼欲裂，身体像是被撕扯一样疼痛，很快就晕了过去。

"爹！娘！快来看呀，这儿有个好丑好丑的怪物！"

一群儿童的叫喊声搅醒了它的梦。

咦，它还活着？小家伙疑惑地探起头来，外面那群正在围观它的孩子纷纷退了三步："咦！好丑呀！"

他们的家人在屋门口叫唤："快回来了！要下大雨了！"

小家伙抬头一看，果然雷声轰鸣，乌云密布。它开心得不得了："太好了！神仙的法术奏效了！"

"谢谢神仙！谢谢神仙！"它给神像连磕了九个头。

"呃，不客气……"神仙似乎有什么难言之隐，"你赶紧回山上躲雨去吧。"

才不呢！它要正大光明昂首挺胸地走在庄子里，让那群人啊狗啊蛇啊的都看看，它鸣蛇才不是那种只会带来干旱的扫把星！

于是它大摇大摆地飞过田地，走门串户，要享受耻辱被洗刷后的荣耀！它要让大家知道，这漫天的甘露可是它牺牲了自己可爱的外貌为大家换来的神仙水，所有人都应该感谢它，并且为曾经冤枉过它而感到羞愧!

可是这漫天的甘露也下得太多了吧,都七天七夜了,大雨如注,搞得人们都不能出门了。

小家伙躲在树下全身湿透了,它现在也不想等人们出门来感谢它了,只想这雨快点停,它好飞回山顶上的家。

轰!

"大坝决堤啦!大家快跑呀!"

"鸣蛇呢?那个一出现就没水的鸣蛇跑哪儿去了?"

"哎呀,别找那条蛇了,快逃命吧!"

"小孩子们说前几天看到一个人脸豺狼身,也是有翅膀能飞的丑八怪蛇,一定是鸣蛇的亲戚。鸣蛇一出现就大旱,它亲戚一出现就发大水,它们这一家子到底是谁生出来的?!"

群情又激愤了起来:"大家把家伙什都拿上,看到人脸豺狼身带翅膀的家伙就揍!那家伙太可恶了,一出现就发大水,真是个扫把星!"

"啊!我看见它了,它在这儿!"

"打它!揍它!"

眼看着愤怒的人们气势汹汹地要来揍它,小家伙吓得东躲西藏了,它想大叫来证明自己就是鸣蛇,结果一开口却变成了难听的叱呼声。

生它养它的鲜山是待不住了,它被撵得只好往西飞去。

呜呜呜,它真是好可怜呀!

鸩心

吴夕中

女几之山，其上多玉，其下多黄金，其兽多豹、虎，多闾、麋、麖、麂，其鸟多白鷮（jiāo），多翟，多鸩。

——《山海经·中山经》

肌肤胜雪，云髻峨峨，如画的眉目含情脉脉，举手投足间都是风流与温柔。

上一位巫山神女跟着地上的王跑了，天庭紧急任命她的胞妹来接替，这位妹妹顾盼生辉，婀娜多姿，腾云飞升的时候还在画画，她说《林间仙图》是她作为一个山谷仙子的最后留念。

但这位新任的巫山神女似乎对人间很是留恋，在飞升的最后时刻，还专门在女几山上空盘旋了好几圈，要不是接驾的仙人们等得实在不耐烦了，威胁她再不上去就换人了，她怕是要像一朵云一样在空中飘荡个好几百年。

神女飘然的身影刻在了一只鸩鸟的心里，它的魂魄丢了一半，巴巴地都跟着美丽绝伦的神女姐姐飞走了，剩下的几缕魂丝藏在肉体里，支撑着小小的心脏怦怦跳。

直到神女在仙子们的簇拥下消失在云端后，它才缓过神来，心有不甘地跟着她方才的路线在女几山上绕啊绕，只可惜它不过是一只平凡的鸟，不能飞得像她那样高……

咦，那山涧旁的水潭外，怎么倒着一位姑娘？

小鸩鸟赶紧俯身下飞，前去查看，只见这姑娘生得冰肌玉骨，花容月貌，细细看来，竟与方才那巫山神女有几分相似！

可她为何晕厥在此？

哦，这水潭是鸩鸟们平日喜爱的嬉戏之地，这姑娘大概口渴了，喝了这潭中水，中毒了吧？

众所周知，鸩鸟之毒，就是用羽毛泡一下清水，也能变成杀人的毒药，何况这里是上百只鸩鸟的游泳池。

幸好她遇见了它。

小鸩鸟身虽毒，心却善，它把姑娘拖回山洞，又去山巅找了女几山最有智慧的那头老麂子，央求它给点解药。

"她没中毒，要中毒早死了，你给她熬点生血的药吧。"老麂子被小鸩鸟磨得受不了，一边割着自己的角一边叹气："我们这座山因为有你们鸩鸟的缘故，无论是人间的王还是天上的仙，都明令禁止他人擅自踏入，这姑娘通身绫罗，一看就不是普通人，沾染上她，怕要搅得山里不清净。"

小鸩鸟才不相信呢，这老麂子，平时教它们"救人一命胜造七级浮屠"，现在怎的见死不救？不管它！拿了麂子角再加上山巅的草药，熬成汤水一点一点地喂给姑娘喝，它本来是死马当活马医的，没想到这姑娘命大，几服药下去，就醒过来了。

"谢谢你，小鸩鸟。"姑娘虚弱地微笑着说。

小鸟吃了一惊，"你认识我？"

姑娘笑道："那是自然，我是巫山神女派来找你的。"

小鸩鸟觉得心都漏跳了好多拍："找……找我？"

"是呀，就是找你呀，要不然她也不会在这山头上徘徊那么久，我也不会掉到这里来呀。"姑娘的笑容是那样温柔亲切，简直比菩萨还要菩萨，"我听到你在梦里呼唤巫山女神了，是不是？你想要和其他的禽鸟一样，住在她的花园里，陪她日夜游嬉，是不是？"

"这……"小鸩鸟有些不好意思，要不是脸上毛有点多，可能已经红得像西边的云彩了，"可是我只是一只鸩鸟啊，我没有资格上天去……"

"没有关系，我可以带你上去。"为了抚慰它自卑的心，姑娘原本想温柔地拍拍它的小脑袋，但理智使她在碰触之前就迅速收回了手。

姑娘说："不过，天庭有规定，鸩鸟不得上去，所以你得化个装，最好用你们山上颜色最漂亮的草把羽毛染一染，藏在我的袖子里，我们才好进去。"

小鸩鸟急切地问："进去后能见到神女吗？"

"那是自然！不过你要听我的话，万一被发现了，天兵们可会把你抓起来的。"

小鸩鸟高兴地蹦跳了好几下："没问题！我这就去找染料！"

几天之后，一仙一鸟，开开心心地飞升了。

《幻山海——鸠》 布面油画 105×105cm 2019

小鸩鸟躲在小仙子宽大的衣袖里，看着越来越荒凉的景象，它有些忧心："这里真是天庭吗？怎么一个侍卫都没见着？一个神仙也没见着？当个神女，就住这样的地方？"

"现在她还不是神女呢，"姑娘的语气中似乎有那么一丝不耐烦和冷淡，但迅速又恢复了亲切的笑，"这里是化仙亭外的小林子，在正式册封之前，女神会先住在前面的宫殿里……你看，那不是她吗？正在画画呢。"

小鸩鸟极目远眺，果见那梦中的女神正执笔立于宫殿廊下，粉舌微吐，蘸了蘸她的画笔，再挥毫绘画。

那倾国倾城的容貌、那窈窕的身姿、那吐舌头的可爱模样……啊！它日思夜想的女神啊！就近在咫尺了！

小鸩鸟几乎要快乐得晕厥过去了。

姑娘却劝它不要着急，暂且在林子里栖息着。她说按照天上的规矩，她得先向神女汇报一下这个好消息，再将它带过去，说完她笑盈盈地朝宫殿的方向离开了。

待她再回到林子里时，手里端了一盆清水。

"女神远远地看了你一眼，她说你这身颜色不对，不是她喜欢的鸩鸟了。"她说道，"快把你身上的染料都洗掉吧。"

先听说女神不喜欢它了，小鸩鸟差点没哭出来；一听到后面的话，它赶紧点点头，跳进清水里，愣是把从头顶到脚趾的染料都洗了个干干净净，洗不干净的最后那一两根毛，干脆就拔掉。

"好了，去宫殿南边的仙泉林里等着吧，我即刻就带女神过来。"姑娘端起那盆黛青色的水，又笑盈盈地离开了。

见她走远，鸟儿展翅高飞，一飞就飞到了南边那座挂有"净仙池"牌匾的地方，可那地方有仙子正在洗澡，一见它便大声惊呼起来："鸩鸟！那是鸩鸟！"

她们的声音那么尖锐，吓得它满林子乱窜；一队天兵闻声而来，拉满神弓，嗖的一声，正中它那颗充满毒液的小小心脏。

上一任巫山神女跟地上的王跑了，新的这一任还没册封就死掉了，传说是一只鸩鸟混入了天庭，不知怎的碰到了她画画用的颜料，仙子一向有用画笔时舐笔尖的习惯，没想到那颜料里竟然有鸩毒。

只要还没册封，她就还只是个林中小仙；小小的仙子，是敌不过鸩毒的。

可是巫山不可一日无神女，要不来往的船只非得碰个散架，沿岸的土地也会被滔天的洪水淹没。天庭的仙官们紧急协商，最后敲定，姊终妹及，让上两任神女的三妹来继任这个似乎被诅咒了的职位——据说她已垂涎这个职位很久了，她的姐姐飞升时两姊妹还打了一架，不过她没打过二姐，落回了人间，直到新的命令到来。

在她飞升的那一天，也路过了女几山，不过和她的姐姐不同，她飞得特别快，看都没往下看一眼。

西王母

赵世博

西王母其状如人，豹尾虎齿而善啸，蓬发戴胜，是司天之厉及五残。

——《山海经·西山经》

西王母坐在玉山山顶的峭壁上，弓起右腿，右臂架在右膝上，山风吹着她披散的头发，戴在她头上的玉胜，发出轻微的铮鸣。她心中气闷，忍不住长啸一声，如同龙吟虎啸，震荡山林。

西王母身形如人，但豹尾虎齿，她掌管着人间的灾疫和五刑的残杀之气。掌管灾疫过去多年都是闲职，因为灾疫由人间灵兽发端，而九域一片蛮荒，灵兽横行无阻，因此灾疫泛滥，无从管理，况且人类被轻视，神族不甚在乎他们的死活。而掌管五刑残杀之气，实际上就是行刑官，人类在分出尊卑之后，神族便不再代人类行刑了，她只是对地神、灵兽中犯天条者施以刑罚。西王母早就可以幻化得与天神、人类无异，但为了更具威严之气，她故意留下了豹尾、虎齿，又喜吼叫，所以远远看去，她是个婀娜的仙女，但趋近再看或听她说话，却又能被她惊出一身冷汗。

所谓五刑就是墨、劓、剕、宫、大辟。除非重罪，否则不会被判处大辟，而其他四种刑罚，却可以由西王母权宜而定，她则最擅宫刑，所以九域内的雄性地神、灵兽，对她都极为敬畏，因她是掌刑官，平时的作为都多有收敛。

被地神、灵兽敬畏，让她颇为得意，所以做掌刑官这一千多年来，她一直顺心畅意。但近年来诸天众神突然改变了对人的态度，于是，"禹掘地而注之海，驱蛇龙而放之菹。水由地中行，江、淮、河、汉是也。险阻既远，鸟兽之害人者消，然后人得平土而居之。"自此开始，人类俨然成了人间之主，而天界对地神、灵兽的管束也越发严厉，严令可引起灾疫的灵兽，没有天界旨意，不得擅离所居山界，违者处极刑。近来又有令，不准诸山灵兽食人，违者同样处极刑。这就是她气闷的缘由。不让灵兽随便下山已是不讲情理了，如今连吃个把人也要被处极刑，简直不可理喻。她咒骂天理乖张，对天界传下的惩戒命令也消极应对。于是天帝降天雷，劈开了玉山的一座山峰，以示警诫，又派与玉山毗邻的嬴母山上的地神长乘来监督她。

长乘其状如人而犳尾，是天界九德之气运化而生，最是温厚公正，在地神中德高望重，连西王母也不好与他抵牾。前有天帝弹压，如今又有长乘约束，这个掌刑官做得就非常无趣了。

"西王母的啸声直冲霄汉，怨不得九域灵兽都对你胆寒。"长乘温和的声音从身后传来。

"收起这些虚意恭维，我不是天上那些神女，听两句好话便心花怒放了。"她斜睨了长乘一眼。

"我带来了天帝的旨意。"长乘似乎没注意到她的不屑，温和如故。

"你在地神中地位显赫，却因此被天界利用，打压同族，你甘愿？"她盯着他的双眸，想逼出他的羞惭。他却毫无变化，淡淡地说："天地划分三界，便有人间，这是早已注定的，只是过去人类蒙昧，尚无法统辖九域，才任由地神、灵兽放纵无度，如今人类德智具足，该是我们返归山川的时候了。"

她做了这么多年的掌刑官，什么凶残不堪的妖孽都见过，都应对自如，唯独拿长乘这一路地神没有办法，他说的话永远都是对的，你即便不赞同，也无从反驳，所以她从鼻子里哼了一声，说："你知道吗？你永远都对的这副样子，有时很令人生厌。"

"自成神以来，你见我难为过谁？何况你我又做了几千年的邻居，交情更近一层，我今日不是来迫你，是来求你。求你办几件事看看，若真是为难，你便丢开，这掌刑官自会有别人担任。据我所知，骄虫已去白帝少昊那里递了话，求其向天帝进言，让他做掌刑官。"长乘慢条斯理地说。

"笑话，骄虫那只大螯虫能做什么？自不量力。"她一听说有人想顶替她，登时急了，一跃而起，从长乘手里抢过了写着天帝指令的玉圭。玉圭上有三件事：第一件，是去太山叫

《幻山海——长乘》 布面油画　95×125cm　2019

《幻山海——长乘》 布面油画　95×125cm　2019

所谓五刑就是墨、劓、剕、宫、大辟。除非重罪，否则不会被判处大辟，而其他四种刑罚，却可以由西王母权宜而定，她则最擅宫刑，所以九域内的雄性地神、灵兽，对她都极为敬畏，因她是掌刑官，平时的作为都多有收敛。

被地神、灵兽敬畏，让她颇为得意，所以做掌刑官这一千多年来，她一直顺心畅意。但近年来诸天众神突然改变了对人的态度，于是，"禹掘地而注之海，驱蛇龙而放之菹。水由地中行，江、淮、河、汉是也。险阻既远，鸟兽之害人者消，然后人得平土而居之。"自此开始，人类俨然成了人间之主，而天界对地神、灵兽的管束也越发严厉，严令可引起灾疫的灵兽，没有天界旨意，不得擅离所居山界，违者处极刑。近来又有令，不准诸山灵兽食人，违者同样处极刑。这就是她气闷的缘由。不让灵兽随便下山已是不讲情理了，如今连吃个把人也要被处极刑，简直不可理喻。她咒骂天理乖张，对天界传下的惩戒命令也消极应对。于是天帝降天雷，劈开了玉山的一座山峰，以示警诫，又派与玉山毗邻的嬴母山上的地神长乘来监督她。

长乘其状如人而犳尾，是天界九德之气运化而生，最是温厚公正，在地神中德高望重，连西王母也不好与他抵牾。前有天帝弹压，如今又有长乘约束，这个掌刑官做得就非常无趣了。

"西王母的啸声直冲霄汉，怨不得九域灵兽都对你胆寒。"长乘温和的声音从身后传来。

"收起这些虚意恭维，我不是天上那些神女，听两句好话便心花怒放了。"她斜睨了长乘一眼。

"我带来了天帝的旨意。"长乘似乎没注意到她的不屑，温和如故。

"你在地神中地位显赫，却因此被天界利用，打压同族，你甘愿？"她盯着他的双眸，想逼出他的羞惭。他却毫无变化，淡淡地说："天地划分三界，便有人间，这是早已注定的，只是过去人类蒙昧，尚无法统辖九域，才任由地神、灵兽放纵无度，如今人类德智具足，该是我们返归山川的时候了。"

她做了这么多年的掌刑官，什么凶残不堪的妖孽都见过，都应对自如，唯独拿长乘这一路地神没有办法，他说的话永远都是对的，你即便不赞同，也无从反驳，所以她从鼻子里哼了一声，说："你知道吗？你永远都对的这副样子，有时很令人生厌。"

"自成神以来，你见我难为过谁？何况你我又做了几千年的邻居，交情更近一层，我今日不是来迫你，是来求你。求你办几件事看看，若真是为难，你便丢开，这掌刑官自会有别人担任。据我所知，骄虫已去白帝少昊那里递了话，求其向天帝进言，让他做掌刑官。"长乘慢条斯理地说。

"笑话，骄虫那只大螯虫能做什么？自不量力。"她一听说有人想顶替她，登时急了，一跃而起，从长乘手里抢过了写着天帝指令的玉圭。玉圭上有三件事：第一件，是去太山叫

西王母

赵世博

西王母其状如人，豹尾虎齿而善啸，蓬发戴胜，是司天之厉及五残。

——《山海经·西山经》

西王母坐在玉山山顶的峭壁上，弓起右腿，右臂架在右膝上，山风吹着她披散的头发，戴在她头上的玉胜，发出轻微的铮鸣。她心中气闷，忍不住长啸一声，如同龙吟虎啸，震荡山林。

西王母身形如人，但豹尾虎齿，她掌管着人间的灾疫和五刑的残杀之气。掌管灾疫过去多年都是闲职，因为灾疫由人间灵兽发端，而九域一片蛮荒，灵兽横行无阻，因此灾疫泛滥，无从管理，况且人类被轻视，神族不甚在乎他们的死活。而掌管五刑残杀之气，实际上就是行刑官，人类在分出尊卑之后，神族便不再代人类行刑了，她只是对地神、灵兽中犯天条者施以刑罚。西王母早就可以幻化得与天神、人类无异，但为了更具威严之气，她故意留下了豹尾、虎齿，又喜吼叫，所以远远看去，她是个婀娜的仙女，但趋近再看或听她说话，却又能被她惊出一身冷汗。

小鸩鸟躲在小仙子宽大的衣袖里，看着越来越荒凉的景象，它有些忧心："这里真是天庭吗？怎么一个侍卫都没见着？一个神仙也没见着？当个神女，就住这样的地方？"

"现在她还不是神女呢，"姑娘的语气中似乎有那么一丝不耐烦和冷淡，但迅速又恢复了亲切的笑，"这里是化仙亭外的小林子，在正式册封之前，女神会先住在前面的宫殿里……你看，那不是她吗？正在画画呢。"

小鸩鸟极目远眺，果见那梦中的女神正执笔立于宫殿廊下，粉舌微吐，蘸了蘸她的画笔，再挥毫绘画。

那倾国倾城的容貌、那窈窕的身姿、那吐舌头的可爱模样……啊！它日思夜想的女神啊！就近在咫尺了！

小鸩鸟几乎要快乐得晕厥过去了。

姑娘却劝它不要着急，暂且在林子里栖息着。她说按照天上的规矩，她得先向神女汇报一下这个好消息，再将它带过去，说完她笑盈盈地朝宫殿的方向离开了。

待她再回到林子里时，手里端了一盆清水。

"女神远远地看了你一眼，她说你这身颜色不对，不是她喜欢的鸩鸟了。"她说道，"快把你身上的染料都洗掉吧。"

先听说女神不喜欢它了，小鸩鸟差点没哭出来；一听到后面的话，它赶紧点点头，跳进清水里，愣是把从头顶到脚趾的染料都洗了个干干净净，洗不干净的最后那一两根毛，干脆就拔掉。

"好了，去宫殿南边的仙泉林里等着吧，我即刻就带女神过来。"姑娘端起那盆黛青色的水，又笑盈盈地离开了。

见她走远，鸟儿展翅高飞，一飞就飞到了南边那座挂有"净仙池"牌匾的地方，可那地方有仙子正在洗澡，一见它便大声惊呼起来："鸩鸟！那是鸩鸟！"

她们的声音那么尖锐，吓得它满林子乱窜；一队天兵闻声而来，拉满神弓，嗖的一声，正中它那颗充满毒液的小小心脏。

上一任巫山神女跟地上的王跑了，新的这一任还没册封就死掉了，传说是一只鸩鸟混入了天庭，不知怎的碰到了她画画用的颜料，仙子一向有用画笔时舔笔尖的习惯，没想到那颜料里竟然有鸩毒。

只要还没册封，她就还只是个林中小仙；小小的仙子，是敌不过鸩毒的。

可是巫山不可一日无神女，要不来往的船只非得碰个散架，沿岸的土地也会被滔天的洪水淹没。天庭的仙官们紧急协商，最后敲定，姊终妹及，让上两任神女的三妹来继任这个似乎被诅咒的职位——据说她已垂涎这个职位很久了，她的姐姐飞升时两姊妹还打了一架，不过她没打过二姐，落回了人间，直到新的命令到来。

在她飞升的那一天，也路过了女几山，不过和她的姐姐不同，她飞得特别快，看都没往下看一眼。

蜚下山；第二件，是惩处崦嵫山里擅自离山而致使雍州大旱的灵兽；第三件，是惩处在雍州地界游荡吃人的两头灵兽。收了玉圭，她脚下云起，身体已腾空。

"西王母且慢，"长乘又叫住她，"天帝想让西王母在人间广收德望，所以让玉山中的狡兽与你一同下山，让人类感到，只要西王母现身，当年便会五谷丰登。"这时一只狡兽已经附在了她身边。

狡，其状如犬而豹纹，生牛角，音如吠犬，出现在哪里，哪个州域便会五谷丰登。

"多此一举。"她轻蔑地从齿间挤出一句，驾云而去。

到了太山之上，她在云端喊蜚的名字，却迟迟不见他现身。

"莫不是睡了？"狡说。

"怕是活得腻烦了。"她恶狠狠地说。

她到山上去找蜚兽，太山虽大，但蜚却无处可藏。因为凡是他所过之处，遇水水干，遇草草枯。她沿着一条寸草不生的小径，很快就找到了立在石窟中的蜚。他生着一只白头颅，其状如牛，只有一只眼，长着蛇尾。他是九域中衰气最重的灵兽，因此一旦现世，便会有致命的瘟疫蔓延天下。

"天帝令：蜚于七日内下山，散疫病而归。"她背着手，颐指气使。

"蜚不听令，求西王母行极刑。"蜚的声音低沉哀缓。

"你为何不听令？"她不吃惊，却颇为好奇。

"我每次下山，都会有万千人死于瘟疫，他们何罪之有？倘若我活着只为了杀人，那我活着又有何用？"他说。

"灵兽禀赋的异能是天地所赐，是给你的荣宠，你竟然因为死了几个人而厌弃自己，简直混账。"她大怒，发出一声咆哮。但蜚却不为所动，抬起那只眼睛望向她，哀声说："我无可争辩，只求速死。"

她右手五指张开，指间有电光闪烁，这就是她行刑的天雷，此时只要她一扬手，便能让蜚身首异处。但她却又收了天雷，转身而去，只丢下一句："七日后我再来，你若还不下山，我自然会斩下你那颗白头颅。"

去雍州的一路上，她仍然气愤难平，后悔没直接斩了蜚那个败类。又想接下来的那两件事，那三头灵兽只是不懂规矩，并非什么大不了的罪，大辟太过，到时只将他们宫了了事，她倒要看看，长乘怎么告她的状。

到了雍州地界，她目之所及，荒芜一片，草都已枯死，然后被人挖走吃掉了，树皮也被剥光，饿殍遍地，豺狼野狗在地上游荡，兀鹫乌鸦在空中盘旋。

"好惨。"狡在她身边感叹。

"那些被人捕食的禽兽，每天惨死无数，怎么没见你这样惋惜？"她冷冷地诘问。

又向前走了一段，见一少年在野地里挖坑，旁边摆着一具女人的尸体。腐气招来了几头野狗，它们在不远处虎视眈眈，垂涎尸体的乌鸦在头顶萦绕，不时有乌鸦飞下来啄食尸体，那少年便用手中的镬头驱赶乌鸦。而这时野狗也伺机而动，上来撕咬尸体，而且并不十分畏惧这少年，再僵持一会儿，恐怕会把他也咬死。但即便这样，少年却不退，愤怒地哭号，守着那具尸体。他骨瘦如柴，渐趋体力不支。

"此人痴傻，为了个死人，断送自己。"她嫌恶地皱眉。

"那死去的女子是少年的母亲，人类重情，父母即便死了，也要将其埋葬，不能被禽兽分尸。"是长乘的声音，他不知何时，已出现在她的身后。天帝命长乘监督她，所以他这样突然出现，她也不吃惊。

"那又有何用？徒然搭上了自己的性命。"她说。

"纵然搭上了自己的性命也心安，否则他永远忘不了自己眼睁睁地看着母亲被禽兽分食，会终生自责，不得安宁。"长乘说。

"矫情。"她迟疑片刻，嫌弃地说出这两个字，却又扬手，发出一道天雷，斩了两头野狗，其余野狗乌鸦顿时一哄而散。

突然传出一阵阵骚动，倒卧在旷野里休憩的饥民们冲着空中愤怒地咒骂，只见空中飞过一只灵兽，长着一张狰狞的人脸，其状如鸮，却又生着猴身犬尾。擅离崦嵫山的就是他，这是雍州大旱的罪魁。想必是看见了她发的天雷，正要逃跑。

她想都没想，挥手发出一道天雷，斩落了他长着人脸的头，然后将他的血沾一点到玉圭上，默诵一段祷词，向天帝交差。

这时，却传来了更大的骚动，旷野里的饥民纷纷跪倒，冲她磕头，感谢她为民除害。见这么多人齐齐拜她，她惊了一跳，脸颊烘热，慌忙驾云飞走了。

"往后西王母就是人类顶礼膜拜的神了。"狻在她身旁说。

"笑话，谁稀罕被他们膜拜。"她说着，却又忍不住看了眼地上的那些人。

她是在山中找到那两头灵兽的，是獦狚与蛊蛭。獦狚赤首鼠目，其状如狼，叫声似豚，蛊蛭状如狐而虎爪，九头九尾，叫声如婴儿。这两头灵兽都是惯于食人的，但素来都是独行，如今他俩却结成了伴。

她找到他俩时，蛊蛭刚在山下偷了一个婴儿，獦狚则为他掩护，引开了追捕的人，之后又在山中汇合。獦狚急不可待，扑上来就要咬断婴儿的喉咙，被蛊蛭拦下。

"不急着吃他，让他哭一会儿，把他父母引来，一同吃了。"蛊蛭说。

"将追捕咱们的人都引来可怎么办？不如吃了痛快。"獦狚说。

"亏你吃了那么多人，还是对人类品性一无所知。那些人忍饥受饿，哪里来的气力追进山中？只有这婴儿的亲生父母，才会不顾死活地追来。"蛊蛭说。

"还是你灵，"獦狚恍然领悟，"你我先藏起来，等那对男女赶来，一人一个咬死。"

"不劳烦西王母，我就能将这两个孽障制服。"狻在她身边义愤填膺。

459

"难道你也想当掌刑官？"她笑着抚了抚狡的头，"这两个孽障我来收拾，你去渭水一趟，叫出渭水的龙族，就说我请他们来雍州下几场雨。"

"他们会听？"狡问。

"渭水龙族欠我人情，会听。快去吧。"她说。

狡领命走了。林中的婴儿哭声不止，远处一对男女发狂一样地跑上来，她吼了一声，没吓退那对男女，却惊得那两头灵兽落荒而逃。她先飞去拦住了猰㺄，他见无路可逃，龇着牙齿朝她扑来，她挥出一道天雷，把他斩了。将他的血沾到玉圭上，默诵了祷词，之后才去追蠪蛭，即便如此，也还是瞬间便追上了他。蠪蛭并不抵抗，匍匐在她脚边，浑身战栗，九头同时伏地，哀求："西王母开恩，念在同为兽族的分儿上，饶小妖一命。"

"要我饶你，你可知罪？"她问。

"知罪，都怪小妖，一时嘴馋，犯了天条，惊动了西王母。"蠪蛭说。

"我若饶你，你未来将怎样？"她问。

"一定谨慎小心，不露马脚，不让西王母为难。"他说着，九个头同时露出奸猾狡黠的笑。

"不可救药。"她大喝一声，发出一道天雷，把他的九颗头同时斩落。

她向天帝交了差，又回到了那片树林，见那对男女已经找到了婴儿，女子将婴儿紧紧地抱在怀里，解衣给婴儿喂奶，男子站在一旁，喜极而泣。她看着这一幕，良久，嘴角不自觉

微微扬起，露出锋利的虎齿。忽然一阵湿润的风吹过，她举目，见一朵乌云从天边飘来。

三件事办完了两件，此时七日期限已到，她还要回太山找蜚，办完第一件事。

蜚仍旧矗立在那个石窟中，似乎这七日，一直没动过。听见她的脚步，他睁开了那只眼睛，说："恭候西王母多时了。"她看着他颓丧的样子，问："你可回心转意了？"他轻轻摇了摇那白色的头，说："我心如铁，请西王母动手吧。"她深深叹了口气，说："我已懂了你的心，但天命不可违，我也不能饶你。"他点点头，说："你既已懂了我的心，死在你手，也算死得其所了。"

她望着他，右手五指张开，天雷在指尖闪动。她扬手发出一道天雷，一股鲜血涌出，溅在了石窟的岩壁上。

她回到玉山，长乘和狡正在等她。狡一见她便说："渭水龙族听说是西王母的意思，当即应允，雍州已连下了两场雨，旱灾已过。"

"西王母宅心仁厚，雍州百姓会世代感念你的恩德。"长乘说。

"我只是心疼雍州的水族和草木，谁在乎那些人。"她说着避开他的视线。

"西王母三件事办得都很好，尤其蜚那一件，让我佩服。"长乘说。

"只是执行天命，没有好坏之分。"她有意回避。

"我这次下山，见人类男女之间都能结为伴侣，相爱相亲，令人羡慕，我们兽族为何不

能？我看西王母与长乘大神便很合适。"狻说。眼神在他俩身上转悠。

"混账，我该把你宫了，省得你总说浑话。"她瞪眼，右手天雷闪烁。狻一声犬吠，逃进了林中。她转眼，却见长乘望着她笑，便质问："你笑什么？"他不慌不忙道："我近来听说，扬州钱塘江每月一次的潮水气势宏大，颇为壮观，我们一起去扬州看潮怎样？"

她感到脸上止不住地热了起来，怕被他看见，连忙别过脸去，说："潮水有什么好看的。"心也跳得快了起来，快得她心慌，于是她手忙脚乱地驾云飞走了。

北海之外，有一座章尾山，山中一无所有，只有一神，人面而蛇身，全身赤色，身长千里，眼中有日月，他闭上眼，便是黑夜，睁开眼，便是白昼，他不食，不寐，不息，只吸吮风霜雨露，他能照耀世间最阴暗的角落，三界之中，都称他为烛龙。

蚩在章尾山上自由漫步，他股上的伤已经好了。西王母割伤了他的大腿，用他的血骗过了天帝，之后将他送到了章尾山，这里无草木生灵，他不用担心伤害谁。他在山上找了数日，终于找到了烛龙的头，可以当面谢谢他了。

"感谢大神收留，容我在山中了却余生。"他说，仰望着云雾中那张若隐若现的脸。云雾中的脸微微晃动，一个洪亮的声音传出："不必谢我，我欠西王母一个人情，早该还了。"

原 文

《山海经·西山经》：嬴母之山，神长乘司之，是天之九德也。其神状如人而豹（zhuó）尾。……又西北三百五十里，曰玉山，是西王母所居也。……有兽焉，其状如犬而豹文，其角如牛，其名曰狡，其音如吠犬，见则其国大穰。……长留之山，其神白帝少昊居之。……崦嵫之山，有鸟焉，其状如鸮而人面，蜼身犬尾，其名自号也，见则其邑大旱。

《山海经·东山经》：凫丽之山，有兽焉，其状如狐，而九尾、九首、虎爪，名曰蠪（lóng）蛭，其音如婴儿，是食人。……北号之山，有兽焉，其状如狼，赤首鼠目，其音如豚，名曰猲（gé）狙，是食人。……太山，上多金、玉、桢木。有兽焉，其状如牛而白首，一目而蛇尾，其名曰蜚，行水则竭，行草则死，见则天下大疫。

《山海经·中山经》：平逢之山，有神焉，其状如人而二首，名曰骄虫，是为螫虫，实惟蜂蜜之庐。

《山海经·大荒北经》：西北海之外，赤水之北，有章尾山。有神，人面蛇身而赤，直目正乘。其瞑乃晦，其视乃明。不食不寝不息，风雨是谒。是烛九阴，是谓烛龙。

嚣

赵世博

有兽焉，其状如禺而长臂，善投，其名曰嚣。

——《山海经·西山经》

　　他叫嚣，不是叫嚣，是他的名字叫作嚣。人都说他似猿猴，但是他双臂更长，又极擅投掷，所以是像猿猴一样的妖兽。但嚣却不认为自己是猿猴，最次也是有神性的猿猴。羭次山是最适合嚣生活的地方，因为山上多橿树，这是山海中最高大繁茂的树，高耸参天，树冠荫蔽数十里，一棵树，便是一座森林，树上什么都有，终生不用去地上同野兽和人为伍。

　　嚣认为自己更像人，但他是看不起人的。多年来，他在橿树上见了太多人，看他们在山阴挖赤铜，在山阳找婴垣玉。冷眼旁观，他觉得人很奇怪，说哭就哭，说笑就笑，本来相亲相爱，转眼就反目成仇。都说人是万物之灵，可灵气在哪里呢？

　　嚣第一次看到人的灵气，是在洛樱的眼睛里。那是一个黄昏，夕阳把橿树镀上了一层斑驳的金色，也映红了他的脸。他躺在树杈间，阳光晒得肚皮暖暖的，有些饿了。他想，晚上是掏尸鸠的蛋吃，还是掏蛮蛮的蛋吃。尸鸠蛋大，但太聒噪，掏它一枚蛋，要追着叫好几天；蛮蛮一只眼睛，一只翅膀，要一对结伴才能飞，蛋倒是好掏，就是味道太寡淡。正想到这里，山下传来了几声猎狗的吠叫和一个女人的吼叫。他跳起来，长臂攀着树枝，几下就跃到了一条视野好的枝杈上，看见山坡下的棫树丛里，一个穿着粗麻衣的女子，拿着一柄小石斧，与三条猎狗对峙着，不远处几个穿兽皮的男人冷冷地看着。女子的衣服已经被猎狗和棫树上的刺撕扯成碎布了，衣不蔽体，而只要那几个男人一声指令，她也会像她的衣服一样被那三条猎狗撕碎。但她的眼里却发着光，没有恐惧，像是正在想着比她被撕碎更重要的事。嚚被这双眼睛吸引了，第一次对人产生了好奇心。他像箭一样穿过橿树的树冠，划破夕阳浓稠的光，双脚踩到了地面上。他上次来地面，还是祝融烧天的那场浩劫。

嚚落脚的地方是一片箭竹林，尽是长矛一样的竹子。他扬手斩断了几根箭竹，打落竹梢，随意掷向天空，箭竹在空中发出铮铮的哨声，像支会叫的长矛，不偏不倚，插进了一只猎狗的心脏。接连又响起两声哨音，三只猎狗相继倒毙。那几个男人慌张地四下张望，他深吸气，发出一声响彻輸次山的长啸，那几个男人落荒而逃。

他远远地看着她在山中跋涉，遍体鳞伤，双眼却依然发着光，甚至比过去更亮了，灼灼的，像北边天空最亮的那颗星。他觉得她有趣。他本想就这么一直远远地看着她，但在天黑之前，她走到了山涧边，而且失足滑了下去，他不救她，她就要掉进漆水了。

他用那只毛手把她从崖壁下拉上来，她也不惊讶，反而兴奋，看着他，却自言自语道："我就知道，天神会助我。"

嚚很想知道她是怎么知道天神会助她的，就把她带到了一棵橿树下，他常在这棵树下吃东西，这里有他的气味，野兽不敢接近。

他去掏尸鸠的蛋给她吃，尸鸠太聒噪，他就把尸鸠也打下来一块儿给她了。他又把那三只猎狗的皮扒下来，给她做衣服。山里夜里很冷，人没皮毛，挨不住。

嚚回来的时候，她已经生了火。在他心里，人唯一值得敬佩的，就是能驯服火。她看到他笑了，说："你回来了？"那个样子，好像他回来是理所当然的。

他把带回来的东西给她，然后蹲到火光之外，看她处理兽皮，烤尸鸠。她手上不停，嘴上也不停。从她的话里，他得知她叫洛樱，是輸次山下部落首领的女儿，部落里一个叫吼山的人从外面学会了驯服猛豹的技能，带了一群猛豹回来，争当部落的首领。她父亲不答应，族人一半支持她父亲，一半支持吼山。吼山纠集了支持自己的人，放猛豹杀了她的父亲和兄弟，成了部落的首领，只有她逃了出来。

嚚问："为何不杀你？"

洛樱答："我们部落能壮大，是因为用婴垣玉与其他部落换物，婴垣玉有灵性，普通人找不到，只有我的家族才能感知到婴垣玉。吼山用猛豹慑服族人，可如果没有玉，族人也不会服他。因此他才要娶我，生下有我家族血统的孩子，他才能坐稳首领的位置。"

洛樱的话，嚣只听懂了前一半，娶和生孩子是什么他都不知道，但他知道她不愿意。

嚣问："你要在山里躲一辈子？"

洛樱答："不，我只要躲到族人把吼山赶走，找我回去接替我父亲做首领。我会向他们证明，女人也能做得好首领。"

说到做首领，她的眼睛更亮了。

嚣说："为何要做首领？他们又不能保护你。"

洛樱说："我的家族世代都是部落的首领，让族人吃饱穿暖，是我家族的责任，也是荣耀。"

嚣问："为何不能让吼山娶，生孩子？"

洛樱答："怎么能嫁给仇人，给仇人生孩子？有了他的孩子，我就不能报仇，不能做首领了。"

她使劲儿眨眨眼，好像这一切都不能想。

嚣还是一知半解，只大概知道责任是要有的，荣耀是好的，给仇人生孩子是不好的。他喜欢听她说话，说关于人的事情。

为了躲避追捕，嚣把洛樱带到了树上，她欣然答应，在树冠上用藤条树枝搭了一座巢屋，她在巢屋上插了许多花，还在他耳朵上插了一朵。看她笑的样子，他认定她喜欢住在树上。人也喜欢住树上，看来他的确与人更像。

她在山里住了一天又一天，他从她那知道了人是怎么生活的。他钻进巢屋里蹲了一会儿，比蹲在树枝上安稳些。她用兽皮缝衣服，还给他做了条兽皮裙。兽皮裙穿上很不舒服，但有

趣。她把他带回来的鱼和肉烤了吃，有时还附上一些草，烤出的鱼和肉就多了些怪味道，怪不错的。

有一次他俩在树上晒太阳，脸都被夕阳抹成红色，她突然问："你每天一个人，不孤独吗？"不等他回答，她又说："没关系，现在有我，有朋友就不孤独。"

他感觉孤独不是好的，而朋友是好的。孤独应该是他在夜里听到的橐茜那低沉悠长的叫声，听着浑身发冷，而朋友就像此时的阳光，是暖的。他过去没觉得有朋友多好，即使看见凤凰落在橿树上也没这么想过，可他现在觉得有洛樱这个朋友很好。看来他与人更像。

但他还是不了解人。每次遇到雷雨天，洛樱都会缩在巢屋里，脸发白，她怕打雷，而且瑜次山的雷电声势浩大，闪电都是通天掣地的，好像轻易就能劈开一座山，于是嚣为她找橐茜。橐茜是种长着人脸的大枭，佩戴它的羽毛，就不怕打雷。但它们只有冬天出没，夏天是蛰伏的。他找遍了瑜次山的每一个树洞、崖穴，拔光了好多只橐茜的羽毛，几乎填满了她的巢屋。

嚣说："把这些做成衣服穿，就不怕打雷了。"

在他看来，不怕打雷对她一定是件好事，可她却捧着羽毛哭了。

嚣问："怎么了？"

洛樱答："想家了。"

嚣觉得，这个家应该不是什么好东西，他刚要问家是什么，却被几声咆哮打断。洛樱被

《幻山海——白器》 布面油画　100×80cm　2019

这叫声吓得浑身发抖。"是……猛豹。"她说。

嚣跃上树顶，看见一群人拿着青铜兵器，四头硕大的猛豹在前面咆哮腾跃，一个高大黝黑的男人指挥着它们，这人想必就是吼山了。猛豹体大如虎，利牙能咬碎铜铁，性凶残。本来栖息在离渝次山一百七十里的南山上，嚣偶尔能见到它们经过渝次山，彼此两不相犯。

嚣想，这么大的渝次山，这么茂盛的橿树，要找到洛樱也不容易。但他不知道她烤肉的那堆篝火冒出的袅袅青烟意味着什么，所以他也想不通猛豹为什么这么快就扑了上来。可也无妨。

嚣跳到地上，拾了几块石头和赤铜放在手边，待猛豹离他只有一里远近的时候，他拾起

这些石块和赤铜，投掷出去。这些石块和赤铜离了他的手，都成了从天宇坠下的流星陨石，打在树上，可以将几人围抱的大树洞穿，打在石崖上，崖壁会碎为齑粉。一头猛豹被击中，顿时头骨爆裂。

其余三头猛豹机敏地躲避着打击，分成三个方向，潜进草丛。嚣垂首闭目，用耳朵感知微风所带回来的声息。突然，他前方草丛里的响动打破了静谧的空气，一头猛豹嘶吼着跃出，与此同时，嚣也掷出了手中的石块。

重物坠地，他睁眼，猛豹躺在他脚边，锋利的牙齿从碎裂的头上散落。

然而身后的突袭比嚣想象得更快，他侧身躲过了猛豹的利牙，但它的利爪却刺进了他的胸口，在他的胸骨上划过，撕开了三道深深的伤口。剧痛瞬间传遍全身，他怒吼着用胳膊绞住猛豹的颈项，纵身跃起，在树上，扭断了它的脖子，最后一头猛豹在树下大声咆哮。嚣瞪视着它，胸前伤口里的血汩汩流下，滴在它眼里。

嚣连杀三头猛豹，吓退了吼山一群人。

洛樱叫道："你受伤了！"

嚣回头，她满脸惊惧，眼中的光黯淡了。

嚣说："躲起来，我能保护你。"

一个女人的声音，带着哭腔，高喊她的名字。

洛樱脸上的惊惧加重了："是我娘。"

吼山带领的一群人押着另一群人走到树下，其中一个披头散发、衣衫不整的女人，就是她的娘。

女人喊："孩子，下山吧，再不下山，追随你爹的族人就要被杀光了。认了吧，认了吧！"

她话音未落，身边就有两个人被吼山的手下用青铜斧砍掉了头。

两个女人一齐大哭起来。

吼山冲树上喊："答应嫁给我，便没有人会死，你若不嫁，他们谁也活不得！"

女人喊："孩子，走吧，我们认了，认了吧！"

洛樱的眼泪漫过脸颊，重重地点头："我下山，你们走吧，我明日便回部落。"

吼山道："好，明日正午见不到你，就用你娘喂我的猛豹。"

吼山带着这群人走了，隐没在幽暗的丛林中。

嚣说："我能保护你，不用怕，不用下山。"

洛樱黯然摇头："不必了，谢谢。"

洛樱下树，找了许多草，捣碎了敷在他的伤口上，用兽皮裹住。那些草凉凉的，伤口也不那么痛了。

嚣说："被他娶，你便做不了首领了。"

洛樱说："族人都被杀尽了，做首领又有何用？"

嚣说："那就留下，在山中一辈子，如现在这样。"

洛樱说："我从没想过一辈子留在山中，我不能离开家，离开我的族人，这是我的责任。我只恨我不是男人，终究什么都做不了。"

嚣问："为何？"

洛樱答："你不是人，不会懂。"

她说完回了巢屋，再没出来。

当夜无月，繁星密密匝匝缀满夜空，器躺在橿树顶的一条细枝上，对着夜空呆想，树枝擎着他轻轻摇曳。他脑子里想的都是洛樱的那句话，他终归不是人，不懂人的心。他躺在这许久，还是没想明白，荣耀是好的，做首领是好的，嫁给仇人，给仇人生子是坏的，可她却要放弃荣耀，嫁给仇人，就为了那些人不死，为了责任。那么责任到底是什么？是好还是坏？但他知道责任一定很重要，它能逼着洛樱放弃荣耀，嫁给仇人。

他抚着受伤的胸口，里面也有一颗心，难道这只是颗禽兽的心，真的不懂人的心吗？

一道光从他脑际闪过，他突然想起了什么，翻身而起，向西奔去。他使出了全力，今生从未这样奔跑。他要找一样能帮助她的东西，赶在她下山之前给她。他在天将破晓的时候找到了，在回程的路上，他从出生到现在第一次感到臂酸，觉得树高，觉得天地辽阔。旭日升上橿树的树冠时，他终于回到瑜次山，在山下的箭竹林截住了她。

他大口喘气，一时说不出话。

"你去哪了？我以为你气我，不理我了。"他的出现，让洛樱无望的脸上现出了一抹喜色。

器把攥在手里的一捧草递给她。草的叶子像蕙草，茎如桔梗，开着黑色的花。

洛樱疑惑地接过这捧草问："这是何物？"

器喘着气说："菁蓉草，我从五百里外的嶓冢山采来的。"

洛樱问："给我做什么？"

器说："我多年前听巫神说过，菁蓉草，食之使人无子。吃了它，你就不必为仇人生子，就还可以做首领，可以报仇，即便不是男人，也没关系。"

洛樱把菁蓉草塞进嘴里大嚼，眼泪簌簌滚落。器明白，她这是想家了。

洛樱走后，器住进了她的巢屋，四季过了一轮，巢屋被修葺多次。他不喜欢花，喜欢在巢屋上挂兽牙，尤其是猛豹的牙。他还是不会用火，但没关系，以后让洛樱教他。她临走的时候说，等她当上了部落的首领会回来看他。他还是活得逍遥自在，就是偶尔，会觉得孤独。

洛樱常来山上找婴垣玉，吼山带着猛豹监视她。他没和她见面，说好了等她当上首领再见，朋友要言而有信。他只是每次都会杀一两只猛豹，用豹牙布置巢屋。他想，等他把吼山的猛豹都杀光了，她就能当上部落首领了。帮她当上首领，是他的责任。人都有责任，他与人相像，也该有责任。

原 文

《山海经·西山经》:瀚（yú）次之山。漆水出焉，北流注于渭。其上多棫、橿，其下多竹、箭，其阴多赤铜，其阳多婴垣之玉。……有鸟焉，其状如枭，人面而一足，曰橐𩇓（fěi），冬见夏蛰，服之不畏雷。……南山，上多丹粟。丹水出焉，北流注于渭。兽多猛豹，鸟多尸鸠。……嶓冢之山，有草焉，其叶如蕙，其本如桔梗，黑华而不实，名曰蓇蓉，食之使人无子。……崇吾之山，有鸟焉，其状如凫，而一翼一目，相得乃飞，名曰蛮蛮，见则天下大水。

天虞

赵世博

有人反臂，名曰天虞。

——《山海经·大荒西经》

天下没有灵兽能躲过天虞的箭，他是九州驰名的灵兽猎人。哪里遭遇灵兽荼毒，百姓都会筹钱找到天虞，请他除害。而桑玉，是第一个来请他杀人的。

天虞不知父母，不知来处，他是躺在蚌壳里从海中漂来的，被海边渔人收养。他初看与常人无异，细看才能发现，其双臂是反生的，所以在背后活动才最自如。虽然手臂反生，但却异常灵活，身体也异常矫健敏捷，远胜常人数倍。十岁时，他便能在海中徒手捉鱼，随手抛石，便能击落鸥鸟。也就在这一年，渔村遭遇兵祸，天虞的养父母皆死，他流浪几年，在荒野、山林中与野兽争食，搏击虎狼如同擒拿猫犬，后被有穷氏的酋长羿发现，收在身边。天虞从此便随羿四处征战，并且习得羿的精湛射术。一次战败负伤，他顺水漂流多日，到了南荒的不死国，与当地人同食了不死树。经年后回来，羿已被寒浞杀死。天虞素来与寒浞不睦，于是遁入山林，隐居起来。因食了不死树，他的生命凝固。岁月流转，他的年纪却再未变过。百年一晃而过，他在山中以禽兽为食，即便是猎杀灵兽，也如猎杀豚鼷麋鹿一般容易。渐渐的，他如神的射术为人所知，便有州邑中的百姓带着财物来雇用他清除为害乡里的灵兽，这样一晃又过了百年，天虞名声日隆，又因为容颜不老，因此被很多人奉为神明。

桑玉找到他的那天，他刚给弓上了龙油熬制而成的蜡，正坐在茅屋门口一只牸牛的头骨上舂野黍，他用一条粗大的野兽腿骨做碓，用一只龟壳做臼。听见脚步声，他抬头，看见一个十七八岁的姑娘赤着脚，穿着麻布衣裳，皮肤黝黑，身体结实，五官俊俏，右手提着一个陶罐，左手提着几条干鱼，眼睛却直愣愣地瞪着人，恶狠狠的，仿佛被鬼魅附了身。

"要杀何兽？"他问。重又低下头舂野黍。

"杀人。"她的声音低沉而平静。

"我只杀兽，不杀人。"他头也不抬地说。

"求天虞神教我射术，我自会杀，这是给您的酬谢。"她说着将手里提的东西放到了地上。

"何物？"他问。

"一罐海盐，五条干鱼。"她说。

"你该提着这些去集市上换粟。"他冷冷地说。

"还有我。"她说。

他听到解衣的窸窣声，抬头，她已脱光了衣服，全身赤裸，却没有半点羞报，仍然那样直愣愣、恶狠狠地瞪着他。

"什么仇？"他问。埋头吹去舂下来的野黍皮。

"全家被杀。"她的声音有了颤抖。

他突然想起了多年前眼睁睁地看着自己的养父母被杀。他也想报仇，却已找不到仇人了。

他端起龟壳，转身进了茅屋，将一只牸牛胃囊制成的水囊扔了出去，隔着咒皮做的门说："穿上衣服，去泉溪将水囊盛满。"

那只水囊能装六七十斤的水，取水的泉溪在茅屋所在的山坡下，有两百步远，而她背着水囊回来的时候，呼吸没有任何变化。

他的茅屋里挂满了各式各样的兽皮和兽角，兽角上吊着一束束干肉，茅屋的地面上有一半铺着一张黑色的兽皮，如同牦牛皮，上面纤尘不染。这是食人兽犀渠的皮，它的皮可以避尘土泥污，被他充作了床铺。另一半地面的中间摆着一个陶盆，水半满，水里有一只奇怪的龟，全身纯白，头却是赤红色的。他挪开陶盆，现出一圆坑，不知多深，坑里是铜铁被烧化的红色，坑口冒着蓝色的火。他将水囊里的水倒一些在陶甗里，架到了火上，将刚舂好的野黍放进去，又取下一束干肉，用一只锋利的兽牙将干肉撕成细条，扔进甗里。没一会儿，甗里便沸腾了，飘出了食物的香味。他取出两只羊头骨，直接在甗里舀满，将一只递给她，她双手接过。他喝起羊头骨里的肉粥，她也跟着喝了起来。喝了两口又放下，从她带来的陶罐里捏出一小撮白色结晶的粉末，在两人的肉粥里各撒了一些，说道："这盐是专为食物调味的，只加些许，食物便有了美妙滋味，是贵族

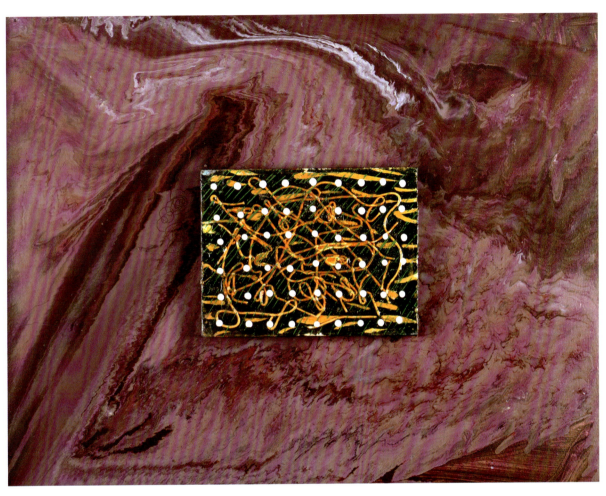

《幻山海——天虞箭》 布面油画 95×125cm 2019

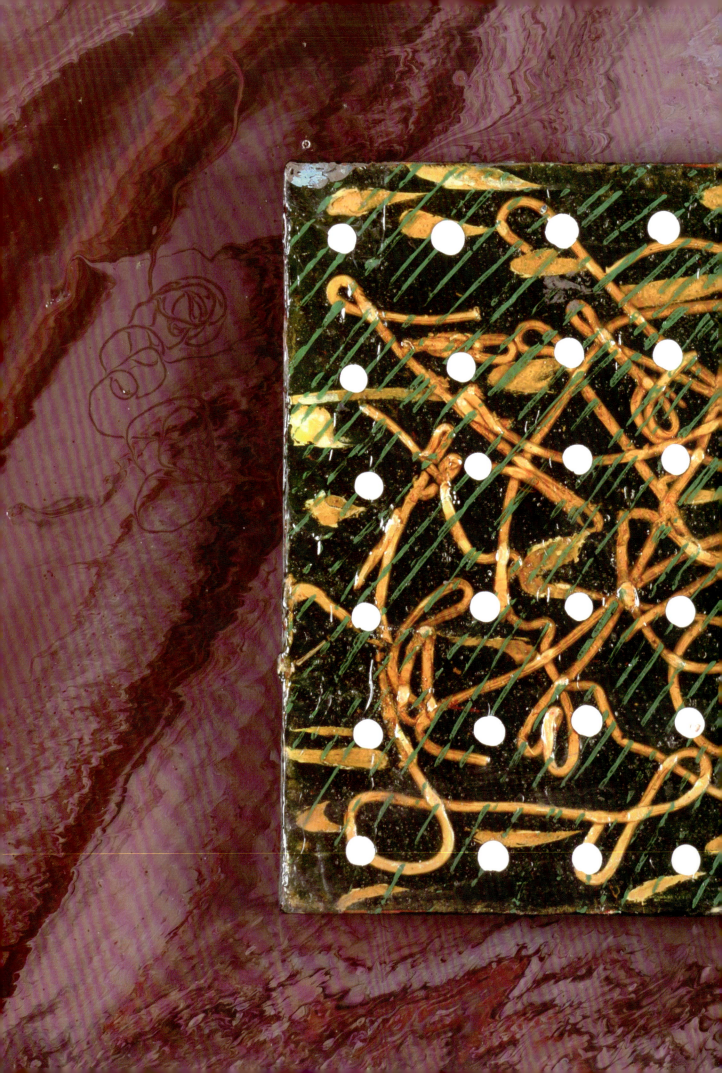

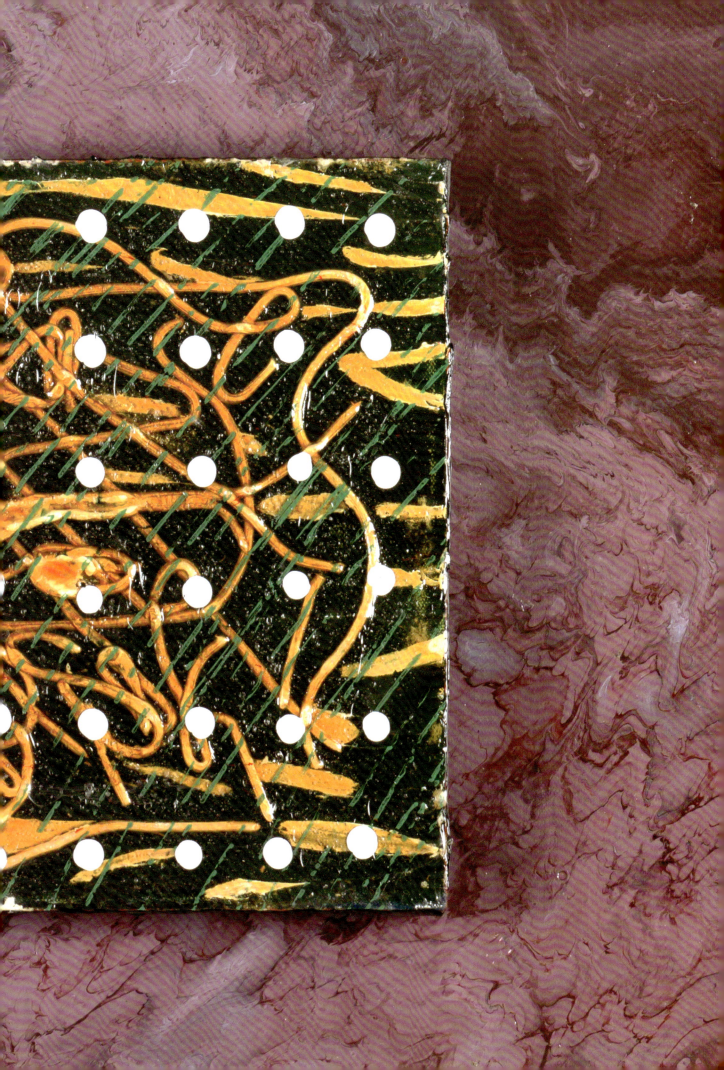

才能享用的珍贵之物。"

他再喝，肉粥可口了许多。

"你怎么会有这珍贵之物？"他问。

"我家便是经营盐田的，这是我自家所产。"她说着，眼睛却红了，眼泪先是无声地滴进肉粥里，之后干脆失声痛哭起来，桑玉断断续续地对他讲述了事情的始末。她家在海边，父亲带领其他乡亲在海边开盐田晒盐，生活富足。十日前，此地的封主庄侯丹打猎经过海边，看见了海边的盐田，便要占为己有，她父亲带头出面阻止，庄侯丹下令将她的父母及两个幼年的弟弟当场斩首，恫吓其他乡亲。她当日去赶海不在家，等她回来，看到全家人都身首异处倒在盐田里，洁白的盐田被染成了红色。

听着桑玉的讲述，天虞默默地喝完了肉粥，拿起弓箭出了茅屋，在屋外对她说："吃完好好睡一觉，明日开始，我教你射术。"

翌日，天虞带着一张新做成的弓和两只山鸡回来，见桑玉正在茅屋外忙碌。茅屋周围的野草已经被拔净了，她正将零落在茅屋四周的兽骨和扁平的石块嵌进土里，是在铺设步道。见了他，连忙迎过来，用小臂擦着额上的汗，对他行礼，接过了他手里的山鸡。

"山鸡是炙烤还是蒸煮？"她问。昨晚那一哭，让她恢复了正常，一眼望去，就是个温顺勤勉的少女。

"先将心取出来，投给蜒。"他说。

"您说的蜒，可是养在盆里的红头龟？"她迟疑了片刻，问道。

"是。"他说。

桑玉手脚麻利，很快就将两只山鸡褪毛剖腹，清理干净。天虞看着她将两颗鸡心投进了陶盆里，盆里的蜒伸长了赤红的头，缓缓吞食着。

他取出几根细长弯曲的巨蟒肋骨，穿起撕开的山鸡，挪开装着蜒的陶盆，露出了冒着蓝色火焰的坑，将鸡肉驾到了火上。

"终日置于火上，蜒和盆中的水为何毫无变化？这火同样奇妙，不见您添柴，却能长燃不熄。"她不解地问。

"蜒是御火灵兽，烈火遇蜒，便如投入了江河。这火也不是一般的火，而是凤凰的心。凤凰的心是人间火种，永生不息，暴烈恣肆，若是将蜒挪出茅屋，没了镇压，这座山会在顷刻间被这颗凤凰心化为焦土。"天虞说。

桑玉在一旁已听得出神，半晌才回过神来，取出些盐撒在已经发出焦香的鸡肉上。

吃完了这两只山鸡，天虞将那只新弓递给桑玉，说："每日拂晓、正午、子夜，闭眼拉弓各百次，直到将弓拉满时能隐约听到有人向你低语，到时告诉我。"

桑玉按照他的嘱咐，每日练习。除此之外，她每天还周到地服侍他，烹煮、洒扫、缝补。茅屋外再没有发臭的兽骨，他也不必再用绳子将兽皮绑在身上。她烹煮的食物也非常可口，让他觉得一日两餐，不再只是填饱肚子，而是享受。

两个月后，她突然在拂晓时跑来对他说：

"我听到声音了。"

"听到了什么？"他问。

"止，止。"她说。

他微微颔首。

"这是何意？"她问。

"是该就此停止。"他说。

"我不愿停，即便学习射术会丧命，我也情愿。"她焦急地说。

"好，我今日便教你射箭。"他说。

"止"的意思，是让传授者止，但他没对她说。

天虞手臂反生，所以他是在背后拉弓，转身射出，不用看，却能百发百中。他告诉桑玉，神射手靠的不是眼睛，而是心，所以才让她闭目拉弓，听到低语的那一刻，就证明弓箭手已与天地相容了，目标，就在心中。

又过了两个月，桑玉已将天虞传授的技艺尽数掌握了。他带着桑玉长途跋涉，去了云山，山上无草木，只有一种高大的红皮竹。

"这是桂竹，甚毒，伤人必死。如对强敌，必要用桂竹做的箭。"他说，并教她如何用桂竹制作箭矢。

之后，他让桑玉带他回她的家。在海边的树林里，桑玉将那片盐田指给他看，有很多人在田里劳作，四个壮汉手持长鞭，来回巡视，肆意抽打在田里工作的人。

"持鞭的便是庄侯丹的鹰犬。"桑玉说。

"试试你的箭。"他说。

桑玉连发三箭，准确射中三个持鞭人的要害。在她发第四箭的时候，被他拦住，说："留下一个，回去报信。"

接连赶来的两拨武士，被桑玉射死大半，之后便不再有人来了。他们住了下来，等着庄侯丹亲自带人来。能亲手报仇，桑玉很兴奋，看她欢喜，他便也欢喜。他随着她在退潮时去赶海，仿佛回到了几百年前的幼年时光。

"您有想做的事吗？"桑玉一边问，一边升起篝火，烤炙捕获的小鱼虾。

"曾想攒够了金银，要买一艘大舟出海。"他说。

"出海做什么？"她问。

"我是从海中漂来的，或许海外有我的同族人，我不愿不死却只能一个人活着。金银早已攒够了，大舟却始终未买。"他说。

"为何？"她问。

"因为害怕找不到。现在还有一个盼望，到时连盼望都没有了。"他说。

"等我报了仇，我陪您一起出海。"她兴冲冲地说。

"如果一直有你在身边，我就不必出海了。"他在心里想，但没说出口。

几天后，庄侯丹带着千余武士，驾着战车，浩浩荡荡而来。有几个长着巨大耳朵的人，持橹围在庄侯丹的战车周围。这时桑玉已经搭箭在弦，天虞一把抓住了箭杆。

"怎么了？"她问。

"他身旁那些持橹的是长耳，可以听到百步外的蚊蝇振翅，我们杀不了他。"他说。

"不试怎么知道杀不了？"她执拗地坚持。

"队中有猎犬，我们一旦失手，暴露了行踪，就走不了。"他拽着她转身朝树林深处走。

他感觉她驯顺地跟随着他，毫无抵触，便放了手。可又走出几步，他却听到了张弓的声音，急忙回身阻拦，而她的箭已经离弦了。

桂竹做的箭直奔庄侯丹而去，似乎马上就要射穿他的喉咙了，可最后却被长耳接连举起的橹挡住了。

几十头猎犬似离弦之箭一般从队伍中射出来，直扑树林。天虞弯弓，一次射出数支箭，击毙了数头猎犬，延缓了追捕的速度。

他带着桑玉且战且退，庄侯丹在后紧追不舍，双方相隔三五里远，他始终没有办法摆脱追兵。他们回到了山上，庄侯丹随后而至，将山围住，放火烧山。

"我以为可以杀了他，都怪我。"桑玉哭着说。

"不怪你，见到仇人，怎有不杀的道理。"他说。

"那我们此时该怎么办？"她问。

他将她带到了茅屋下的泉溪前，泉水是从山洞中流出的，洞口不大，将将能让一个纤瘦的女子爬进去。

"此洞一直通到山外，你从这走。"他说。

"一起走。"她说。

"洞口狭小，容不下我。"他说。

"你不走，我便不走。"她哭着说。

"我另有办法出去，你莫犯傻，快走。"他说。

"你不是哄我？"她仰头望着他的眼睛。

"我何时哄过你？快走，等我去找你。"他说着抱起她，置于洞口。

"一定要来找我。"她爬进洞里，又回头，哭着说。

"好。"他点头。

看着桑玉消失在洞口，火已烧到了脚边。他回到了坡上的茅屋，熊熊山火，在茅屋四周止住，大火烧了三天三夜。火过之后，武士开始搜山。他找到山下的庄侯丹，射出数箭，但都被长耳持橹拦截。武士持盾包围上来，他的箭总能穿过间隙取人性命，可他的箭却有射尽的时候。

当发现他的箭已经射尽，武士持戈一拥而上。他转身，似乎要跑回茅屋，几支戈从背后刺穿他的身体，他始终站立着，鲜血顺双腿流到地上，而他仍艰难地伸出手，够着茅屋。

"他如此急着回去，茅屋里定有文章，搜。"他听见有人发号施令。

几个武士冲进茅屋。

"这便是神射手天虞？"那个发号施令的声音来到他身边。

"正是，庄侯。"有人回答。

"庄侯，茅屋中无人，唯一的活物是一只白身红首的龟。"武士出来禀报。

"莫非这就是保天虞不死的灵兽？呈来我看。"庄侯丹命令。

武士言喏，反身又进了茅屋。

天虞模糊的视线看见茅屋的兕皮门从内被顶开，装着蛫的陶盆被端了出来。随后，他看见茅屋里闪出如朝阳一般耀眼的红光，能烧尽天地的烈焰扑面而来。

庄侯丹就在他身旁，他们身体烧成的灰烬，或许会混杂在一起。

原 文

《山海经·中山经》：厘山，有兽焉，其状如牛，苍身，其音如婴儿，是食人，其名曰犀渠。……云山，无草木。有桂竹，甚毒，伤人必死。……即公之山，其上多黄金，有兽焉，其状如龟，而白身赤首，名曰蛫（guǐ），是可以御火。

《山海经·海外南经》：不死民在其东，其为人黑色，寿，不死。

《幻山海——无界 No.1》 布面综合　80×100cm　2019

第八卷

西王母设宴

阿兹猫

玉山，是西王母所居也。西王母其状如人，豹尾虎齿而善啸，蓬发戴胜，是司天之厉及五残。

——《山海经·西山经》

丁一出生在一户书香门第，四岁时父母双亡，留给他的只有一屋子的古书和一些散碎的银两。

幸而当地民风淳朴，乡邻对他也是多有照顾，年幼的稚童在乡人的热情帮衬下才得以存活。

丁一五岁时，为在当地一私塾授课的书生做助手，为乡里儿童开学布课，以此补贴家用，孜孜不倦求学中的他已熟读家中书卷，四书五经也是信手拈来。

八岁做了书生的书童，随他一起上京赶考。书生见他天赋异禀，便替丁一报了名。十岁那年，丁一便过了乡试殿试高中状元，举国震惊！

丁一就此成为辰国人交口称赞的绝世神童。

少年意气风发之时，谁料任职路上遇山匪劫杀，只他一人躲过一劫。此时他知道学文救不了世人，从此拜入武当山门下，修习武道。

《幻山海——西王母》 布面油画 63×83cm 2019

十二岁学有小成，灭尽周边猖獗的匪徒；十四岁开始挑战武林名宗各派；十六岁决战天下第一；十八岁以一人之力率领武林人士，铲除了人人惧怕的魔教。

此时，他已天下无敌。众人推选他为武林盟主，辰国皇帝更是派来大臣赏赐金银无数。

武林盟主的金字招牌让二十岁的丁一越发肆意骄纵，他看着世人每日为了生计忙忙碌碌，而自己只需一伸手就可取到自己想要的任何东西，无人能拦他，无人敢拦他。他突然萌生了去坐一坐天子龙椅的念头。

于是，他率领部下借着庆贺皇帝生辰的名义，在万众瞩目下迈入金銮殿……

在认出是丁一后，文武百官无人吭声，就这样看着他缓缓来到皇帝身边，皇帝甚至还与他称兄道弟，专门为他挪出一侧龙椅的空位。

坐了良久，丁一顿觉索然无味，大笑一声后，起身飘然而去。

他知道这个世间已无法再束缚他。

此时，丁一已经忘了书中圣人的训导，忘了他习武的初衷，忘了世人对他的称赞……

他开始为所欲为，漠视生命。生死均在他一念之间。

某日，山匪打劫商队引起的声响传遍了整片林子，林中休息的丁一杀光了所有人，原因只是他们吵醒了他。天色渐晚，他如往常一样，准备寻处人家，拿些吃食。

行了一阵，远处便有一座巨大庭院映入他眼中，此院内灯火通明，还有阵阵欢闹声从院内传来，显然是在大摆酒宴。

又行一阵，丁一来到庭院前，见朱红大门敞开着，仿佛是在邀请他一般，透过大门，只见庭院里人来人往，好不热闹。

丁一未做停留，迈步走入院子。

院子很大，唯独中间宴席处有灯火照明，而周围朦朦胧胧，仿佛有云在飘动。再看宴席处，餐桌一人一座，上面堆满了食物，在座的有男有女，男的均是白衣长衫，风度翩翩；女的个个轻纱薄衣，窈窕妖娆。

餐桌两边依次排开，围着中间一片空地，此时空地上有二人正翩翩起舞。望着雕龙画凤、金碧辉煌的建筑，桌上堆满山珍海味，丁一好奇：这华屋主人究竟是谁？

隐隐间，丁一仿佛看到一盛装打扮的老妇端坐于主桌，显然她是此间的主人。

丁一心想此布局为何如此熟悉，稍一回忆，想起金銮殿上正是此布局。

他并未在意，此时还是填饱肚子要紧。

见末席还有一空位，丁一便自寻去坐下。当他坐下，看着餐桌不知是何材质，显得玉质光泽，偶尔还有彩纹流动，入手却似木质。惊讶之余，突然，丁一感觉老妇看了自己一眼，然后就有侍女前来，欲将他面前食物取走。

丁一正要发作，突然旁席一妖娆的红衣女子瞪了他一眼。

只一眼，丁一只感天崩地裂，面对那一瞥，自己一身绝世武功仿佛纸糊糖捏，毫无用处，甚至已经无法呼吸。

"凤儿，放过他吧。"正座上位处，悠悠传来一个老妇的声音。

"诺。"随着一句娇柔的应答，丁一感觉自己可以呼吸了，显然是旁席的女子放过了自己。

丁一微微睁开眼，他看到整个宴会都应老妇的开口而停下。

席上所有人都看向自己，仿佛在看一盘食物。这眼神好熟悉，对了！这不是自己每日盯着铜镜时的眼神——嗜血而凶残。

他端着酒杯，愣在原地，口中酒水变得苦涩起来。

"他本是苦命人，只因染了心魔而堕落了，你们莫要再吓他了！"此时老妇仁慈的声音再次响起。

"丁一，你本无资格前来此处，念你初心纯正，听我一句劝，回头是岸……"

老妇肃然之音刚落，席间渐渐传来欢闹的声音。

觥筹交错间，无力感席卷了丁一的全身，

上次感到无力是什么时候？

他想起了自己幼年无助时，是乡邻们照顾了自己；接着又想起了剿匪后，大家对他的啧啧赞赏。

他不正是为了保护大家而变强的？

此刻，丁一想起过往种种，两行清泪划过他的脸颊。

昏昏欲睡间，隔着泪目，他看到中间空地上依旧有二人在跳舞，不！这哪里是在跳舞，分明是在凶残地比武搏杀，只因自己先前视线模糊，还以为他们是在助兴跳舞。

此时丁一才真正明白，自己还有很长很长的路要走。

再次醒来，丁一发现自己躺在乱石堆中，哪有院子的影子？

若干年后，已成为武林宗师的丁一，在西山酒馆的说书人口中听到一个传说：西山有王母，掌天灾管残杀之气，为人慈悲愿救人回头，好喜群宴百兽山灵，席间山海百兽相搏以助兴。

原　文

《山海经·海内北经》：西王母梯几而戴胜杖，其南有三青鸟，为西王母取食。在昆仑虚北。

合虚山

天狼

大荒之中，有山名曰合虚，日月所出。

——《山海经·大荒东经》

山外有山。

我想用我的脚，把能看到的山，都爬一遍。

别问我为什么，山就在那儿。

当我登上了鹊山山麓，就看到了它的最高峰——招摇之山。真的是招摇，它站在那儿，巍巍，亭亭，好像在邀请我，又像在诱惑我："你过来呀！"

于是，山不过来，我就过去。

这是我爬上的第一座高山，虽然体格健壮的我没有累坏，但也气喘吁吁。丽麂之水没心没肺地流着，一直向西。

我看到了西海，巨浪如雪，鲸歌悠扬。因为山高，显得海远，像个洗脚盆。似乎我坐下来，就可以把脚放在西海里去踢起雪浪，让鲸鱼啃去我脚上沾的草屑泥巴。

于是我坐了下来，当然，海是够不着的。虽然我的脚很大，腿很长。

环顾四周，桂花开得正炽，是秋了。好闻的香味让我心情

《幻山海——合虚山》 布面油画 125×95cm 2019

很好，不觉胃口大开。

其实是爬上来需要很多时间，我饿了。

地上有一种很像韭菜的草，开着蓝色的小花，我认得，这是"祝余"，又叫"禹余粮"，西王母管它叫"不死草"，能吃。

大禹治水后，天下大丰收，粮食多得吃不完。那天，大禹就让老百姓把剩余的粮食抛撒到河流、山谷中庆祝，当时我也在。我扔得比谁都远。后来，河岸旁、山谷中便长出了这种草。

我采了几棵吃掉，味甘，微苦，顿时觉得不饥了，身也轻，心也清，就想乘风飞去。我又采了几棵放在怀里，回去给姮娥尝尝。她总是胃不舒服，也常心情郁闷，这个应该有用。

脚下踢到一块大石头，很痛。仔细一看，金光闪闪，原来是金石。很大一块，我吃力地把它抱起来，恨恨地扔下山谷。转头一看，好多，遍地都是。算了，扔不完。小心点，不踢它就是了。

这东西虽然好看，可是太重，没啥用。上次我用拳头大的一块金石，换祝融烤好的半只鹌鹑，他都不肯。

旁边有块石头的颜色光泽都好看，好像是块玉，我小心地拂去沾在上面的尘土，它顿时美丽起来。摸着像女人美丽的脸庞，看着像女人眼中的柔光。我把它揣好，下次送给西王母，估计她会对我笑的。

忽然，一个黑毛白耳的东西奔过来，冲着我龇牙咧嘴，我乐了，这个长得像猿猴的家伙叫狌狌，走路的样子很像人，但比人还笨。上

次那个要跟我比翻跟头，掉下山崖摔死了。

我很惋惜，它应该跟我比爬树的。

我想把它火葬了，可是，烤着烤着，没忍住，就又从仪狄那儿要了一壶酒。

后来我就特别能爬山了，不知和狌狌的肉有没有关系。

眼下这家伙，是想报复我呢，还是想和我亲近？

它龇牙咧嘴半天，突然用手向西一指。

太阳要落山了。

天色渐昏，我从旁边的迷穀树上折下一枝，配在身上。别看它黑黢黢的，但光华四照，暗夜里走小路都能看得清清楚楚。

那只狌狌嘴里叽里咕噜的，不知它在说什么，可它就那么执着地指着太阳下山的方向。

大荒之中，有山名合虚，日月所出。

大荒之中，有山名常阳，日月所入。

都是听说的，我不知道真假。

我忽然想去弄个清楚。

那么，先去找日月所出之地，还是找日月所入之处呢？

那只狌狌就那么执着地指向西。西边有什么呢？

好吧，那就一路向西。这只狌狌跟着我，前面会不会再碰见头长得像猪的狸力？

我大步流星，趁着太阳没落尽。

它躲到一座山的后面，我就翻越一座山。

它继续躲，我继续追。

山外有山。

原 文

《山海经·南山经》：鹊山。其首曰招摇之山，临于西海之上，多桂，多金、玉。有草焉，其状如韭而青华，其名曰祝余，食之不饥。有木焉，其状如榖而黑理，其华四照，其名曰迷榖，佩之不迷。有兽焉，其状如禺而白耳，伏行人走，其名曰狌狌，食之善走。丽麂之水出焉，而西流注于海，其中多育沛，佩之无瘕疾。……柜山，有兽焉，其状如豚，有距，其音如狗吠，其名曰狸力，见则其县多土功。

《山海经·大荒西经》：大荒之中，有山名曰常阳之山，日月所入。

姑射

轻容

姑射之山，无草木，多水。

——《山海经·东山经》

尧帝第一次看到姑射的时候，是在月宫。他去当和事佬，想劝嫦娥回到后羿身边，被嫦娥的好姐妹姑射打了出去。

什么劝和不劝分？人家小两口的事，愿和就和，愿分就分，与你何干？

姑射冰着一张冷脸斥责。

有人小声告诉尧帝，这是司雪的神女，名叫姑射，因为长得好看，从小被众神娇捧，美则美矣，就是脾气太臭。

恃美而骄，不像话，太不像话！

尧帝狼狈地驾车疾驰而出，胸中很是不忿。

尧帝第二次看到姑射，却是在一处雪山之巅。

那天姑射刚布完雪，安静绰约地站在雪山之巅，没有说话。湛蓝的夜色中，漫天星辰都倒映在她眼底，好像轻轻一眨眼，就要漾出来。

尧帝觉得连呼吸都停住了。

他屏住呼吸，一动都不敢动。

就是她了，他在心里对自己说，就是她了，她就应该是自己一直苦苦寻找的那个人了。

他忍不住拉住姑射的袖子，说道：我心仪你。

姑射淡看了他一眼，冷声回答：我不心仪你。走开。

说完，她收起布雪的金簪法器，乘风御龙，飘荡而去。

无数遐思被这冰冷的几个字击得粉碎，尧帝愤然感慨：果然有的人，还是不说话比说话来得可爱！

万没想到，第三次看到她的时候，她却虚弱到了要闭关休养的地步。

倒也不是什么大病，就是太累了。这累，竟然和尧帝有几分关联。却是因为水患，姑射作为司雪神女，为了协助治水，耗费了太多神力，不得不宣布闭关休养生息。

她这样对我，看来，也不是对我毫无意思。

尧帝心内感激，全然忘了她此前的冷言冷语，亲自备了重礼前去求娶。

谁料连人带礼都被扔了出去。

只剩袅袅余音回荡耳边，还是一贯的冰冷：我是姑射仙子，你凭什么觉得我的神力是用来叽叽歪歪谈情说爱的？我的神力是用来庇佑一方、造福社稷的，与你毫无干系！

尧帝又羞又愧，掩面而去。

大灾之后必有大疫，这年冬末春初，闹起了虫灾，眼看便要春耕，这要是治不好，将有大患。有人和尧帝进言，可请司雪的姑射仙子。

毕竟一场大雪，可以帮助防疫去晦驱邪除恶。

尧帝硬着头皮，再次登门拜访。

姑射这次却没有说话，允诺了尧帝之后，便独自取了布雪的金簪神器，乘风直上。

大雪，天下需要一场大雪。她比谁都清楚，可她更清楚的是，自己现在的神力，根本没有办法施出一场大雪。

姑射咬牙，以手掐诀，一头秀发就那样消散于天地之间，化为无数飞雪。随后，是衣袍，手足，躯干。

雪花漫天，苍茫大地上，有百姓欢声大叫：下雪了，下雪了。

众人飞奔出门看雪，有人涕泪交横。有人击鼓欢庆，有人击箸欢歌。

尧帝也跟着众人，步出门外，想起那个冰雪一般的身影，欢喜微笑。

他不知道，九霄云上，布雪的神女姑射，已一点点地消散在了广袤天地之间。

隐约中，姑射似乎听到嫦娥的劝诫：姑射，你今年之内都不要再用神力了，虽然你是天生雪神，神力却也有尽，用得过度只怕有性命之虞。

嫦娥，你觉得我们活着，是为了什么？若总是拘泥于情情爱爱，那也忒无趣了。我们神女，就应该做一些神女该做的事，不然，和庸庸碌碌的众生又有什么区别？

姑射闭上双眼，眼前忽然闪过尧帝的身影，她微微一笑，散掉最后一缕意识，沉落在地。

在她止歇的地方，渐渐化出一座山峦，后人称为姑射之山。

《幻山海——姑射山》 布面油画　105×105cm　2019

烛龙

轻容

> 钟山之神，名曰烛阴，视为昼，瞑为夜，吹为冬，呼为夏，不饮，不食，不息，息为风，身长千里。在无晵之东。其为物，人面，蛇身，赤色，居钟山下。
>
> ——《山海经·海外北经》

今天是女娲补完天后第三天，从早上起，西方天穹那一角就起了霹雳，电闪雷鸣之后，天被撕开了一个巨大的口子，滚烫浓烈的岩浆自天穹奔流直下，有如灭世。

看样子，才补好的天要再次塌了。

塌陷那角的天穹之下，众多生灵吭都没来得及吭一声，便已灰飞烟灭。

我并不惊讶。

毕竟这些都是被女娲创造出来的生灵，本身就是要被天罚湮灭的。

之前我就质疑过造这些生灵的意义，女娲却只是淘气，龇牙咧嘴一笑：一直都是这样孤寂地停留在天地中，你不无聊吗？不孤单寂寞吗？不觉得很没意思吗？

孤单寂寞是什么？我不懂，但每天这样睡了醒，醒了吃，吃完转转，看看风景，聊聊天，怎么就没意思了？

反而看她每天不断地捏点脏兮兮的泥巴，造人造物，看她造的那些人物整天在天地间劳作觅食，庸庸碌碌，蝇营狗苟，生老病死。

我觉得她更无聊。

一直以为她不过就是闲得找个乐子，直到那天，不周山被共工撞断，天塌了。

其实区区一个共工，又怎能真的把天撞塌？

不过是天地因为她私下创造生灵，降下的罪责罢了。但作为鸿蒙初开便创生的神，我一直就知道，这属于我们不能管的事情。

不能管，也不能问。

但我没想到，女娲会那么傻，为了那些无关紧要的小玩意儿，竟然就要豁出性命。

突然想起那天，见她最后一面。

明明是去做件有去无回的傻事，她却装扮得美艳端方，有如只是去出席一场盛宴。

一张脸更是被云色和日色染成了霞色，灿若初夏桃花。

即便是我，也以为她很快就会回来，直到看她托着五色石，最后就那样，自熔于天地。我才明白，她是真的愿意为了她造的这些小玩意，倾尽所有。

可又有什么用呢？

天地之怒未息，罪责未免，可他们的守护神已经回不来了。

而在他们看不到的天穹之顶，天地之气蜿

蜒而绕，有如实质一般凝出巍然壮阔的巨神，口中还吞吐电光云雷，霹雳直下：罪人，尔等可愿意伏诛？

整个天地间都充斥了浑厚神鸣，震魂慑魄，却只有众神才能听懂。

我低下头，看大地上尚且懵然未知的生灵。这时朝霞方起，旭日未升，他们却已开始在田间劳作，并不知道灾祸将临。

他们的脸和她那天走时一样，是被晕染成的霞色，脸上满满都是对未来美好的憧憬和渴望。

脑中莫名想起数万年前和她初次相遇的对话。

你是谁？

我是女娲。

你又是谁？

我是烛龙，因我鸿蒙开辟之初便生，亦有人唤我煌烛。

简单到没有内容。毕竟我们都是天地初开鸿蒙初创时生的神，不老不死不生不灭，又同是人面蛇身，原本有足够多的时间去了解彼此，注定是要一直相守。

只可惜，她却先走了，而我，在她走之后才明白了，她说的无聊，是什么意思。

我低下头，看了看那些在大地忙碌的生灵。

那些渺小的生灵的脸，和那个造了他们的女子，那个毅然托着五色石腾空补天的女子的脸，重叠在了一起。

我终于还是抬头，对着天地道：我愿意替

《幻山海——烛龙》 布面油画 83×63cm 2019

他们，担起这份罪责。

　　哪怕他们都不知道我的名字。

　　我是烛龙，生于天地之间，起于洪荒蒙昧，视为昼，瞑为夜，吹为冬，呼为夏，不饮不食不息，息为风。

　　因法力强盛，上可吞日月，下可饮江河，亦被称为万兽至尊，无上煌烛。

　　原本不老不死，不生不灭。

　　原本我以为我将永远这样存在于这天地中，逐渐失去时间和空间的概念，直到我遇到了她和他们。

　　那样渺小，微不足道的存在。

却又是鲜活的，生动的，灵动的，让我怦然心动的存在。

　　一直以为自己无牵无挂，无念无求，直到她出现，再消失，直到看了一代代的生老病死，我才发现，还是要做点有意义的事的。

　　就让我再替你守护他们一程，就当是你我多年相交的一场纪念，也当是对我内心的空洞无望的一种救赎。

　　我闭上眼，迎了上去。

　　空荡飘落多年的心，突然就被填满了。

　　这时我还不知道，后世那些生灵会把他们的统领尊称为皇。

原　文

　　《山海经·大荒北经》：西北海之外，赤水之北，有章尾山。有神，人面蛇身而赤，直目正乘。其瞑乃晦，其视乃明。不食不寝不息，风雨是谒。是烛九阴，是谓烛龙。

狪狪

赵世博

泰山，其上多玉，其下多金。有兽焉，其状如豚而有珠，名曰狪狪（tóng），其鸣自詨（jiào）。

——《山海经·东山经》

他是泰山中活得最久的一只狪狪。他能活得久，有两个秘诀：一是远离人，二是远离檬树。但在他二百岁生日那天，这两条禁忌，他都犯了。

狪狪，其状如豚，腹中有珠，吼叫时会发出"同同"之音，所以世人称其为狪狪。

狪狪腹中的珠子，是东方山系中数一数二的珍宝，珠子自体发光，夜里其光芒能将方圆数十里照得亮如白昼，被人称为夜明珠。自从人类将夜明珠视作珍宝以来，数百年间，入泰山捕杀狪狪之人从未断绝，狪狪也渐渐成了泰山中极其罕见的异兽。

泰山的半山腰上，长着一种树，其状如槐，高数丈，果实馥郁香甜，名檬树。狪狪生性贪食，最喜檬树果实，每到秋天，都会流连在檬树下，吃落地的果实。猎人得知狪狪这一习性之后，便在檬树下挖掘捕兽陷阱。虽然知道檬树下多有陷阱，可贪嘴的狒狒却难抵檬树果实的诱惑，所以每年秋天，檬树下都回荡着狒狒哀戚的号叫声。

只有他能抵御诱惑，百余年从未靠近过檬树，眼睁睁地看着果实落地、腐烂，后来他干脆常年栖息于泰山的各山峰间，不再下到半山。只是到了秋天，还能在风里嗅到檬树果实的香气，他站在山顶，看着夕阳西下，想着檬树果实的甘美，常不自觉流下口涎。

虽然缺了口福，可他还是吃得极肥壮，腹中那颗夜明珠，也被他养得越发硕大了，到了夜里，珠子的光芒竟能透过他的肚皮，在山中熠熠生辉。幸好近几年人进不了泰山，他不必担心被发现。

大约十年前，在泰山所在的徐州地界上，龙族与祝融的子弟结怨，斗法不停，祝融子弟烧天火，烤干了徐州域内的雨云，徐州便会大旱，龙族则会调度徐州诸山的神兽，助其行雨，徐州又会闹洪灾。神仙斗法，却苦了徐州地界的百姓，连年灾害，引得饿殍遍地，民不聊生。而泰山有山神护佑，得以独善其身，依旧风调雨顺。但这样一来，山下灾民又会蜂拥至泰山，为了维护山中族类，山神在山脚下布置了障眼迷雾，人一旦进山，便会迷失方向，失足跌下山涧、石崖，非死即残。泰山上的狒狒，因此反而过了几年无忧无患的太平日子。如果不是听到孩子的哭声，他几乎已经忘了人的存在。

那是冒险上山来找水的一群人，在山脚下的迷雾里迷失了方向，探路的人相继掉下山崖

摔死，其余的踟蹰不前，一个孩子在饥渴惊恐之下，大哭不止。他对人一向避之唯恐不及，这次他也躲了，但躲开了人，却怎么也躲不开那哭声。他没听过人的哭声，可听了太多同类在掉进捕兽陷阱之后的哀号，这孩子的哭声，与他同类的哀号颇相似，都异常绝望，这是濒死的声音。如此联想，他便于心不忍了。他想起曾听见仙族在山中谈法,说起过"行善积德"。他一直有一个期盼，就是能享天寿，无疾而终。行善积德是该做的，何况今天又是他两百岁的生辰，似乎更该行善积德，救下那群人，救活那个孩子。

他拖着滚圆的肚子下了山，进了那一带迷雾中。迷雾只是遮蔽人的视线，对他毫无障碍，而他腹中的夜明珠，却在迷雾中发出了光芒，异常显眼。他在距离那群人五六十步远的地方站住，叫了两声，引来那些人的注意。等人群循着他发出的光亮和声响跟上来，他就走出几步。就这样，一点点将这群人带出了迷雾，又在被人看到之前，藏进了荆棘丛，看着这群人跪倒在地，拜谢神仙的眷顾。他看见了那个哭得他心软的孩子，虎头虎脑的，瞪着大眼睛盯着他所在的荆棘丛，好像看见了他。

那群人并不知道是哪个"神仙"救了他们，但他心里是欢喜的，这无疑算是行善积德，凭这个功德，他能再活两百年，享天年，无疾而终。那个虎头虎脑的孩子也能再活好多年，吃好多檬树的果实。想到檬树，眼前就撞见了一棵。正当仲秋，万物成熟，蜜色的果实落了满地，

香气如鬼魅一般，勾魂摄魄。

他木呆呆地觑着那满地的果子，口涎不自觉流淌而下，洇湿了脚下的土。多年不到半山腰来，他好久没经受这样的考验了。若是往日，他一定掉头就走，可是这次他没走，山中已多年无人出入，没有那么多捕兽陷阱了，他又刚积了德，贪嘴吃几个果子，应当无碍。于是他蹑着脚步走上去，在边上捡了一个小果子吃了，好甜！又捡了一个吃，这个更甜！自此便一发而不可收，檬树换了一棵又一棵，从正午一直吃到黄昏，直到实在吃不下，他才晃悠悠地趴到了一棵如伞盖般的松树下，望着云海中的太阳，一点点落下远山。待太阳落尽，他滚圆的肚子，盈盈发出光来。今日积了德，救了人，饱餐了百余年没吃过的檬树果子，这个两百岁的生辰，过得再好也不过了。

他本想第二天就回到山顶去，可到了第二天，闻见檬树果子的香气，就什么都忘了。能这么吃着果子，享天年，无疾而终，才是好的。正这样想着，脚下却突然一软，地面塌了下去，他重重地跌进了深坑里。他只想到泰山已多年无人进出，却忘了当年檬树下遍是捕兽陷阱，有很多一直隐伏着，就如这一个。

他想爬上去，但因为身体太重，落下来的时候摔伤了腿，不要说爬上去，连站起来都难。眼看享天年无望，他忍不住发出了无数同类曾发出过的哀号。挨到傍晚，一个小脑袋出现在陷阱上，瞪着大眼睛看他，正是那个虎头虎脑的孩子。可一晃，又没了。

他哀号得更大声了，掉进陷阱，又被人看见，那后面就是被剖腹取珠了。他终究还是没逃过狌狌的宿命，死在了贪嘴上。

很快，杂乱的脚步声由远及近，陷阱上探出了很多人的头，商量着怎么把他弄上去。正是荒年，看来他们不只想要他腹中的珠，还想吃他的肉。他们拿来了几根粗藤条，又有几个男人跳到了坑里，将藤条绑到他身上。他吓得浑身瘫软，已无力反抗，只是一声接一声地哀号。

上面拉，下面托，一直忙到深夜，他才被这些人从坑里拽出去。他腹中夜明珠发出的光芒，照亮了一张张满头大汗的脸。他一动不动，等待就戮，可这些人却冲着他齐刷刷地跪了下来。一个领头的男人说："您前日救我们脱困，全族上下都感念您的恩德，上天开眼，这么快就给了我们报恩的机会。"那个孩子跪在这男人面前，依然瞪着大眼睛看着他。他"同同"地叫着，不是哀号，是笑，行善积德，果真有用。

他被这群人带回了营地。他受伤的腿被敷上草药，人可以弄到好多不一样的草药。他们找到的食物会先给他，然后才给族里的老人和孩子。领头的那个男人叫金山，是族长，那个大眼睛的孩子叫金宝，是他的儿子。冷眼旁观他们的生活，他觉得只要不杀狌狌一族，人还是不错的，他们赡养老人，抚育孩子，不遇灾荒，他们的老人都能如他盼望的那样享天年，无疾而终。而这些人将能给他们安稳的那个存在称作家。在孤孤单单活了两百年之后，他觉得家

《幻山海——泰山》 布面油画　80×100cm　2019

很好。

金宝是跟他最亲近的孩子，每天到处给他找果子吃，有时候还偷偷摸他发光的肚皮。他看这些人喜欢吃根茎，伤愈之后，便引领这些人去根茎密集的所在地。而金宝，总是跟在他左右。日子多了，这些人对他也没有了之前的敬畏，夜里女人会到他身边借光亮缝补衣物，有时高兴了，大伙还会围着他歌唱舞蹈。他也随着他们旋转，"同同"地叫着，俨然也是这个家里的一分子。

金山带着族人在山上住到了翌年春天，他帮金山的族人找到了足够过冬的食物，金山则填平了山里所有的捕兽陷阱，还为他在营地里搭了一个窝，絮了很厚的茅草，躺在里头，比躺在野地里舒服多了。孩子有时候钻进窝里跟他一起睡，这本来没什么，但这些孩子太调皮，总抓他的痒，笑得他肚痛。而金山决定在春天下山，是因为山下下雨了，他们要回去种一个叫庄稼的东西。人终究不能一直住在山上，就像他不能下山种庄稼一样。

他们走之前，为他收集了好多果子，在他的窝边堆成了一座小山。还有姑娘把野花编缀在一起，套在他身上。下山的那天，好多人都哭了，金宝哭得尤其厉害，大眼睛肿得像一对核桃。他也想哭，心里是号啕大哭的，但眼里却什么都没流出来。他们回家了，而他的家没了。

他爬了一座座山峰，为的是找到一个能望见他们在山下的那个家的所在，但他根本不知道他们的家在哪里。夜里，他能看到山下的点点灯火，他将这些灯火视作他们的家。只可惜夜明珠在他腹中发出的光不够亮，山下看不到。

他们因为下雨而下山，而这雨，从开始下就连绵未停，而且越下越大。山上也时常会有大风刮过，那是龙族经过带来的风。他突然明白，下雨不是仙族罢战、人间恢复秩序，而是龙族在被弹压多年后的反攻。紧接着，从东方奔来一群群的野兽，形状如牛，却生着如虎一样的斑纹，吟叫之声冲天。他认识这兽，他们叫軨軨，现世则天下大水。軨軨一族被收束在东方的空桑山里，一定是龙族将他们放了出来。

果然，軨軨一出，便开始天降大雨，暴雨如注，日夜不停，眼见山下洪水滔滔而起，泥浪翻滚，浊雾遮天，人如蝼蚁一般，被洪水裹挟吞没。金宝和他的族人呢？他们的家想必也不能幸免，只有上泰山，才能躲过这场水灾。可如今浊雾滔天，山下根本看不见泰山在哪里，这时如果有一盏极亮的灯就好了，可以给山下的人指引方向。他寻不到一盏极亮的灯，可他腹中，有一颗极亮的珠子。

他四下观望，见右上首，嶙峋的山岩如刀斧的锋刃一般尖利。他笨拙地向山岩上爬去，经过几番努力，终于攀到了山岩顶端。随后他毅然纵身跃下，锋刃一般的山岩刺进他的腹中，剖开了他的肚腹。他的号叫在山中回荡，夺目的光芒随即射出，仿佛日出穿透了漫天的浊雾。他将这颗带着血迹的明珠衔在嘴里，高高仰着头，希望它的光，能照得更远，让金宝看见，让他的这些家人看见。

天色渐渐暗淡，他感到疼痛越来越轻，疲倦却越来越重，睡意有千斤那么重，压得他毫无抵抗之力。他过去心心念念盼望的，是享天年，无疾而终，想来是难以实现了，但也无碍，只要他的家人能平安回来。

半梦半醒之间，他仿佛听见了金宝在唤他。他们回来了，他的家人回来了。

原 文

《山海经·东山经》：空桑之山，有兽焉，其状如牛而虎文，其音如钦。其名曰軨軨（líng），其鸣自叫，见则天下大水。

熏池

赵世博

萯山之首，曰敖岸之山，其阳多㻬琈之玉，其阴多赭、黄金。神熏池居之。是常出美玉。北望河林，其状如茜如举。有兽焉，其状如白鹿而四角，名曰夫诸，见则其邑大水。

——《山海经·中山经》

熏池已经多年未在敖岸山上见到人了。所以看到那对姐弟的时候，很是新奇。

熏池是敖岸山的神祇，熊首而猿身，体形巨大，肥壮如山，周身毛发灰白，蓬松浓密，随风飘飞，犹如云卷云舒。这座山山阳多美玉，山阴多黄金，因此引得上山寻宝的人趋之若鹜。熏池性情散淡，最是嗜睡，对于进山来的人不闻不问，所以百十年里，山里的黄金美玉被采挖殆尽，进山的人也越来越少，直至绝迹。

那日山中风雨，吵醒了在山顶午睡的熏池。他慢悠悠地腾空而起，雨水打在他头顶张开的无形华盖上，接着向四周滑落。他眨了眨惺忪的熊眼，眺望远处的黄河，张开双臂，发出一声长啸。眺望黄河，伸展筋骨，长啸以升清降浊，是他每日必做的事。而即便有风雨之声，他还是听见了山脚下两个孩子的话语。他放眼望去，这两个孩子便到了眼前。那是一男一女，女孩十二三岁，男孩五六岁，正在树下避雨，女孩将背篓罩在男孩头顶，替他遮雨，自己却已被淋得浑身湿透。

"阿姊，我想回家。"男孩抽噎着说。

"桐夫不哭，等雨停了，我们去山上采到能医好父母病痛的草药，便可回家了。"她笑着说。抹着弟弟脸颊的眼泪，雨水却顺着她的脸颊不断滑落。

敖岸山上有草药？熏池又仔细想了想，山中从未生长过草药。

他心中疑惑，瞬间已身在山下，踏着濡湿的草地，踱到了他们所在的那棵树下。这对姐弟看见他，惊得目瞪口呆，女孩将弟弟紧紧揽入怀中。

"我是这山中神祇，莫怕。"他懒沓沓地说。

"桐夫，我们遇到神祇了，父亲有救了。"女孩转惊为喜，带着弟弟一并给他行礼。

"你们是何人？何事进山？"他问。那对姐弟的头顶，也多了一顶无形的华盖。

"我叫柳姬，这是我胞弟桐夫。我们的母亲多病，家中都靠父亲支撑，日前父亲突然发了痛疽，一日重似一日，请来巫医诊治，说我父亲的病只有梨草才能医治。而我父亲最多只能再活七日，找不到梨草便没救了。我母亲哭晕数次，身体越发虚弱了。我不忍看着父亲病故，便带着桐夫出来采药，我们赶了三日的路，见这座山高大巍峨，定能找到梨草，于是便进山来了。"柳姬说。

他没说话，眨着熊眼思忖。

"这山中有梨草吧？"柳姬问，目光中尽是期待。

"哦，有的。"他略一沉吟，点头。

"那可有焉酸草？巫医说我母亲之所以多病，是因为体内有毒，只有焉酸草可解。"柳姬说。

"啊，有的。"他顿了顿，点头。

"桐夫，我们今明日将药采齐，正好能赶在父亲的七日期限之前到家。不但父亲有救了，连母亲的病也能治愈了。"柳姬扶着桐夫的肩膀，欣喜若狂。桐夫也破涕为笑，眼泪在笑脸上晶莹发光。

"你们认得焉酸和梨草吗？"他问。这一问如一个炸雷，将姐弟俩惊得面面相觑，显然他们不认得。他慢吞吞地抬手，插进肚子上浓密的白毛里搔了两下，手里便多了一只绿玉小铲，将其递给了柳姬。

"将它拿在手中，遇到这两种草，它会盈盈发光，你们便知道了。"他说。

此时雨已停了，阳光丝丝缕缕地透过云层，照进树林。他眯起熊眼，脚踏虚空，优哉游哉朝山顶走去。

当走到半山腰，那对姐弟看不见他了，他便停了下来，伸出一只手指，对着地面凌空画着圆，片刻，草地上便出现了一个光旋，如迎着日光的铜镜一般。渐渐地，光旋里长出几株草，形状如同艾蒿，开出了点点红色花朵。光芒消失，这几株草像是本就生长在此处

《幻山海——熏池》 布面油画　105×105cm　2019

的。这便是可治愈的痈疽的梨草，生长在距此三千五百里外的太山。

他向上走了几步，又重复了这个动作，这次从光旋之中长出的草有方形的茎以及一层层的圆形叶子，茎叶之间开着淡黄色的花。这便是可以解毒的焉酸，生长在距此两千九百里外的鼓钟山。

傍晚，那对姐弟大概就能找到这里了。想到此，他忍不住"吼吼吼"地笑了起来，他觉得为这两个孩子运用法术很有趣，比当年跟随天帝横扫三界时运用法术有趣。

几声"呦呦"的鸣叫，一道白影从山上跑下，形似一头白鹿，头上却长着四只角。这兽跑到熏池跟前，驻足低首，似乎是在行礼。灵兽夫诸现世，所在州邑便会有洪水。它这样着急下山，必是领了天界旨意。

他拂拂夫诸的头，说道："去吧。"

夫诸如箭一般地跑下了山。

天空又重新被浓云遮盖，雨滴点点坠落。他想起那对姐弟没有蓑衣、斗笠，便深吸一口气，之后长长地呼出一团白气。白气徐徐上升，在空中稀薄、漫散，直至看不见，最后只能看见空中的雨越下越大，却没有一滴落到山上。看着这副光景，他又忍不住"吼吼吼"地笑了起来。

熏池在山顶静待到傍晚，一直等到听见了柳姬和桐夫欣喜的呼喊声，他们找到了焉酸和梨草。熏池又笑了几声，打了个大大的哈欠，志得意满地睡了。

熏池这一觉便睡了两日。若不是听见桐夫的哭声和柳姬的呼唤，或许还会再睡两日。

"神祇，神祇。"柳姬的喊声已在山顶了。

熏池眨了眨惺忪的熊眼，从山巅飘下，见柳姬牵着桐夫，两人满脸泪痕，脚上的草履已然磨破了，背上的背篓里，装着焉酸、梨草，还有几朵野花。

"你们为何不回家？"他问。

"神祇，山下发了大洪水，我们回不得家了。今日就是七日期限的最后一天，若不能带药回去，我父亲便活不得了。求神祇搭救。"柳姬说着又哭了起来。

"求神祇搭救。"桐夫也哭了起来。

熏池眺望山下，只见汪洋一片，已辨不出黄河的所在了。他这才想起，夫诸下山，州邑会有洪灾，他只是罩住了敖岸山，不叫这对姐弟淋雨，却忘了山下洪水弥漫，他们无法回家。

"不要哭，无妨。"他说着打了个哈欠。

他伸出手，对着一旁的崖壁，凌空画出一个大圈，少顷，崖壁上出现了一个光芒闪烁的旋涡，旋涡内陷，仿佛一个洞穴。他对着光旋长啸一声，退后了几步，示意柳姬桐夫到他身边。

等了片刻，光旋里传出野兽的吼叫，随即跃出了一头灵兽，其状如虎，周身有赤、红、黄、白、黑五种颜色的斑纹，一条粗壮的长尾，比身体还要长。它低着头，非常恭顺地走到了熏池跟前。他搔了搔这灵兽颈后的毛，说道："这是驺吾，生在距此八千五百里外的林氏国，乘着它，可以日行千里。"说着将这对姐弟抱到了骍吾的背上，又对它附耳说了几句。骍吾一声低吟，纵身向山下跑去，一路上不论岩石峭壁，泥沼江河，都如履平地，神行如电。

入夜，空中一轮明月。熏池悬立在一棵桑树的树冠上，望着树下那个部落中的一所茅屋，屋内一对夫妻，都带着病容，但面上却都笑着。柳姬和桐夫围在他们身侧，争相讲述着遇到神祇的经历。熏池听着，忍不住"吼吼吼"地笑出了声。

原　文

《山海经·中山经》：鼓钟之山，有草焉，方茎而黄华，员叶而三成，其名曰焉酸，可以为毒。……太山，有草焉，名曰梨，其叶状如荻而赤华，可以已疽。

《山海经·海内北经》：林氏国有珍兽，大若虎，五采毕具，尾长于身，名曰骍吾，乘之日行千里。

《幻山海——天狗》 布面油画 125×95cm 2019

天狗

刘光辉

阴山，浊浴之水出焉，而南流注于蕃泽，其中多文贝。有
兽焉，其状如狸而白首，名曰天狗，其音如榴榴，可以御凶。

——《山海经·西山经》

1

月亮像一颗巨大的泪珠挂在天空。四周寂静，几只萤火虫
飞来飞去，像黑夜里一只只绿色的小眼睛。

陆压坐在蒲团上，嘴里叼着一根草茎，草汁的清苦在舌尖
蔓延。他把手掌放在旁边的酒坛上，轻轻摩挲，手心冰凉，如
今晚的月色。

陆压眯眼看月，月的一侧忽然出现一小块斑点。那斑点像
墨入水，慢慢地洇开。陆压耳边，传来了鞭炮声，还夹杂着铜
锣声。虽然是在山上，但声浪照旧随风传来。

陆压忍不住叹了口气。月的一半已被黑影侵蚀，城里的声
浪越来越大，城头鼓声隆隆，夔牛皮做的战鼓，以雷兽之骨敲
击，果然声闻五百里。

待到黑影覆盖全月，伸手不见五指，鼓声低了下去。不一
会儿，月芒再现，声浪又逐渐大了起来。直到黑影完全褪去，

声音也渐渐小了。四周又恢复了宁静。

陆压打开酒坛上的泥封，酒香立刻溢满口鼻。这酒是红绫跟招摇山的狌狌换的，这些狌狌像猿猴，长着白色的大耳朵，能言善辩，号称"前知五百年，后知五百年"，其实满嘴谎言，并不可信。他们善于攀缘，常采山间野果投掷一处，酿成果酒，但不善保存，喝几口就扔掉，存量极少。能得这么一坛，红绫真是下了功夫。

"寒江孤影，山海故人。哈哈，老头儿今天来迟了！"天狗终于来了。

这一坛酒，天狗喝了大半。美酒甜香，入口柔但劲大。天狗化身为老者，须发皆白，身穿灰衣，脚蹬草鞋。他伸了一个懒腰，直说岁数大了，骨质有点疏松，吃月亮这把戏不能再玩了。

"若不是阿萝喜欢热闹，我才不爱折腾。"

2

天狗认识阿萝的时候，他还是个小奶狗。小奶狗本来与父母一起住在阴山，阴山上常有大鸟飞过。每次看到大鸟，天狗就很高兴，幻想自己也能飞，但父母却很紧张。有一次，天狗的父亲说：那是蛊雕，是我们的天敌。

有一天，父母出去觅食，再也没有回来。天狗饿了，就去寻找父母，不料掉入浊浴之水，呛了两口水，迷迷糊糊被冲到了蓄泽。天狗醒来的时候，身边蹲着个小姑娘，脸圆圆的，冲他笑，眼睛弯弯，像天上的月亮。

天狗从此就跟着阿萝生活。阿萝是王母宫的一名小仙童，平常也没什么事，就带着天狗到处疯玩。

西山地域广大，什么都有。他们捡过石脆山的玉石，拔过符禺山葱茏兽的红毛，骑过脾气暴躁、像鹿又像马的䑏如，还跑到黄山上跟鹦鹉斗嘴。

阿萝喜欢热闹，一刻也闲不住，她尤其喜欢偷偷到人族居处附近玩。那时候，人族还没有学会建城，有的住在树上，有的住在洞里。阿萝看他们傻乎乎的，常常作弄他们，她也常常从神山里采些草药，送给打猎受伤的人。

天狗不喜欢人。西山里无论野兽还是神祇，都很自在，遵循自然而生。但是人总是聚在一起，他们猎捕其他动物，剥皮、喝血、食肉，而且十分贪婪，什么都吃。还有，人族似乎总在生崽子，一窝一窝的，数量远远超过西山里的其他野兽。

阿萝与人族越走越近。她教他们用树叶子吹出好听的声音，教他们把种子种在地里长出花草果实，还有能吃的谷，教他们用柔韧的树皮编织笼子，到河里网鱼。

阿萝甚至打算把王母宫里的火种，偷出来给人族。

3

"阿萝真是傻呀，火种是王母宫的禁物，怎么能偷出来给人族用？"每次说到这里，天狗脸上就愤愤不平。

"阿萝不喜欢晚上，因为黑漆漆的，不好玩。她说有了火，人族就能跟白天一样，围着火堆跳舞，多热闹！也不用吃那些生肉了，烤烤多好吃。"天狗喝了一口酒，抹了抹嘴巴。

"阿萝第一次把火种带给人族的时候，嘱咐他们放在洞里，千万不要拿出来。人族一开始很听话，等到他们发现火有威力的时候，一切都变了。他们学会了放火烧山。"

"阿萝很生气，她跑去教训人族，但是人族根本不听她的。他们的猎物堆成山，有的已经开始腐臭，可是人族还在不断地烧山，不断地捕猎。"

"神祇发怒了，降下洪水惩罚人族。阿萝把巨木掏空，送人族逃走。神祇惩罚阿萝，抽了她的神力，阿萝变成了一个凡人。

"阿萝很开心，洪水之后，她与人族一起重建家园。但是没有了神力，她很快地衰老，再也不能到处去跑，到处去玩。

"阿萝说，王母宫里的小伙伴，偷偷给了她一颗神药，她服下可以飞到月亮上，那里有废弃的月宫。可是她不想吃，也不想再变成神祇。孤零零一个人，在月亮上多冷清啊。阿萝把神药给了我。"

"阿萝最后说的一句话是：我喜欢热闹。因为这句话，我时常跑到人族，来作弄他们。人们已经想不起阿萝了，他们只记得我这个凶恶的天狗。"

天狗把最后一杯酒喝完。

"我要回去了，小子。你家丫头弄来的酒不错。你们想问我的，我其实知道的也不多。我只知道，他们去过西界赢母山的长乘宫，用了一套诡秘的仪式，想要得到长乘神残存的力量，没有成功。"

天狗化作一阵风，转瞬消失。

酒劲上来，陆压觉得有点冷了。冷月独悬，有许多月光照不到的地方，暗夜无声，似乎有什么东西在蠢蠢欲动。

原 文

　　《山海经·南山经》：招摇之山，有兽焉，其状如禺而白耳，伏行人走，其名曰狌狌，食之善走。……泿水，水有兽焉，名曰蛊雕，其状如雕而有角，其音如婴儿之音，是食人。

　　《山海经·西山经》：浊浴之水出焉，而南流注于蕃泽，其中多文贝。符禺之山，其兽多葱聋，其状如羊而赤鬣。……石脆之山，其阳多㻬琈之玉。……皋涂之山，有兽焉，其状如鹿而白尾，马足人手而四角，名曰玃（yīng）如。……黄山，有鸟焉，其状如鸮，青羽赤喙，人舌能言，名曰鹦鹉。……嬴母之山，神长乘司之，是天之九德也。

　　《山海经·大荒东经》：东海中有流波山，入海七千里。其上有兽，状如牛，苍身而无角，一足，出入水则必风雨，其光如日月，其声如雷，其名曰夔。黄帝得之，以其皮为鼓，橛以雷兽之骨，声闻五百里，以威天下。

巴蛇吞象

绯夜妖

巴蛇食象，三岁而出其骨，君子服之，无心腹之疾。其为蛇青黄赤黑。

——《山海经·海内南经》

西南有巴国，又有朱卷之国，有黑蛇，青首，食象。

——《山海经·海内经》

孙高邈心如刀绞般难受！

床褥上的妹妹孙思思捂着心口，又疼得死去活来了。

他十三岁那年，一场可怕的洪水席卷了他们整个村庄，当时，他们的爹娘为了救下这双儿女永远地沉没在了溧阳河底……

自此以后，孙高邈很争气。他继承了父亲的郎中衣钵，在家中竭力钻研医术。不仅如此，他每日行走数十里山路到朝阳郡的妙春医馆做学徒，兄妹二人就这样相依为命地度过了七年的光阴。

白云苍狗，曾经妙春医馆里的助理医师如今已成为了一位可以独当一面的神医。孙高邈精湛的医术远近闻名，方圆百里

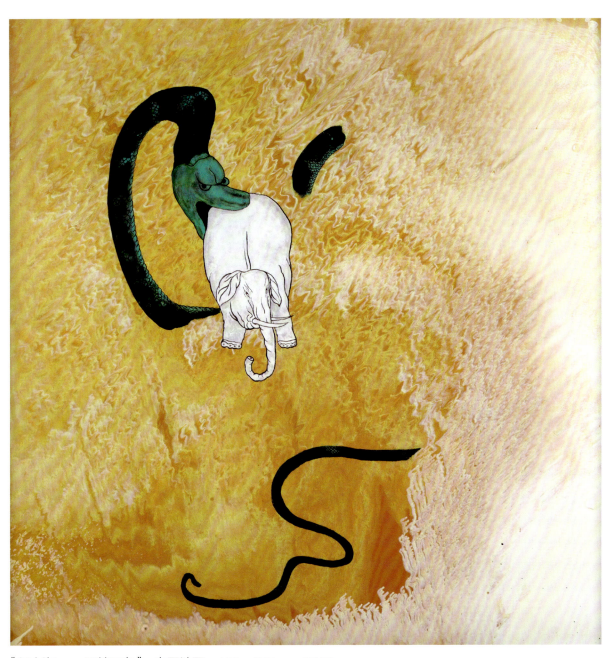

《幻山海——巴蛇吞象》 布面油画　105×105cm　2019

慕名而来的病患们每天都在医馆门前排起长龙般的队伍，只为求得这位神医的良方。

然而，就是这样一位远近闻名、人人称赞的妙手神医，却始终医不好他妹妹自小便患有的心疾。

昨日入夜，孙思思便发起了高烧，孙高邈小心翼翼地端来一碗黑乎乎的药汤，轻哄着病榻上的孙思思："阿思，这一次我换了新配方，它对很多心疾的病人都有效，对你的病肯定也有效，快喝下这碗药吧……"

可兄妹俩经过一夜的煎熬，无情的现实却再一次撕碎这位神医的自信心——他配置的新药又失败了！

阿思的心疾如期发作了……

孙高邈皱着眉头替妹妹把了脉。如今，她的脉象绵软无力，身体几乎油尽灯枯，恐怕这厉害的心疾再这样剧烈发作下去，妹妹的小命休矣！

若是让他目睹最后一位至亲离开，孙高邈想都不敢想。

他的内心剧烈挣扎着，使出浑身解数，冷静下来后，他决定采用银针入体持续刺激穴位的方法。

至暗、焦灼的时刻总算是缓缓熬过去了，孙思思终于转危为安。

望着陷入昏睡的妹妹，孙高邈冷汗涔涔，然而他却顾不上擦去额头上密匝匝的汗珠，将手中的银针悉数收起，整理纳入医药箱。

诊疗这件事，他向来做得有条不紊，现在仍心有余悸。

这一次孙思思惊险渡过"鬼门关"了，那么下一次呢？

忽然，他的目光无意间触碰到了妹妹床头放着的那本《巴国游记》。

阿思自小便喜好读奇闻逸事，孙高邈便时常为她在外搜集这些书籍，而这本《巴国游记》他记得还是上月自己去热闹的集市上为妹妹淘来的孤本，就是为了让她卧病在床的时候，可以闲来无事翻一翻，从书海中觅来一些生活的乐趣。

"哥，我还不想死……"

妹妹临睡前的嘀咕声犹在他耳边，孙高邈眼眶通红地为她掖了掖被角，床头上面容皎洁如雪的孙思思始终是他心头萦绕的"愁绪"，但缠绵床榻的妹妹早已病入膏肓，来日不多了！

此刻，忽见一只青蝉伶伶俐俐地落在了那本《巴国游记》上，孙高邈目光淡淡地停落在这蝉儿身上，他竟无端生起几丝好奇心，正想要翻起书来，却听到一个怪异的声音——

"吱吱！主人，你可要救你妹妹一命？来，快些……快些骑到我身上。"

乍闻这陌生的声音，孙高邈专注地仔细辨听，这才发现是落在书上的青蝉发出的声响。

青蝉竟然会说人话？

他正好奇地想问些什么，却发现自己的身体转瞬间便缩成了指甲盖大小，他不可思议地望着周遭事物发生的各种变化。

"主人，你快些坐到我身上，我真有办法救你妹妹孙思思！"

他的耳边再度传来了青蝉焦急呼唤的声音。

这一次，他毫不犹豫地翻身骑在了青蝉背上，伴随着这蝉虫发出的"吱"声，转眼间便飞入了《巴国游记》这本书中……

甫入书中，阵阵仙乐入耳，团团五彩祥云围绕在他们身边，目之所及是赤红的天空，遍野的葱茏红木和争奇斗艳的奇花异草。孙高邈这才相信青蝉果真带他进入了书中世界，因为他清楚地记得书上第一页的插画正是他现在所见的真实情景。

惊愕了很久，他才怅惘地问道："蝉儿，你为何唤我主人？又为何要带我入书中？"

"主人，因为唯有在此书中才有治疗你妹妹心疾的药引。"

"哦？药引？你是说，这里会有治疗我妹妹心疾的药引？"

"正是如此。"

"在哪里？……快，快告诉我！"

此刻，孙高邈迫不及待地追问青蝉，它却载着他落到了一株虬枝交错的老树上。此树盘根外露，斜倚生姿，繁密的红叶上点染了一簇簇绚丽的金花，孙高邈竟不知这究竟是何花。

"主人，药引就在树下……"

孙高邈低头望去，却见盘屈的树干上缠着一条青色脑袋、黑身红腹的大蛇，此刻正张着血盆大口用力吞噬着一头大象……

"主人，这是我们巴国境内盛产的巴蛇，它青首、黑身、红腹，能吞象，杀它取蛇胆，让你妹妹服用，即可治愈心疾。"

孙高邈震惊地望着这一幕蛇吞象的凶残场景，青蝉淡定的声音悠悠地传入他耳中。

"可是……巴蛇这么厉害，我们该怎么杀它？"他凝神蹙眉道。

"主人，你折下血滴子树的树枝，用它刺穿巴蛇身体的七寸之处即可。"

"血滴子树？"孙高邈疑惑地望着身下跨坐的那只青蝉，面对这里闻所未闻的事物，他脑海中仅有一片空白。

"主人，血滴子树就是我们脚下的这株百年老树，一会儿我将你抖落在地上，你恢复真身后记得迅速折断树枝，我会引开这巴蛇的注意力，你便用那根滴红血的树枝刺入它的七寸之处。"

一人一蝉窃窃私语时，树下盘旋的巴蛇已经将猎物吞噬殆尽了。

青蝉毫不迟疑地振翅飞至树下，将孙高邈抖落下地，他立刻恢复了原来的样貌，而青蝉却朝着那只巨大的巴蛇的方向横冲了上去。

孙高邈听从了青蝉的话，他跨步向前，果断折下血滴子树的一根枝干，只见断裂的枝头迅速渗出了滴滴鲜红的液体，他不管不顾地紧抓住这根树枝不放。

此刻，大巴蛇已经吞完整头大象，正朝绕着它的尖脑袋飞舞的青蝉吐着鲜红的芯子。

尽管心头惶恐不已，可想到卧病多年的妹

妹，孙高邈仍是咬紧牙根，鼓足勇气大步流星地冲向了大巴蛇。

"主人，待我直冲入巴蛇嘴里的那一刻，你就向它的七寸处攻击！我们前后夹击，定能将它刺死！"

"可是，你……"

孙高邈话还没说完，就见小小的青蝉径直冲入了巴蛇的口中，而那狡猾的巴蛇闭上血盆大口后，却像是被仙人施了定身咒般僵硬在原地一动也不动。

孙高邈看准时机，将血滴子树枝尖头猛刺向蛇身七寸处，大巴蛇应声倒地……

一切归于平静，孙高邈正想迈步朝前走近蛇身，眼前的景致却恍然间变了个样——他又回到了自家的院落中，周围一切都是自己熟悉的景致，哪里还有什么赤红天空、血滴子树？

然而，自家院子里的确躺着一条已经死去的大巴蛇。

他环顾四周没有找到那只青蝉，扒开了蛇嘴没有找到那只青蝉，剖开蛇肚子也没有找到那只青蝉的踪迹……它仿佛凭空消失了似的。

他按照青蝉说过的话取出了蛇胆，炖熟了喂给了孙思思吃。

翌日，孙思思大病初愈，孙高邈搀扶着她步出了家门，他们兄妹俩相互依偎坐在自家院子里，望着一群鸡鸭在悠闲地散步，孙高邈向妹妹聊起了昨日经历的那桩奇缘。

这时，一位僧人恰好前来孙家化缘，他偶然间听到了孙高邈所说的话。

当孙高邈将两个热馒头放入僧人的钵中时，这位虔诚的僧人双手合十说道："阿弥陀佛，万物皆有灵。那只助你的灵蝉儿乃是结茧的青虫所化，它牺牲自己成全了你，只因施主当年一个小小的善举结出了善果，此乃善有善报啊！"

僧人拿回化缘的钵，转身便离开了。

孙高邈望着自家院子里那只神气十足的大公鸡，忽然忆起了去年秋日暴风雨过后，他曾经在自家大公鸡的嘴下救下了一只正在吐丝结茧的大青虫……

《幻山海——霍山》 布面综合　125×95cm　2019

胐 胐

许 磊

霍山，其木多穀。有兽焉，其状如狸，而白尾有鬣，名曰胐胐，养之可以已忧。

——《山海经·中山经》

1

霍山县城里，霍先生的女儿斐儿容貌美丽，却是坊间传言的妖女。

每月初一，新月朦胧，斐儿总会梦见山上的楮桃树间，有许多异兽，形容奇诡，绕着斐儿打转。斐儿害怕极了，在楮桃树间飞奔，异兽们便呼号着追她。

斐儿从梦中惊醒，觉得每一个角落似乎都藏着可怕的怪物，便跑到野外山间，躲到树丛里，直到天亮才敢出来。

有人曾在夜里看到过斐儿，说她两眼冒绿光，嘴里发出猫一样的凄厉嘶嚎。于是，人们都认为斐儿是妖怪附体。

十八年了，一直如此。斐儿总是郁郁寡欢，不爱与人说话。

2

县城富豪家的浪荡子觊觎斐儿的美貌。初一夜晚，伙同两个家丁，守在通往霍山的树林中。

果然，这一夜，斐儿又发梦逃出家中，经过那片树林，被浪荡子拦住。

浪荡子和家丁图谋不轨，斐儿惊恐大呼，拼命抵抗，眼看就要被侮辱。

突然，山路上一声嘶吼，如虎啸龙吟，浪荡子吓得魂不附体。嘶吼声过后，出现了一只猫，身体肥硕、碧眼、黑毛、白尾，脖子上有金色的鬃毛。

浪荡子和家丁见状，便不怕了。一人制住斐儿，另二人要去打死那只猫。

谁知猫纵身一跃，朝着三人扑来。利爪如刃，身如闪电，倏忽之间，就将三人挠得遍体鳞伤，鲜血如注，若不是他们赶紧松开了斐儿，抱头鼠窜，只怕会被那猫割了喉咙。

斐儿带着猫回到家里，起名叫肥肥。从此好像变了一个人，不再独自愁眉不展，每日里有说有笑，和正常人一样。

肥肥虽然看起来威风凛凛，其实性情温顺慵懒，每日只在闺房待着，哪也不去。更奇怪的是，肥肥不吃不喝，身形依旧肥硕。

霍先生宽心不少，但坊间关于斐儿的流言还是不绝于耳。

而浪荡子一回到家，就吓病了，每日里胡言乱语，说些疯话，时不时发出一声声长啸，如同鹤鸣一般。

3

好景不长，一个月后，斐儿的噩梦又开始了。

每到初一，她又梦见那片山林，那些异兽，只是在逃跑的路上，她会看见一只和肥肥一样的猫，虎踞于石上，俯视着众异兽。异兽便不再追赶，各自散去。

斐儿在梦里抱住那只猫。

天空一阵鹤鸣，四周突然起火，一只怪鸟从天而降，身体像鹤，独脚，青羽红纹，白色的嘴像尖刀一样，闪着冷光。

怪鸟朝着肥猫袭来，斐儿和猫都吓得魂不附体，紧紧地抱在一起。

这时，梦醒了，斐儿抱着肥肥，浑身冷汗淋漓，倒是肥肥很淡定地看着她。

富豪遍请名医，都没能医好浪荡子的疯病，便迁怒于霍家，常来闹事，扬言要将斐儿烧死，还要剥了肥肥的皮。

这一日，富豪带人闯进霍家，砸了个稀巴烂，还要冲进闺房，揪出斐儿，烧死她。幸亏肥肥冲出，厉声怒吼，挠伤了许多人，吓退了这群强盗，可是肥肥的腿上也中了一箭。

4

肥肥离开了霍家，不见了。

斐儿每日一边哭，一边寻找肥肥。走遍了小城和山林，找了一个月，都没有肥肥的踪迹。

众人都以为那只怪猫逃跑了，或者死了。

这一夜，斐儿又做梦了。

还是在山林中，还是那些异兽，还是那只猫，怪鸟袭来，周身大火，万分紧张之际，一支箭凌空而来，射中了怪鸟的腿，怪鸟逃走了。

一个少年出现了，月光从他背后照过来，看不清脸。

"多谢公子！"斐儿又哭又笑。

梦醒，斐儿浑身滚烫，直冒冷汗，嘴里喊着肥肥的名字。

正午，肥肥出现在县城，大摇大摆，身后跟着一个年轻人，直奔霍家而去。

年轻人自称朱药师，粗通医术，愿意给斐儿治病。把脉，开方，朱药师亲自抓药煎药。一碗药下去，斐儿立刻就好了。

两个年轻人一见如故，竟成了朋友。

霍先生看朱药师医术精湛，便央求他给浪荡子看病，一则为了解除麻烦，二则那毕竟是一条人命。

果然神医，朱药师一根银针，一剂汤药，浪荡子就昏睡过去，醒来浑身大汗淋漓，精神抖擞，还转了性，对往事后悔不迭，连连向霍先生赔罪。

众人问朱药师怎么会来到霍山县。朱药师说，他本来是在三百里外的山上采药，遇到了肥肥，肥肥咬着他的裤脚，把他带到这里。

众人纷纷称奇。

5

朱药师孤身一人，云游四海，霍先生便动了心思，邀请朱药师住下。朱药师也喜欢斐儿，一口答应。

从此，朱药师和斐儿一同采药，一同为百姓看病施药，肥肥则守在他们身边。二人一猫，其乐融融。

斐儿再也没有发梦。

霍先生眼见朱药师人品端方，容貌俊秀，

而斐儿也喜欢朱药师，便正式提亲，将斐儿许配给了朱药师。

又是一个初一的夜晚，斐儿和朱药师成亲。洞房花烛夜，斐儿睡去。

她又做了个梦，梦见自己在长满楮桃树的山间，捡到了一只猫，猫儿的腿上受了伤，斐儿照顾了它三个月。

伤愈的那一日，突然飞来一只怪鸟，袭击斐儿和猫。一个少年出现了，一箭射中了怪鸟，怪鸟飞逃。

少年自称是神农氏朱襄的弟子，斐儿和少年一见钟情。

猫立于石上，突然说话了："多谢姑娘四千年前相救，你我三个月的缘分已到，我去了，勿挂念！"

猫儿纵身一跃，消失于楮桃林中。

"肥肥！"斐儿大喊一声，从梦中惊醒，已是清晨，梦中之事，已经忘了大半。

再去寻找肥肥，这猫已经不见了。

6

多年以后，斐儿和朱药师白头偕老、儿孙满堂。有一日，她翻起《山海经》，看到那一章。

"……霍山，其木多榖。有兽焉，其状如狸，而白尾有鬣，名曰胐胐，养之可以已忧。"

"我那猫，也叫肥肥，真是有趣啊！"斐儿笑着，想起了那只慵懒的肥猫，心中惆怅。

无启

许磊

无臂之国在长股东，为人无臂。

——《山海经·海外北经》

无启民，居穴食土。其人死，其心不朽，埋之，百年化为人。

——《酉阳杂俎》

1

万寿节快到了，皇上有旨，称刚经历了灾荒，百姓饥馑困苦，各地官员不得进献礼物，更不许以祝寿的名义侵扰百姓，宗室百官皆遵旨而行。

晋王却别具一格，进献了六名舞姬，个个明艳如花，媚态撩人。皇上本不愿接受，可晋王手握重兵，有不臣之心，皇上不愿因此等小事得罪晋王，便提出考较六女的舞技，若真是一舞动天下，便纳入后宫。

皇上命宫中教坊为舞姬伴奏，诸乐师都知道这是个两边不讨好的活儿，便纷纷推辞。独有一名少年乐师名叫纪离，挺身而出。

皇上便命人取出一架古琴，让纪离以此琴奏曲，为舞姬

《幻山海——无脋国》 布面油画　95×125cm　2019

伴奏。

纪离心知眼前形势，断不能让晋王得逞，便故意弹了一支梦中的曲子。那曲子支离破碎，荒腔走板，诸舞姬被这乐声搅得步法大乱，频频出丑。

众人皆笑，晋王暗怒，只能带走舞姬，拂袖而去。

皇上朝着纪离点点头，君臣心意相通，皇上便将这数百年前的古琴赐予纪离。

2

当晚，纪离打开琴匣，只见琴身光可鉴人，花纹古拙，琴角雕有一个美人，虽历经数百年，仍然清晰可见。

纪离想起方才的那首曲子，皱起眉头，再次弹奏，依旧不成曲调。

突然，琴角的美人纹饰中似乎有东西缓缓流出，落在地上，微风吹过，见风便长，忽忽间变成一个女子，清丽婉转，巧笑嫣然。

"与君一别数百年，如今重逢，不知君可安好？妾身启兰这厢有礼了！"女子笑盈盈地说道。

纪离愣住了："你是鬼还是妖？我们见过吗？"

启兰笑问："方才公子弹的那首曲子，是否曾千百次地在梦中出现？醒来却只记得片段，不成曲调呢？"

纪离点头。

启兰又问："公子是否经常梦见一棵雒棠树？满树芬芳，树皮如同丝絮一般，有人在树下纺丝，而公子却在奏琴？"

纪离惊问："你如何连这都知道？"

启兰笑而不答，坐到了琴边，弹奏一曲。纪离听罢，心中豁然开朗，这不正是自己梦中听到的曲子吗？

原来，启兰本是上古时期无启国之人。海外有一棵雒棠树，树边有个无启国，那里的人们居洞穴，无男女之分，每日餐风食露，偶尔吃泥土，他们是不死之人，哪怕身体只剩一缕灰尘，依旧可以复生。

数百年前，启兰与纪离因琴声相遇，高山流水，引为知音，在雒棠树下谱写了这首梦中曲，面前这古琴就是当年他们共同打造。纪离去世后，启兰孤独地附在古琴上，等待轮回。

当转世后的纪离再次弹奏此曲，启兰沉睡数百年，终于醒来，二人重逢。

纪离大喜。

皇上赐婚，二人结为爱侣，形影不离。纪离之曲，启兰之美，皆名动天下。

3

五年后，筹谋已久的晋王发动兵变，围困皇宫。双方血战，禁卫军不敌，宫门大开，皇上且战且退，终于退到教坊之中。

纪离和启兰守在皇上身边，外头是晋王的数百兵马，围得水泄不通。

晋王命人喊话，以高官厚禄荣华富贵相诱，要他们交出皇上，走出教坊。皇上为了不连累二人，便让他们离开，纪离和启兰断然拒绝。晋王为人刻毒阴狠，好色贪婪，恶名远扬，纪离和启兰绝不会背弃君王，投靠奸贼。

晋王恼羞成怒，命人放箭。一时间，飞箭如雨，皇上中箭倒下。纪离正扶着皇上，却见门窗皆破，一股箭雨袭来，纪离情急之下，扑到了启兰身上，用自己的身体保护住了启兰。

启兰哭问："你明知我是不死之身，为何还要如此？你若死了，我可如何活下去？"

纪离说道："身体死了不可怕，可怕的是心死了。今日难以逃脱，你只需记住，我永远都会护着你，来世再见！"

纪离死了，启兰失声痛哭。

无启国之人，历经千年，世人羡慕不死之身，却不知用凡胎肉体对抗岁月，看遍聚散离合，历尽沧海桑田，不死之人最大的渴望，便是但求一死。

他们厌倦了这个世界，便化作一粒尘埃，躲入山石泥土河海江洋之中。

启兰是幸运的，遇到了纪离这个相爱之人，千百年的等待才有了意义。

晋王带兵杀进教坊中，却只看到皇上和纪离的尸体，还有那架古琴，他垂涎已久的启兰却消失无踪。登基之后，晋王命人搜寻启兰的下落，均无功而返。他只能将古琴锁了，收与珍宝阁中。

五年之后，新帝被杀，古琴不知所踪。

4

千年之后，某市的一个建筑工地，工人们挖出一个古墓，便立刻通知文物保护部门。

古墓完好无损，文物琳琅满目，一个琴匣里有一古琴，古朴典雅，只是这琴断了一根弦，终不成曲调。

考古队找来了音乐学院的小纪同学调试古琴，小纪发现，这根弦是被人剪断的。

这一晚，他修复了古琴，试着弹起了自己梦中的一首曲子。

曲声响起，有个女子幽幽说道："一别千年，你终于来了！"

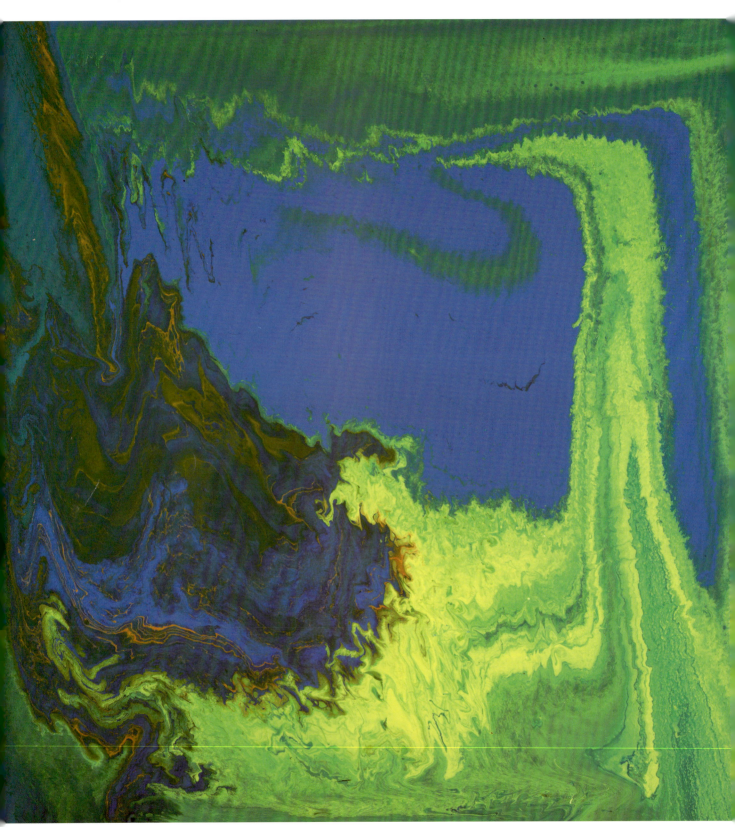

《幻山海——青丘山》 布面油画 105×105cm 2019

九尾

赵世博

　　青丘之山，其阳多玉，其阴多青䕏。有兽焉，其状如狐而九尾，其音如婴儿，能食人。食者不蛊。有鸟焉，其状如鸠，其音如呵，名曰灌灌，佩之不惑。英水出焉，南流注于即翼之泽。

　　　　　　　　　　　　　　　　——《山海经·南山经》

　　九尾吃人从不犹豫，直到看到这个男孩对他笑。

　　九尾，其状如狐，世人多以为九尾是狐妖，实际九尾与狐毫无关系，九尾是乘青丘山的灵气应运而生的。

　　青丘山山色瑰丽，山巅常年云雾缭绕，英水从山中发源，泠泠水声在山谷间回荡，声如天籁。山南多玉石，大雨过后，玉石露出地表，阳光普照，熠熠生辉。山北多青䕏，这是此地最被推崇的染料，只有部落中的贵胄才配穿青䕏染色的衣物。但青丘山最出名的，却是邪术。

　　因为青丘山灵秀俊逸，所以常有仙族来山中修炼，经年日久，山下部落中的巫师与山中的仙族多有接触，也习得一些粗浅法术。但有心术不正之人，却将法术化为邪术，害人以满足私欲。久而久之，各部落的巫师都要修习邪术，邪术既是攻击其他部落的利刃，也是保护本部落的坚盾。但邪术巫蛊防不胜防，而九尾是青丘山之灵，能避一切妖邪之气，所以山下各部落便大肆捕杀九尾，食其肉，避邪术。九尾因此怨恨人类，以牙还牙，食人以作为报复。

九尾行动矫捷如电，叫声如婴儿啼哭，他常用叫声将人引来，然后如闪电般奇袭，用利齿咬断人的喉咙，饮其血，食其心。

青丘山多灵物，比如形状如鸠，名为灌灌的大鸟，将他的羽毛佩戴在身上能不被迷惑，因此也遭人捕杀，可他不敢吃人，只是叫声如斥骂，以此作为发泄。灌灌与九尾常在一处，灌灌说人将他们这样的关系，称作好友。

一日傍晚，浓云低垂，雷声隐隐，天色如漆，九尾卧在洞穴外，听话痨的灌灌讲山下部落的相互残杀。几年前，山下的部落里出了一个英杰，娶了另一个部落的巫师为妻，在巫妻的助力下，他统一了青丘山的各部落，人称善丹王。虽然他妻子精心守护，可他前几天还是被人下了巫蛊，全身的骨头里长出尖刺，刺破皮肤，扎穿内脏，最后被活活疼死。善丹王死后，原来被征服的部落重新反叛，杀戮不止。

"山下每天都有好多死人，那些鸠鸟整日吃得饱足，都快飞不动了，原来只能挖骨头的野犬，全都胖了一圈。你也该下山，挖几颗心吃。"灌灌叽叽呱呱地说。

"我只吃自己杀的人。"九尾懒沓沓地说。

"为何？"灌灌问。

"新鲜。"他扬起一条尾巴抽下了一只蚊子。

"人心狠毒，残杀同类。你吃那么多人心，难保以后也会变得和人一样狠毒。"灌灌揶揄。

"那我一定先吃了你这个聒噪的老妖怪。"九尾斜睨了一眼树上的灌灌。

灌灌发出斥骂似的叫声，展翅飞走了。九尾笑着闭上了眼，头舒服地窝在前爪之间，预备睡一觉。野兽都有一项本事，雷声再大，可以充耳不闻，但绝不会漏掉身边任何细微的草木窸窣。

九尾刚打了个盹儿，便被地上传来的微弱异动惊醒了，那是人的脚步。他警觉地抬起头，立耳静听，风带来了几声喊杀呼号，大概距离他有三五里远。他站起来朝声音传来的方向奔去，待跑近了，看见一群男人正在追几个女人，女人里为首的，穿着青藤染色的巫师袍，怀里抱着个孩子。后面的男人不断射箭，前面的女人不断惨叫着倒下。那个巫师跑进山谷，暂时躲过了追捕。九尾看见她把孩子藏在树洞里，默念了一串咒语，后面的人这时追了上来，她用芒草遮住树洞，向山谷深处跑去，后面的人紧追不舍，没人注意到被遮盖的树洞。

待这些人走后，九尾踱到了树洞边，用尾巴扫开遮住树洞的芒草，看见树洞里有一个两岁左右的孩子，裹在虎皮做的襁褓里，只露出一张粉嫩的脸，身上散发出奶香，他还从没吃过孩子。

九尾走进树洞，俯视着孩子，孩子仰视着他。他露出利齿，而那孩子却对他咯咯笑了，笑容像东山谷里的杜鹃花，笑声如子玉在水中擦过河床一般清脆悦耳。他心头一颤，慌乱退出了树洞。这时方才去追巫师的人又折了回来，有人说："她怀里分明是空的，想必是把孩子藏在了哪里，要是能找到，杀了那孩子，可是大功一件。"

九尾已经跑出几步，听到这话又返回来钻进树洞，把孩子叼了起来。再出树洞，恰巧被那些人撞见，他们呼喊着，箭镞如雨一般射来，他险些被射中。

九尾将孩子衔回了他栖身的洞穴，而一路上，这孩子一直在笑。襁褓的绑带被他咬断了，孩子爬了出来。一个炸雷，大雨瓢泼落下，他卧在洞口，过了会儿，这孩子也爬了过来，趴在他怀里，很快睡着了。他一夜没睡，听着雷雨声，听着孩子的呼吸声，感知着孩子的体温。

翌日清晨，孩子早早醒了，显得有些烦躁，四处抓挠，爬出洞穴，啃食洞穴边的野草，吃进口中又吐掉。九尾看着这个孩子，茫然惶惑，束手无策。

"你嫌孩子瘦小，要养肥了再吃？"九尾抬头，看灌灌落在树枝上，歪头看着这孩子。

九尾对灌灌讲了昨晚的经过。

"这就是善丹王的孩子，不会错。王者之子，无所畏惧。"灌灌说。

"可他为何这样？"九尾问。

"莫不是饿了？"灌灌说。

九尾恍然大悟。可到底该给他吃什么，他又踌躇起来。灌灌再出主意，说禽卵属流食，与奶水相差不多，或许可以。九尾衔来两枚蛋，打开，被他一气饮尽。吃饱之后，孩子顿时来

了精神，钻进他的九条尾巴里，玩得不亦乐乎。

自此以后，这个孩子就和九尾同食同住。九尾除去喂他禽卵，还会把在胃里腐化的食物吐出来给他，而这孩子对于这些食物全都欣然接受。几个月过去，孩子不但没消瘦，反而壮实了许多。他从不哭闹，九尾外出觅食，他藏在洞穴中，九尾回来，他便不离他左右，最爱捉他那九条尾巴。夜里，也必要趴在他怀里才能入睡。

灌灌说他俩像父子，九尾起初觉得荒唐，但后来觉得也无不可。他们还给它取了一个名字，叫无尾。

一晃两年过去，无尾已能直接吃生肉，行动敏捷得像只小豹子。九尾捕猎也会带着他，教他如何伏击，如何扼住猎物的喉咙。他时不时会给九尾捉回一条蛇，一只雏鸡。灌灌说，人经常这么做，这叫孝。九尾没再吃过人，他想，未来也绝不让无尾吃人，不能让他残杀同类。

这一年秋天，进山找无尾的人突然多了起来，灌灌飞到山下听来了消息，说是无尾的母亲两年前受了重伤，回到本族部落便人事不省，做了两年活死人，最近刚苏醒。一醒来就说她和善丹王的儿子没死，就在青丘山中。她召集愿意效忠善丹王的部落，说这个孩子长大之后会比善丹王更伟大，于是这些人便开始进山寻找无尾。而两年前参与反叛善丹王的部落，听说之后也派人进山搜寻，要杀掉善丹王的儿子。

青丘山是九尾的天下，他带着无尾，一次

次轻松躲过搜找，悠游如常，只是多走了一些路。直到深秋，无尾的母亲在山中做了一场傩戏，当众挖出双目献祭山川神灵，只为换回孩子。

山川纳祭，不再留无尾，他们再也藏不住了。

"三天之内，你不交出无尾，会有天谴。"灌灌说。无尾已睡着，他俩看着山中点点的火把光芒。

"我原以为人心狠毒，没想到也会这样爱惜自己的孩子。大概为人父母，是愿意为孩子而死的。"九尾喟叹。

"她说无尾长大后会胜过父亲善丹王，是要带他回去做王。"灌灌说。

"他是人，终究还是要回到同类中。"九尾说。

"做人有什么好，他长大保不齐也会被人下巫蛊，死无葬身之地。"灌灌说。

九尾思索良久，对灌灌说："我去做一件事，你要帮我。"

九尾靠近那些火把的光亮，找到反叛善丹王的几个部落，找到那个当年给善丹王下巫蛊的大巫师。这几个部落里有许多巫师，但凭他的能力，也只能杀掉一个，所以选了这个邪术最强的。

九尾在林中模仿孩子的哭声，这几个部落顿时骚乱起来，纷纷涌入林中。九尾看见那个大巫师也在其中。他又叫了两声，那些人更加兴奋，大巫师身边的人越来越少。他藏在草丛

里，等他走近，再走近。终于，他如闪电般跃出，利齿精准地找到大巫师的脖颈，咬断了他的喉咙。

九尾放开大巫师，朝人群外奔去，箭镞从四面八方射来，有的从他身边掠过，有的刺进了他的身体。

他没被人抓住，却也身受重伤，他自知再也看不到日出了。他来到与灌灌约定的山谷里，灌灌围着他大叫，叫声凄厉。

"啜一口我的血，滴到无尾嘴里，这就是我要你帮的忙。食了九尾，以后就不会中邪术了。"九尾气息微弱地说。

"为什么？为什么？"灌灌冲他喊。

"为了无尾。为人父母，是可以为自己的孩子去死的。"无尾说。

"我要告诉他，让他记得你一辈子，做了王也记得你。"灌灌说。

"我让你帮忙，就是不想让他见到我死，不让他伤心。他做不做王都无所谓，我只希望，他长大后不要残杀同类。"这时，天边泛起鱼肚白，他想看看这光亮，可眼皮却越来越重，越来越重。

无尾清晨醒来，觉得嘴里有一丝甜甜的血腥味。他像往常那样，跑出洞外找他心里的父亲，他今日很想叫他一声父亲。可他爬出洞穴，却看到许多人，中间一个女人没有眼睛，眼窝是深深的两个洞，张开双手对着他喊："孩子，娘找到你了！"

萆荔

赵世博

小华之山，其木多荆、杞，其兽多牨牛，其阴多磬石，其
阳多㻬琈之玉。鸟多赤鷩，可以御火。其草有萆荔，状如乌韭，
而生于石上，亦缘木而生，食之已心痛。

——《山海经·西山经》

　　她长在小华山半山腰的峭壁间已经好多年了。

　　其实她也说不清到底有多少年，但沧海在她眼前变成桑田，
已经有过两次。不知道为什么，世人称她为萆荔。她能散发异
香，能治心痛，但这些似乎都和萆荔这个名字无关。

　　不过，她倒也并不在乎世人是怎么想的，她不喜欢人，怕
人，因为他们有心，有爱人。先前这小华山上到处都是萆荔，
可现在已经所剩无几了，就因为那些失去了爱人的人，他们像
疯了似的来小华山找萆荔，找到后就迫不及待地吃掉，疗愈让
他们生不如死的心痛。

　　而她，全因自己生长在这峭壁上，才得以活到今天。

　　直到遇到他，她对人的态度就全变了。

　　那是一个初秋的黄昏，南山的火光兽跑到小华山作怪。它
浑身是火，所到之处，皆成火海。正在山上采㻬琈玉的他为了

《幻山海——赤鷩》 布面综合　100×80cm　2019

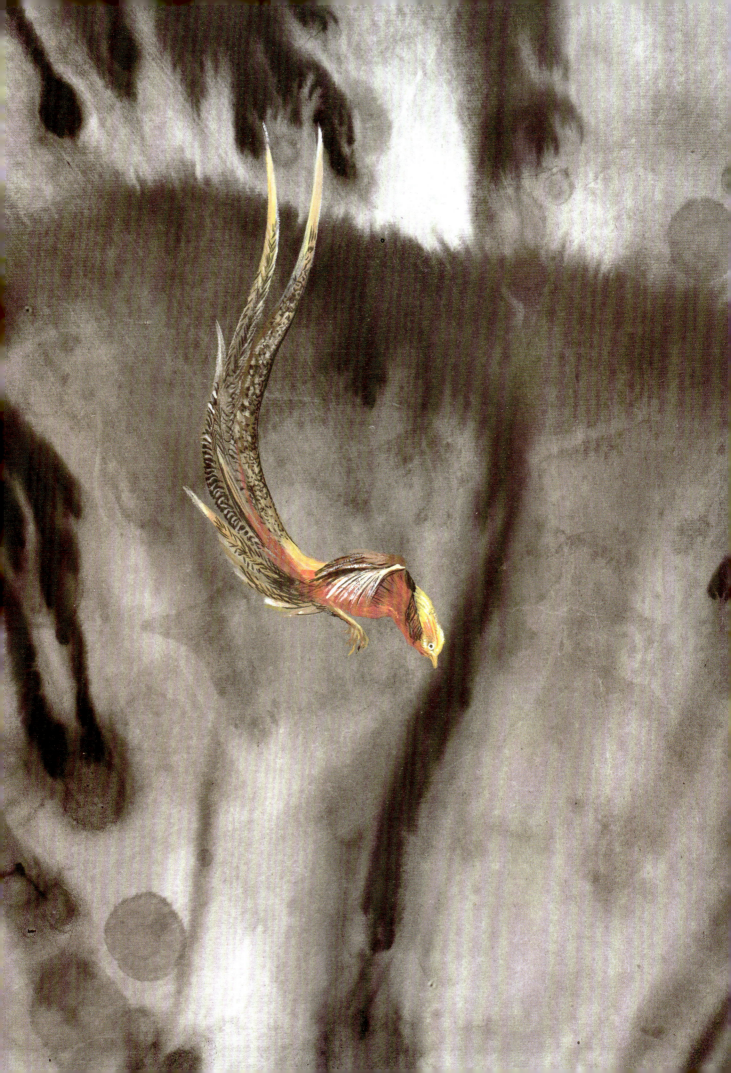

躲避大火，垂到了峭壁下，肩上还擎着一只能御火的赤鹭鸟。这种红羽、黄背、绿尾巴的大鸟贪嘴，谁给它们皂米吃，它们就跟着谁。这只赤鹭鸟已经老了，羽毛都暗淡稀疏了，但应该不影响它御火的能力。

他本来离她有一段距离，躲在峭壁的凹陷里，所以那些烧断了落下来的藤条伤不到他，但却接连从她身边落下，最后终于有一条掉在了她身上。茎叶被烧焦，她疼得战栗，却无法躲避。他看到了，爬过来，打掉了挂在她身上的藤条，用身体护着她。她的叶片在他星辰一样的眼眸边，抚着他那被阳光晒成浅金色的皮肤，感受着他胸口有力的搏动——这就是心跳吗？

她听见他对她说："能治人心痛的草，一定也能感觉到痛。我不会让你痛的。"

她的身体里好像有什么东西突然苏醒了，也一下下地跳动起来。

大火烧过，他走了。她看着他从自己身边离开，越走越远，自己却什么也做不了，她忍不住想：假如自己也有四肢该有多好。

假如她是个人该有多好。

他走了，那只老赤鹭鸟却常来。它将吃不完的皂米藏到峭壁的缝隙里，请她帮忙看着，她也从老赤鹭鸟的嘴里知道了他是谁。

"他叫荆南，十六了，是山下部落里最优秀的少年，以后他就是部落的首领。"老赤鹭鸟说。

从这一天开始，她有了时间的概念。她的时间，始于荆南的十六岁。老赤鹭鸟每一次来藏皂米，她都要问关于荆南的事，知道他又采到了上好的璁珸玉，知道他带领族人猎到了牦牛。她偶尔也能见到他、听到他，或者感受到他。天旱的时候，他会来给她浇水，水从峭壁上浇下来，她能从水里感受到他。他还为她引开过找草荔的人，她听见了他为她撒谎的声音。

荆南十八岁那年，为了避火光兽的火灾，他又一次躲到了石壁的凹槽里，她看到他更强壮了，臂上多了道伤疤，但他看着她笑的时候，脸上还挂着少年的稚气。

她感觉自己浑身颤动，就像遇到地震时那样身不由己。

荆南二十岁那年，她听见了他和一个姑娘来到崖壁上。他们眺望远方，他们期许未来，他们许下每一个共同的愿望。

再次见到老赤鹭鸟，她问起了这件事。

"那是部落里最好的姑娘，他们两个人刚成婚。"老赤鹭鸟说。

她为荆南高兴，很高兴，但身体里的某个地方却传来阵阵痛楚。她把这告诉了老赤鹭鸟。

老赤鹭鸟停止了啄峭壁缝隙里的皂米，打量着她，"你这是有心了。"

她是棵草荔，怎么会有心呢？

"草荔都有心，不然怎么能治别人的心痛？只不过，不是所有草荔都能感受到自己的心而已。"老赤鹭鸟说。

那怎么才能感受到自己的心呢？

"有爱人就能了。"

老赤鹜鸟说完就飞走了，留下她呆立在峭壁上，随着微风摇曳。

她还是懵懂，可身体里的痛却再也没好。

荆南二十二岁那年的一个傍晚，他攀着藤蔓，突然垂到她身前，一把抓住了她的茎，她的根和土壤撕扯着，似乎随时都会被连根拔起。但这都不是她在乎的，借着青灰色的天光，她看见荆南的脸，沧桑的胡楂，满是血丝的双眼。

你怎么了？你怎么了？她在心里一遍遍地问。

荆南在将她从峭壁上拔出来之前停了手，攀上峭壁，消失了。

她等了好多天，才等来老赤鹜鸟，于是迫不及待地问荆南的情况。

"他哟，可惜喽！"老赤鹜鸟嘎嘎地感叹着，"他的妻难产死了，孩子也死了。他太心痛了，恸哭，大口吐血。他不吃不喝，只喝酒，喝醉了就喊他妻子的名字，好像见到她了。所以他现在守着巫医的酒瓮，每天喝酒，想必也活不了多久了。"

可族人为什么不帮他？他不是族里最优秀的少年吗？

"他们也无能为力，谁能治得了心痛的人呢？"老赤鹜鸟嘎嘎叹气。

她能，草荔不是专治心痛吗？

"可那要用你的命啊。"老赤鹜鸟用已经有点混沌的眼睛看着她。

他这样醉生梦死，就是为了逃避心痛，心痛比死可怕。她过去不懂，现在懂了。带她走吧，不然以后也会活得比死难受。

不要让他知道，就把她衔到酒瓮里吧，让他以为是酒，治了他的心痛。

经她苦求，老赤鹜鸟终于答应了她。

她的根脱离了峭壁，今生第一次，也是最后一次，她离开了小华山。

风拂过她的根须，她终于感受到了自己的心跳。

在这一声声的跳动中，她从心底笑了。

其实，万物都有心。感受不到心，那是因为还没遇到爱的人。

《幻山海——无界 No.2》 布面综合 126×100cm 2021

《幻山海——五行 No.1》 布面综合　105×105cm　2021

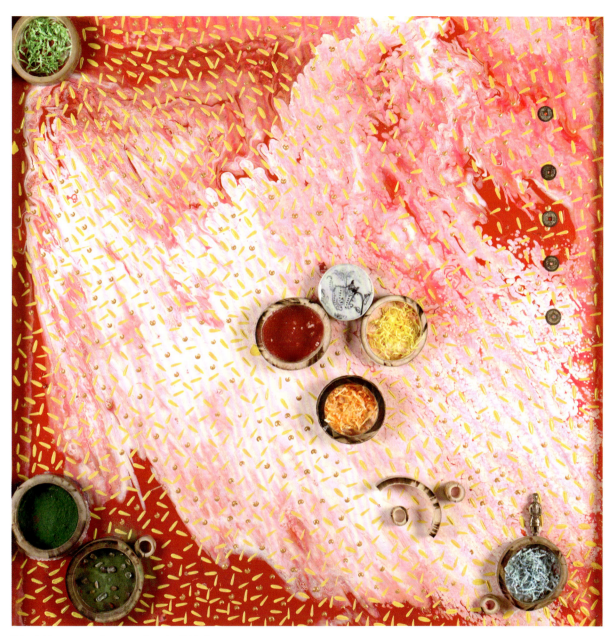

《幻山海——五行 No.2》 布面综合　105×105cm　2021

《幻山海——五行 No.3》　布面综合　105×105cm　2021

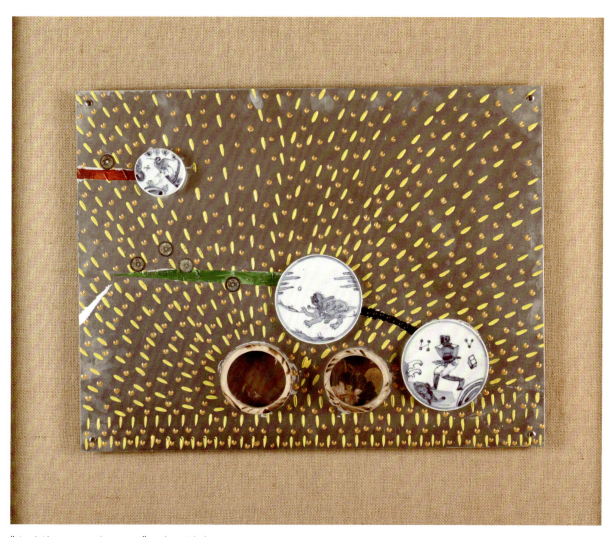

《幻山海——五行 No.4》 布面综合　105×105cm　2021

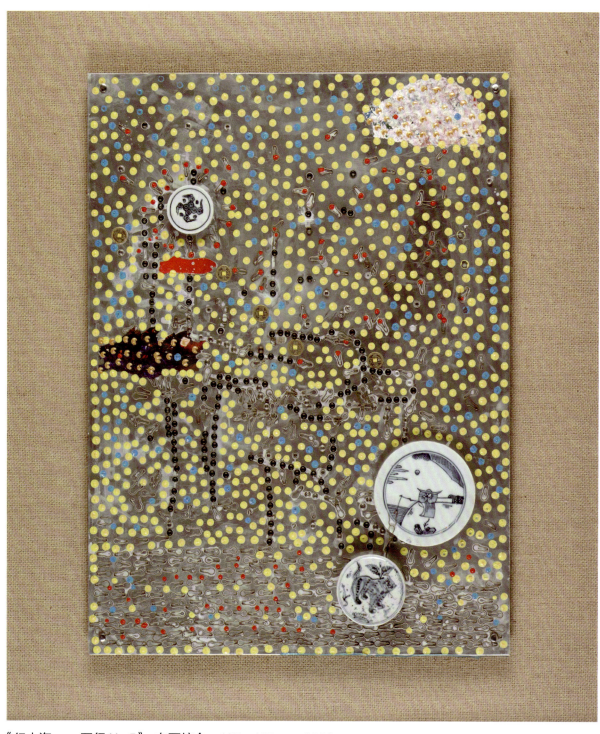

《幻山海——五行 No.5》 布面综合　105×105cm　2021

图书在版编目（CIP）数据

　　山海无界：东方遇到西方 ／ 奈目·鹏飞山海经工作
室著绘. —北京：线装书局，2021.5
　　ISBN 978-7-5120-4480-7

　　Ⅰ.①山… Ⅱ.①奈… Ⅲ.①历史地理 – 中国 – 古代
②《山海经》– 研究 Ⅳ.①K928.626

　　中国版本图书馆CIP数据核字（2021）第080714号

山海无界：东方遇到西方
SHANHAIWUJIE：DONGFANG YUDAO XIFANG

作　　者：奈目·鹏飞山海经工作室
责任编辑：李　媛
装帧设计：鹏飞艺术
出版发行：线装书局
　　　　　地　址：北京市丰台区方庄日月天地大厦B座17层（100078）
　　　　　电　话：010-58077126（发行部）010-58076938（总编室）
　　　　　网　址：www.zgxzsj.com
经　　销：新华书店
印　　制：天津丰富彩艺印刷有限公司
开　　本：889mm×1194mm　1/16
印　　张：36
字　　数：692千字
版　　次：2021年5月第1版第1次印刷
印　　数：0001—3000册

线装书局官方微信

定　　价：480.00元